Statistik für Erziehungswissenschaftlerinnen und Erziehungswissenschaftler

D1719578

Sarantis Tachtsoglou · Johannes König

Statistik für Erziehungswissenschaftlerinnen und Erziehungswissenschaftler

Konzepte, Beispiele und Anwendungen in SPSS und R

Sarantis Tachtsoglou
Universität zu Köln
Deutschland

Johannes König
Universität zu Köln
Deutschland

ISBN 978-3-658-13436-5   ISBN 978-3-658-13437-2 (eBook)
DOI 10.1007/978-3-658-13437-2

Die Deutsche Nationalbibliothek verzeichnet diese Publikation in der Deutschen National-
bibliografie; detaillierte bibliografische Daten sind im Internet über http://dnb.d-nb.de abrufbar.

Springer VS

© Springer Fachmedien Wiesbaden 2017
Das Werk einschließlich aller seiner Teile ist urheberrechtlich geschützt. Jede Verwertung, die
nicht ausdrücklich vom Urheberrechtsgesetz zugelassen ist, bedarf der vorherigen Zustimmung
des Verlags. Das gilt insbesondere für Vervielfältigungen, Bearbeitungen, Übersetzungen,
Mikroverfilmungen und die Einspeicherung und Verarbeitung in elektronischen Systemen.
Die Wiedergabe von Gebrauchsnamen, Handelsnamen, Warenbezeichnungen usw. in diesem
Werk berechtigt auch ohne besondere Kennzeichnung nicht zu der Annahme, dass solche
Namen im Sinne der Warenzeichen- und Markenschutz-Gesetzgebung als frei zu betrachten
wären und daher von jedermann benutzt werden dürften.
Der Verlag, die Autoren und die Herausgeber gehen davon aus, dass die Angaben und Informa-
tionen in diesem Werk zum Zeitpunkt der Veröffentlichung vollständig und korrekt sind.
Weder der Verlag noch die Autoren oder die Herausgeber übernehmen, ausdrücklich oder
implizit, Gewähr für den Inhalt des Werkes, etwaige Fehler oder Äußerungen.

Lektorat: Stefanie Laux, Stefanie Loyal

Gedruckt auf säurefreiem und chlorfrei gebleichtem Papier

Springer VS ist Teil von Springer Nature
Die eingetragene Gesellschaft ist Springer Fachmedien Wiesbaden GmbH

Στον αδερφό μου, Ανδρέα
(meinem Bruder, Andreas)

Sarantis Tachtsoglou

Inhalt

Einleitung in das Lehrbuch 1

Was ist Statistik? Warum sollen sich Studierende eines erziehungswissenschaftlichen Studiengangs oder Lehramtsstudierende in ihrem bildungswissenschaftlichen Begleitstudium mit Fragen der Statistik auseinandersetzen?

Empirische Forschung, die mit quantitativen („zählbaren") Methoden arbeitet, bildet immer mehr einen wichtigen Bestandteil der Erziehungs- und Bildungswissenschaften. Die praktische Arbeit vieler Pädagoginnen und Pädagogen orientiert sich heute deutlich stärker als zuvor an Bildungsstatistiken und den Ergebnissen empirischer, quantitativ ausgerichteter Untersuchungen. Viele Studien- und Prüfungsordnungen erziehungswissenschaftlicher Studiengänge verlangen heute von Studierenden, nicht nur empirische Studien zu lesen und ihre methodische Vorgehensweise zu verstehen, sondern auch ein eigenes Studien- oder Forschungsprojekt mithilfe statistischer Verfahren durchzuführen. In den Erziehungswissenschaften ist Statistik heute keine Randerscheinung mehr.

Ziel des vorliegenden Arbeits- und Lehrbuchs ist es daher, eine Einführung in die Statistik zu geben, die sich insbesondere an Studierende der erziehungs- und bildungswissenschaftlichen Fächer sowie an Lehramtsstudierende in ihrem erziehungs- und bildungswissenschaftlichen Begleitstudium richtet. Gegliedert ist das Buch – neben dieser Einleitung – in elf Kapitel. Ihre Inhalte decken die üblichen Grundlagen einer Einführungsvorlesung in die Statistik bzw. quantitativen Forschungsmethoden ab, wie sie heute vielfach in erziehungs- und bildungswissenschaftlichen Studiengängen und im Lehramtsstudium vorgesehen ist. Gleichzeitig orientiert sich die Darstellung an typischen Frage- und Problemstellungen der erziehungs- und bildungswissenschaftlichen Forschung.

Der Schwerpunkt des Buches liegt auf der beschreibenden Statistik („Deskriptive Statistik"), zunächst in Teil I mit Blick auf *einzelne Merkmale* („Variablen"), die in einer Untersuchung zum Gegenstand gemacht werden können („Univariate Deskriptivstatistik"), dann in Teil II mit Blick auf mehrere Merkmale, deren *Zusammenhänge* betrachtet werden („Bivariate und Multivariate Deskriptivstatistik"). In Teil III erfolgt eine Einführung in jenen Bereich der Statistik, der sich mit *Fragen der Verallgemeinerung,* der Testung wissenschaftlicher Hypothesen und Prüfung statistischer Signifikanz auseinandersetzt („Inferenzstatistik").

Dabei folgt der Aufbau eines jeden Kapitels dem Dreierschritt von *Inhalten, Beispielen, Anwendungen:*

(1) Zentrale Basiskonzepte der Statistik und wesentliche Grundlagen der quantitativen Forschungsmethoden werden schrittweise in den elf Kapiteln inhaltlich präsentiert.

(2) Inhalte werden mit Beispielen verdeutlicht, die aus erziehungs- und bildungswissenschaftlichen Studien stammen bzw. für diese typisch sind. Die Beispiele werden mit Übungs- und Reflexionsaufgaben vertieft, um die Nützlichkeit der Konzepte aufzuzeigen, aber auch um ihre Chancen und Grenzen zur Diskussion zu stellen.

(3) Die praktische Anwendung basiert auf den PISA-Daten von 2012[1] und erfolgt mithilfe von zwei unterschiedlichen Computer-Programmen: mit der weit verbreiteten Software SPSS sowie der kostenlos erhältlichen Software R. Alle von uns erstellten SPSS- und R-Datensätze und SPSS und R-Programmierungsanwendungen sind Online unter http://kups.ub.uni-koeln.de/6607 als Zip-Ordner verfügbar. Des Weiteren sind etliche Materialien (z. B. Dokumentationen, Fragebögen, Datensätze) zur PISA-Studie 2012 über das folgende Internetportal kostenlos verfügbar: https://www.oecd.org/pisa/pisaproducts/pisa2012 database-downloadabledata.htm

Auf diese Weise verknüpfen wir die theoretische und beispielhafte Betrachtung statistischer Grundlagen mit der konkreten Anwendung, wie sie üblicherweise bei der Rezeption und Durchführung von quantitativ ausgerichteter, empirischer Forschung in den Erziehungs- und Bildungswissenschaften erfolgt. Das vorliegende Lehr- und Arbeitsbuch eignet sich daher nicht nur als begleitende Lektüre für Einführungsvorlesungen, sondern auch für die Vertiefung zentraler Konzepte und ihre praktische Anwendung in Methoden-Seminaren oder Tutorien. Auch eignet es sich für das Selbststudium oder als Nachschlagewerk.

Das vorliegende Buch[2] ist im Rahmen mehrjähriger Lehrtätigkeit entstanden, wobei typische Verständnisfragen und Rückmeldungen aus der Zusammenarbeit mit Studierenden erziehungswissenschaftlicher Studiengänge und der Lehr-

---

1   Das Programme for International Student Assessment (PISA) wurde im Jahre 1997 von den OECD-Mitgliedsstaaten initiiert und im Jahr 2000 zum ersten Mal verwirklicht. Im Mittelpunkt der PISA-Studien steht die Kompetenzentwicklung (Lesekompetenz, Mathematikkompetenz etc.) sowie Merkmale der häuslichen und schulischen Umwelt von Schülerinnen und Schüler, welche sich gegen Ende ihrer Pflichtschulzeit befinden und im Durchschnitt fünfzehn Jahre alt sind (Jude & Klieme, 2010, S. 13).
2   Jane Kuschel sei herzlich gedankt für ihre Unterstützung bei der Formatierung des Manuskripts.

amtsstudiengänge verschiedentlich aufgegriffen und bei der Erstellung eingeflossen sind. Wir möchten an dieser Stelle allen Studierenden sehr herzlich danken und wünschen uns, dass auch mit dem vorliegenden Buch weiterhin das Interesse an quantitativen Methoden in den Erziehungs- und Bildungswissenschaften unter den zukünftigen Fachvertreterinnen und -vertretern geweckt und gefördert wird.

Sarantis Tachtsoglou und Johannes König, Universität zu Köln, im Februar 2016

Teil I:
Univariate Deskriptivstatistik

Variablen und Skalenniveaus

2

In diesem Kapitel lernen Sie ...

Inhalte	➲ Grundbegriffe und Konzepte des Messens, Arten von Variablen und Skalenniveaus kennen.
Beispiele	➲ beispielhafte Fragebögen kennen und Grundbegriffe sowie Konzepte des Messens darauf anzuwenden.
Anwendungen	➲ die ersten Schritte mit den Statistik-Programmen SPSS und R zu gehen und dabei Fragebögen in Datendateien zu übertragen.

Inhaltsübersicht des Kapitels

2.1 Messen von erziehungswissenschaftlichen Variablen

Das Ziel einer statistischen Analyse besteht darin, Beziehungen, die von besonderem Interesse sind, aus einer Menge von Informationen (Daten) sichtbar zu machen. Dafür bedient man sich verschiedener statistischer Analyseverfahren wie zum Beispiel der Korrelationsanalyse (Kapitel 6 und 7), der Regressionsanalyse (Kapitel 9) oder der Betrachtung von Mittelwertunterschieden anhand eines *t*-Tests (Kapitel 12). Bevor man aber mit der eigentlichen statistischen Analyse beginnt, muss man zuerst jene Eigenschaften messen, die dem Forschungsobjekt zugrunde liegen. Die *Messung* geht also der statistischen Datenanalyse voraus.

Ein Messvorgang lässt sich allgemein dadurch charakterisieren, dass nach gewissen Regeln einem Objekt bezüglich der Ausprägung einer Eigenschaft eine Zahl zugeordnet wird (Bortz, 2010, S. 13). Beispielsweise kann man das Geschlecht der Personen *(Objekte)* einer bestimmten Stichprobe mit den Eigenschaften männlich und weiblich so *operationalisieren,* dass man männlichen Objekten den Wert 0 und weiblichen den Wert 1 zuweist. Die Zuweisung kann auf unterschiedliche Weise erfolgen, etwa anhand der Angabe der befragten Personen oder anhand der Angaben eines Interviewers, der das Geschlecht der interviewten Personen dokumentiert. Diese *Operationalisierungsregeln* (Art der Erfassung des Geschlechts und numerische Zuweisung) müssen für alle Befragten identisch sein. In diesem Beispiel muss also eine weibliche Person immer den Wert 1 aufweisen und eine männliche Person immer den Wert 0. Mit der auf diese Weise (nach bestimmten Operationalisierungsregeln) vorgenommenen Messung von Objekten gelangt man zu einer *Variablen.* Im Unterschied zu einer Konstanten kommt eine Variable in mindestens zwei Abstufungen vor (Bortz, 2010, S. 7) und stellt die Basis für jede statistische Datenanalyse dar.

Beispielsweise veranschaulicht Abbildung 2.1 die Ausprägungen von fünf unterschiedlichen Variablen eines Datensatzes in SPSS (*Statistic Package for Social Sciences,* Kapitel 2.5). Die Daten wurden anhand von persönlichen Interviews (*Face-to-Face* Interviews) gesammelt. Dokumentiert sind zehn Lehramtsstudierende (Objekte), die Angaben zu ihrem Geschlecht, Alter, Semesterzahl *(Semester),* Durchschnitt ihrer Abiturnote *(Abi_Note)* und zu der Aussage „Ich möchte Lehrerin/Lehrer werden, denn … ich wollte schon immer Lehrer/in werden" gemacht haben. Die Variable *Geschlecht* hat zwei Ausprägungen, wobei sich der Wert 1 auf männliche und der Wert 2 auf weibliche Personen bezieht. Die Variable *Alter* misst das Alter der untersuchten Personen in Jahren. Die Variable *Semester* zeigt das Semester des Ausbildungsganges, in dem sich die Studierenden befinden, an. Die Variable *Abi_Note* erfasst die Abiturnote. Schließlich misst die Variable *Intr_Ber* die intrinsische Berufswahlmotivation der Studierenden, Lehrer zu werden anhand der oben genannten Aussage. Dabei hatten die Studierenden vier Antwortmöglichkeit mit 1 = *trifft zu*, 2 = *trifft eher zu*, 3 = *trifft eher nicht zu* und 4 = *trifft nicht zu*. Anhand von Abbildung 2.1 kann des Weiteren abgelesen werden, dass es sich bei der ersten Person (erste Zeile) um einen Mann von 18 Jahren handelt, der sich im ersten Semester befindet. Dieser Student weist eine Abiturnote von 2,7 auf und ist der Meinung, dass die Aussage bezüglich der intrinsischen Berufswahlmotivation auf ihn zutrifft.

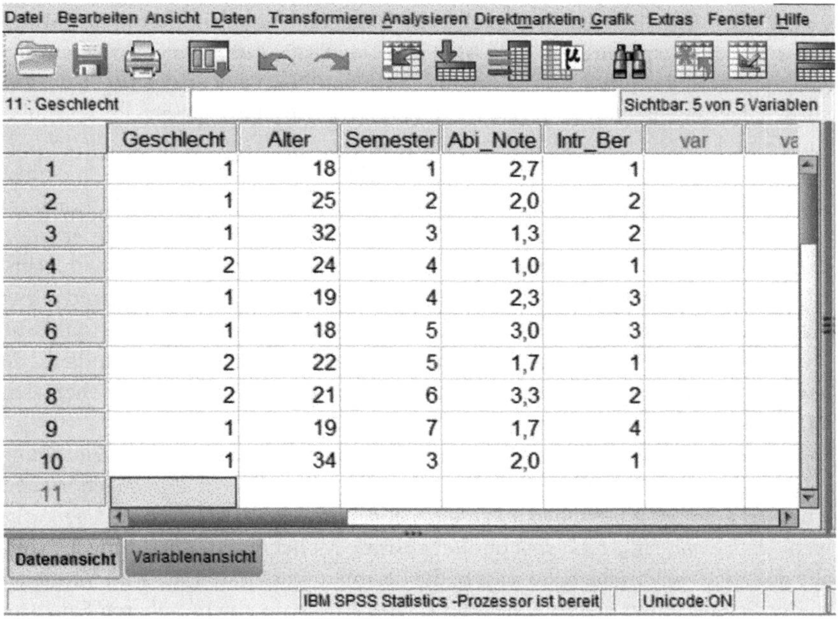

	Geschlecht	Alter	Semester	Abi_Note	Intr_Ber	var	va
1	1	18	1	2,7	1		
2	1	25	2	2,0	2		
3	1	32	3	1,3	2		
4	2	24	4	1,0	1		
5	1	19	4	2,3	3		
6	1	18	5	3,0	3		
7	2	22	5	1,7	1		
8	2	21	6	3,3	2		
9	1	19	7	1,7	4		
10	1	34	3	2,0	1		
11							

Abbildung 2.1   Variablen eines SPSS-Datensatzes[©]

Abschließend soll noch betont werden, dass eine statistische Erhebung von Objekten nicht nur auf der Basis von Personen erfolgen muss. In der Erziehungswissenschaft spielen auch Objekte wie Institutionen, Organisationen oder Systeme eine wichtige Rolle, sodass erziehungswissenschaftliche Statistiken nicht allein auf Personen als Merkmalsträger begrenzt sind.

2.2 Variablenarten

„Objekte können sich der Quantität oder der Qualität nach unterscheiden. Dem-
gemäß gibt es eine herkömmliche Unterscheidung quantitativer und qualitativer
Variablen" (Benninghaus, 1998, S. 12). Qualitative Variablen lassen sich dadurch
charakterisieren, dass sie nur die Zugehörigkeit einer Person oder eines Objektes zu einer Kategorie der Art nach aufzeigen. So können zwei oder mehrere Personen im Hinblick auf eine oder mehrere Variablen ähnlich oder unähnlich bzw.
gleich oder ungleich sein. Beispielsweise sind die Variablen *Geschlecht, Wohnort* (mit den Ausprägungen *Köln, Bonn, Düsseldorf*), *Ausbildungsgang* (mit den
Ausprägungen *Lehramt, kein Lehramt*), *Nationalität (griechisch, deutsch, franzö-
sisch)* allesamt qualitative Variablen. Qualitative Variablen lassen die Formulierung von komparativen Sätzen mit *mehr/weniger, größer/kleiner, besser/schlech-
ter, höher/niedriger, leichter/schwerer* usw. nicht zu. Zwei oder mehrere Personen
können (oder können nicht) das gleiche Geschlecht oder die gleiche Nationalität
oder den gleichen Ausbildungsgang aufweisen. Man kann aber mit dieser Information nicht behaupten, dass eine Frau aufgrund ihrer biologischen Geschlechtszugehörigkeit „schlechter" als ein Mann sei, oder dass ein Grieche aufgrund seiner
nationalen Zugehörigkeit „besser" sei als ein Deutscher, oder dass Lehramtsstudierende aufgrund ihrer Studiengangzugehörigkeit „klüger" seien als Studierende
anderer Studiengänge. Mit anderen Worten, qualitative Variablen beziehen sich
auf die *horizontale Zuordnung* von Objekten.

Darüber hinaus erlauben quantitative Variablen auch die *vertikale Zuordnung*
von Objekten oder Personen. Quantitative Variablen zeigen die Zugehörigkeit
einer Person oder eines Objektes zu einer Kategorie *der Größe nach* an. Die Variablen *Alter, Semester, Abiturnote* und *Intrinsische Motivation* in Abbildung 2.1 sind
alle quantitative Variablen. So ist z. B. die Person in der vierten Zeile im Vergleich
zu der Person in der ersten Zeile älter (24 vs. 18), ist in einem höheren Semester
(4. Semester vs. 2. Semester) und hat eine bessere Abiturnote (1,0 statt 2,7). Andere Beispiele von quantitativen Variablen, die in der erziehungswissenschaftlichen
Forschung sehr häufig zum Einsatz kommen, sind: Schuljahr, Schulnoten, Testpunkte in standardisierten Leistungstests, (ungefähre) Anzahl der Bücher im El-
ternhaus, Einschätzungen verschiedener Merkmale (z. B. Merkmale des Schulun-
terrichts) oder Einschätzungen verschiedener Aussagen (z. B. bei Evaluationen).

Des Weiteren lassen sich quantitative Variablen dahingehend unterscheiden,
ob sie diskret (auch: diskontinuierlich) oder stetig (auch: kontinuierlich) sind.
Kennzeichen von diskreten Variablen ist, dass sie nur ganz bestimmte Werte annehmen können; zwischen diesen Werten wiederum kommen keine anderen Werte vor. So kann beispielsweise ein Student null, eins, zwei, drei oder 15 Seminare in
einem Semester besucht und mit einem Schein belegt haben; er kann keine 3,5 Se-

minare besucht haben. Andere Beispiele für diskrete Variablen sind *Anzahl eigener Geschwister, Anzahl von Schülerinnen und Schülern einer Klasse, Jahrgangsstufe, Semesterzahl*. In Abbildung 2.1 stellt die Variable *Intrinsische Motivation* eine diskrete Variable dar. Im Gegensatz dazu sind die Variablen *Alter* und *Abiturnote* kontinuierliche oder stetige Variablen, da das Alter in Jahren, Monaten, Wochen, Tagen, Stunden, Minuten, Sekunden, Millisekunden usw. erfasst werden kann. Mit anderen Worten „kann eine *kontinuierliche* Variable in einem bestimmten Bereich jeden beliebigen Wert annehmen" (Benninghaus, 1998, S. 13).

Überdies kann eine kontinuierliche Variable jederzeit in eine diskrete Variable umgewandelt werden, indem man bestimmte Wertebereiche der stetigen Variablen in verschiedenen Kategorien zusammenfasst. Beispielsweise könnte die stetige Variable *Alter* in eine diskrete Variable mit den Kategorien 1 für *sehr jung* (Personen zwischen 18 und 23), 2 für *jung* (Personen zwischen 24 bis 29) und 3 für *relativ jung* (Personen zwischen 30 und 39) transformiert werden. Der umgekehrte Weg der Umwandlung einer stetigen in eine kontinuierliche Variable ist insofern nahezu unmöglich, als dass man sehr häufig in der Empirie die genauen Angaben eines Objektes bezüglich einer Variablen nicht kennt oder nicht erhoben hat. Dies wäre z. B. der Fall, wenn man nicht das genaue Alter der Personen in Jahren, sondern die Zugehörigkeit der Personen zu den drei Alterskategorien 1 für *sehr jung*, 2 für *jung* und 3 für *relativ jung* erfasst.

Ferner lassen sich Variablen in *manifeste* und *latente* unterscheiden. Die manifesten Variablen sind leicht zu erfassen. Dabei handelt es sich um Merkmale von Objekten, die direkt gemessen werden können. Das *Geschlecht*, das *Fachsemester*, die *Körpergröße*, die *Geschwisteranzahl* oder die *Religionszugehörigkeit* einer Person sind manifeste Variablen, die mit einer Frage bzw. Beobachtung relativ leicht erhoben werden können. Dagegen können latente Variablen nur indirekt erfasst werden. Wenn man z. B. die *Stressresistenz am Arbeitsplatz von Pädagoginnen und Pädagogen* erfassen will, kann man dies nicht tun, indem man der jeweiligen Person die folgende Frage stellt: *Wie stressresistent sind Sie?* Viel zuverlässiger ist die Erfassung der *Stressresistenz* durch die Aufstellung eines Bündels von Fragen, die auf die Stressresistenz der befragten Person abzielen. Beispiele für solche Fragen wären: *Haben Sie am Arbeitsplatz häufig Ärger mit dem Vorgesetzten? Beeinträchtigt der Zeitdruck ihre Leistungsfähigkeit? Können Sie Privates von Beruflichem trennen?*

2.3 Skalenniveaus

Die gängigste Kategorisierung empirisch erfasster Variablen basiert auf den Ausführungen des Psychophysikers Stevens von 1946 (Bortz, 2010, S. 13; Benninghaus, 1998, S. 17). „Nach Stevens (1946) besteht *Messen* in der Zuordnung von Zahlen zu Objekten oder Ereignissen gemäß Regeln, sodass bestimmte Relationen zwischen den Zahlen analoge Relationen zwischen den Objekten oder Ereignissen reflektieren" (Benninghaus, 1998, S. 17). Er unterscheidet vier Stufen des Messens, die sogenannten *Skalenniveaus*. Diese sind die Nominal-, Ordinal-, Intervall- und Ratioskalen. Ratioskalen werden auch als Verhältnisskalen bezeichnet. Intervall- und Ratioskalen werden in der Praxis oft als metrische Skalen zusammengefasst. Die Unterscheidung der verschiedenen Skalenniveaus ist deshalb wichtig, weil das Skalenniveau einer Variablen die Transformationsregel der zu der Variablen zugewiesenen Zahlen und die Möglichkeiten, bestimmte statistische Verfahren anzuwenden, bestimmt.

2.3.1 Nominalskala

Die Nominalskala stellt die grundlegende und einfache Variablenklassifikation dar. Dabei werden den Kategorien einer nominalskalierten Variablen bestimmte Zahlen zugeordnet, welche sich gegenseitig ausschließen. Die Auswahl der Zahlen ist willkürlich und deutet nur auf die Unterschiedlichkeit bzw. Ähnlichkeit der Objekte hin. Eine nominalskalierte Variable ist die Variable *Geschlecht* in Abbildung 2.1 mit den Ausprägungen 1 für männliche und 2 für weibliche Personen. Dass 2 größer als 1 ist, bedeutet hierbei nicht, dass Frauen eine positive und Männer eine negative Eigenschaft besitzen. Die Zahlen dienen nur zur Unterscheidung der weiblichen von männlichen Personen; sie geben die *Äquivalenz* wieder, d. h. die Gleichheit oder Verschiedenheit der Objekte. Die Variablen stellen also qualitative Variablen dar (s. Abschnitt 2.2).

  „Bei einer Nominalskala sind alle Transformationen erlaubt, die gewährleisten, dass unterschiedlichen Objekten auch nach der Transformation unterschiedliche Zahlen zugeordnet werden" (Bühner & Ziegler, 2009, S. 20). So könnte bei der Variablen *Geschlecht* statt der Zahl 2 für Frauen die Zahl 200 (bzw. 125, 0,5 oder 8) und statt der Zahl 1 für Männer die Zahl 100 (bzw. 124, 1 oder 1) vergeben werden, wie Tabelle 2.1 entnommen werden kann, in der Beispiele für zulässige Transformationen nominalskalierter Größen sowie die Anwendung auf unser Beispiel „Geschlecht (männlich 1, weiblich 2)" dargelegt sind.

Transformation	Anwendung auf die Beispielvariable „Geschlecht" (männlich 1, weiblich 2)
$f(x) = 100x$	Männlich 100, weiblich 200
$f(x) = x + 123$	Männlich 124, weiblich 125
$f(x) = 1/x$	Männlich 1, weiblich 0,5
$f(x) = x^3$	Männlich 1, weiblich 8

Tabelle 2.1 Beispiele für zulässige Transformationen bei nominalskalierten Variablen©

2.3.2 Ordinalskala

Die Ordinalskala stellt neben der Forderung der Äquivalenzrelation auch die Forderung nach der Rangordnungsrelation: „The ordinal scale arises from the operation of rank-ordering" (Stevens 1946, S. 679). D. h. die Zahlen signalisieren nicht nur die Unterschiedlichkeit der Kategorien einer Variablen, sondern geben an, dass die unterschiedlichen Kategorien höher bzw. niedriger sind. Insofern sollen höheren Kategorien höhere Zahlen zugeordnet werden. Alltagsnahe Beispiele für ordinalskalierte Variablen sind die *Siegerplatzvergabe im Sport* mit den Ausprägungen *1. Platz, 2. Platz, 3. Platz,* oder der *Schulabschluss (Hauptschulabschluss, Realschulabschluss, Abitur)*. Die Ausprägungen der Variablen bestehen dann zum Beispiel aus den folgenden Kategorien:

1 = *Hauptschulabschluss*
2 = *Realschulabschluss*
3 = *Abitur*

Mit ansteigendem Bildungsabschluss nimmt also die zugewiesene Zahl zu. Allerdings bildet die Skala nicht notwendigerweise die Größe der Differenzen zwischen den Kategorien ab. Wir wissen also nicht, wie groß der jeweilige Abstand zwischen den Kategorien zur Messung der Schulabschlüsse ist. So hätte man diese auch wie folgt operationalisieren können:

20 = *Hauptschulabschluss*
50 = *Realschulabschluss*
150 = *Abitur*

Bei ordinalskalierten Variablen ist es streng genommen nicht zulässig, die Operationen der Addition, Subtraktion, Multiplikation und Division auf die zugeordneten Zahlen anzuwenden. Ferner sind alle *streng monotonen* Transformationen zulässig, weil diese die Relation der Ordnung einer Ordinalskala unverändert lassen. Beispiele für solche Transformationen sind in Tabelle 2.2 zu sehen.

Transformation	Anwendung auf die Beispielvariable „Bildungsabschluss" (Hauptschulabschluss 1, Realschulabschluss 2, Abitur 3)
$f(x) = 100x$	Hauptschule 100, Realschule 200, Abitur 300
$f(x) = x + 123$	Hauptschule 124, Realschule 125, Abitur 126
$f(x) = x^3$	Hauptschule 1, Realschule 8, Abitur 27

Tabelle 2.2   Beispiele für zulässige Transformationen bei ordinalskalierten Variablen©

In der Praxis empirischer Forschung wird jedoch häufig von diesen Restriktionen abstrahiert und bei entsprechenden Variablen gleiche Abstände angenommen. In erziehungswissenschaftlichen Studien ist dies am häufigsten bei Variablen mit Antwortformaten zu beobachten, mithilfe derer befragte Personen ihre Zustimmung oder Ablehnung dokumentieren sollen.

So stellt in unserem ersten Datenbeispiel (Abbildung 2.1) die Variable *Intr_Ber* streng genommen eine ordinalskalierte Variable dar. Die Ausprägungen dieser Variablen bestehen aus den folgenden Kategorien:

1 = *trifft zu,*
2 = *trifft eher zu,*
3 = *trifft eher nicht zu,*
4 = *trifft nicht zu.*

Mit sinkender intrinsischer Berufswahlmotivation nimmt also die zugewiesene Zahl zu (vergleichbar mit Schulnoten). Wie die vorherigen Beispiele (Siegerplatzvergabe im Sport, Schulabschlüsse) bildet die Skala also nicht notwendigerweise die Größe der Differenzen zwischen den Kategorien ab. Vielmehr müsste man überprüfen (mit bestimmten statistischen Verfahren), ob der jeweilige Abstand zwischen den Kategorien zur Messung der intrinsischen Berufswahlmotivation annäherungsweise gleich groß ist. Dennoch werden aus pragmatischen Gründen vielfach solchen Antwortformaten gleiche Abstände unterstellt, sodass in Folge dessen in vielen empirischen Studien für diese Variablen das nun zu beschreibende Intervallskalenniveau angenommen wird.

2.3.3 Intervallskalierte Variablen

Intervallskalierte Variablen weisen alle Eigenschaften einer Nominal- und Ordinalskala auf; darüber hinaus lassen sie sich dadurch charakterisieren, dass die Distanz zwischen nebeneinanderliegenden Skalenwerten gleich ist: „With the *interval scale* we come to a form that is ‚quantitative' in the ordinary sense of the word" (Stevens 1946, S. 679). Die *Äquidistanz* also der Intervalle ist das Kennzeichen einer Intervallskala. Dadurch können Differenzen zwischen Messwerten sinnreich gedeutet werden. So ist die Differenz zwischen 120 € und 100 € die gleiche wie die Differenz zwischen 1 020 € und 1 000 € oder die zwischen 40 € und 20 €. Rechenoperationen der Addition, Subtraktion sind bei den Messwerten intervallskalierter Variablen zulässig. Darüber hinaus sind bei den Messwert-Differenzen Multiplikation und Division zulässig.

Intervallskalierte Variablen, die in der erziehungswissenschaftlichen Analyse häufig vorkommen, sind Tests zur Messung von Intelligenz sowie Tests zur Erfassung bestimmter Kompetenzen, die im Bildungsbereich von Bedeutung sind. In der Regel sind Intelligenztests auf einen arithmetischen Mittelwert von 100 festgelegt (normiert). Der Abstand zwischen den Testleistungen 100 und 110 zweier Testpersonen zum Beispiel wird dann als genauso groß interpretiert wie zum Beispiel der Abstand zwischen den Testleistungen 80 und 90 von zwei weiteren Testpersonen. Schulleistungstests werden auf ähnliche Weise interpretiert. In der PISA-Studie 2000 zum Beispiel wurde die Lesekompetenz im internationalen Mittel auf den Punktwert von 500 normiert. Der Abstand zwischen den Lesekompetenzpunkten 400 und 450 wird demnach als genauso groß interpretiert wie zum Beispiel der Abstand zwischen 500 und 550 Punkten.

Celsius	0°	50°	100°	200°
Fahrenheit	32°	122°	212°	392°

Tabelle 2.3 Celsius- und Fahrenheit Intervallskala©

„Bei Intervallskalen gibt es zwei willkürliche Momente, nämlich die der Intervallgröße (Maßeinheit) und die Wahl des Nullpunktes" (Benninghaus, 1998, S. 20). Insbesondere die willkürliche Wahl des Nullpunktes macht es unmöglich, Verhältnisse zu bilden. Das klassische Beispiel hierfür ist ein Vergleich der Temperaturverhältnisse gemessen an Celsius und Fahrenheit. Bei der Celsius-Skala bezeichnet der Gefrierpunkt des Wassers den Nullpunkt der Skala. Bei der Fahrenheit-Skala liegt dieser Wert auf 32°. Jeder Grad Celsius lässt sich anhand der Formel $Temp_{celsius} \cdot (9/5)+32$ in Fahrenheit-Grad umrechnen. Die Frage lautet nun:

Kann man behaupten, dass eine Temperatur von 100° Celsius doppelt so warm ist wie eine Temperatur von 50° Celsius? Die Antwort lautet „Nein". Dies kann man sehr leicht anhand der Tabelle 2.3 nachvollziehen. Zwar ist der Quotient der Celsius-Skala 100° / 50° = 2, der Quotient der Fahrenheit-Skala aber beträgt 212° / 122° = 1,74. Dagegen ist das Verhältnis der Differenzen zwischen den Temperaturwerten der beiden Skalen identisch. Bei der Celsius-Skala beträgt das Verhältnis der Differenzen zwischen den Temperaturen 200°, 100° und 50° 2 ((200° − 100°) / (100° − 50°) = 2). Bei der Fahrenheit-Skala beträgt ebenfalls 2 ((392° − 212°) / (212° − 122°) = 2. Anhand dieses Beispiels lässt sich außerdem nachvollziehen, dass nur lineare Transformationen der Form $f(x) = bx + a$ (mit $b > 0$) bei einer Intervallskala zulässig sind. Beispiele für solche Transformationen sind in Tabelle 2.4 dargelegt.

Transformation	Anwendung auf die Beispielvariable „Lesekompetenz" (Beispielwerte 400, 450, 500)
$f(x) = 100x$	40 000, 45 000, 50 000
$f(x) = x + 123$	523, 573, 623

Tabelle 2.4   Beispiele für zulässige Transformationen bei intervallskalierten Variablen©

2.3.4 Verhältnisskala bzw. Ratioskala

Im Gegensatz zur Intervallskala lässt sich eine Verhältnis- oder Ratioskala dadurch charakterisieren, dass sie zusätzlich einen invarianten Nullpunkt definiert. Dadurch können Aussagen über die Verhältnisse der Skalenwerte getroffen werden. So kann das Alter einer Person in Jahren, in Monaten, in Tagen oder in Stunden berechnet werden. Bei all diesen Skalen ist der Nullpunkt immer gleich: der Moment der Geburt. Ähnlich spielt es keine Rolle, wie man die Zeit misst; ob in Stunden, Minuten oder Sekunden, der Nullpunkt ist bei diesen drei Zeitskalen immer identisch. Die Eigenschaft des invarianten Nullpunktes ermöglicht also Aussagen der Form: Eine Person, die 90 kg wiegt, ist doppelt so schwer wie eine Person, die 45 kg wiegt; eine Person, die 40 Jahre alt ist, ist doppelt so alt wie eine Person, die 20 Jahre alt ist. Folglich sind bei einer Ratioskala alle Transformationen zulässig, die die Relation des Verhältnisses unberührt lassen. In Abbildung 2.1. sind die Variablen *Alter* und *Semester* Beispiele für ratioskalierte Variablen. Tabelle 2.5 können Beispiele für Transformationen entnommen werden, die für ratioskalierte Variablen zulässig sind.

Transformation	Anwendung auf die Beispielvariable „Semester" (1 = 2. Semester, 2 = 2. Semester usw.)
$f(x) = 100x$	100 = 2. Semester, 200 = 2. Semester
$f(x) = x / 2$	0,5 = 2. Semester, 1 = 2. Semester

Tabelle 2.5   Beispiele für zulässige Transformationen bei ratioskalierten Variablen[©]

2.3.5 Zusammenfassung der Skalenniveaus

Tabelle 2.6 stellt zusammenfassend die Eigenschaften jeder Skala dar. Diese Eigenschaften sind die Äquivalenz, die Ordnung, die Äquidistanz und das Verhältnis. Anhand dieser Tabelle wird deutlich, dass mit steigendem Skalierungsniveau die Zahl der Eigenschaften einer Skala zunimmt. Während einer Nominalskala nur durch die Äquivalenz gekennzeichnet ist, besitzt eine Ordinalskala dazu die Eigenschaft der Ordnung. Ähnlich verhält es sich bei der Intervallskala, da ihre Merkmale die Äquivalenz, die Ordnung und die Äquidistanz sind. Die Ratioskala ermöglicht dazu Aussagen über die Verhältnisse der Werte der Skala. Intervallskalierte und verhältnisskalierte Variablen werden auch metrische Variablen genannt, da bei ihnen die rechnerische Operation der Addition, Subtraktion, Multiplikation und Division zulässig sind.

	Nominalskala	Ordinalskala	Intervallskala	Ratioskala
Äquivalenz	ja	ja	ja	ja
Ordnung	nein	ja	ja	ja
Äquidistanz	nein	nein	ja	ja
Verhältnisse	nein	nein	nein	ja
Beispiel (Kodierung)	Geschlecht (männlich 1, weiblich 2)	Schulabschluss (Hauptschulabschluss 1, Realschulabschluss 2, Abitur 3)	Lesekompetenztest (Testpunktzahl ohne definierten Nullpunkt)	Semester (0, 1, 2, …)

Tabelle 2.6   Skaleneigenschaften[©]

Zum Schluss soll noch erwähnt werden, dass bedingt durch die Fragestellung des Forschers die Umwandlung einer höheren Skala in eine niedrigere Skala jederzeit möglich ist. D. h. beispielsweise, dass eine Intervallskala in eine Ordinalskala umgewandelt werden kann. In diesem Fall muss allerdings ein Informationsverlust in Kauf genommen werden. Diesen Informationsverlust bei der Umwandlung einer höheren Skala in eine niedrigere bezeichnet man in der Sprache der Statistik als Varianzverlust oder Varianzminimierung. So kann man die in Abbildung 2.1 dargestellte verhältnisskalierte Variable *Alter* in eine ordinalskalierte Variable mit den Kategorien 1. *sehr jung* (18 bis 25) und 2. *Jung* (26 und älter) umwandeln. In diesem Fall weist die Variable nur zwei Werte auf. Dadurch ist die *Varianz* (s. Kapitel 4) der Altersvariablen drastisch reduziert worden, da die Unterschiedlichkeit der Messwerte im Vergleich zu der ursprünglichen Variablen sehr viel geringer geworden ist.

2.4 Beispiele: Übungs- und Reflexionsaufgaben zu Kapitel 2

2.4.1 Aufgabe 1: Füllen Sie den Fragebogen aus und bearbeiten Sie folgende Fragen

Welche Variablen werden erfasst? Formulieren Sie knappe, präzise Variablenbezeichnungen.
Was ist das höchste Skalenniveau der Variablen?
Vergleichen Sie Ihre Antworten mit den Beispiel-Lösungen im Anhang A.

Fragebogen

1. Welches Geschlecht haben Sie?
    ☐ weiblich   ☐ männlich

2. Wie alt sind Sie?
    _____ Jahre

3. Wie groß sind Sie?
    _____ cm

4. Wie ist es bei Ihnen?
    Im Studium geht es mir darum, …

*Kreuzen Sie **ein** Kästchen **pro Zeile** an.*

		stimmt gar nicht	stimmt eher nicht	weder noch	stimmt eher	stimmt genau
A.	… etwas Interessantes zu lernen.	☐	☐	☐	☐	☐
B.	… zum Nachdenken angeregt zu werden.	☐	☐	☐	☐	☐
C.	… ein tiefes Verständnis für die Inhalte zu erwerben.	☐	☐	☐	☐	☐

5. Wie schätzen Sie Ihre Englisch-Sprachkenntnisse ein?
    Geben Sie sich eine Schulnote.

*Kreuzen Sie **ein** Kästchen an.*

1	2	3	4	5	6
☐	☐	☐	☐	☐	☐

6. Wie lautet das Auto-Kennzeichen Ihres Wohnortes (z. B. K für Köln)?

_____

2.4.2 Aufgabe 2: Lesen Sie den nachfolgenden Ausschnitt eines Online-Fragebogens

1. Bestimmen Sie für jede Frage das höchste Skalenniveau.
2. Notieren Sie eine mögliche Kodierung der Antworten.
3. Verdeutlichen Sie anhand einer beispielhaften Transformation das jeweilige Skalenniveau.

Fragebogen-Ausschnitt der „Studie zu Kölner Berufskolleg-Absolventinnen und -Absolventen" (KOEBA; König & Zepp, 2012)

19. Wie viel Bücher gibt es bei Ihnen zu Hause? – (normalerweise stehen etwa 40 Bücher in einem Meter Regal) Zählen Sie Schulbücher nicht mit.
    - ☐ 0–10   ☐ 201–500
    - ☐ 11–25   ☐ mehr als 500 Bücher
    - ☐ 26–100   ☐ weiß ich nicht
    - ☐ 101–200

20. Welchen Schulabschluss haben Sie?
    - ☐ Keinen Schulabschluss
    - ☐ Abschluss Förderschule Lernen
    - ☐ Hauptschulabschluss nach Klasse 9
    - ☐ Hauptschulabschluss nach Klasse 10
    - ☐ Mittlerer Schulabschluss (Fachoberschulreife, Realschulabschluss)
    - ☐ Mittlerer Schulabschluss (Fachoberschulreife) mit Qualifikation zur gymnasialen Oberstufe
    - ☐ Fachhochschulreife (Fachabitur)
    - ☐ Allgemeine Hochschulreife (Abitur)

21. In welchem Jahr haben Sie die allgemeinbildende Schule verlassen?
    - ☐ 2005   ☐ 2009
    - ☐ 2006   ☐ 2010
    - ☐ 2007   ☐ 2011
    - ☐ 2008

74. Wie viele schriftliche Bewerbungen für einen Arbeitsplatz haben Sie jetzt am Ende Ihrer Ausbildung insgesamt verschickt?

75. An wie vielen Vorstellungsgesprächen haben Sie jetzt am Ende Ihrer Ausbildung insgesamt teilgenommen?

76. Ich möchte einen Schulabschluss/mehrere Schulabschlüsse nachholen
    - ☐ ja   ☐ vielleicht   ☐ nein

77. Wenn ja, welchen Abschluss?

2.5   Anwendung in SPSS

SPSS (Version 23) ist ein weit verbreitetes Programm zur statistischen Analyse, das nicht nur in den Erziehungswissenschaften, sondern auch in den Wirtschafts- und Sozialwissenschaften, in der Psychologie und in der medizinischen Forschung zum Einsatz kommt. Im Jahr 2009 wurde die Firma SPSS inc. von IBM übernommen, sodass SPSS den Namen *IBM SPSS statistics* trägt. Der ursprüngliche Name SPSS *(Statistical Package for the Social Sciences)* hat sich in der Fachsprache aber weit etabliert. Aus diesem Grunde verwenden wir in diesem Buch der Einfachheit halber den Namen SPSS.

Um das Programm zu starten, muss man in der Windows-Taskleiste auf Start (Windows-Icon) und dann auf das SPSS-Symbol klicken (Abbildung 2.2). Es öff-

Abbildung 2.2   Starten des SPSS-Programms©

net sich das in Abbildung 2.3 dargestellte Fenster. Das kleinere Fenster soll uns bei der Dateneingabe helfen. Da wir noch keine Daten eingeben wollen und die Dateneingabe auch auf andere Art und Weise leichter erfolgt, schließen wir dieses Fenster, indem wir auf *Abbrechen* klicken. Es bleibt dann das in Abbildung 2.4 dargestellte Fenster übrig, das die Variablenansicht veranschaulicht. Hierbei können die Eigenschaften der Variablen wie *Name, Typ, Spaltenformat, Variablenlabel, Wertelabel* etc. definiert werden.

Des Weiteren gibt es noch die Datenansicht. Zu dieser gelangt man, wenn man auf die Registerkarte *Datenansicht* am unteren Rand des Spreadsheets klickt (s. Abbildung 2.4). In dieser Ansicht können die Werte der Variablen eingegeben werden. Um das Programm zu schließen, muss man auf das x-Symbol oben rechts des SPSS-Fensters klicken.

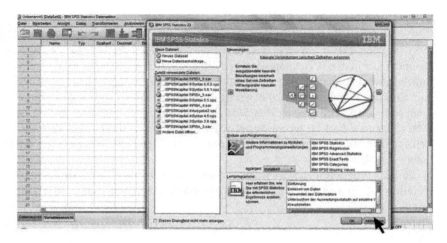

Abbildung 2.3   Der Daten-Editor©

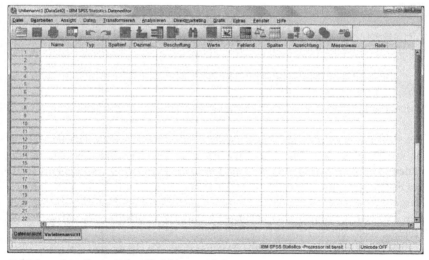

Abbildung 2.4   Daten-Editor: Variablenansicht©

Jede Datenanalyse mit SPSS umfasst erstens die Eingabe bzw. das Einlesen der Daten, zweitens die Datenaufbereitung und drittens die eigentliche statistische Analyse. Die ersten zwei Schritte werden in den folgenden Abschnitten erläutert.

2.5.1 Einlesen der Daten

In SPSS gibt es mehrere Möglichkeiten, die Daten einzulesen. Wir beschränken uns hierbei auf zwei Wege, die je nach Datensatzgröße vorzuziehen sind.

Um kleine – wie in Abbildung 2.1 dargestellte – Datenmengen in SPSS einzugeben, muss man zuerst die in Abbildungen 2.3 bis 2.4 dargelegten Schritte wiederholen. Dann gibt man den Namen der Variablen in das Textfeld *Name* des SPSS-Daten-Editors ein. Der Variablenname muss mit einem Buchstaben beginnen und kann bis zu 64 Zeichen lang sein. Groß- und Kleinschreibung spielt dabei keine Rolle. Es darf keine Leerzeichen sowie spezifische Zeichen wie !, ?, „ und * geben. Dagegen sind die Sonderzeichen _, ., @, #, $ bei der Vergabe eines Variablennamen erlaubt. Der Name einer Variablen darf nicht mit einem _ oder . enden. Beispiele für gültige Variablennamen sind: *sex, sex_1, wohnort, AlTeR_sex*, etc.

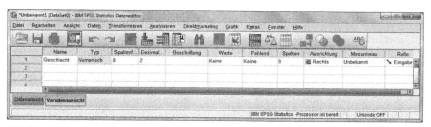

Abbildung 2.5 Definition von Variablen im Daten-Editor©

Sobald man den Namen der Variablen in das Textfeld *Name* eingegeben und durch die Return-Taste (Eingabe-Taste) bestätigt hat, werden von SPSS automatisch die Werte für die Textfelder *Typ, Spaltenformat, Dezimalstellen* etc. eingefügt. Die Standardeinstellung für den Typ der Variablen ist *numerisch*. Falls diese Einstellung dem Variablentyp nicht entspricht, kann man diesen ändern, indem man im Feld *numerisch* auf die Schaltfläche mit den drei Punkten klickt. Es öffnet sich dann die in Abbildung 2.6 dargestellte Dialogbox.

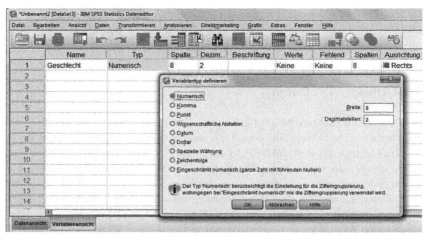

Abbildung 2.6   Variablentyp definieren©

Die Hilfe-Funktion von SPSS gibt folgende Definitionen zu den wichtigsten Variablentypen an:

- *Numerisch.* Eine Variable, deren Werte Zahlen sind. Die Werte werden im numerischen Standardformat angezeigt. Numerische Werte können im Daten-Editor im Standardformat oder in wissenschaftlicher Notation eingegeben werden.
- *Komma.* Eine numerische Variable, deren Werte mit Kommata als Tausender-Trennzeichen und Punkt als Dezimaltrennzeichen angezeigt werden. Numerische Werte für Kommavariablen können im Daten-Editor mit oder ohne Kommata oder in wissenschaftlicher Notation eingegeben werden. Die Werte können rechts neben dem Dezimaltrennzeichen kein Komma enthalten.
- *Punkt.* Eine numerische Variable, deren Werte mit Punkten als Tausender-Trennzeichen und Komma als Dezimaltrennzeichen angezeigt werden. Numerische Werte für Punktvariablen können im Daten-Editor mit oder ohne Punkte oder in wissenschaftlicher Notation eingegeben werden. Die Werte können rechts neben dem Dezimaltrennzeichen keinen Punkt enthalten.
- *Wissenschaftliche Notation.* Eine numerische Variable, deren Werte mit einem E und einer Zehnerpotenz mit Vorzeichen angezeigt werden. Numerische Werte für diese Variablen können im Daten-Editor mit oder ohne Potenz eingegeben werden. Dem Exponenten kann entweder ein E oder ein D (mit oder ohne Vorzeichen) oder ein Vorzeichen allein vorangestellt werden, beispielsweise 123, 1,23E2, 1,23D2, 1,23E+2 oder 1,23+2.

- *Datum.* Eine numerische Variable, deren Werte in einem der Datums- oder Uhrzeitformate angezeigt werden. Wählen Sie ein Format aus der Liste aus. Sie können Datumsangaben mit Schrägstrichen, Bindestrichen, Punkten, Kommata oder Leerzeichen als Trennzeichen eingeben. Bei zweistelligen Jahresangaben hängt das Jahrhundert von den Einstellungen unter „Optionen" ab (wählen Sie dazu im Menü „Bearbeiten" den Befehl Optionen aus und klicken Sie dann auf die Registerkarte Daten).
- *String* (Zeichenfolge). Eine Variable, deren Werte nicht numerisch sind und die daher nicht in den Berechnungen verwendet werden. Die Werte dürfen beliebige Zeichen bis zur festgelegten Höchstlänge enthalten. Groß- und Kleinbuchstaben werden als separate Buchstaben betrachtet. Dieser Typ ist auch als alphanumerische Variable bekannt.

In der erziehungswissenschaftlichen Datenanalyse kommen hauptsächlich numerische und Stringvariablen vor.

Da sich die im vorliegenden Beispiel neu definierte Variable *Geschlecht* auf das Geschlecht der befragten Personen bezieht, das die Kategorien 1 für männliche und 2 für weibliche Personen beinhalten soll, brauchen wir keine Dezimalstellen einzugeben. Aus diesem Grunde ändern wir den Zellenwert *Dezimalstellen* der Dialogbox *Variablentyp definieren* in Abbildung 2.6 von 2 auf 0. Des Weiteren gibt die Schaltfläche *Spaltenformat* die Anzahl der Ziffer bzw. Zeichen an. Im Feld *Beschriftung* kann die Variable näher beschrieben werden. Beispielsweise könnte man für die Variable *Geschlecht* das Label „Welches Geschlecht haben Sie?" eingeben. Das Feld *Werte* bezieht sich auf die Beschreibung der Werte der Variablen. Zu dieser gelangt man, wenn man in der Zelle (*„Keine"*) des Felds *Werte* rechts (auf die dann erscheinende Schaltfläche mit den drei Punkten) klickt. Dadurch öffnet sich das erste Fenster *Wertebeschriftungen*. Hier haben wir den Wert 1 und die Beschriftung „männlich" eingegeben (s. Abbildung 2.7). Danach muss man auf das Feld *Hinzufügen* klicken. Für die weiblichen Befragten weist man den Wert 2 und die Beschriftung „weiblich" zu. Danach muss man wieder auf *Hinzufügen* klicken. Hat man alle Kategorien der Variablen auf diese Art und Weise beschrieben, dann kann man diese Prozedur abschließen, indem man auf das Feld *OK* klickt.

Als Nächstes folgt die Zuweisung der fehlenden Werte. Fehlende Werte entstehen dadurch, dass befragte Personen keine Angaben zu einer oder mehreren Fragen machen (z. B. aufgrund fehlender Motivation). Abbildung 2.8 veranschaulicht, wie die fehlenden Werte in SPSS in der Variablenansicht definiert werden können. Zuerst klickt man auf die Schaltfläche *Keine*. Dadurch öffnet sich die Dialogbox *Fehlende Werte*. Wir haben hierbei den Wert −999 ausgewählt; er bezieht sich auf Personen, die keine Angaben in Bezug auf ihr Geschlecht gemacht haben.

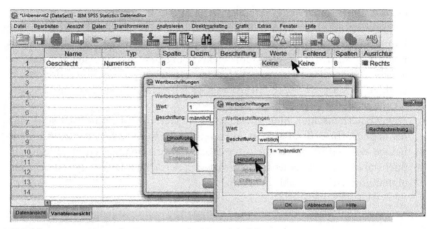

Abbildung 2.7   Manuelle Zuweisung der Wertelabels©

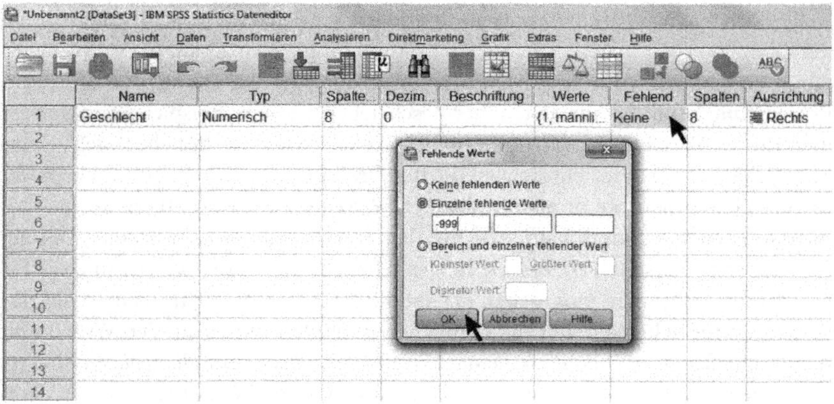

Abbildung 2.8   Definition von fehlenden Werten©

Der letzte wichtige Einstellungspunkt in der Variablenansicht bezieht sich auf das Messniveau. Dies kann man sehr einfach einstellen, indem man auf die Schaltfläche *Unbekannt* des Feldes *Messniveau* klickt (Abbildung 2.9). Man kann zwischen den Werten *Metrisch, Ordinal* und *Nominal* auswählen. Da die Variable *Geschlecht* eine nominalskalierte Variable ist, haben wir die Option *Nominal* ausgewählt.

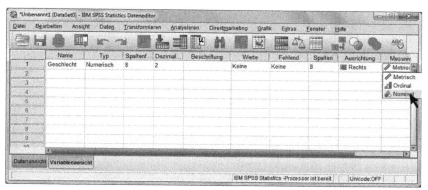

Abbildung 2.9   Messniveau auswählen©

Sobald man alle Variablen nach diesem Weg definiert hat (s. Abbildung 2.7 bis 2.9), kann man die Daten eingeben, indem man auf die *Datenansicht* unten links im SPSS-Daten-Editor klickt. In dieser Ansicht sind Spalten mit den Namen der definierten Variablen und Zeilen zu sehen. Jede Zeile entspricht einer befragten Person. Zu jeder Spalte und Zeile gibt es eine Zelle, die mit den erhobenen Daten gefüllt wird. Das Resultat dieser Arbeit haben wir schon in Abbildung 2.1 kennengelernt. Wir haben also insgesamt 10 Personen, die Angaben zu ihrem Geschlecht, Alter etc. gemacht haben.

Diese Methode der Dateneingabe ist zu empfehlen, wenn man kleine Datensätze hat. Im Forschungsalltag hat man aber meistens mit viel größeren Datenmengen zu tun. Diese werden meistens in den sogenannten Dateneingabemasken anhand von Excel gesammelt. Ein Auszug einer solchen Dateneingabemaske ist in Abbildung 2.10 zu sehen. Die hierbei dargestellten Daten beziehen sich auf die PISA-Schülerbefragung von 2012. In der ersten Zeile befinden sich die Namen der Variablen. In den übrigen Zellen sind die Werte der befragten Personen zu der jeweiligen Variablen zu sehen. Beispielsweise kann man anhand des Fragebogens bzw. Codebuchs der PISA-Studie 2012 feststellen, dass sich die Variable *ST25Q01* auf die Frage „Welche Sprache sprichst du zuhause am häufigsten?" bezieht. Falls ein/e Schüler/in die Antwort *Deutsch* gegeben hat, dann wurde in die Eingabemaske der Code 1 eingetragen. Schülern/-innen, die andere Sprachen zuhause sprachen, wurde der Code 2 zugewiesen. Der Code 7 bedeutet, dass den Schülern/-innen die mit Variable *ST25Q01* definierte Frage nicht gestellt wurde. Es gab vier Versionen von Schülerfragebögen in PISA 2012. Diese Versionen waren zum größten Teil identisch; es gab aber auch Fragen, die nur in einer der vier Versionen gestellt wurden. Solche Fälle wurden also mit dem Code 7 erfasst.

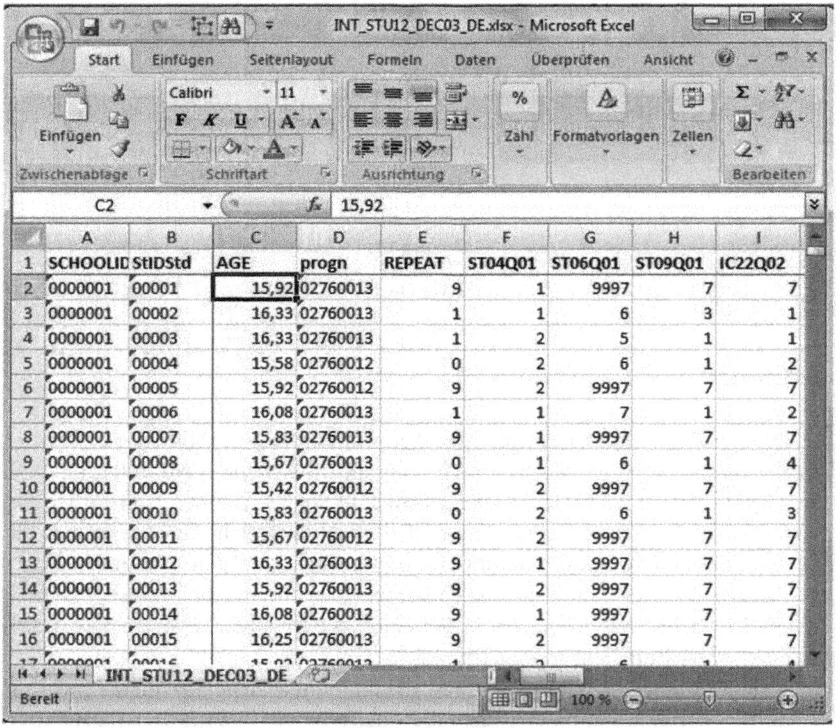

	A	B	C	D	E	F	G	H	I
1	SCHOOLID	StIDStd	AGE	progn	REPEAT	ST04Q01	ST06Q01	ST09Q01	IC22Q02
2	0000001	00001	15,92	02760013	9	1	9997	7	7
3	0000001	00002	16,33	02760013	1	1	6	3	1
4	0000001	00003	16,33	02760013	1	2	5	1	1
5	0000001	00004	15,58	02760012	0	2	6	1	2
6	0000001	00005	15,92	02760012	9	2	9997	7	7
7	0000001	00006	16,08	02760013	1	1	7	1	2
8	0000001	00007	15,83	02760013	9	1	9997	7	7
9	0000001	00008	15,67	02760013	0	1	6	1	4
10	0000001	00009	15,42	02760012	9	2	9997	7	7
11	0000001	00010	15,83	02760013	0	2	6	1	3
12	0000001	00011	15,67	02760012	9	2	9997	7	7
13	0000001	00012	16,33	02760013	9	1	9997	7	7
14	0000001	00013	15,92	02760013	9	2	9997	7	7
15	0000001	00014	16,08	02760012	9	1	9997	7	7
16	0000001	00015	16,25	02760013	9	2	9997	7	7

Abbildung 2.10 Excel-Dateneingabemaske zur PISA-Studie 2012©

Um solche Eingabemasken in SPSS einlesen zu können, muss man zuerst die in Abbildungen 2.2 bis 2.4 dargestellten Schritte wiederholen. Danach muss man sukzessiv auf *Datei* ➔ *Öffnen* ➔ *Daten* ... (s. Abbildung 2.11) im SPSS-Daten-Editor klicken. Es öffnet sich das in Abbildung 2.12 dargestellte Dialogfenster. Hier muss man in der Schaltfläche *Dateityp* die Auswahl *Excel (*.xls, *.xlsx, *.xlsm)* treffen. In der Schaltfläche *Suchen in* soll nun der Pfad gesucht werden, in dem die Excel-Dateneingabemaske gespeichert ist. Wir haben hier die Datei *INT_STU12_DEC03_DE.xlsx* markiert. Der nächste Schritt besteht darin, dass man auf die Fläche *Öffnen* in Abbildung 2.12 klickt. Es erscheint dann die in Abbildung 2.13 angezeigte Dialogbox. Hier muss man einfach auf *OK* klicken.

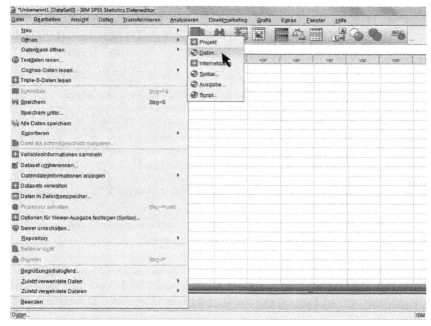

Abbildung 2.11 Excel-Dateneingabemaske in SPSS einlesen©

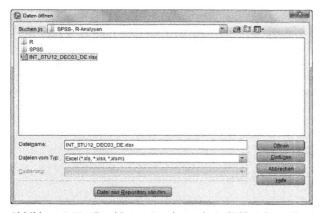

Abbildung 2.12 Excel Dateneingabemaske in SPSS einlesen (Fortsetzung)©

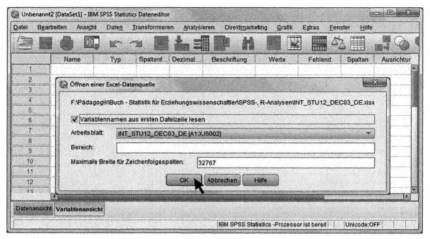

Abbildung 2.13 Excel-Dateneingabemaske in SPSS einlesen©

Um den erstellten SPSS-Datensatz zu speichern, muss man auf *Datei* ➤ *Speichern unter ...* klicken. Danach erscheint das in Abbildung 2.14 dargestellte Dialogfenster mit dem Namen *Daten speichern als.* Hier muss man einen Dateinamen defi-

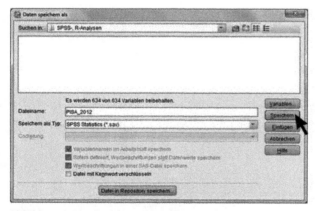

Abbildung 2.14 Speichern des Datensatzes©

nieren und auf die Schaltfläche *Speichern* klicken. Wir haben uns für den Namen *PISA_2012* entschieden. Das Programm kann nun geschlossen werden, indem man das x-Symbol rechts oben anklickt. Das Programm fragt uns nun, ob wir mit dem Schließen fortfahren möchten. Wir klicken auf *Ja.* Zuletzt erscheint das sogenannte Ausgabefenster, das in Abbildung 2.15 zu betrachten ist. In diesem Fenster werden die Ergebnisse aller in SPSS durchgeführten Operationen angezeigt. Diese können z. B. die Ergebnisse von statistischen Analysen oder der Pfad der geöffneten oder gespeicherten Dateien usw. sein. Dieses Fenster öffnet sich automatisch beim Starten von SPSS und kann auch gespeichert werden. Im Allgemeinen empfiehlt es sich, Ausgabedateien nicht zu speichern, da sie sehr groß sein können. Aus diesem Grunde klicken wir auf *Nein* und schließen dadurch SPSS.

Abbildung 2.15 Ausgabefenster©

2.5.2 Daten aufbereiten

Die Datenaufbereitung besteht aus der Zuweisung von *Variablen-* und *Wertelabels* sowie aus der Definition der fehlenden Werte. Im vorigen Abschnitt haben wir eigentlich diese Prozedur in der *Variablenansicht* (Abbildung 2.7 bis 2.9) beschrieben. Diese manuelle Zuweisung ist aber zu empfehlen, wenn man lediglich mit einer kleinen Anzahl von Variablen arbeitet. Bei größeren Datensätzen mit vielen Variablen empfiehlt sich der Weg der Datenaufbereitung über die sogenannte *SPSS-Syntax,* da sich dadurch wiederkehrende Berechnungen und Modifikationen an Befehlen zeitsparender ausführen lassen.

Etymologisch stammt das Wort aus dem griechischen σύνταξις (sýntaksis), das so viel wie Zusammenordnung, Anordnung oder Zusammenstellung bedeutet. In dieser SPSS-Syntax können Programmierungsbefehle gemäß der Programmiersprache von SPSS eingegeben werden. In der SPSS-Hilfedatei werden die folgenden Regeln zur der Programmiersprache von SPSS aufgelistet:

- **Jeder Befehl muss in einer neuen Zeile beginnen. Befehle können in jeder Spalte einer Zeile beginnen und für beliebig viele Zeilen fortgesetzt werden.**
- **Jeder Befehl muss mit einem Punkt abgeschlossen werden.**
- Der Befehlsabschluss muss das letzte nichtleere Zeichen in einem Befehl sein.
- Falls kein Punkt als Befehlsabschluss vorhanden ist, wird eine leere Zeile als Befehlsabschluss interpretiert.
- Die meisten Unterbefehle werden durch Schrägstriche (/) voneinander getrennt. Der Schrägstrich vor dem ersten Unterbefehl ist in der Regel optional.
- Variablennamen müssen vollständig ausgeschrieben werden.
- Text in Apostrophen oder Anführungszeichen muss sich auf einer Zeile befinden.
- **Zum Kennzeichnen der Dezimalstellen muss unabhängig von den regionalen oder Gebietsschemaeinstellungen der Punkt (.) verwendet werden.**

Die fett gedruckten Regeln sind sehr wichtig, um häufige Programmierungsfehler bei der Arbeit mit SPSS zu vermeiden. Jeder Befehl muss also auf einer neuen Zeile beginnen und mit einem Punkt abgeschlossen werden. Sehr häufig entstehen Programmierungsfehler dadurch, dass man den Punkt am Ende des Befehls vergisst. Groß- und Kleinschreibung spielen dagegen bei der SPSS-Programmierung keine Rolle.

Die SPSS-Programmierungsbefehle werden im sogenannten *Syntaxfenster* geschrieben. Zu diesem gelangt man, indem auf *Datei* ⇸ *Neu* ⇸ *Syntax* (Abbildung 2.16) auf die geöffnete SPSS-Datei klickt. In Abbildung 2.17 sind die Befehle *variable labels* und *value labels* aufgeführt. Jeder SPSS-Programmierungsbefehl folgt der Struktur der in Abbildung 2.17 dargestellten Befehle. Zuerst kommt das Schlüsselwort, danach folgen der Name der Variablen und die Befehlsspezifikationen, und am Ende kommt der Punkt. So haben wir der Variablen *ST25Q01* das *Label* „Welche Sprache sprichst du zuhause am häufigsten?" zugewiesen. Das *Label* muss in einfache Anführungszeichen (am Anfang und am Ende des *Labels*) gesetzt werden. Der Befehl für die Etikettierung der Werte einer Variablen weist die folgende Struktur auf:

```
value labels Variablenname Variablenwert 1 'label 1' Variablen-
    wert 2 'label 2' … Variablenwert n 'label n'.
```

Als letzter ist der Befehl *frequencies* in Abbildung 2.17 dargestellt. Dieser Befehl kommt sehr häufig zum Einsatz und hilft uns, einen ersten Eindruck über die Häufigkeitsverteilung der Variablen zu gewinnen.

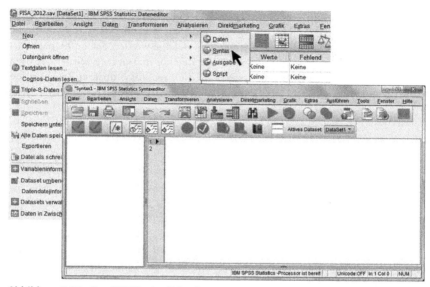

Abbildung 2.16   Der SPSS Syntax-Editor©

Abbildung 2.17   Variablen und Werte der Variablen benennen©

Des Weiteren ist zu Beginn des Syntax-Editors die Beschriftung ***Variablen und Werte der Variablen benennen* zu sehen. Dabei handelt es sich um einen Kommentar, der von uns geschrieben worden ist und die Syntax-Befehle beschreibt. Es empfiehlt sich, ein Kommentar vor jedes Bündel von Befehlen zu schreiben. Die Kommentare fangen mit einem Sternchen an und müssen auch mit einem Punkt beendet werden. Sie dienen nur zur Orientierung und werden von dem Programm nicht berücksichtigt.

Um die Syntax-Befehle ausführen zu lassen, muss man zuerst die gewünschten Befehle markieren und dann auf den grünen Pfeil klicken. Alternativ kann man die Tastenkombination *Strg + R* klicken. Die Befehle werden der Reihe nach ausgeführt. Wir haben in Abbildung 2.18 alle Befehle markiert. Nachdem wir auf den grünen Pfeil geklickt haben, erscheinen die Ergebnisse unserer Programmierung im Ausgabefenster. In Abbildung 2.19 ist ein Auszug dieser Ergebnisse zu se-

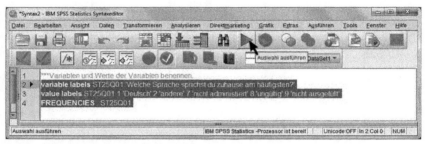

Abbildung 2.18   Ausführen des Syntax-Befehls©

➡ **Häufigkeiten**

Statistiken

ST25Q01 Welche Sprache sprichst du zuhause am häufigsten?

N	Gültig	5001
	Fehlend	0

ST25Q01 Welche Sprache sprichst du zuhause am häufigsten?

		Häufigkeit	Prozent	Gültige Prozente	Kumulierte Prozente
Gültig	1 Deutsch	3796	75,9	75,9	75,9
	2 andere	297	5,9	5,9	81,8
	7 nicht administiert	684	13,7	13,7	95,5
	8 ungültig	144	2,9	2,9	98,4
	9 nicht ausgefüllt	80	1,6	1,6	100,0
	Gesamt	5001	100,0	100,0	

Abbildung 2.19   Ergebnisse der Programmierung im Ausgabefenster©

hen. Wie man erkennen kann, trägt nun die Variable *ST25Q01* den Namen *Welche Sprache sprichst du zuhause am häufigsten?* Wir sehen außerdem, dass 3 796 (bzw. 75,9 %) Schüler/innen zum Zeitpunkt der Befragung zuhause am häufigsten Deutsch sprachen, während bei 297 Schülern/-innen dies nicht der Fall war.

Außerdem sind die Benennungen für die Werte (Codes) 7, 8 und 9 gelistet. Diese Werte tragen zur Klärung der Frage, welche Informationen die Variable *ST25Q01* erhebt, nicht bei und sind daher als fehlende Werte zu betrachten. D. h., sie sollen als solche dem SPSS-Programm zugewiesen werden.

Die Zuweisung der fehlenden Werte im Syntax-Editor weist folgende Struktur auf:

```
missing values Variablenname (fehlender Wert 1, fehlender Wert 2,
    fehlender Wert).
```

Wir haben nun unsere Syntaxdatei um den *missing values*-Befehl für die Variable *ST25Q01* erweitert und markiert, wie man Abbildung 2.20 entnehmen kann.

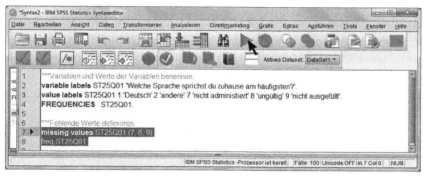

Abbildung 2.20   Fehlende Werte definieren©

Der letzte Befehl *freq* ist identisch mit dem Befehl *frequencies*. In SPSS reicht es auch aus, nur die ersten drei Buchstaben des Schlüsselwortes von einem Befehl zu schreiben. Die Ergebnisse dieses Befehls können Abbildung 2.21 entnommen werden. Nun sieht man, dass die Werte 7, 8 und 9 als *Fehlend* deklariert wurde. Außerdem sind in den Spalten *Gültige Prozente* und *Kumulierte Prozente* diese fehlenden Werte nicht berücksichtigt worden.

➔ Häufigkeiten

Statistiken

ST25Q01 Welche Sprache sprichst du zuhause am häufigsten?

N	Gültig	4093
	Fehlend	908

ST25Q01 Welche Sprache sprichst du zuhause am häufigsten?

		Häufigkeit	Prozent	Gültige Prozente	Kumulierte Prozente
Gültig	1 Deutsch	3796	75,9	92,7	92,7
	2 andere	297	5,9	7,3	100,0
	Gesamt	4093	81,8	100,0	
Fehlend	7 nicht administiert	684	13,7		
	8 ungültig	144	2,9		
	9 nicht ausgefüllt	80	1,6		
	Gesamt	908	18,2		
Gesamt		5001	100,0		

Abbildung 2.21   Auszug der Ergebnisse des Syntax-Befehls im Ausgabefenster©

Der Syntax-Editor kann genauso wie einer SPSS-Datensatz gespeichert und wieder verwendet werden. Dies geschieht, indem man auf *Datei ➔ Speichern unter …* klickt. Danach erscheint das in Abbildung 2.22 dargestellte Dialogfenster

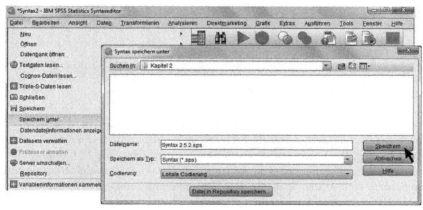

Abbildung 2.22   Syntaxdatei speichern©

mit dem Namen *Syntax speichern unter.* Hier muss man einen Dateinamen bestimmen und auf die Schaltfläche *Speichern* klicken. Wir haben uns für den Namen *Syntax_2_5_2.sps* entschieden, welche sich auf dieses Kapitel (2.5.2) bezieht.

Wir können jetzt die Syntaxdatei schließen. Abschließend gilt es noch, eine Sache zu beachten: Wenn wir mit SPSS fertig sind und das Programm schließen wollen, müssen wir den Datensatz speichern (unter demselben oder unter einem neuen Namen), damit die durch die Syntax erzeugten Änderungen auch im Programm gespeichert werden. Es reicht also nicht, allein die Syntax zu speichern. Der Datensatz muss ebenfalls gespeichert werden.

2.5.3 Daten modifizieren

Wir haben in Kapitel 2.3 gesehen, dass bedingt durch die Fragestellung der forschenden Person die Umwandlung einer höheren Skala in eine niedrigere Skala benötigt wird. So kann es z. B. sein, dass sich die forschende Person nicht für die Erfassung des Alters in Jahren interessiert, sondern für eine einfache Unterscheidung zwischen jüngeren und älteren Befragten. Ein ähnliches Anliegen wäre zum Beispiel bezogen auf die Variable *IC22Q02* des PISA-Datensatzes, welche die Zustimmung der Schüler/innen zu der Aussage „Hausaufgaben mit dem Computer zu erledigen macht mehr Spaß" anhand vier Antwortmöglichkeiten (1 = *stimmt völlig*, 2 = *stimmt eher*, 3 = *stimmt eher nicht* und 4 = *stimmt überhaupt nicht*) misst.[3] Es kann sein, dass sich die forschende Person allein für Schüler/innen interessiert, die dieser Aussage grob zustimmen oder nicht zustimmen. In diesem Fall sollte man die beiden ersten und die beiden letzten Antwortkategorien jeweils zusammenfassen (d. h. „dichotomisieren"). In SPSS können solche Datenmodifikationen anhand des Befehls *recode* erfolgen.

Wir wollen zuerst die Variable *IC22Q02* in eine neue Variable *IC22Q02_r* mit den Kategorien 1 = *stimmt*, 2 = *stimmt nicht* umwandeln. Durch *Datei → Neu → Syntax* im Datensatzfenster haben wir ein neues Syntaxfenster geöffnet und als *Variable rekodieren* kommentiert (Abbildung. 2.23). Der *recode*-Befehl weist folgende Struktur auf:

```
recode Variablenname (alter Wert 1 = neuer Wert 1) (alter Wert n =
    neuer Wert n) into neuer Variablenname.
```

---

3   S. Fragebogen bzw. Codebuch, jeweils kostenlos verfügbar: https://www.bifie.at/node/2458

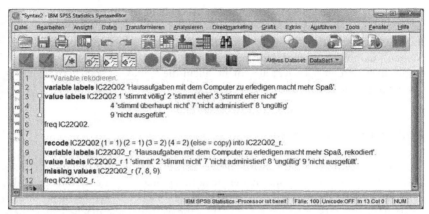

Abbildung 2.23   Variable rekodieren©

In unserer Syntax befindet sich der *recode*-Befehl in der Zeile 8. Wir haben also die Werte 1 und 2 der Variablen *IC22Q02* durch den Wert 1 ersetzt; ähnlich sind die Werte 3 und 4 durch den Wert 2 ausgetauscht. Mit der Anweisung *(else = copy)* haben wir bewirkt, dass die fehlenden Werte der Variablen *IC22Q02* unberührt bleiben. Durch das Schlüsselwort *into* haben wir somit eine neue Variable mit dem Namen *IC22Q02_r* erstellt. Dadurch bleiben die Werte der Variablen *IC22Q02* unberührt. Hätte man die *into*-Anweisung ausgelassen und keinen neuen Variablennamen vergeben, so wären die Werte der ursprünglichen Variablen *IC22Q02* geändert worden. Es empfiehlt sich also, eine Variable in eine neue Variable zu rekodieren. In den Zeilen 9 bis 12 haben wir dann die rekodierte Variable und deren Werte benannt. Außerdem haben wir die fehlenden Werte der rekodierten Variablen definiert und anschließend eine Häufigkeitstabelle erstellt. Das Resultat dieser Syntax ist in Abbildung 2.24 zu sehen.

Wenn mehrere Werte einer Variablen in denselben Wert rekodiert werden sollen, kann man den *recode*-Befehl durch das Schlüsselwort *thru* effizienter darstellen. Wir wollen dies in Abbildung 2.25 anhand der Rekodierung der Variablen *ST28Q01* demonstrieren. Laut PISA-Fragebogen bezieht sich diese Variable auf folgende Frage: *„Wie viele Bücher habt ihr zuhause? Auf einen Meter Bücherregal passen ungefähr 40 Bücher. Zähle bitte Zeitschriften, Zeitungen und deine Schulbücher nicht mit".* Den Schülern/-innen standen sechs Antwortmöglichkeiten zur Verfügung mit 1 = *0–10 Bücher,* 2 = *11–25 Bücher,* 3 = *26–100 Bücher,* 4 = *101–200 Bücher,* 5 = *201–500 Bücher* und 6 = *Mehr als 500 Bücher.* Wir wollen nun diese Variable in eine neue Variable *(ST28Q01_r)* mit den Kategorien 1 = *0–100 Bücher* und 2 = *Mehr als 100 Bücher* umwandeln. Abbildung 2.25 kann entnommen wer-

Häufigkeiten

Statistiken

IC22Q02 Hausaufgaben mit dem Computer zu erledigen macht mehr Spaß

N	Gültig	5001
	Fehlend	0

IC22Q02 Hausaufgaben mit dem Computer zu erledigen macht mehr Spaß

		Häufigkeit	Prozent	Gültige Prozente	Kumulierte Prozente
Gültig	1 stimmt völlig	1314	26,3	26,3	26,3
	2 stimmt eher	1577	31,5	31,5	57,8
	3 stimmt eher nicht	879	17,6	17,6	75,4
	4 stimmt überhaupt nicht	268	5,4	5,4	80,7
	7 nicht administiert	807	16,1	16,1	96,9
	8 ungültig	2	,0	,0	96,9
	9 nicht ausgefüllt	154	3,1	3,1	100,0
	Gesamt	5001	100,0	100,0	

IC22Q02_r Hausaufgaben mit dem Computer zu erledigen macht mehr Spaß, rekodiert

N	Gültig	4038
	Fehlend	963

IC22Q02_r Hausaufgaben mit dem Computer zu erledigen macht mehr Spaß, rekodiert

		Häufigkeit	Prozent	Gültige Prozente	Kumulierte Prozente
Gültig	1,00 stimmt	2891	57,8	71,6	71,6
	2,00 stimmt nicht	1147	22,9	28,4	100,0
	Gesamt	4038	80,7	100,0	
Fehlend	7,00 nicht administiert	807	16,1		
	8,00 ungültig	2	,0		
	9,00 nicht ausgefüllt	154	3,1		
	Gesamt	963	19,3		
Gesamt		5001	100,0		

Abbildung 2.24 Häufigkeitsverteilung der Variablen *IC22Q02* und der neu erstellten Variablen *IC22Q02_r*[©]

Abbildung 2.25 Rekodierung der Variable ST28Q01 (Anzahl der Bücher zuhause)[©]

den, wie diese Rekodierung stattfinden soll. Nach dem *recode*-Befehl haben wir die neue Variable und deren Werte benannt. Unsere Syntax ist mit der Aufforderung der Häufigkeitsaufzählungen der beiden Variablen abgeschlossen. Diese sind in Abbildung 2.26 zu sehen.

ST28Q01 Wie viele Bücher habt ihr zuhause? Auf einen Meter Bücherregal passen ungefähr 40 Bücher. Zähl bitte Zeitschriften, Zeitungen und deine Schulbücher nicht mit

		Häufigkeit	Prozent	Gültige Prozent	Kumulative Prozente
Gültig	1 0 - 10 Bücher	403	8,1	9,7	9,7
	2 11 - 25 Bücher	546	10,9	13,1	22,8
	3 26 - 100 Bücher	1171	23,4	28,2	51,0
	4 101 - 200 Bücher	850	17,0	20,4	71,4
	5 201 - 500 Bücher	743	14,9	17,9	89,3
	6 Mehr als 500 Bücher	445	8,9	10,7	100,0
	Gesamtsumme	4158	83,1	100,0	
Fehlend	7 nicht administiert	684	13,7		
	8 ungültig	21	,4		
	9 nicht ausgefüllt	138	2,8		
	Gesamtsumme	843	16,9		
Gesamtsumme		5001	100,0		

ST28Q01_r Anzahl der Bücher zuhause, rekodiert

		Häufigkeit	Prozent	Gültige Prozent	Kumulative Prozente
Gültig	1,00 0 bis 100 Bücher	2120	42,4	51,0	51,0
	2,00 Mehr als 100 Bücher	2038	40,8	49,0	100,0
	Gesamtsumme	4158	83,1	100,0	
Fehlend	7,00 nicht administiert	684	13,7		
	8,00 ungültig	21	,4		
	9,00 nicht ausgefüllt	138	2,8		
	Gesamtsumme	843	16,9		
Gesamtsumme		5001	100,0		

Abbildung 2.26   Häufigkeitsaufzählungen der ursprünglichen (ST28Q01) und rekodierten Variable (ST28Q01_r)©

Der *recode*-Befehl ist nicht die einzige Möglichkeit in SPSS, neue Variablen zu erstellen. Man kann dies auch mit dem sogenannten *if*-Befehl tun. Mit ihm werden mithilfe von relationalen und/oder logischen Operatoren Bedingungen formuliert. Die relationalen Operatoren erlauben es, Variablenwerte miteinander zu vergleichen. Das Ergebnis eines solchen Vergleichs kann entweder wahr oder falsch sein. Die logischen Operatoren sind hilfreich, um die Wahrheitswerte, die durch den Vergleich mithilfe von relationalen Operatoren erstellt wurden, zu verbinden. Dadurch werden neue Wahrheitswerte erstellt. Die wichtigsten relationalen und logischen SPSS-Operatoren sind in Tabelle 2.7 zu sehen. Die Verwendung von diesen Operatoren kann in einer Syntaxdatei entweder mit den in Tabelle 2.7 aufgeführten Symbolen oder mit den ebenfalls in Tabelle 2.7 aufgeführten Abkürzungen stattfinden. Wir bevorzugen die Symbole für die relationalen und die schriftlichen Abkürzungen für die logischen Operatoren.

Relationale Operatoren			Logische Operatoren		
Symbol	schriftliche Abkürzung	Bedeutung	Symbol	schriftliche Abkürzung	Bedeutung
=	eq	gleich	&	and	und
>	gt	größer	|	or	oder
<	lt	kleiner	~	not	Negation
>=	ge	größer gleich			
<=	le	kleiner gleich			
<>	ne	ungleich			

Tabelle 2.7 Relationale und logische Operatoren in SPSS©

Wir wollen nun mit dem *if*-Befehl eine neue Variable mit dem Namen *S_ IC22Q02* erstellen, welche aus der Kombination der Werte der Variablen *ST04Q01* und *IC22Q02* bestehen soll. Die Variable *ST04Q01* bezieht sich auf das Geschlecht der Schüler/innen, wobei laut Codebook weibliche Schülerinnen den Wert 1 und männliche Schüler den Wert 2 aufweisen. Die zu erstellende Variable *S_ IC22Q02* soll also die folgenden vier Kategorien aufweisen:

1 = *Schülerinnen die Spaß haben, Hausaufgaben mit dem Computer zu erledigen,*
2 = *Schüler die Spaß haben, Hausaufgaben mit dem Computer zu erledigen,*
3 = *Schülerinnen die keinen Spaß haben, Hausaufgaben mit dem Computer zu erledigen,*
4 = *Schüler die keinen Spaß haben, Hausaufgaben mit dem Computer zu erledigen.*

Da die neue Variable vier Kategorien haben soll, müssen wir vier *if*-Befehle schreiben. Abbildung 2.27 sind diese vier *if*-Befehle zu entnehmen. Jeder *if*-Befehl hat die folgende Struktur:

Der Befehl beginnt mit *if,* gefolgt von einem Leezeichen und einem Klammerpaar. Innerhalb dieser Klammer werden Bedingungen mithilfe von Variablennamen und relationalen und/oder logischen Operatoren formuliert. Falls diese Bedingungen zutreffen, bekommt die neue Variable einen Wert.

Der erste *if*-Befehl besagt also, dass wenn die befragten Personen weiblich sind und bezogen auf die Variable *IC22Q02* Werte zwischen 1 und 2 (<= 2) aufweisen, dann soll die Variable *S_ IC22Q02* den Wert 1 haben. Der zweite Befehl verlangt von SPSS, der Variablen *S_IC22Q02* den Wert 2 zuzuweisen, wenn die befragten Personen männlich sind und bezogen auf die Variable *IC22Q02* Werte zwischen 1 und 2 (<= 2) aufweisen. Der dritte Befehl bezieht sich wieder auf die Schülerin-

Abbildung 2.27   Erstellung der Variable S_IC22Q02 mit dem if-Befehl©

nen, die bezogen auf die Variable *IC22Q02* Werte zwischen 3 und 4 aufweisen. Falls dies zutrifft, dann soll die Variable *S_ IC22Q02* den Wert 3 zugewiesen bekommen. Der letzte *if*-Befehl bezieht sich auf Schüler, die bezogen auf die Variable *IC22Q02* ebenfalls Werte zwischen 3 und 4 aufweisen. In diesem Fall soll die Variable *S_ IC22Q02* den Wert 4 zugewiesen bekommen.

Die Ausführung der Befehle in Abbildung 2.27 erzeugt die in Abbildung 2.28 dargestellte Ausgabedatei. Wie man sieht, waren 35,6 % der befragten Personen weiblich und hatten Spaß bei der Erledigung der Hausaufgaben mit dem Compu-

S_IC22Q02 Geschlecht nach Zustimmung der Aussage:Hausgaben mit dem Computer zu erledigen macht mehr Spaß		Häufigkeit	Prozent	Gültige Prozent	Kumulative Prozente
Gültig	1,00 weiblich und hat Spaß	1436	28,7	35,6	35,6
	2,00 männlich und hat Spaß	1455	29,1	36,0	71,6
	3,00 weiblich und hat keinen Spaß	605	12,1	15,0	86,6
	4,00 männlich und hat keinen Spaß	542	10,8	13,4	100,0
	Gesamtsumme	4038	80,7	100,0	
Fehlend	System	963	19,3		
Gesamtsumme		5001	100,0		

Abbildung 2.28   Häufigkeitstabelle der neu erstellten Variable S_IC22Q02©

ter. 36 % der Personen waren männlich und hatten ebenfalls Spaß bei der Erledigung der Hausaufgaben mit dem Computer. Ähnlich sind die Werte 3 und 4 der Variablen *S_IC22Q02* zu interpretieren. Ferner fällt auf, dass 963 Fälle vom System (also SPSS) als fehlend erkannt wurden, obwohl wir hierbei keine fehlenden Werte definiert haben. Das liegt daran, dass wir bei der Formulierung der *if*-Befehle die

Werte 7, 8 und 9, die als fehlend bei der Variablen *IC22Q02* bestimmt waren, außer Acht gelassen haben. In diesem Fall weist die neu erstellte Variable *S_ IC22Q02* leere Zellen auf; diese werden von SPSS automatisch als fehlende Werte erkannt.

Bevor wir das Programm schließen, müssen wir die Syntaxdatei und den SPSS-Datensatz speichern. Die Syntaxdatei dieses Abschnitts haben wir als *Syntax_2_5_3.sps* gespeichert. Den Datensatz haben wir unter dem Namen *PISA_2.sav* gespeichert. Er bildet die Grundlage für die in Kapitel 3 dargestellten SPSS-Anwendungen.

2.6   Anwendung in R

R stellt eine frei verfügbare Programmiersprache zur statistischen Datenanalyse dar. R ist im Internet unter der *General Public License* frei zugänglich, d. h., man kann das Programm auf den eigenen Computer herunterladen und dort installieren. Dabei spielt das Betriebssystem (Windows, Macintosh, Linux) keine Rolle, da R für all diese Betriebssysteme installierbar ist. R basiert auf der Programmiersprache S, welche in den 1980er Jahren von Rick Becker, John Chambers und ihren Kollegen entwickelt wurde.

Gegenüber SPSS weist R den großen Vorteil auf, dass es nicht kostenpflichtig ist. Ähnlich wie SPSS ist R sehr populär. Man kann über das Internet sehr schnell für verschiedene Fragen Lösungsvorschläge finden. Des Weiteren ist R durch seine Flexibilität gekennzeichnet, da sich eigene Funktionen in R relativ einfach schreiben lassen. Im Vergleich zu SPSS und anderen kommerziell vertriebenen statistischen Programmen fehlt bei R eine raffinierte grafische Oberfläche (Menüleiste). Dies bereitet vor allem R-Anfängern Schwierigkeiten, komplexe statistische Analysen durchzuführen. Allerdings gibt es mittlerweile einige *Pakete*[4], welche die Erstellung solcher Menüleisten ermöglichen. Ebenfalls etwas schwieriger als bei SPSS ist die Programmierung mit R. Darüber hinaus ist SPSS flexibler bei dem Benennen der Variablen und deren Werten sowie bei dem Umgang mit fehlenden Werten. Des Weiteren sind die Formatierungen der tabellarischen Darstellung von statistischen Analysen schlechter als bei SPSS. Trotz seinen Nachteilen stellt R eine nennenswerte Alternative zu SPSS, nicht zuletzt aufgrund der Möglichkeiten für spezifische Analysen, die mit R durchgeführt werden können. Aus diesen Gründen wollen wir die Darstellungen von Anwendungen in diesem Buch für beide Statistik-Programme darstellen.

---

4   Bei den Paketen handelt es sich um Dateien, die durch R installiert und geladen werden sollen. Dadurch werden die Basisfunktionen von R erweitert.

Nach der Installation von R (s. Anhang D) kann durch das Anklicken des R-Symbols auf dem Desktop das Programm gestartet werden. Zuerst erscheint das in Abbildung 2.30 dargestellte Fenster. Oberhalb ist die Menüleiste von R zu sehen, welche im Vergleich zu der Menüleiste von SPSS recht spärlich aussieht. Im unteren Teil der Abbildung 2.29 ist die *R-Konsole* zu sehen. In dieser können Program-

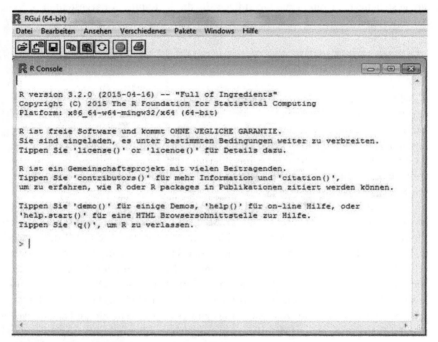

Abbildung 2.29   R-Menüleiste und R-Konsole©

mierungsbefehle geschrieben werden. Dies geschieht in der leeren Zeile mit dem Zeichen > in roter Farbe. Dieses Zeichen nennt man den *Prompt* oder die *Eingabeaufforderung*. Die Befehle können also rechts von dem Prompt mit der Tastatur eingegeben werden. Danach muss die Enter-Taste gedrückt werden, um die Ausführung der Befehle zu ermöglichen. Das Ergebnis der Ausführung des Befehls wird ebenfalls in den nächsten Zeilen der R-Konsole ausgegeben. R verfügt also im Allgemeinen über kein separates Ausgabefenster (ausgenommen davon ist die Erstellung von Grafiken).

Obwohl Befehle direkt in der R-Konsole eingegeben werden können, ist dies nicht empfehlenswert, da dort eine Bearbeitung der Befehle nicht möglich ist. Stattdessen sollte man Befehle in einem *Skriptfenster* eingeben. Dies ist mit dem Syntaxfenster von SPSS zu vergleichen. Ein neues Skriptfenster kann man öffnen, indem man in der Menüleiste von R auf *Datei* und dann auf *Neues Skript* klickt (Abbildung 2.30). In Abbildung 2.31 ist das neue Skriptfenster geöffnet. Dieses enthält zwei von uns geschriebene Befehle. Der erste Befehl ist ein Kommentar. Kommentare werden in R mit einem oder mehreren Rauten bzw. Nummernzeichen (#) indiziert. Sie dienen nur zur Orientierung und werden vom Programm nicht weiter berücksichtigt.

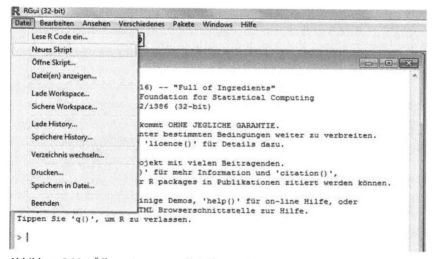

Abbildung 2.30   Öffnen eines neuen Skriptfensters©

Der zweite Befehl in Abbildung 2.31 bezieht sich auf die Auflistung der vorinstallierten Pakete. Wie schon erwähnt, handelt es sich bei den Paketen um Dateien, die durch R installiert und geladen werden sollen, damit die Basisfunktionen von R erweitert werden können. Mit der Installation des Programms sind auch einige Pakete vorinstalliert, welche durch den Befehl *library()* beschrieben werden können. Um die Befehle in dem Skriptfenster ausführen zu lassen, muss man zuerst die gewünschten Befehle markieren und dann auf das Symbol ▦ in der Menüleiste klicken. Alternativ kann man wie in SPSS die Tastenkombination *Strg + R* nutzen. Dadurch werden die Befehle in der R-Konsole eingefügt und ausgeführt. Abbildung 2.32 veranschaulicht nun das Ergebnis der Ausführung der obigen Befehle. In einem neuen Fenster werden alle vorinstallierten Pakete aufgelistet und kurz beschrieben. Mit dem Paket *foreign* z. B. können externe Datensätze in R eingelesen werden.

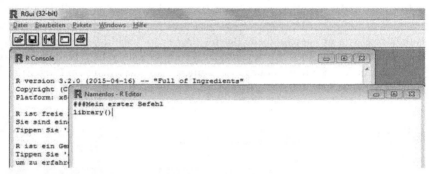

Abbildung 2.31   Geöffnetes Skriptfenster©

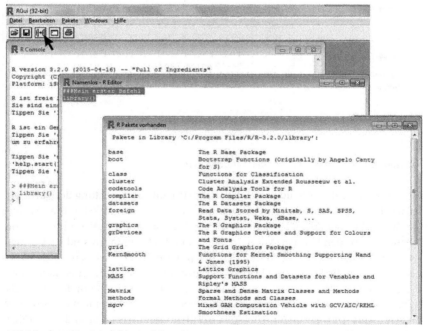

Abbildung 2.32   R-Befehle ausführen©

Zum Schluss dieses Abschnitts wollen wir noch den Stellenwert der Pakete erläutern. Außer den vorinstallierten Paketen gibt es in R eine Fülle von Paketen, mit deren Hilfe fast jede statistische Methode angewendet werden kann. Allerdings müssen diese Pakete zuerst durch R auf dem eigenen Rechner installiert werden. Dies geschieht, indem man in der Menüleiste auf *Pakete* → *Installiere Paket(e) ...* klickt. Dadurch öffnet sich ein neues Dialogfeld. Hierbei kann man den *CRAN mirror* auswählen. Der CRAN[5] mirror ist ein sogenannter Server, in dem die zu installierenden Pakete gelagert sind. Wie man anhand Abbildung 2.33 bereits sich vorstellen kann, existieren viele solcher Server. Es empfiehlt sich, denjenigen Ser-

Abbildung 2.33   Dialogfeld zum Wählen eines CRAN mirror-Servers[©]

---

5   CRAN stellt eine Abkürzung für *Comprehensive R Archives Network* dar.

ver auszuwählen, der sich in der Nähe des eigenen Standortes befindet. Wir haben also per linken Mausklick den Germany (Berlin)-Server[6] ausgewählt und auf *OK* geklickt.

Als Nächstes erscheint das in Abbildung 2.34 dargestellte Dialogfeld *Packages*. Hierbei sind alle verfügbaren Pakete alphabetisch aufgelistet. Man kann das ge-

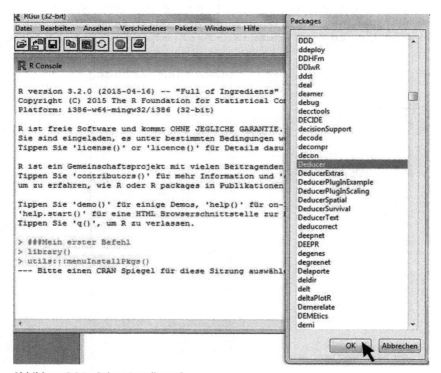

Abbildung 2.34   Pakete installieren©

wünschte Paket aussuchen, danach das gewünschte Paket per linken Mausklick markieren[7] und anschließend auf *OK* klicken. Je nach R-Version kann es sein, dass erneut der CRAN mirror-Dialogfeld erscheint. Falls dies der Fall ist, muss man

---

6   Falls dieser Server nicht reagiert, sollte man sich für den Server Germany (Göttingen) entscheiden.
7   Man kann mehrere Pakete markieren und installieren. In diesem Fall aber dauert der Installationsprozess länger.

wiederholt den Germany (Berlin)-Server auswählen und auf *OK* klicken. Wir haben also das Paket *Deducer* ausgewählt. Dieses Paket ermöglicht uns, ähnlich wie in SPSS, statistische Analysen durch die Menüleiste durchzuführen. Nach einiger Zeit wird das gewünschte Paket und seine Komponenten installiert. In der R-Konsole werden dann Informationen ausgegeben, welche den Installationsprozess betreffen.

Nach der Installation der gewünschten Pakete sollen diese nun geladen werden. Wir wollen nun das Paket *Deducer* laden. Dies geschieht über die Menüleiste *Pakete* ➤ *lade Paket …* Dadurch öffnet sich das in Abbildung 2.35 dargestellte Dialogfeld. Nun muss man das *Deducer*-Paket per linken Mausklick markieren und anschließend auf *OK* anklicken. Alternativ kann man im Skriptfenster den Befehl *library(Deducer)* schreiben und ausführen lassen. Dies ist die allgemeine Befehls-

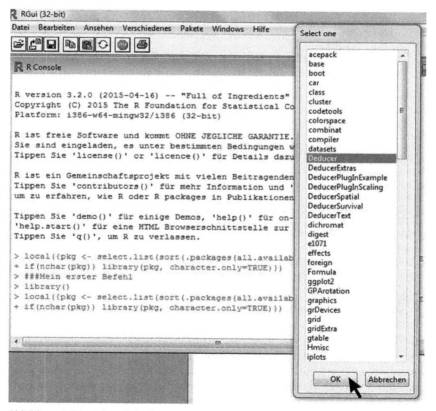

Abbildung 2.35 Pakete laden©

struktur, um in R Pakete zu laden: „library(Name des Pakets)". Beide Alternativen führen zum Laden des gewählten Pakets.

Sobald das Paket geladen ist, verändert sich die Menüleiste. Anhand Abbildung 2.36 kann man feststellen, dass es neue Menüoptionen gibt. Diese sind die

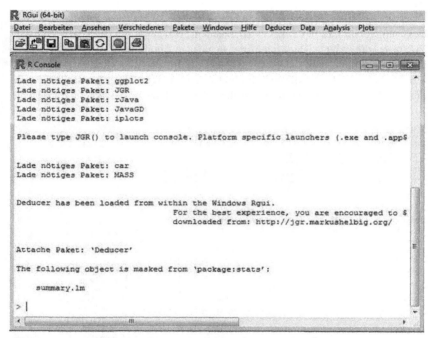

Abbildung 2.36   R-Menüleiste und -Konsole nach dem Laden des Pakets Deducer©

Deducer, Data, Analysis und *Plots.* Durch diese Menüoptionen können, wie wir später sehen werden, viele komplizierte statistische Analysen ähnlich wie bei SPSS ausgeführt werden.

Abschließend soll noch betont werden, dass Pakete nur einmal installiert werden sollen. Falls man das Programm schließt und wieder öffnet, sind die Pakete im Rechner vorhanden und brauchen nicht erneut installiert zu werden. Dagegen muss man die Pakete, falls man sie benötigt, beim Neustart des R-Programms wieder laden. Beim Schließen des Programms erscheint ein Dialogfenster, das uns befragt, ob wir den Workspace sichern wollen. Falls man auf *Ja* klickt, werden alle bereits gemachten Zuweisungen in einem Ordner im R-Programm gespeichert. Dies ist nicht empfehlenswert. Stattdessen sollte man immer die Angaben im Skriptfenster als Skriptdatei speichern. Dies geschieht, indem man den Cursor im Skriptfenster stellt und dann auf *Datei ➤ Speichern unter …* in der Menüleiste anklickt. Dadurch erscheint das untere Fenster in Abbildung 2.37. Hier kann man

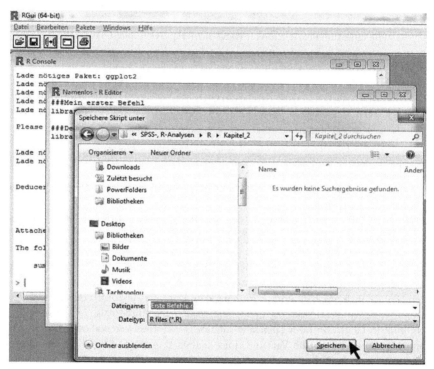

Abbildung 2.37 Skriptdatei speichern©

den Speicherort aussuchen und der Skriptdatei einen Namen vergeben. Wir haben unsere Skriptdatei *Erste Befehle.r* benannt. Es ist wichtig, dass bei der Benennung der zu speichernden Skriptdatei der Name die Endung *.r* aufweist.

2.6.1 Einlesen der Daten

Bevor wir uns mit dem Einlesen von Daten in R beschäftigen, wollen wir zuerst erklären, wie die Daten in R strukturiert werden und welche die Basisdatentypen in R sind. Dies ist wichtig und hängt unmittelbar mit dem Einlesen der Daten zusammen.

R stellt eine objektorientierte Programmiersprache dar. D. h., dass alles was man in R erzeugt, programmintern als Objekte im Arbeitsspeicher des Computers gespeichert wird. Diese Objekte sind verfügbar, solange R läuft. Wenn man R beendet, gehen die Objekte verloren, es sei denn, man hat sie davor gespeichert. Objekte können z. B. Datensätze, Grafiken, einzelne Variablen oder Funktionen sein. Je nach Werte des Objekts lassen sich in R verschiedene Datentypen unterscheiden. Die wichtigsten sind:

(1) *Numeric:* Sie beinhalten sowohl ganze als reelle Zahlen; sie entsprechen dem nummerischen Datentyp in SPSS.
(2) *Character:* Diese beinhalten Zeichenketten. Sie sind mit dem Datentyp *String* von SPSS identisch.
(3) *Logical:* Dies sind Datentypen, die entweder wahr (= 1) oder falsch (= 0) sein sollen.

Objekte bzw. Daten im Allgemeinen können unterschiedliche Datenstrukturen aufweisen. Die wichtigsten von Ihnen sind in Abbildung 2.38 dargestellt. Vektoren stellen die einfachste und grundlegendste Datenstruktur in R dar, da fast alle Datentypen von R als Vektoren behandelt werden. Sie können also Daten vom Typ *Nummeric, Character* oder *Logical* enthalten. Sie können vertikal oder horizontal angelegt sein. Z. B. ist die Variable eines Datensatzes ein vertikaler Vektor. Dagegen kann man in R die Variablennamen eines ganzen Datensatzes als einen horizontalen Vektor anlegen. Falls ein Vektor sowohl Zahlen als auch Zeichenketten beinhaltet, wird programmintern der Vektor vom Typ *Character* interpretiert. Bei den Vektoren handelt es sich also im Allgemeinen um Variablen. Die Matrizen sind Datenstrukturen, welche aus zwei oder mehreren Vektoren bestehen können. In einer Matrix dürfen nur Daten des gleichen Typs vorkommen. Dagegen können bei den Data Frames Daten unterschiedlichster Typen vorkommen. Die Data Frames sind mit den Datensätzen identisch. In einem Data Frame können gleichzeitig Vektoren vom Typ *Nummeric, Character* oder *Logical* vorkommen. Bei den Arrays handelt es sich um mehrdimensionale Matrizen, wobei pro Matrix-Dimension nur Vektoren des gleichen Typs vorkommen dürfen.

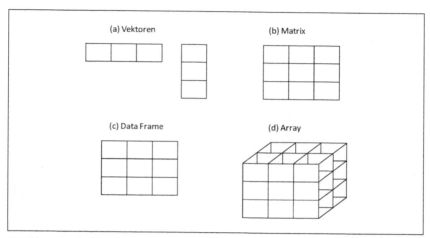

Abbildung 2.38   Datenstrukturen in R©

In R gibt es ähnlich wie in SPSS mehrere Möglichkeiten, die Daten einzulesen. Wir beschränken uns hierbei auf drei Wege, die je nach Datensatzgröße vorzuziehen sind. Falls man mit kleinen Datenmengen zu tun hat, kann man manuell die Daten eingeben. Abbildung 2.39 beschreibt diesen Prozess. Wir haben zuerst in eine neue Skriptdatei den Befehl *meinedaten <- data.frame()* geschrieben. Dadurch wird dem Objekt *meinedaten* ein leerer Datensatz zugewiesen. Der Objektname *meinedaten* ist willkürlich. Dagegen ist dies bei der Funktion *data.frame()* nicht der Fall. Dies ist die allgemeine Art und Weise, anhand derer man in R Objekte erstellt. Zuerst wird der Name des Objekts bestimmt. Danach folgen die Zeichen <- durch einfaches Drücken auf die Tasten *kleiner* und *Minus* der PC-Tastatur. Diese Zeichen ähneln einem Pfeil. Die Funktion *data.frame()*, die sich auf einen leeren Datensatz bezieht, soll dem Objekt *meinedaten* zugewiesen werden. Der nächste Befehl *fix(meinedaten)* verlangt, dass das Objekt *meindaten* geöffnet wird. Wir haben also diesen Befehl markiert und ausgeführt. Dadurch hat sich das Fenster *Dateneditor* geöffnet. Dieses enthält viele leere Variablen *(var1, var2, …)*. Falls man auf den Namen einer Variablen klickt, öffnet sich das Fenster *Variable Editor*. Hier kann man z. B. den Namen der Variablen ändern und den Variablentyp zwischen *numeric* und *character* bestimmen. In den Zeilen der Variablen kann man die Werte der Variablen eingeben. Sobald der Datensatz fertig ist, kann man den Dateneditor durch Klicken auf das x-Symbol ganz rechts oben schließen.[8]

---

8   Man muss nach der Ausführung des *fix*-Befehls den Dateneditor immer schließen, damit nachfolgende Befehle ausgeführt werden können.

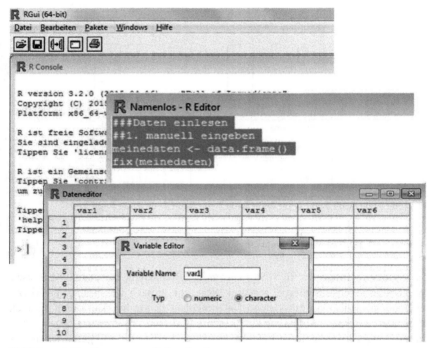

Abbildung 2.39   Daten manuell eingeben©

Falls man mit größeren Datenmengen zu tun hat, ist die oben angeführte Methode zum Einlesen der Daten ungeeignet. In diesem Fall kann man die Daten automatisch durch R einlesen lassen. In R können Daten von fast allen Datenformaten eingelesen werden. Wir beschränken uns hierbei auf das Einlesen von Excel-Dateneingabemasken und SPSS-Datensätzen. Bevor man die Daten einlesen kann, muss man R mitteilen, wo sich die Daten befinden. Mit anderen Worten muss man zuerst das Arbeitsverzeichnis wechseln. Dies erreicht man durch folgenden Befehl:

```
setwd("Ordnerpfad"),
```

wobei *wd* eine Abkürzung für *working directory* ist. Beispielsweise lautet der Pfad zur Excel-Dateneingabemaske der PISA-Studie 2012 in unserem Rechner:

```
C:\SPSS-,_R-Analysen\R\Kapitel_2
```

Der Befehl also zum Wechsel des Arbeitsverzeichnisses lautet:

```
setwd("C:/SPSS-,_R-Analysen/R/Kapitel_2")
```

Im Unterschied zu der Dateipfad-Angabe unter Windows verwendet R den normalen Schrägstrich (/) zu Trennung der verschiedenen Unterordner. Dies sollte beachtet werden, um Fehlermeldungen beim Einlesen von Daten zu vermeiden. Alternativ kann man das Arbeitsverzeichnis durch die Menüleiste bestimmen, indem man *Datei → Verzeichnis wechseln ...* anklickt. Dadurch öffnet sich ein neues Dialogfeld, über das man den relevanten Ordner suchen kann.

Nun wollen wir die Excel-Datei (Dateneingabemaske) mit den PISA-Daten 2012 öffnen. Zuerst soll die Excel-Datei geöffnet werden. Danach soll diese Datei als *csv*-Datei in dem Ort des aktuellen Arbeitsverzeichnisses von R gespeichert werden, indem man in Excel auf *Speichern unter* den Dateityp *CSV (Trennzeichen-getrennt) (*.csv)* wählt (s. Abbildung 2.40). Danach erscheint eine Warnmeldung. Hierbei sollten wir auf *Ja* klicken (s. Abbildung 2.41). Wir können nun das Excel-Programm schließen. Falls weitere Dialogfelder in diesem Punkt erscheinen, sollten wir alle Felder mit *Nein* beantworten. Nun ist die Datei *INT_STU12_DEC03_DE.csv* erstellt. Sie kann in R durch folgenden Befehl eingelesen werden:

```
Pisa <- read.csv2("INT_STU12_DEC03_DE.csv")
fix(Pisa)
```

Wir haben also ein Objekt Namens *Pisa* erstellt. In diesem Objekt ist mithilfe der Funktion *read.csv2* die von uns erstellte *csv*-Datei gespeichert worden. Mit dem zweiten Befehl *fix(Pisa)* öffnet sich der Dateneditor mit den PISA-Daten (s. Abbildung 2.42). Man kann die Excel-Datei ohne die Umwandlung in *csv*-Datei durch R einlesen lassen, aber der *csv*-Umweg ist der sicherste Weg, um Excel-Dateien in R einzulesen.

Um SPSS-Datensätze in R einzulesen, muss man zuerst das Paket *Hmisc* (falls nicht installiert) installieren und laden. Danach kann man mit folgenden Befehlen die Daten einlesen:

```
Pisa_Spss <- spss.get("PISA_2012.sav", use.value.labels = TRUE)
fix(Pisa_Spss)
```

Zuerst haben wir also das Objekt *Pisa_Spss* erstellt. In diesem Objekt sollen die
Daten des SPSS-Datensatzes gespeichert werden. Dies geschieht durch die Funktion *spss.get(„Name der SPSS-Datei.sav", use.value.labels = TRUE)*. Wir wollen also
den zuletzt gespeicherten SPSS-Datensatz *PISA_2012.sav* dem Objekt *Pisa_Spss*
zuweisen. Der Unterbefehl *use.value.labels = TRUE* bewirkt, dass Wertelabels vom
SPSS übernommen werden. Der letzte Befehl öffnet den Dateneditor.

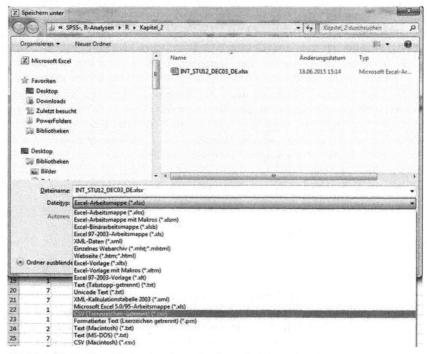

Abbildung 2.40   Excel-Dateneingabemaske als csv-Datei speichern©

Abbildung 2.41 Warnmeldung beim Erstellen der csv-Datei©

	SCHOOLID	StIDStd	AGE	progn	REPEAT	ST04Q01	ST06Q01	ST09Q01
1	0000001	00001	15.92	02760013	9	1	9997	7
2	0000001	00002	16.33	02760013	1	1	6	3
3	0000001	00003	16.33	02760013	1	2	5	1
4	0000001	00004	15.58	02760012	0	2	6	1
5	0000001	00005	15.92	02760012	9	2	9997	7
6	0000001	00006	16.08	02760013	1	1	7	1
7	0000001	00007	15.83	02760013	9	1	9997	7
8	0000001	00008	15.67	02760013	0	1	6	1
9	0000001	00009	15.42	02760012	9	2	9997	7
10	0000001	00010	15.83	02760013	0	2	6	1
11	0000001	00011	15.67	02760012	9	2	9997	7
12	0000001	00012	16.33	02760013	9	1	9997	7
13	0000001	00013	15.92	02760013	9	2	9997	7
14	0000001	00014	16.08	02760012	9	1	9997	7
15	0000001	00015	16.25	02760013	9	2	9997	7
16	0000001	00016	15.92	02760013	1	2	6	1
17	0000001	00017	15.83	02760013	0	1	5	1
18	0000001	00018	16	02760013	1	2	7	1
19	0000001	00019	15.42	02760013	9	2	9997	7

Abbildung 2.42 Dateneditor zum Objekt Pisa©

Als Letztes sollen die in R eingelesenen Datensätze gespeichert werden. Hierbei gibt es mehrere Möglichkeiten. Wir wählen jedoch die zuverlässigste, die darin besteht, dass die in R eingelesen Datensätze als *csv*-Datei exportiert werden. Dies erfolgt durch folgenden Befehl:

```
write.csv2(Pisa, file = "Pisa.csv", row.names = FALSE)
```

Wir haben also die Daten des Objekts *Pisa* (dieses bezieht sich auf die eingelesenen Excel-Daten) in der Datei *Pisa.csv* gespeichert. Der Unterbefehl *row.names* =
FALSE bewirkt, dass eine Durchnummerierung der Zeilen in der neu erstellten
Pisa.csv-Datei unterdrückt wird. Die neu erstellte Datei wird nach der Ausführung des Befehls in dem von dem Arbeitsverzeichnis zugewiesenen Ordner gespeichert. Bevor man das Programm schließt, muss man unbedingt die Skriptdatei speichern, welche in Abbildung 2.43 dargestellt worden ist. Wir haben sie unter
dem Namen *Skript_2_6_1.r* gespeichert.

```
###Daten einlesen
##1. manuell eingeben
meinedaten <- data.frame()
fix(meinedaten)

##2. Excel-Daten einlesen
setwd("C:/SPSS-, R-Analysen/R/Kapitel_2")
Pisa <- read.csv2("INT_STU12_DEC03_DE.csv")
fix(Pisa)

##3. Spss-Daten einlesen
library(Hmisc)
Pisa_Spss <- spss.get("PISA_2012.sav", use.value.labels = TRUE)
fix(Pisa_Spss)

##4. Daten speichern.
write.csv2(Pisa, file = "Pisa.csv", row.names = FALSE)

##5. gespeicherte Daten noch mal öffnen
Pisa <- read.csv2("Pisa.csv")
fix(Pisa)
```

Abbildung 2.43   Skriptdatei zum Einlesen und Speichern von Datensätzen in R

2.6.2 Daten aufbereiten

In diesem Abschnitt setzen wir uns mit der Zuweisung von Variablen- und Wertelabels sowie der Definition der fehlenden Werte auseinander. Davor wollen wir
jedoch grundlegende Regeln in Bezug auf die R-Programmierung vorstellen, wobei die Befehle in einer Skriptdatei geschrieben werden. Diese sind:

- Jeder Befehl muss in einer neuen Zeile beginnen. Befehle können in jeder Spalte einer Zeile beginnen und für beliebig viele Zeilen fortgesetzt werden.
- Jeder Befehl muss nicht wie in SPSS mit einem Punkt abgeschlossen werden.
  Das Programm erkennt automatisch das Befehlsende.
- Variablennamen müssen vollständig ausgeschrieben werden, wobei, im Gegensatz zu SPSS, Groß- und Kleinschreibung wichtig ist. Wenn z. B. eine Variable *B_var_1* heißt, muss man sie bei der Programmierung immer mit *B_var_1*
  ansprechen und nicht z. B. mit *b_VaR_1*.

- Groß- und Kleinschreibung ist in R im Allgemeinen wichtig. D. h., das was für die Variablennamen gilt, gilt auch für R-Funktionen, R-Objekte und R-Pakete.

- Bei der Konstruktion neuer Variablen oder beim Einlesen von externen Daten können die Namen der Variablen etliche Zeichen außer Leerzeichen beinhalten. Wir empfehlen aber trotzdem, dass man sich diesbezüglich an die SPSS-Regeln hält, um Konflikte beim Datenaustausch zwischen den beiden Programmen zu vermeiden.

- Zum Kennzeichnen der Dezimalstellen muss unabhängig von den regionalen oder Gebietsschemaeinstellungen der Punkt (.) verwendet werden.

Um Variablen einem Label zuzuweisen, muss man zuerst das Paket *Hmisc* laden, wie man anhand Abbildung 2.44 feststellen kann. Um die Variable *ST04Q01*, wel-

```
###1. Daten einlesen
setwd("C:/SPSS-, R-Analysen/R/Kapitel_2")
Pisa <- read.csv2("Pisa.csv")
fix(Pisa)

###2. Variable mit einem Label beschreiben
library(Hmisc)
label(Pisa$ST04Q01) <- "Geschlecht der Schüler"
describe(Pisa$ST04Q01)

###3. Werte der Variablen benennen
Pisa$Gender <- Pisa$ST04Q01
Pisa$Gender <- factor(Pisa$Gender, levels = c(1, 2),
                labels = c("weiblich", "männlich"))
label(Pisa$Gender) <- "Geschlecht der Schüler"
describe(Pisa$Gender)
```

Abbildung 2.44   Skriptdatei zur Zuweisung von Variable- und Wertelabels©

che sich auf das Geschlecht der Schüler/innen bezieht, zu benennen, muss man folgende Befehle schreiben:

```
library(Hmisc)
label(Pisa$ST04Q01) <- "Geschlecht der Schüler/innen"
describe(Pisa$ST04Q01)
```

Mit dem ersten Befehl wird das *Hmisc* Paket geladen. Mit dem zweiten Befehl wird der Variablen *ST04Q01* das Label *Geschlecht der Schüler/innen* zugewiesen. Dies geschieht also anhand der Funktion *label*. Danach folgt der Name der Va-

riablen, die benannt (beschrieben) werden soll. Um eine Variable in R anzuspre-
chen, muss man davor den Namen des Datensatzes gefolgt von dem Dollar-Zei-
chen (\$) eintippen. Nach der Zeichenkombination <- folgt in Anführungszeichen
das gewünschte Label der Variablen. Mit der Ausführung des letzten Befehls wird
die Variable *ST04Q01* beschrieben, d.h. es wird unter anderem ihr Label in der
R-Konsole angezeigt. Im Gegensatz zu SPSS wird das Label einer Variablen nur bei
der Ausführung der Funktion *describe* berücksichtigt.

Um die Werte einer Variablen zu benennen, braucht man davor kein spezifi-
sches Paket zu laden. Dies geschieht bei der *Konvertierung* der Variablen, welche
normalerweise als Vektoren strukturiert sind, in *Faktoren*. Wie wir im Kapitel 2.6.1
erwähnt haben, stellen Vektoren die einfachste und grundlegendste Datenstruktur
in R dar, da fast alle Datentypen von R als Vektoren behandelt werden. Faktoren
sind spezielle Datentypen und werden in R verwendet, um kategoriale Variablen
(also nominal- oder ordinalskalierte) zu identifizieren. Die Konvertierung von
Vektoren in Faktoren ist nicht immer erforderlich. Will man aber die Werte einer
Variablen benennen oder will man gewisse statistische analytische Verfahren für
kategoriale Daten verwenden, dann muss man die Vektor-Variablen in Faktoren
konvertieren. Wir wollen also für die obige Variable *ST04Q01,* welche die Werte 1
(= *weiblich)* und 2 (= *männlich)* aufweist, die Werte benennen. Dies geschieht
durch die Ausführung von folgenden Befehlen:

```
Pisa$Gender <- Pisa$ST04Q01
Pisa$Gender <- factor(Pisa$Gender, levels = c(1, 2), labels =
  c("weiblich", "männlich"))
label(Pisa$Gender) <- "Geschlecht der Schüler/innen"
describe(Pisa$Gender)
```

Mit dem ersten Befehl haben wir die Variable *ST04Q01* kopiert. Die kopierte Variable heißt *Gender* und ist mit der Variablen *ST04Q01* identisch. Im Allgemeinen
empfiehlt es sich bei der Konvertierung von Vektoren in Faktoren die ursprüngliche Version der Variablen beizubehalten, falls man die ursprünglichen Daten später noch benötigt. Aus diesem Grund haben wir die Variable *ST04Q01* einfach kopiert. Der zweite Befehl bewirkt die Faktor-Konvertierung. Dies geschieht mit der
Funktion *factor.* Innerhalb dieser Funktion sind die Funktionen *levels* und *labels*
angesiedelt. Die erste Funktion sagt dem Programm, welche Werte bei der Variablen *Gender* vorkommen, während die Funktion *labels* den Werten 1 und 2 die
Namen *weiblich* und *männlich* zuweist. Nun weist die Variable *Gender* die Werte
weiblich und *männlich* auf. D.h. nicht, dass die Werte 1 und 2 verschwunden sind –

programmintern sind sie immer noch präsent, sie werden allerdings nicht mehr ausgegeben. Des Weiteren fällt bei der Konvertierung die Funktion *c()* auf. Anhand dieser Funktion erzeugt bzw. referiert man Vektoren von Elementen desselben Typs. Der dritte Befehl bewirkt, dass die Variable *Gender* das Label *Geschlecht der Studierenden* erhält. Die Ergebnisse der Ausführung von all diesen Befehlen sind in Abbildung 2.45 zu betrachten.

```
The following objects are masked from 'package:base':

    format.pval, round.POSIXt, trunc.POSIXt, units

> label(Pisa$ST04Q01) <- "Geschlecht der Schüler"
> describe(Pisa$ST04Q01)
Pisa$ST04Q01 : Geschlecht der Schüler
     n missing  unique      Info     Mean
  5001       0       2      0.75    1.508

1 (2462, 49%), 2 (2539, 51%)
> Pisa$Gender <- Pisa$ST04Q01
> Pisa$Gender <- factor(Pisa$Gender, levels = c(1, 2),
+              labels = c("weiblich", "männlich"))
> label(Pisa$Gender) <- "Geschlecht der Schüler"
> describe(Pisa$Gender)
Pisa$Gender : Geschlecht der Schüler
     n missing  unique
  5001       0       2

weiblich (2462, 49%), männlich (2539, 51%)
```

Abbildung 2.45   Auszug der Ausgabe in der R-Konsole©

2.6.3 Daten modifizieren

In diesem Abschnitt wollen wir uns mit der Definition der fehlenden Werte und der Rekodierung von Variablen auseinandersetzen. Bezogen auf die Definition von fehlenden Werten ist R nicht so flexibel wie SPSS. In R können mehrere Werte nicht als fehlend definiert und voneinander als solche unterschieden werden. Stattdessen werden alle Werte einer Variablen, welche bei der Dateneingabe als fehlend bestimmt werden, durch *NA* (für *Not Available*, engl. für „nicht verfügbar") ersetzt. Sehr hilfreich bei der Definition von fehlenden Werten und der Rekodierung von Variablenwerten sind die *relationalen* und *logischen* Operatoren. Tabelle 2.8 können die wichtigsten relationalen und logischen Operatoren entnommen werden, die in R Anwendung finden, sowie deren Bedeutung.

Relationale Operatoren		Logische Operatoren	
Symbol	Bedeutung	Symbol	Bedeutung
==	gleich	&	und
>	größer	|	oder
<	kleiner	~	Negation
>=	größer gleich		
<=	kleiner gleich		
!=	ungleich		

Tabelle 2.8   Relationale und logische Operatoren in R©

Wir wollen nun wie im entsprechenden SPSS-Kapitel die Variable *IC22Q02*, welche die Zustimmung der Schülern/-innen zu der Aussage „Hausaufgaben mit dem Computer zu erledigen macht mehr Spaß" erhebt, rekodieren und ihre fehlende Werte benennen. Zuerst laden wir die Pakete *Deducer* und *Hmisc*. Diese Pakete benötigen wir, um Häufigkeitstabellen zu erstellen *(Deducer)* und um die rekodierte Variable und deren Werte Labels zuzuweisen *(Hmisc)*. Danach kopieren wir die Werte der Variablen *IC22Q02* in eine neue Variable *IC22Q02_r*, um die Daten der ursprünglichen Variablen beizubehalten. Wir schreiben also in unserer Skriptdatei:

```
Pisa$IC22Q02_r <- Pisa$IC22Q02
```

Danach erstellen wir eine Häufigkeitstabelle mit dem Befehl:

```
frequencies(Pisa$IC22Q02_r)
```

Die erstellte Tabelle in der R-Konsole stimmt mit dem oberen Teil der SPSS-Tabelle von Abbildung 2.26 überein, wobei wir die einzelnen Werte noch nicht mit Labels versehen haben. Um die Werte 7, 8 und 9 als fehlend zu definieren, müssen wir folgenden Befehl ausführen:

```
Pisa$IC22Q02_r[Pisa$IC22Q02_r == 7 | Pisa$IC22Q02_r == 8 |
  Pisa$IC22Q02_r ==9] <- NA
```

Die Logik dieses Befehls ähnelt dem *if*-Befehl von SPSS. Der Befehl beginnt mit dem Namen der Variablen, für die wir die fehlenden Werte definieren wollen. Danach folgt ein eckiges Klammerpaar, innerhalb dessen verschiedene Bedingungen formuliert werden. Falls also diese Bedingungen zutreffen, dann sollen die Werte der Variablen *PIC22Q02_r* durch die *NA*-Werte ersetzt werden. Diese Bedingungen, die zutreffen sollen, sind, dass die Variable *IC22Q02_r* entweder den Wert 7 oder den Wert 8 oder den Wert 9 aufweist. Dieses *oder* ist also ein logischer *Operator* und wird durch das Symbol „|" signalisiert. Das *gleich* wird durch den relationalen Operator „==" signalisiert. Man muss beachten, dass man immer wieder den Namen der Variablen bei der Formulierung der Bedingungen innerhalb der eckigen Klammer schreiben muss. Falls man nun nochmal eine Häufigkeitstabelle für die Variable *IC22Q02_r* erstellt, dann stellt man fest, dass R 963 Fälle als fehlende Werte erkennt.

Um die Variable *IC22Q02_r* zu rekodieren, müssen wir folgende zwei Befehle ausführen:

```
Pisa$IC22Q02_r[Pisa$IC22Q02 <= 2] <- 1
Pisa$IC22Q02_r[Pisa$IC22Q02 >= 3 & Pisa$IC22Q02 <= 4] <- 2
```

Man erkennt durch diese Befehle, dass die Rekodierung der Variablenwerte der Logik bei der Definition der fehlenden Werte folgt. D. h., auch hierbei werden Bedingungen formuliert, die zutreffen sollen, damit die Variable *IC22Q02_r* den Wert 1 bzw. 2 aufweisen soll. Falls also die Variable *IC22Q02* Werte hat, die kleiner oder gleich 2 sind, dann soll die Variable IC22Q02_r den Wert 1 zugewiesen bekommen. Falls die Variable *IC22Q02* Werte zwischen dem Wertebereich 3 und 4 hat, dann soll die Variable *IC22Q02_r* den Wert 2 zugewiesen bekommen. Ferner sollte man noch die Werte der Variablen *IC22Q02_r* und die Variable selbst mit Labels versehen. Dies kann z. B. mit folgenden Befehlen erzielt werden:

```
Pisa$IC22Q02_r <- factor(Pisa$IC22Q02_r, levels = c(1, 2), labels
   = c("stimmt", "stimmt nicht"))
label(Pisa$IC22Q02_r) <- "Hausaufgaben mit dem Computer zu erledi-
   gen macht mehr Spaß, recodiert"
describe(Pisa$IC22Q02_r)
```

Die Erstellung einer Häufigkeitstabelle anhand des Befehls *frequencies* (Abbildung 2.46 oben) zeigt, dass es 71,6 % der Schüler/innen mehr Spaß macht, Hausaufgaben mit dem Computer zu erledigen.

```
> frequencies(Pisa$IC22Q02_r)
$data
---------------------------------------------------------
--                       Frequencies
--
        Value # of Cases        % Cumulative %
1       stimmt      2891    71.6        71.6
2 stimmt nicht      1147    28.4       100.0
--
--                       Case Summary
--
          Valid Missing Total
# of cases  4038     963  5001


> frequencies(Pisa$S_IC22Q02)
$data
---------------------------------------------------------
--                       Frequencies                    --
--
                  Value # of Cases        % Cumulative %
1       weiblich und hat Spaß      1436   35.6        35.6
2       männlich und hat Spaß      1455   36.0        71.6
3 weiblich und hat keinen Spaß      605   15.0        86.6
4 männlich und hat keinen Spaß      542   13.4       100.0
--
--                       Case Summary                   --
--                                                      --
          Valid Missing Total
# of cases  4038     963  5001
```

Abbildung 2.46   Häufigkeitstabellen zu den in diesem Kapitel erstellten Variablen©

Wir wollen nun eine neue Variable erstellen, welche sich aus den Variablen *ST04Q01* (Geschlecht der Schüler/innen) und *IC22Q02* zusammensetzt. Die neue Variable soll die folgenden vier Kategorien aufweisen:

1 = *Schülerinnen, die Spaß haben, Hausaufgaben mit dem Computer zu erledigen,*
2 = *Schüler die Spaß haben, Hausaufgaben mit dem Computer zu erledigen,*
3 = *Schülerinnen, die keinen Spaß haben, Hausaufgaben mit dem Computer zu erledigen,*
4 = *Schüler, die keinen Spaß haben, Hausaufgaben mit dem Computer zu erledigen.*

Diese Variable kann anhand der folgenden vier Befehle erzeugt werden:

```
Pisa$S_IC22Q02[Pisa$ST04Q01 == 1 & Pisa$IC22Q02 <= 2] <- 1
Pisa$S_IC22Q02[Pisa$ST04Q01 == 2 & Pisa$IC22Q02 <= 2] <- 2
Pisa$S_IC22Q02[Pisa$ST04Q01 == 1 & Pisa$IC22Q02 >= 3 &
  Pisa$IC22Q02 <= 4] <- 3
Pisa$S_IC22Q02[Pisa$ST04Q01 == 2 & Pisa$IC22Q02 >= 3 &
  Pisa$IC22Q02 <= 4] <- 4
```

Der erste Befehl besagt, dass, falls die Variable *ST04Q01* den Wert 1 aufweist (1 = *weiblich*), und falls die Variable *IC22Q02* Werte kleiner oder gleich 2 aufweist (1 = *stimmt, 2 = stimmt eher*), die zu erstellende Variable *S_IC22Q02* den Wert 1 zugewiesen bekommen soll. Der zweite Befehl unterscheidet sich vom ersten nur in Bezug auf die Variable *ST04Q01*, welche den Wert 2 (also männliche Schüler) haben soll. In diesem Fall soll die Variable *S_IC22Q02* den Wert 2 zugewiesen bekommen. Die Bedingungen, die im dritten Befehl beinhaltet sind, beziehen sich wiederum auf die weiblichen Personen, die in Bezug auf die Variable *IC22Q02* Werte zwischen 3 und 4 aufweisen sollen. Falls diese Bedingungen erfüllt sind, soll die Variable *S_ IC22Q02* den Wert 3 zugewiesen bekommen. Der letzte Befehl besagt, dass, falls die Schüler männlich sind und bezogen auf die Variable *IC22Q02* Werte zwischen 3 und 4 aufweisen, dann die Variable *S_ IC22Q02* den Wert 4 zugewiesen bekommen soll. Nach der Erstellung dieser neuen Variablen, soll die Variable und ihre Werte Labels erhalten. Wie man sieht (Abbildung 2.46 unten) waren 15 % der Personen weiblich und hatten bei der Erledigung der Hausaufgaben mit dem Computer keinen Spaß. Dem gegenüber waren 13,4 % der Personen, die männlich waren und bei der Erledigung der Hausaufgaben mit dem Computer keinen zusätzlichen Spaß hatten.

Zum Schluss soll der Datensatz noch mal gespeichert werden, damit die neu erstellten Variablen erhalten bleiben. Dies haben wir mit dem folgenden Befehl getan:

```
write.csv2(Pisa, file = "Pisa2.csv", row.names = FALSE)
```

Literaturverzeichnis

Benninghaus, H. (1998): Einführung in die Sozialwissenschaftliche Datenanalyse. München: Oldenbourg Verlag.

Bortz, J. & Schuster, C. (2010): Statistik für Human- und Sozialwissenschaftler. 7., vollständig überarbeitete Auflage. Berlin Heidelberg: Springer.

Bühner, M. und Ziegler, M. (2009): Statistik für Psychologen und Sozialwissenschaftler. München: Pearson Studium.

Jude, N. und Eckhard, K. (2010): Das *Programme for International Student Assessment* (PISA). In: Eckhard, K.; Artelt, C.; Hartig, J.; Jude, N.; Köller, O.; Prenzel, M; Schneider, W.; Stanat, P. (Hrsg.), *PISA 2009. Bilanz nach einem Jahrzehnt.* Münster/New York/München/Berlin: Waxmann, S. 11–22.

König, J. und Zepp, J. (2012): Kölner Befragung von Absolventinnen und Absolventen der dualen Ausbildungsgänge an Berufskollegs (KOEBA). Köln: Stadt Köln.

Stevens, S. S. (1946): On the theory of scales of measurement. *Science,* 103, 677–680.

Maße der zentralen Tendenz

3

In diesem Kapitel lernen Sie ...

Inhalte	➲ Verteilungen von Variablen mithilfe von Maßen der zentralen Tendenz zu beschreiben.
Beispiele	➲ diese Maße selbst zu berechnen.
Anwendungen	➲ die Maße der zentralen Tendenz mit SPSS und R zu berechnen sowie Grafiken zur Verteilung der Variablen mit SPSS und R zu erstellen.

Inhaltsübersicht des Kapitels

3.1 Häufigkeiten und Verteilungen

Wie schon in Kapitel 2 erwähnt, besteht das Ziel jeder statistischen Analyse unter anderem darin, die den Forscher interessierenden Beziehungen aus einer Menge von Informationen (Daten) sichtbar zu machen. Die Erreichung dieses Zieles wird durch die Betrachtung der Maße der zentralen Tendenz erheblich erleichtert. Dabei handelt es sich um die mittlere Ausprägung der betrachteten Variablen bzw. ihrer Verteilungen (Bühner & Ziegler, 2009, S. 35). Diese Maße sind der *Modalwert,* der *Median* und das *arithmetische Mittel.* Bevor man aber diese Maße berechnen kann, müssen die Daten auf geeignete Weise organisiert und aufbereitet werden.

Zu Beginn einer statistischen Analyse stehen den Forschern die Rohdaten zur Verfügung. Diese Rohdaten (auch Urliste genannt) geben die Werte aller Objekte in Bezug auf eine interessierende Variable wieder. Ein Beispiel für eine solche Urliste ist in Tabelle 3.1 zu sehen. Die Werte in Tabelle 3.1 geben die Schulnoten, welche die Schüler/innen einer Realschule (12 Jungen und 14 Mädchen) der 9. Klasse bei einer Mathe-Arbeit erzielt haben, wieder. Wie der Tabelle 3.1 entnommen werden kann, handelt es sich bei der Urliste um eine ungeordnete Auflistung der Messwerte der Objekte bzw. Personen. Um von der Urliste zu einem Diagramm zu gelangen, sind üblicherweise folgende drei Schritte notwendig:

(1) Die Messwerte werden geordnet und in eine Strichliste überführt.
(2) Auf der Basis der Strichliste erfolgt die tabellarische Beschreibung der Merkmalsverteilung in Form einer *Häufigkeitsverteilung* bzw. *-tabelle.*
(3) Die Häufigkeitsverteilung wird grafisch dargestellt, z. B. in Form eines Säulendiagramms.

4	4	2	2
2	4	3	5
1	2	1	3
3	3	5	3
3	2	4	2
6	3	4	
1	3	3	

Tabelle 3.1   Urliste der Variablen *Schulnote*©

Schulnote (k)	Strichliste	Häufigkeit $f_{abs}(k)$
1 (sehr gut)	|||	3
2 (gut)	‖‖		6
3 (befriedigend)	‖‖ ‖‖	9
4 (ausreichend)	‖‖	5
5 (mangelhaft)	||	2
6 (ungenügend)			1

Tabelle 3.2 Häufigkeitstabelle zur Verteilung der Schulnote©

Die ersten zwei Schritte sind in Tabelle 3.2 dargestellt. Zuerst haben wir in der ersten Spalte die Schulnoten-Kategorien aufsteigend sortiert. In der zweiten Spalte haben wir dann anhand von Strichen gezählt, wie häufig jede Note in der Urliste vorkommt. In der dritten Spalte haben wir schließlich die Striche in Zahlen „übersetzt". Die Abkürzung $f_{abs}(k)$ steht für die *absolute* Häufigkeit (im Englischen *absolute frequency*) der jeweiligen Kategorie (k). In der dritten Spalte sind also die absoluten Häufigkeiten der Schulnoten-Kategorien aufgelistet. Anhand von Tabelle 3.2 kann man feststellen, dass die Schüler/innen die Note 3 am häufigsten bekommen haben. Während drei Schüler/innen die Note 1 bekommen haben, haben ebenfalls drei Schüler/innen eine 5 oder 6 erzielt. Die Verteilung der Variablen *Schulnote* ist in Abbildung 3.1 grafisch dargestellt. Das Säulendiagramm haben wir mithilfe von *Excel* erstellt.

Häufig kommt es im Forschungsalltag vor, dass man die Kategorien einer Variablen zusammenfassen muss, um sich eine bessere Übersicht über die Verteilung der Variablen zu verschaffen. Wir wollen dies mithilfe unserer Schulnote-Variable demonstrieren. Wie man Tabelle 3.3 entnehmen kann, sind bezogen auf Tabelle 3.2 die Schulnoten-Kategorien 1 bis 2 der neuen Kategorie 1 (gut), die Kategorien 3 bis 4 der neuen Kategorie 2 (mittel) und die Kategorien 5 bis 6 der neuen Kategorie 3 (schlecht) zugewiesen. Die Tabelle 3.3 gibt nun an, dass es neun Schüler/innen mit einer guten, 14 mit einer mittleren und drei mit einer schlechten Note gibt. Die grafische Darstellung der Verteilung der gruppierten Schulnote ist anhand eines Säulendiagramms in Abbildung 3.2 veranschaulicht.

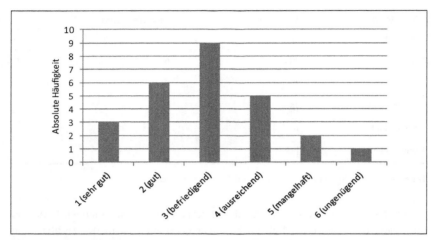

Abbildung 3.1   Säulendiagramm zur Verteilung der Schulnote©

Schulnote *(k)*	Stichmarke	Häufigkeit $f_{abs}(k)$
1 (gut)	von „sehr gut" bis „gut"	9
2 (mittel)	von „befriedigend" bis „ausreichend"	14
3 (befriedigend)	von „mangelhaft" bis „ungenügend"	3

Tabelle 3.3   Häufigkeitstabelle zur Verteilung der gruppierten Schulnote©

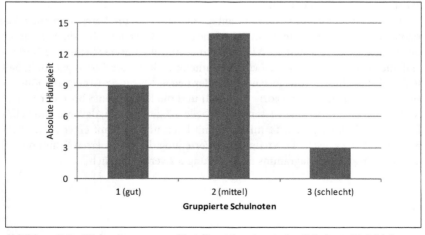

Abbildung 3.2   Säulendiagramm zur Verteilung der gruppierten Schulnote-Variable©

In Bezug auf die Frage, wie viele Kategorien bzw. Intervalle bei einer gruppierten Variablen erstellt werden sollten, sind Bortz (2005, S. 28) zufolge folgende pragmatische Empfehlungen zu nennen:

- Je größer die Stichprobe bzw. das Kollektiv ist, desto engere Intervalle sind möglich.
- Je größer die Variationsbreite der Messwerte ist, desto breiter können die Kategorien sein.
- Die maximale Anzahl der Intervalle soll den Wert 20 aus Gründen der Übersichtlichkeit nicht übersteigen.
- Alle Intervalle bzw. Kategorien sollten im Normalfall die gleiche Breite aufweisen (Ausnahme: Randkategorie/n).

Die absoluten Häufigkeiten der Merkmale einer Variablen sind im Allgemeinen sehr hilfreich, um einen schnellen Überblick über die Verteilung der Variablen zu gewinnen. Sie haben allerdings den Nachteil, dass sie eine geringe Vergleichbarkeit zwischen Stichproben bzw. Kollektiven gestatten. Wollen wir z. B. die Altersverteilung der Bürger/innen zweier oder mehrerer Länder miteinander vergleichen, dann es hilft uns weniger, wenn wir z. B. wissen, dass es in einem Land 500 000 und in einem anderen 1 000 000 Personen im Alter von 25 Jahren gibt. Wäre man allerdings in der Lage, diese Werte *in Relation* zur Anzahl der Gesamtbevölkerung des jeweiligen Landes zu setzen, dann könnte man den Anteil der 25-Jährigen in beiden Ländern miteinander vergleichen. In diesem Fall spricht man von der sogenannten *relativen* Häufigkeit, die anhand der folgenden Formel berechnet wird:

$$f_{rel}(k) = \frac{f_{abs}}{n} \tag{3.1}$$

n bezieht sich dabei auf die Anzahl der Personen bzw. Objekte in der Stichprobe. Durch Multiplikation der relativen Häufigkeit mit 100 erhält man den Wert der *prozentualen* Häufigkeit einer Verteilung:

$$f_{\%}(k) = \frac{f_{abs}}{n} \cdot 100 \tag{3.2}$$

Bezogen auf unser Schulnoten-Beispiel sehen wir in Tabelle 3.4, dass 11,5 % der Schüler/innen eine sehr gute, 23,1 % eine gute, 34,6 % eine befriedigende, 19,2 % eine ausreichende, 7,7 % eine mangelhafte und 3,8 % eine ungenügende Mathe-Note erhalten haben.

Schulnote (k)	Stichmarke	Häufigkeit		
		$f_{abs}(k)$	$f_{rel}(k)$	$f_{\%}(k)$
1 (sehr gut)	⦀	3	0,115	11,5
2 (gut)	卌 ⎮	6	0,231	23,1
3 (befriedigend)	卌 ⦀⎮	9	0,346	34,6
4 (ausreichend)	卌	5	0,192	19,2
5 (mangelhaft)	‖	2	0,077	7,7
6 (ungenügend)	⎮	1	0,038	3,8

Tabelle 3.4   Häufigkeitsverteilung der Schulnote ergänzt um die relative und prozentuale Häufigkeit (gerundet auf drei bzw. eine Dezimalstelle/n)©

Häufig ist nicht nur die relative bzw. prozentuale Häufigkeit einer Kategorie gefragt. Sondern man ist auch an der Frage interessiert, wie häufig Werte bis zu einer bestimmten Kategorie auftreten. In diesem Fall spricht man von der *kumulierten* prozentualen Häufigkeit. Sie lässt sich durch die sukzessive Addition der Werte der relativen bzw. prozentualen Häufigkeiten jeder Kategorie ermitteln. So kann man anhand der letzten Spalte von Tabelle 3.5 erkennen, dass 34,6 % der Schüler/innen eine gute oder sehr gute Mathe-Note erzielt haben. Ähnlich kann man behaupten, dass 69,2 % der Schüler/innen keine schlechtere Note als eine 3 bekommen haben. „Die Werte in der Spalte *kumf$_{\%}(k)$* werden gelegentlich auch als *Prozentränge (PR)* bezeichnet" (Bortz, 2005, S. 29). Wie schon anhand der Tabelle 3.5 deutlich wurde, gibt PR_i für jedes beobachtete Objekt i den Prozentanteil derjenigen anderen Objekte an, die einen kleineren oder gleich großen exakten Messwert aufweisen.

PR sind deshalb wichtig, weil dadurch die *Quartile* und *Perzentile* ermittelt werden können, welche einen schnellen Überblick über die Verteilung der Variablen geben. „Quartile zerlegen eine Verteilung in vier, Perzentile in 100 gleich große Teile" (Benninghaus, 1998, S. 133). Die Nutzung von Perzentilen wird z. B. häufig bei den PISA-Studien benutzt, um die Lesekompetenz der Schüler/innen zwischen den teilnehmenden Ländern zu vergleichen, wobei in der PISA-Studie (2012) Perzentilbänder mit dem jeweiligen 5., 10., 25., 75., 90. und 95. Perzentil berücksichtigt wurden, wie anhand Abbildung[9] 3.3 entnommen werden kann.

---

9   Von den insgesamt 35 OECD-Mitgliedsstaaten, haben wir in Abbildung 3.3 die Werte der ersten 15 Staaten dargestellt.

Schulnote (k)	Stichmarke	Häufigkeit			
		$f_{abs}(k)$	$f_{rel}(k)$	$f_{\%}(k)$	Kum. $f_{\%}(k)$
1 (sehr gut)	|||	3	0,115	11,5	11,5
2 (gut)	ⅢⅢ |	6	0,231	23,1	34,6
3 (befriedigend)	ⅢⅢ Ⅲ|	9	0,346	34,6	69,2
4 (ausreichend)	ⅢⅢ	5	0,192	19,2	88,4
5 (mangelhaft)	||	2	0,077	7,7	96,1
6 (ungenügend)	|	1	0,038	3,8	100,00

Tabelle 3.5 Häufigkeitsverteilung der Schulnote, ergänzt um die kumulierte prozentuale Häufigkeit (gerundet)©

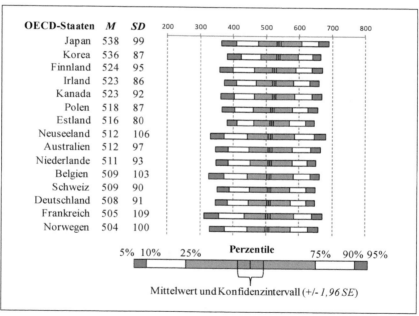

Abbildung 3.3 Verteilung der Lesekompetenz – PISA 2012, eigene Darstellung©

3.2   Modalwert oder Modus

Der Modalwert *(Mo)* ist der am häufigsten vorkommende Wert einer (nicht kumulierten) Verteilung. „Hierbei wird die zentrale Tendenz also dadurch ermittelt, dass die am häufigsten vorkommende Merkmalsausprägung identifiziert wird" (Bühner & Ziegler, 2009, S. 35). Der Modus lässt sich für Variablen jeglichen Skalenniveaus ermitteln. Aus der Definition des Modalwertes ist ersichtlich, dass dieser anhand der Betrachtung der Häufigkeitsverteilung der jeweiligen Variablen ermittelt wird. Beispielsweise weist der Modalwert der Verteilung der Schulnote in Tabelle 3.2 bzw. in Abbildung 3.1 den Wert 3 auf. Am häufigsten haben also die Schüler/innen eine befriedigende Mathe-Note erzielt. Dagegen beträgt der Modalwert der gruppierten Matheschulnote-Variablen in Tabelle 3.3 bzw. in Abbildung 3.2. „2", d. h. am häufigsten haben die Schüler/innen eine mittlere Note erzielt.

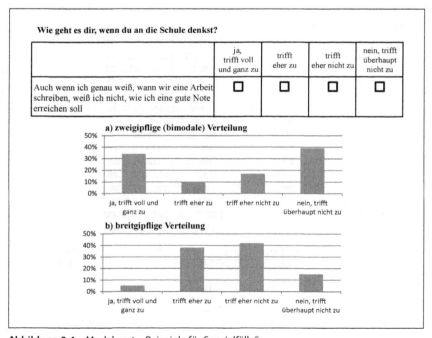

Abbildung 3.4   Modalwert – Beispiele für Spezialfälle©

Obwohl der Modus für alle Skalenniveaus berechenbar ist, kann es bei kontinuierlichen (metrischen) Variablen zu Schwierigkeiten kommen, da bei ihnen gegebenenfalls jede Merkmalausprägung (Kategorie) nur einmal vorkommt (Bühner & Ziegler, 2009, S. 37). Ebenfalls ist es schwierig, den Modalwert bei zwei- und breitgipfligen Verteilungen festzustellen. „Von einer zweigipfligen oder *bimodalen* Verteilung sprechen wir, wenn sich zwischen zwei mit gleicher Häufigkeit besetzten Kategorien mindestens eine weniger besetzte Kategorie befindet. Ist jedoch zwischen den beiden Intervallen mit den höchsten Frequenzen kein weiteres Intervall, so handelt es sich um eine Verteilung mit nur einem Modalwert, die allerdings *breitgipflig* ist" (Bortz, 2005, S. 36). Abbildung 3.4 veranschaulicht diese Spezialfälle zur Festlegung des *Mo*. Zwar bildet – rein numerisch betrachtet – Antwortkategorie „nein, trifft überhaupt nicht zu" in Beispiel a) sowie „trifft eher nicht zu" in Beispiel b) den jeweiligen Modus, denn diese Kategorien sind jeweils die am häufigsten vertretene in der jeweiligen Verteilung. Jedoch ist die jeweils am zweithäufigsten vertretene Kategorie („ja, trifft voll und ganz zu" in Beispiel a), „trifft eher zu" in Beispiel b) ähnlich stark ausgeprägt, sodass man in diesem Fall die Verteilungen als zweigipflig (Beispiel a) bzw. breitgipflig (Beispiel b) interpretieren kann.

3.3 Median

„Wie der Name dieses Kennwertes andeutet (lat. medianus = in der Mitte befindlich), ist der *Median (Md)* jener Wert, der eine nach ihrer Größe geordnete Reihe von Messwerten halbiert" (Benninghaus, 1998, S. 125). Folglich sollen die zugrunde liegenden Daten mindestens ordinales Skalenniveau aufweisen. Bei dem Median handelt es ich also um den 50. Prozentrang bzw. das 50. Perzentil einer Verteilung. Der Median kann anhand von zwei Rechenformeln ermittelt werden, je nachdem, ob sich die Stichprobe aus einer geraden oder ungeraden Anzahl an Personen bzw. Objekten zusammensetzt. Bei einer ungeraden Stichprobegröße lässt sich der Median wie folgt berechnen (Bühler & Ziegler 2009, S. 37):

$$Md = X_{\frac{n+1}{2}} \qquad\qquad (3.3)$$

mit

$X_{\frac{n+1}{2}}$ = Messwert X der Person bzw. des Objektes an der Stelle $(n + 1) / 2$.

Bei einer geraden Stichprobenzahl bedient man sich folgender Formel (Bühner & Ziegler, 2009, S. 37):

$$Md = \frac{X_{\frac{n}{2}} + X_{\frac{n}{2}+1}}{2} \qquad\qquad (3.4)$$

mit

$X_{\frac{n}{2}}$ = Messwert X der Person bzw. des Objektes an Stelle n / 2,

$X_{\frac{n}{2}+1}$ = Messwert X der Person bzw. des Objektes an der Stelle (n / 2) +1.

Tabelle 3.6 veranschaulicht die Verteilung des Alters einer fiktiven Stichprobe von Studierenden. Wie man sieht, wurden die Altersangaben nach Größe (aufsteigend) sortiert. Da die Stichprobe aus 15 Studierenden besteht (ungerade Zahl), befindet sich der Median auf dem Messwert (Altersangabe) der Person (n + 1) / 2. Das ist die Person X_8. Diese hat den Messwert 24. Die unteren 50 % der Studierenden entlang der Altersverteilung sind also maximal 24 Jahre, während die oberen 50 % über 24 Jahre alt sind. Demnach bildet der Wert 24 den Median unserer fiktiven Stichprobe.

Student	X_1	X_2	X_3	X_4	X_5	X_6	X_7	X_8	X_9	X_{10}	X_{11}	X_{12}	X_{13}	X_{14}	X_{15}
Alter	17	18	19	20	20	21	23	24	25	26	26	28	29	30	31

Tabelle 3.6   Median – Beispiel einer ungeraden Stichprobegröße (Alter)[©]

Was den Median einer geraden Stichprobegröße angeht, kann man Tabelle 3.7 die ebenfalls sortierte Verteilung der Mathe-Note entnehmen. Unser Median befindet sich zwischen dem Messwert der Person n / 2 und dem Messwert der Person (n / 2) + 1. Diese sind der/die 13. und 14. Schüler/in. Da hier beide Schüler/innen die Note 3 aufweisen, beträgt der Median 3.

X_1	X_2	X_3	X_4	X_5	X_6	X_7	X_8	X_9	X_{10}	X_{11}	X_{12}	X_{13}	X_{14}	X_{15}	X_{16}	X_{17}	X_{18}	X_{19}	X_{20}	X_{21}	X_{22}	X_{23}	X_{24}	X_{25}	X_{26}
1	1	1	2	2	2	2	2	2	3	3	3	3	3	3	3	3	3	4	4	4	4	5	5	6	

Tabelle 3.7   Median – Beispiel einer geraden Stichprobengröße (Mathe-Schulnote)[©]

Zum Schluss soll noch erwähnt werden, dass der Median genauso wie der Modus nicht empfindlich gegenüber Ausreißern ist. Bei Ausreißern handelt es sich um selten vorkommende (extreme) Werte in einer Verteilung. Wäre z. B. in der Altersverteilung ein Student 60 Jahre alt, dann würde man diesen Wert als Ausreißer bezeichnen.

3.4 Arithmetisches Mittel

Das arithmetische Mittel (auch als Mittelwert oder Durchschnittswert bezeichnet) wird häufig mit dem Symbol $\bar{x}$ oder M dargestellt und gibt den Durchschnitt aller Messwerte einer Variablen wieder. Es lässt sich aus der Summe aller Messwerte einer Variablen dividiert durch die Anzahl der Werte berechnen (Bortz, 2005, S. 37):

$$\bar{x} = \frac{\sum_{i=1}^{n} x_i}{n} \tag{3.5}$$

Die Summe wird mit dem griechischen Buchstaben Sigma (Σ) ausgedrückt. Die obige Formel besagt also, dass die Messwerte x aller Personen von $i = 1$ bis n aufsummiert und anschließend durch die Stichprobengröße n dividiert werden sollen. Beispielsweise beträgt das arithmetische Mittel für die in Tabelle 3.6 und 3.7 dargestellten Variablen 23,8 und 3. Im Durchschnitt waren also die Studierenden unserer fiktiven Stichprobe 23,8 Jahre alt. Die 26 Realschüler/innen haben im Durchschnitt eine Note der Größe 3 erzielt.

Der arithmetische Mittelwert ist das am häufigsten genutzte Maß der zentralen Tendenz. Allerdings ist er empfindlich gegenüber Ausreißern, wie anhand der obigen Formel leicht nachvollzogen werden kann. Die Verwendung des arithmetischen Mittels setzt mindestens Intervallskala-Niveau voraus. In der Praxis aber wird er auch häufig benutzt, um die zentrale Tendenz von (streng genommen) ordinalskalierten Variablen zu beschreiben. Dies haben wir auch mit der Berechnung des Mittelwertes bei der Mathe-Note getan.

3.5 Beschreibung von Verteilungen anhand von Modus, Median und Mittelwert

Die in diesem Kapitel vorgestellten Maße der zentralen Tendenz sind deshalb wichtig, weil dadurch die Verteilung und die Verteilungsart der interessierenden Merkmale sparsam und präzise beschrieben bzw. identifiziert werden können. Je nach der Größe bzw. Unterschiedlichkeit dieser Maße lassen sich symmetrische, links- und rechtssteile Verteilungen unterscheiden.

Wie anhand Abbildung 3.5 ersichtlich wird, ergibt sich folgender Sachverhalt: Bei einer symmetrischen Verteilung fallen Modus, Median und Mittelwert zusammen. Dagegen liegt bei einer linkssteilen Verteilung der Mittelwert rechts vom Median und dieser rechts vom Modus. Bei der einer rechtssteilen Verteilung wiederum liegt der Mittelwert links vom Median und dieser links vom Modus.

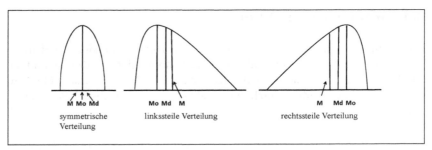

Abbildung 3.5   Verteilungsformen[©]

3.6 Zusammenfassung

Gegenstand dieses Kapitels war die Betrachtung der Verteilungen von Variablen anhand der Häufigkeitstabellen und der darauf basierenden grafischen Darstellungsmöglichkeiten sowie anhand der Maße der zentralen Tendenz.

Die Häufigkeitstabellen stellen die Verteilung der Werte einer Variablen in geordneter Reihenfolge dar und geben die absoluten Häufigkeiten der Werte wieder. Darauf basierend kann man die relativen bzw. prozentualen Häufigkeiten berechnen, indem man die Werte der absoluten Häufigkeiten in Relation zu der Anzahl der Fälle n setzt (relative Häufigkeiten) und anschließend mit 100 multipliziert (prozentuale Häufigkeiten). Dadurch wird der Vergleich zwischen identischen Variablen verschiedener Stichproben erleichtert. Mithilfe von Häufigkeitstabellen können Grafiken und Diagramme erstellt werden, wie Balkendiagramme, Säulendiagramme, Kreisdiagramme etc., welche die Betrachtung der Verteilung einer Variablen erleichtern.

Die Maße der zentralen Tendenz beziehen sich auf die mittlere Ausprägung der betrachteten Variablen bzw. derer Verteilungen (Bühner & Ziegler, 2009, S. 35). Diese sind der Modus *Mo,* der Median *Md* und das arithmetische Mittel *M.* Während sich der Modalwert als der am häufigsten vorkommende Wert einer (nicht kumulierten) Verteilung bezeichnen lässt, lässt sich der Median dadurch charakterisieren, dass er eine nach ihrer Größe geordnete Reihe von Messwerten in zwei große Hälften teilt. Aus diesem Grunde ist der Median mit dem 50. Prozentrang bzw. 50. Perzentil der Verteilung einer Variablen identisch. Das arithmetische Mittel wiederum gibt den Durchschnitt aller Messwerte einer Variablen wieder. Während sich der Modus für Variablen jeglichen Skalierungsniveaus ermitteln lässt, muss für die Berechnung des Medians mindestens Ordinalskala-Niveau der Variablen vorliegen. Das arithmetische Mittel wiederum kann (streng genommen) erst für intervallskalierte Variablen ermittelt werden.

3.7 Beispiele: Übungs- und Reflexionsaufgaben zu Kapitel 3

In eine Lehrerbildungsstudie wurden 20 Lehramtsstudierende untersucht mit der folgenden Urliste und den folgenden vier Variablen:

Alter	Geschlecht	Lehramt	Abiturnote
22	1	1	1,9
26	1	4	3,3
23	1	4	2,2
23	1	4	2,2
22	1	1	1,9
24	2	2	2,8
26	1	1	1,5
28	1	2	2,1
24	1	4	2,8
30	1	2	2,6
22	1	4	2,5
24	1	2	2,9
47	1	2	2,6
24	1	4	2,9
37	1	2	2,7
22	1	2	2,5
28	2	2	3,6
23	1	4	2,3
23	1	1	2,3
23	1	4	2,2
Σ 521			49,8

Kodierung der Variablen:

Alter   in Jahren

Geschlecht 1 = weiblich
            2 = männlich

Lehramt   1 = Grundschule
            2 = Haupt-/Realschule
            3 = Sonderpädagogik
            4 = Gymnasium

Abiturnote Abiturnote

Tabelle 3.8 Urliste und Kodierung der Variablen©

Aufgaben:

(1) Bestimmen Sie den absoluten und den relativen Anteil (in %) weiblicher Studierender.
(2) Fertigen Sie ein Säulendiagramm für die absoluten Häufigkeiten der Variable „Lehramt" an.
(3) Berechnen bzw. bestimmen Sie den Median, den Modus und das arithmetische Mittel für die Variablen „Alter" und „Abitur".
(4) Liegen in den Variablen „Alter" und „Abitur" sogenannte „Ausreißer" vor?

3.8 Anwendung in SPSS

Wir wollen nun für die Variable *ST06Q01* die Maße der zentralen Tendenz und ein Säulendiagramm erstellen. Die Variable *ST06Q01* bezieht sich auf das Alter der Schüler/innen zu Beginn der Grundschule, wie man anhand des PISA-Fragebogens feststellen kann. Zuerst haben wir die Variable *ST06Q01* mithilfe des Befehls *variable labels* benannt, sowie deren fehlende Werte definiert (s. *Syntax_3_8.sps* online). Die Berechnung der Maße der zentralen Tendenz und die Erstellung des Säulendiagramms kann in SPSS über die Menüleiste erfolgen, indem man nacheinander auf *Analysieren* → *Deskriptive Statistiken* → *Häufigkeiten ...* klickt. Es öffnet sich dann das in Abbildung 3.6 (a) dargestellte Fenster. Im linken Teil der

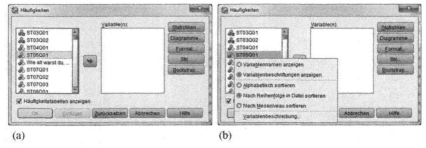

(a)   (b)

Abbildung 3.6   Aufruf des Befehls *Häufigkeiten* über die Menüleiste[©]

Abbildung (a) ist die Liste der Variablen zu sehen. Allerdings sieht man hier nicht den Namen der Variablen, sondern deren Label. Das ist umständlich und kann geändert werden, indem man mit der rechten Maustaste auf diesen Bereich klickt. Dadurch öffnet sich das in (b) aufgeführte Menü der Abbildung 3.6. Hier muss man auf das Feld *Variablennamen anzeigen* klicken. Nun sind die Variablennamen zu sehen (Abbildung 3.7a). Als Nächstes haben wir die Variable *ST6Q01* markiert und auf den Pfeil in der Mitte der Abbildung geklickt. Danach muss man die Fläche *Statistiken* anklicken.

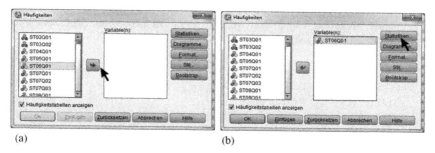

(a)   (b)

Abbildung 3.7   Aufruf des Befehls *Häufigkeiten* über die Menüleiste (Fortsetzung)©

Es öffnet sich sodann das in Abbildung 3.8 (a) dargestellte SPSS-Fenster. Per Mausklick auf die entsprechenden Kästchen oben rechts erfolgt die Auswahl der

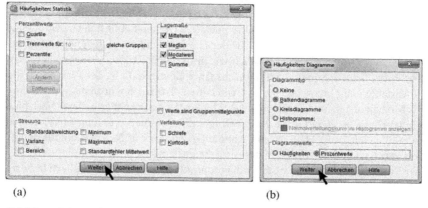

(a)   (b)

Abbildung 3.8   Maße der zentralen Tendenz berechnen und Balkendiagramm erstellen©

„Lagemaße" *Mittelwert, Median* und *Modalwert.* Wir klicken auf *Weiter.* Es erscheint wieder das in Abbildung 3.7 (b) dargestellte Fenster. Wir klicken auf *Diagramme.* Es erscheint das in Abbildung 3.8 (b) dargestellte Fenster. Wir wählen per

Mausklick *Balkendiagramme* und *Prozentwerte*[10]. (In SPSS werden Säulendiagramme mit dem Befehl „Balkendiagramme" erzeugt.) Danach klicken wir auf
Weiter. Dadurch gelangen wir zu dem in Abbildung 3.7 (b) dargestellten Fenster
zurück. Hier haben wir zwei Möglichkeiten: Entweder klicken wir auf *OK* oder auf
Einfügen. Im ersten Fall öffnet sich das in Abbildung 3.9 Ausgabefenster. Im zweiten Fall werden die über die Menüleiste durchgeführten Arbeitsschritte in die
Syntaxdatei eingefügt[11]; und zwar wird am Ende der geöffneten Syntaxdatei der
folgende Befehl hinzugefügt:

```
FREQUENCIES VARIABLES=ST06Q01
  /STATISTICS=MEAN MEDIAN MODE
  /BARCHART PERCENT
  /ORDER=ANALYSIS.
```

Wenn man nun diesen Befehl im Syntaxfenster markiert und auf den grünen Pfeil
in der oberen Menüleiste klickt, erhält man die in Abbildung 3.9 erzeugte Ausgabe. Dort können wir unter der Rubrik *Statistiken* feststellen, dass von dem insgesamt 5 001 befragten Schülern/-innen 801 unvollständige (fehlende) Angaben bezüglich ihres Alters zum Zeitpunkt der 1. Grundschulklasse gemacht haben. Im
Durchschnitt waren die Schüler/innen 6,21 Jahre alt. Über die Hälfte der Schü-
ler/innen (Median) waren sechs Jahre und älter. Der am häufigsten vorkommende
Wert (Modus) betrug ebenfalls 6. In der anschließend dargestellten Häufigkeitstabelle der Variablen *ST06Q01* sehen wir in der Spalte *kumulative Prozente*, dass
74,8 % der Schüler/innen maximal sechs Jahre alt waren. D. h., der Wert 6 teilt diese Variable nicht in zwei gleich großen Hälften. Trotzdem würde man den Wert 6
als Median angeben, da nach aufsteigender Sortierung der Werte dieser Variablen
ein (vorhergehender) Wert 6 einer befragten Person die Verteilung der Variablen
in zwei gleich große Hälften teilt. Am häufigsten war mit 58,8 % ebenfalls der Alterswert 6 zu finden. Am Ende des Ausgabefensters kann man nun die Verteilung
der Variablen in Form eines Säulendiagramms (bzw. mit SPSS formuliert: in Form
eines Balkendiagramms) betrachten.

---

10 Wären wir an den absoluten Häufigkeiten interessiert, dann hätten wir stattdessen *Häufig-
    keiten* gewählt.
11 Es ist sinnvoll, Befehle, die über die Menüleiste erzeugt werden, in das Syntaxfenster ein-
    zufügen. Die damit entstehende Dokumentation einzelner Arbeitsschritte kann von einem
    selbst oder auch von anderen Personen konkret nachvollzogen werden.

Häufigkeiten

Statistiken

ST06Q01 Wie alt warst du, als d		
N	Gültig	4200
	Fehlend	801
Mittelwert		6,21
Median		6,00
Modalwert		6

ST06Q01 Wie alt warst du, als du die 1. Klasse (Grundschule) begonnen hast?

		Häufigkeit	Prozent	Gültige Prozent	Kumulative Prozente
Gültig	4	2	,0	,0	,0
	5	199	4,0	4,7	4,8
	6	2942	58,8	70,0	74,8
	7	1015	20,3	24,2	99,0
	8	42	,8	1,0	100,0
	Gesamtsumme	4200	84,0	100,0	
Fehlend	9997 nicht administiert	684	13,7		
	9998 ungültig	56	1,1		
	9999 nicht ausgefüllt	61	1,2		
	Gesamtsumme	801	16,0		
Gesamtsumme		5001	100,0		

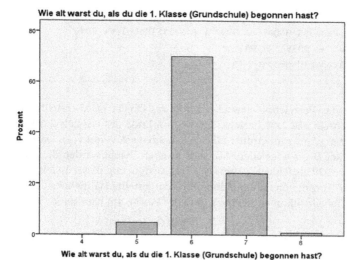

Wie alt warst du, als du die 1. Klasse (Grundschule) begonnen hast?

Abbildung 3.9 Auszug aus dem Ausgabefenster©

Bevor wir das Programm schließen müssen wir die Syntaxdatei und den SPSS-Datensatz speichern. Die Syntaxdatei haben wir als *Syntax_3_8.sps* gespeichert. Den Datensatz haben wir unter dem Namen *PISA_3.sav* gespeichert. Dieser bildet die Grundlage für die in Kapitel 4 dargestellten SPSS-Anwendungen.

3.9   Anwendung in R

In R gibt es keine spezielle Funktion zur Berechnung des Modalwertes. Diese kann aber anhand einer Häufigkeitstabelle entnommen werden, da sich der Modus auf den am häufigsten vorkommenden Wert bezieht. Für die Variable *ST06Q01* lässt sich also der Modalwert mit folgenden Befehlen feststellen:

```
setwd("C:/SPSS-,_R-Analysen/R/Kapitel_3")
Pisa3 <- read.csv2("Pisa2.csv")
fix(Pisa3)
library(Deducer)
Pisa3$ST06Q01[Pisa3$ST06Q01 == 9997 | Pisa3$ST06Q01 == 9998 |
  Pisa3$ST06Q01 == 9999] <- NA
frequencies(Pisa3$ST06Q01)
```

Zuerst haben wir das Verzeichnis gewechselt und das Objekt *Pisa3* erstellt, das sich auf den Datensatz *Pisa2.csv* bezieht, den wir am Ende des Kapitels 2.6.3 erstellt haben (s. *Skript_2.6.3.r* im Ordner *SPSS-,_R-Analysen/R/Kapitel_2*). Danach haben wir das Paket *Deducer* geladen. Mit dem zweiten Befehl werden die Werte 9997, 9998 und 9999 als fehlend definiert. Nach Ausführung dieser Befehle erhält man in der R-Konsole die in Abbildung 3.10 dargestellte Häufigkeitstabelle. Man kann dieser Tabelle schon entnehmen, dass der Wert 6 am häufigsten (70 %) vorkommt.

```
--                              Frequencies
--
  Value # of Cases        % Cumulative %
1    4          2       0.0          0.0
2    5        199       4.7          4.8
3    6       2942      70.0         74.8
4    7       1015      24.2         99.0
5    8         42       1.0        100.0
--
--                              Case Summary
--
              Valid Missing Total
# of cases     4200     801  5001
```

Abbildung 3.10   Häufigkeitstabelle der Variablen ST06Q01

Um den Mittelwert und den Median zu berechnen, muss man folgende Befehle ausführen:

```
mean(Pisa3$ST06Q01, na.rm = TRUE)
median(Pisa3$ST06Q01, na.rm = TRUE)
```

Mit der Funktion *mean* kann der Mittelwert berechnet werden. Diese Funktion benötigt zwei Argumente: den Namen der Variablen und die Art und Weise des Umgangs mit den fehlenden Werten. Mit *na.rm = TRUE* wird R mitgeteilt, dass die fehlenden Werte der Variablen *ST06Q01* bei der Berechnung des Mittelwertes außer Acht *(rm* steht für *remove)* gelassen werden sollen. Der Median wird mithilfe der Funktion *median* berechnet, welche die gleichen Argumente wie die Funktion *mean* aufweist. Wenn man also die beiden Befehle ausführt, dann erhält man in der R-Konsole für den Mittelwert den Wert 6,213 und für den Median den Wert 6.

Die Erstellung eines Balkendiagramms erfolgt durch die Funktion *barplot* anhand des folgenden Befehls:

```
barplot(table(Pisa3$ST06Q01), col = "green",
   xlab = "Alter in Jahren",
   main = "Balkendiagramm zur Altersverteilung in der 1. Grundschul-
   klasse")
```

Diese Funktion benötigt als erstes Argument die einfache Häufigkeitstabelle unserer Variablen, welche durch die Funktion *table(Pisa2$ST06Q01)* erstellt wird. Die anderen Argumente sind optional und dienen der besseren Darstellung des Balkendiagramms. So kann man die Farbe der Balken mit dem Argument *col* (aus dem Englischen *color*), die Beschriftung der *X*-Achse mit dem Argument *xlab* und die Beschriftung des ganzen Diagramms mit dem Argument *main* bestimmen. Nach Ausführung des obigen Befehls erscheint in einem neuen Fenster das in Abbildung 3.11 dargestellte Balkendiagramm.

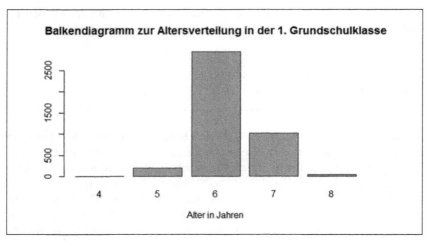

Abbildung 3.11   Ausgabefenster mit dem erstellten Balkendiagramm©

In R kann man auch, wie in SPSS, andere Diagramme erstellen wie z. B. Kreisdiagramme. Wenn man z. B. ein Kreisdiagramm (auch Kuchendiagramm genannt) für die in Kapitel 2.6.2 erstellte Variable *Gender* erstellen will, dann kann man dies durch folgenden Befehl tun:

```
pie(table(Pisa3$Gender), col = c("red", "green"))
```

Die hierfür benötigte Funktion heißt also *pie* und ähnelt ziemlich der Funktion *barplot*.

Bevor wir R schließen, müssen wir den Datensatz erneut speichern. Wir haben dies mit folgendem Befehl getan:

```
write.csv2(Pisa3, file = "Pisa3.csv", row.names = FALSE)
```

Unser Datensatz ist also in der *Pisa3.csv*-Datei gespeichert, welche die Grundlage für die in Kapitel 4 dargestellten R-Analysen sein wird. Außerdem haben wir die Skriptdatei des Kapitels 3.9 als *Skript_3.9.r* im Ordner *Kapitel_3* gespeichert.

Literaturverzeichnis

Benninghaus, H. (1998): Einführung in die Sozialwissenschaftliche Datenanalyse. München: Oldenbourg Verlag, S. 92–133.

Bortz, J. (2005): Statistik für Human- und Sozialwissenschaftler. 6., vollständig überarbeitete Auflage. Berlin Heidelberg: Springer, S. 27–39.

Bühner, M. und Ziegler, M. (2009): Statistik für Psychologen und Sozialwissenschaftler. München: Pearson Studium, S. 27–39.

Streuungsmaße

4

In diesem Kapitel lernen Sie ...

Inhalte	➲ Verteilungen von Variablen mithilfe der Streuungsmaßen zu beschreiben.
Beispiele	➲ diese Maße selbst zu berechnen.
Anwendungen	➲ die Streuungsmaße mit SPSS und R zu berechnen sowie Histogramme mit SPSS und R zu erstellen.

Inhaltsübersicht des Kapitels

4.1 Streuung der Messwerte einer Verteilung und grafische Darstellungsmöglichkeiten

Mit *Streuung* oder *Dispersion* ist die Unterschiedlichkeit der Werte der Verteilung einer Variablen gemeint. „Es handelt es sich also um Maße, die angeben, wie stark die Messwerte einer Variablen im Wertebereich um einen bestimmten Wert streuen" (Bühner & Ziegler, 2009, S. 42). So kann es z. B. sein, dass, obwohl sich zwei Verteilungen in Bezug auf ihre zentrale Tendenz ähneln, diese sich in Bezug auf ihre Streuung unterscheiden. Dieser Sachverhalt kann mithilfe von Abbildung 4.1 nachvollzogen werden. Für beide Variablen liegen Modus, Median und arithmetisches Mittel mit dem Wert 10 vor, sie weisen also identische Werte auf. Trotzdem lassen sich die Verteilungen der beiden Variablen durch eine unterschiedliche Streuung charakterisieren: Verglichen mit der Variablen, die mit einer blauen Linie (innere Linie) dargestellt ist, weist die mit einer roten Linie (äußere Linie) dargestellte Variable eine höhere Streuung auf, d. h. die Unterschiedlichkeit ihrer Messwerte ist größer. Auch in Abbildung 4.2 ist die Verteilung einer Variablen zu sehen, die sich auf die selbsteingeschätzte Frustration hinsichtlich der Erreichung einer guten Schulnote bezieht. Die Variable wurde in zwei unterschiedlichen Studien erhoben. Beide Studien umfassen jeweils 100 Gymnasiasten/-innen der 8. Klasse. Obwohl in beiden Studien die Mittelwerte nahe beieinander liegen, sind die Streuungen der Werte recht unterschiedlich, wie man Abbildung 4.2 ent-

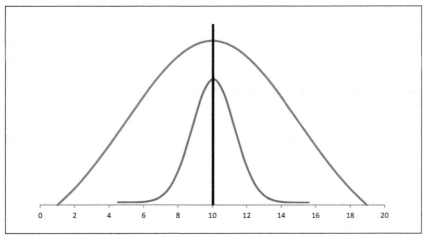

Abbildung 4.1   Liniendiagramm zu der Verteilung zweier fiktiver Variablen mit unterschiedlicher Streuung©

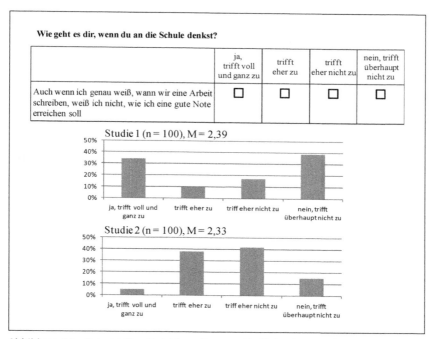

Abbildung 4.2 Beispiel über Variablen mit unterschiedlicher Streuung©

nehmen kann: In Studie 1 sind die Randkategorien „ja, trifft voll und ganz zu" sowie „nein, trifft überhaupt nicht zu" deutlich stärker ausgeprägt als in Studie 2. In
Studie 2 ist die Unterschiedlichkeit der Messwerte deutlich geringer als in Studie 1.

Die Streuungsmaße stehen im engen Zusammenhang mit der Beantwortung
der Frage, „wie die bezüglich eines Merkmales angetroffene Unterschiedlichkeit
von Personen oder anderen Untersuchungseinheiten erklärt werden kann" (Bortz,
2005, S. 40), indem sie die Beschreibung bzw. Quantifizierung dieser Unterschiedlichkeit wiedergeben. Bevor wir aber mit der Betrachtung dieser Maße beginnen,
betrachten wir zunächst verschiedene grafische Darstellungsmöglichkeiten der
Streuung von Variablenverteilungen. Diese sind sehr hilfreich, da sie unter anderem einen ersten Einblick in die Daten und deren Struktur gewähren. In der erziehungswissenschaftlichen Forschung gibt es mehrere Möglichkeiten, die Verteilungen von Variablen darzustellen. Wir stellen in diesem Abschnitt kurz drei
sehr geläufige solcher Darstellungen vor, nämlich das *Histogramm*, das *Liniendiagramm* und das *Polygon*.

Unter Histogramm versteht man ein zusammengesetztes Wort, das aus dem
Griechischen ιστόγραμμα (histós + gramma) stammt und so viel wie „aufrech-

ter Graph" (histós = Stammbaum) bedeutet. Histogramme werden verwendet, um die Häufigkeitsverteilung sowohl von stetigen (kontinuierlichen) als auch diskreten (diskontinuierlichen) Variablen zu veranschaulichen. Auf der horizontalen Achse (oder Abszisse genannt) werden die Kategoriengrenzen und auf der vertikalen Achse (oder Ordinate genannt) die absoluten oder prozentualen Häufigkeiten abgetragen. Abbildung 4.3 enthält die Altersverteilung einer fiktiven Variablen mithilfe eines Histogramms. Im Unterschied zum Säulendiagramm bzw. Balkendiagramm (s. Abbildungen 3.1, 3.2, 3.4, 3.9 und 3.11) stellt bei einem Histogramm die X-Achse mindestens eine Ordinalskala dar, deren Werte geordnet sind und den gleichen Abstand aufweisen. Zudem existieren keine Abstände zwischen den Rechtecken eines Histogramms.

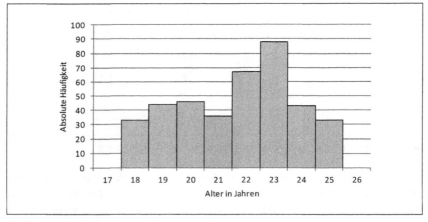

Abbildung 4.3   Beispiel eines Histogramms©

Zur grafischen Veranschaulichung diskreter Variablen werden häufig Liniendiagramme verwendet. Wie bei Histogrammen werden auch bei Liniendiagrammen die Kategoriengrenzen auf der horizontalen Achse und die absoluten bzw. prozentualen Häufigkeiten auf der vertikalen Achse abgetragen. Der Linienpunkt pro Kategorie zeigt die absoluten bzw. prozentualen Häufigkeiten. In Abbildung 4.4 haben wir die Verteilung der Mathe-Schulnote (s. Tabelle 3.4) mit einem Liniendiagramm dargestellt. Man sieht deutlich, dass die Schüler/innen am häufigsten eine befriedigende Note erzielt haben. Am seltensten haben die Schüler/innen eine mangelhafte bzw. ungenügende Note bekommen. Liniendiagramme werden in der Praxis sehr häufig benutzt, um die zeitliche Entwicklung eines Merkmals zu skizzieren. Dies haben wir in Abbildung 4.5 getan, indem wir die Ergebnisse der Bundestagswahlen von 2005 bis 2013 für fünf Parteien dargestellt haben.

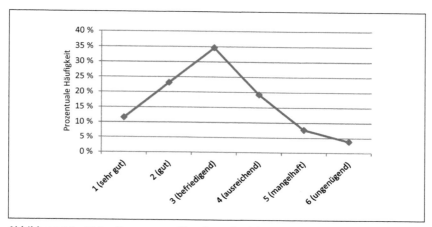

Abbildung 4.4   Liniendiagramm zur Verteilung der Schulnote in %©

Zur grafischen Veranschaulichung einer stetigen (kontinuierlichen) Häufigkeitsverteilung wird das Polygon verwendet. Das Wort stammt aus dem griechischen
πολύγωνον (polýgonon = Vieleck). „Das Polygon kann man aus dem Histogramm
entwickeln, indem man die Mittelpunkte der oberen Rechteckseiten miteinander
verbindet" (Benninghaus, 1998, S. 118). Diese Prozedur sieht man in Abbildung
4.6 angewendet, da dort die Verteilung einer fiktiven Altersvariable zuerst in Form
eines Histogramms und danach in Form eines Polygons dargestellt wird. Bei der

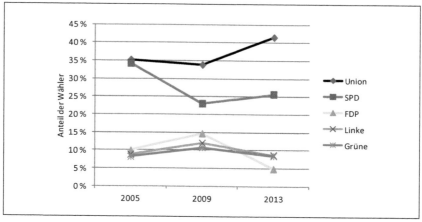

Abbildung 4.5   Ergebnisse der Bundestagswahlen von 2005 bis 2013©

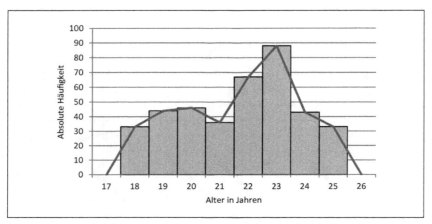

Abbildung 4.6   Darstellung der Verteilung des Alters anhand eines Polygons[©]

Erstellung eines Polygons werden auch solche Kategorien berücksichtigt, die in der Nähe der extremen Kategorien liegen und die Häufigkeit 0 aufweisen. Daher stellen die Alterskategorien 17 und 26 in Abbildung 4.6 den Anfang und das Ende des Polygonzugs dar. Falls sich die Variablen auf große Stichproben beziehen und der Abstand der Variablenkategorien sehr klein ist, erscheinen auch keine „Knicke" im Kurvenverlauf. „Nach der Form dieser Kurven lassen sich einige *typische Verteilungsformen* benennen" (Benninghaus, 1998, S. 119), welche Abbildung 4.7 entnommen werden können (s. Bortz, 2005, S. 33).

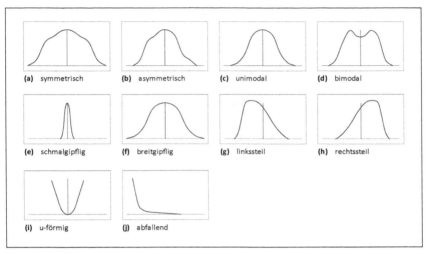

(a) symmetrisch   (b) asymmetrisch   (c) unimodal   (d) bimodal

(e) schmalgipflig   (f) breitgipflig   (g) linkssteil   (h) rechtssteil

(i) u-förmig   (j) abfallend

Abbildung 4.7 Verteilungsformen[©]

4.2 Maße (Kennwerte) zur Beschreibung der Streuung der Messwerte einer Verteilung

Während die Maße der zentralen Tendenz die mittlere Ausprägung der betrachteten Variablen bzw. deren Verteilungen wiedergeben, liefern die Streuungsmaße Einblick in die Homogenität oder Heterogenität der Werte einer Variablen (Benninghaus, 1998). Streuungsmaße sind also zusammenfassende Maße für die Unterschiedlichkeit der Messwerte einer Verteilung. In diesem Abschnitt wollen wir die wichtigsten dieser Maße präsentieren, nämlich den *Range R*, die *Varianz s²*, die *Standardabweichung s*, die *Schiefe Sch* und den *Exzess Ex*. Zudem werden wir die – heute wenig gebräuchliche – durchschnittliche Streuung *AD* präsentieren, um daraufhin das Konzept der Varianz bzw. Standardabweichung zu erläutern.

4.2.1 Range

Der Range *R* wird häufig auch als Spann-, Variationsbreite oder Bereich bezeichnet und ist das einfachste Streuungsmaß. „Der Range ist definiert als die Differenz zwischen dem größten und kleinsten Messwert einer Verteilung" (Benninghaus, 1998, S. 144):

$$R = x_{max} - x_{min} \tag{4.1}$$

Dieses Maß gibt also den Bereich an, in dem sich die Messwerte der Verteilung einer Variablen befinden. So beträgt die Spannweite der Altersvariablen in Abbildung 4.3 sieben Jahre, da der größte Wert dieser Variablen 25 und der kleinste Wert 18 ist. Wie aus diesem Beispiel ersichtlich wird, setzt die Verwendung der Variationsbreite (streng genommen) metrische Daten (s. Kapitel 2.3) voraus. Allerdings: „Dies wird gelegentlich übersehen, wenn der Range auch für ordinale Daten berechnet wird, bei denen keine Äquidistanz der Intervalle gewährleistet ist" (Benninghaus, 1998, S. 144).

Obwohl der Range sehr einfach zu berechnen ist, weist er den Nachteil auf, dass er sehr empfindlich gegenüber Ausreißern ist. Dies ist aus der obigen Formel leicht zu verstehen. Nehmen wir an, dass x max und (oder) x min Extremwerte (Ausreißer) sind. In diesem Fall informiert uns der Range wenig über die Streuung der zwischen den Extremwerten liegenden Messwerte. „Daher sollte nie ausschließlich die Spannweite als Maß der Streuung verwendet werden" (Bühner & Ziegler, 2009, S. 43).

4.2.2 Durchschnittliche Streuung *(AD-Streuung)*

„Dieses Streuungsmaß, dessen Symbol *AD* von der englischen Bezeichnung *average deviation* herrührt, ist definiert als der Durchschnitt der absoluten Abweichung aller Messwerte einer Verteilung von ihrem arithmetischen Mittel" (Benninghaus, 1998, S. 150). Die *AD*-Streuung lässt sich anhand der folgenden Formel berechnen (Bortz, 2005, S. 41):

$$AD = \frac{\sum_{i=1}^{n}(|x_i - \bar{x}|)}{n} \tag{4.2}$$

mit

x_i Wert i der Variablen x,

$\bar{x}$ Mittelwert der Variablen x.

Schulnoten (x)	$(\lvert x_i - \bar{x} \rvert)$	=
1	1 − 3	2
1	1 − 3	2
1	1 − 3	2
2	2 − 3	1
2	2 − 3	1
2	2 − 3	1
2	2 − 3	1
2	2 − 3	1
2	2 − 3	1
3	3 − 3	0
3	3 − 3	0
3	3 − 3	0
3	3 − 3	0
3	3 − 3	0
3	3 − 3	0
3	3 − 3	0
3	3 − 3	0
3	3 − 3	0
4	4 − 3	1
4	4 − 3	1
4	4 − 3	1
4	4 − 3	1
4	4 − 3	1
5	5 − 3	2
5	5 − 3	2
6	6 − 3	3

$n = 26$

$\bar{x} = 3$

$$\sum_{i=1}^{n}(\lvert x_i - \bar{x} \rvert) = 24$$

Tabelle 4.1 Berechnung der durchschnittlichen Streuung für die Mathe-Schulnote©

In der obigen Tabelle haben wir die *AD* der Schulnote-Variablen berechnet (wobei wir Intervallskalen-Niveau unterstellt haben). In der ersten Spalte sind die Leistungen der 26 Schüler/innen aufgelistet, deren Mittelwert 3 beträgt. In der zweiten Spalte haben wir sodann für jeden Schulnote-Wert den Mittelwert 3 abgezogen. Der absolute Betrag dieser Operation ist in der dritten Spalte abgetragen. Die Summe dieser Werte ist am Ende der dritten Spalte aufgelistet und beträgt 24. Dividiert man diesen Wert durch die Gesamtzahl der Schüler/innen ($n = 26$) erhält man den Wert der *AD*, der 0,92 beträgt. Dieser Wert besagt, dass die Messwerte der Mathe-Schulnote im Durchschnitt 0,92 Einheiten von ihrem arithmetischen Mittel abweichen.

Trotz ihrer Plausibilität wird die *AD* als Streuungsmaß in der Praxis heutzutage (fast) nicht mehr verwendet (Benninghaus, 1998). Dagegen stellen die in den nachfolgenden Abschnitten dargestellten Maße der Varianz und Standardabweichung „die gebräuchlichsten Maße zur Kennzeichnung der Variabilität bzw. Streuung einer Verteilung" (Bortz, 2005, S. 41) bei metrischen Variablen dar. Wie wir sehen werden bauen Varianz und Standardabweichung auf der *AD* auf, weswegen wir an dieser Stelle auch auf die *AD* eingegangen sind.

4.2.3 Varianz

„Die Summe der quadrierten Abweichungen aller Messwerte vom arithmetischen Mittel, dividiert durch die Anzahl aller Messwerte, ergibt die Varianz" (Bortz, 2005, S. 41):

$$s^2 = \frac{\sum_{i=1}^{n}(x_i - \bar{x})^2}{n} \tag{4.3}$$

Durch die Quadrierung werden – im Vergleich zur *AD* – größere Abweichungen vom Mittelwert stärker gewichtet als kleinere. Darüber hinaus beträgt die Summe der Abweichungen aller Messwerte einer Verteilung zum Mittelwert 0. „Daher müssen bei der Berechnung der Varianz die Differenzen zwischen den Messwerten und dem Mittelwert vor dem Aufsummieren quadriert werden" (Bühner & Ziegler, 2009, S. 45). Wenn die Messwerte weit entfernt vom Mittelwert liegen, ist der Wert der Varianz groß. In umgekehrten Fall weist die Varianz einen kleinen Wert auf. Tabelle 4.2 veranschaulicht die Berechnung der Varianz am Beispiel der Mathe-Schulnote[12]. In Spalte 2 haben wir die quadrierte Abweichung jedes einzelnen Messwertes aufgeführt. Das Resultat dieser mathematischen Operation ist

---

12   Es sei Intervallskalenniveau unterstellt.

in der dritten Spalte zu sehen. Insgesamt beträgt also die Summe der quadrierten Abweichungen 40. Daher weist die Variable *Mathe-Schulnote* den Varianz-Wert von (40 / 26 =) 1,54 auf.

Schulnoten (x)	$(x_i - \bar{x})^2$	=
1	$(1-3)^2$	4
1	$(1-3)^2$	4
1	$(1-3)^2$	4
2	$(2-3)^2$	1
2	$(2-3)^2$	1
2	$(2-3)^2$	1
2	$(2-3)^2$	1
2	$(2-3)^2$	1
2	$(2-3)^2$	1
3	$(3-3)^2$	0
3	$(3-3)^2$	0
3	$(3-3)^2$	0
3	$(3-3)^2$	0
3	$(3-3)^2$	0
3	$(3-3)^2$	0
3	$(3-3)^2$	0
3	$(3-3)^2$	0
3	$(3-3)^2$	0
4	$(4-3)^2$	1
4	$(4-3)^2$	1
4	$(4-3)^2$	1
4	$(4-3)^2$	1
4	$(4-3)^2$	1
5	$(5-3)^2$	4
5	$(5-3)^2$	4
6	$(6-3)^2$	9

$n = 26$

$\bar{x} = 3$

$$\sum_{i=1}^{n}(x_i - \bar{x})^2 = 40$$

Tabelle 4.2 Berechnung der Varianz der Mathe-Schulnote©

Die Berechnung der Varianz setzt intervallskalierte Variablen voraus, obwohl sie in der Praxis häufig auch für ordinalskalierte Variablen ermittelt wird. Die Varianz ist genauso wie die durchschnittliche Streuung empfindlich gegenüber Ausreißern.

4.2.4 Standardabweichung

Im Allgemeinen weist die Varianz den Nachteil auf, dass sie schwer interpretierbar ist, da durch die Quadrierung der Abweichungen aller Messwerte vom Mittelwert ein Maß gebildet wird, „dem das *Quadrat der ursprünglichen Einheit* der Messwerte zugrundeliegt" (Bortz, 2005, S. 41). Dieser Nachteil wird ausgeglichen, indem die Wurzel aus der Varianz berechnet wird. Dadurch wird die Quadrierung eliminiert und die Einheit des Streuungsmaßes entspricht der Einheit des Skalierungsniveaus der Variablen. Dieses Maß heißt Standardabweichung und wird anhand der folgenden Formel berechnet (Bortz, 2005, S. 41):

$$ s = \sqrt{s^2} = \sqrt{\frac{\sum_{i=1}^{n}(x_i - \bar{x})^2}{n}} \tag{4.4}$$

Bezogen auf die Standardabweichung der Mathe-Schulnote kann man anhand der obigen Formel feststellen, dass sie 1,24 beträgt. Im Allgemeinen signalisieren große Werte der Standardabweichung eine breite Streuung der einzelnen Messwerte um den Mittelwert, während kleine Werte der Standardabweichung auf eine kleine Streuung der Messwerte hindeuten.

Die Standardabweichung besitzt einige Eigenschaften, die uns erlauben, Wahrscheinlichkeiten in Bezug auf die Streuung eines beliebigen Messwertes um den Mittelwert zu schätzen. Voraussetzung dafür ist allerdings, dass die zugrunde liegende Verteilung der Variablen (annäherungsweise) eine *Normalverteilung* ist. Eine Normalverteilung ist eine unimodale, symmetrische Verteilung, die einen glockenförmigen Verlauf aufweist. Beim Vorliegen einer Normalverteilung liegen etwa zwei Drittel aller Fälle (68,27 %) zwischen einer Standardabweichung über dem Mittelwert ($\bar{x} + s$) und einer Standardabweichung unter dem Mittelwert ($\bar{x} - s$). Zwischen den Werten $\bar{x} \pm 2s$ befinden sich 95,44 % und zwischen den Werten $\bar{x} \pm 3s$ 99,73 % aller Fälle. Dies zeigt auch Abbildung 4.8, welche die Verteilung einer fiktiven Altersvariablen veranschaulicht. Die Variable hat einen Mittelwert von 50 und eine Standardabweichung von 15. 68,27 % unserer fiktiven Bevölkerung weist Alterswerte auf, die zwischen 35 und 65 liegen. Die Wahrscheinlichkeit, dass eine Person über 65 Jahre alt ist, beträgt demnach ca. ((100 − 68,27) / 2 =)

15,9 %. Wegen der Symmetrie beträgt ebenfalls 15,9 % die Wahrscheinlichkeit dafür, dass eine Person jünger als 35 ist.

Varianz und Standardabweichung hängen miteinander zusammen, da große bzw. kleine Varianzwerte mit großen bzw. kleinen Werten der Standardabweichung einhergehen. Dies kann man auch den Formeln zu Berechnung der Varianz und Standardabweichung entnehmen. „Für deskriptive Zwecke ist allerdings die Standardabweichung vorzuziehen, weil sie ein Kennwert in der Einheit der zugrundeliegenden Messwerte ist" (Benninghaus, 1998, S. 155). So beträgt die Standardabweichung der in Abbildung 4.8 dargestellten Variablen 15 Jahre, während die Varianz 225 Quadratjahre beträgt.

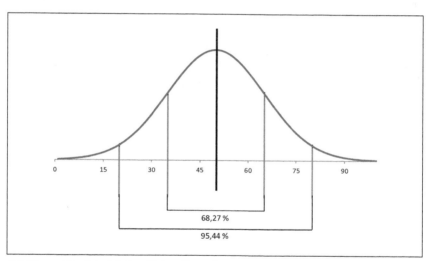

Abbildung 4.8   Beispiel einer fiktiven Normalverteilung des Alters©

4.2.5 Schiefe und Exzess

Die Betrachtung einer Häufigkeitstabelle oder einer Grafik zeigt nicht immer, ob eine Verteilung links- oder rechtsteil ist. Dafür ist die sogenannte Schiefe *(Sch)* geeignet. Sie lässt sich anhand der folgenden Formel berechnen (Bortz, 2005, S. 45):

$$Sch = \frac{\bar{x} - Mo}{s} \qquad\qquad (4.5)$$

Es wird also zunächst der Modus vom Mittelwert abgezogen und das Ergebnis durch die Standardabweichung der Verteilung dividiert. Zur Interpretation gelten dabei folgende Regeln (Bühner & Ziegler, 2009, S. 49):

Sch < *0* → rechtssteil (negative Schiefe)

Sch = *0* → symmetrisch

Sch > *0* → linkssteil (positive Schiefe).

Beispielsweise beträgt die Schiefe für unsere Schulnote-Variable 0, da Mittelwert und Modus identisch sind (3). Somit ist die Variable *Mathe-Schulnote* eine symmetrische Variable.

Der Kennwert Exzess *(Ex)* gibt an, inwiefern eine Verteilung in ihrer Wölbung von der Normalverteilung abweicht. Er zeigt also die Breite der Verteilung an. „Dabei kann eine Verteilung entweder breitgipflig (platykurtisch) oder schmalgipflig (leptokurtisch) sein" (Bühner & Ziegler, 2009, S. 52). Der Exzess lässt sich anhand der folgenden Formel berechnen (Bühner & Ziegler, 2009, S. 52):

$$Ex = \frac{Q_3 - Q_1}{2 \cdot (P_{90} - P_{10})} \tag{4.6}$$

mit

Q_3 = 3. Quartilgrenze (Messwert bei Prozentrang 75),

Q_1 = 1. Quartilgrenze (Messwert bei Prozentrang 25),

P_{90} = Messwert bei Prozentrang 90,

P_{10} = Messwert bei Prozentrang 10.

Für eine Normalverteilung beträgt der Exzess 0,263 (Borz, 2005, S. 46; Bühner & Ziegler, 2009, S. 52). D. h., je stärker der Exzess über bzw. unter diesem Wert liegt, desto breiter bzw. schmaler ist die Verteilung der Variablen.

4.3 Zusammenfassung

In diesem Kapitel haben wir uns mit den Streuungsmaßen und deren grafischen Darstellungsmöglichkeiten auseinander gesetzt. Im Gegensatz zu den Maßen der zentralen Tendenz, welche die mittlere Ausprägung der betrachteten Variablen bzw. derer Verteilungen wiedergeben, sind die Streuungsmaße zusammenfassende Maße für die Unterschiedlichkeit der Werte einer Verteilung. Die wichtigsten von ihnen sind der Range R, die Varianz s^2 und die Standardabweichung s. Die durchschnittliche Streuung AD ist geeignet, um das Konzept der Varianz bzw. Standardabweichung zu verstehen.

Der Range R – bekannt auch als Spann- oder Variationsbreite – ist das einfachste Streuungsmaß und wird anhand der Differenz zwischen dem größten und kleinsten Messwert einer Verteilung berechnet. Die Anwendung dieses Maßes setzt – zumindest theoretisch – intervallskalierte Variablen voraus; im Forschungsalltag wird er aber auch für ordinalskalierte Merkmale in Anspruch genommen. Die durchschnittliche Streuung AD gibt den Durchschnitt der absoluten Abweichung aller Messwerte einer Verteilung von ihrem arithmetischen Mittel wieder. Obwohl sie ein leicht zu verstehendes Maß ist, wird dieses Maß in der erziehungswissenschaftlichen Forschung kaum verwendet. Dies ist anders bei der Varianz und Standardabweichung, welche auf dem Konzept der AD aufbauen. Die Varianz ist definiert als die Summe der quadrierten Abweichungen aller Messwerte vom arithmetischen Mittel, dividiert durch die Anzahl aller Messwerte. Sie hat den Nachteil, dass sie sich auf die quadrierten Einheiten der Variablen bezieht und ist aus diesem Grunde schwer zu interpretieren. Dagegen zeichnet sich die Standardabweichung dadurch aus, dass sie der Einheit des Skalierungsniveaus der Variablen entspricht, da sie aus der Wurzel der Varianz berechnet wird. Darüber hinaus liegen bei einer normalverteilten Variablen etwa zwei Drittel aller Fälle (68,27 %) zwischen einer Standardabweichung über dem Mittelwert ($\bar{x} + s$) und einer Standardabweichung unter dem Mittelwert ($\bar{x} - s$). Des Weiteren befinden sich zwischen den Werten $\bar{x} \pm 2s$ 95,44 % und zwischen den Werten $\bar{x} \pm 3s$ 99,73 % aller Fälle einer normalverteilten Variablen. Dadurch können Wahrscheinlichkeiten bzw. Prognosen über die Streuung eines beliebigen Messwertes um den Mittelwert geschätzt werden.

4.4 Beispiele: Übungs- und Reflexionsaufgaben zu Kapitel 4

Angehende Lehrkräfte wurden in einer Untersuchung zu ihren Handlungskompetenzen befragt (Schubarth et al., 2005, S. 189). Die Antwortkategorien reichten von „überhaupt nicht" (kodiert mit 1) über die Kodierungen 2, 3, 4 bis „in hohem Maße" (kodiert mit 5). Den Variablen wurde Intervallskalen-Niveau unterstellt. Beantworten Sie die folgenden Fragen:

(1) Welche Kompetenzen sind stärker, welche weniger stark ausgeprägt? Betrachten Sie hierzu die jeweiligen Mittelwerte *(M)*.

(2) In welchen Kompetenzen sind sich die angehenden Lehrer/innen ähnlich, in welchen unterscheiden sie sich? Betrachten Sie hierzu die jeweiligen Standardabweichungen *(SD,* für *standard deviation)*.

Ich fühle mich kompetent …

	Position	M	SD
a)	… Unterrichtsthemen aus dem Rahmenlehrplan meines Faches abzuleiten	3,8	0,86
d)	… Medien entsprechend den Lernzielen didaktisch begründet auszuwählen	3,7	0,85
e)	… die Phasen des Unterrichts eindeutig zu bestimmen und gestalten	3,7	0,89
i)	… handlungsorientierte Lernformen anzuwenden	3,7	0,93
k)	… unterschiedliche Methoden inhaltsspezifisch angepasst einzusetzen	3,6	0,83
c)	… Lernziele im kognitiven, emotionalen und psychomotorischen Bereich zu formulieren	3,6	0,95
j)	… verschiedene Formen des selbständigen Lernens im Unterricht zu realisieren	3,6	0,87
l)	… neuen Medien im Unterricht sinnvoll einzusetzen	3,2	1,05
g)	… Lernerfolgskontrollen regelmäßig und methodisch vielfältig vorzubereiten, durchzuführen und auszuwerten	3,1	1,05
h)	… differenzierte Lernwege anzubieten, um individuelle Lernfortschritte zu ermöglichen	3,0	1,07
b)	… den entwicklungspsychologischen Stand der Lernenden zu diagnostizieren und daran anzuknüpfen	3,0	0,98
f)	… Lernübertragungen (Transfer) systematisch und ausführlich in den Unterricht einzubauen und so dem erworbenen Wissen Sicherheit zu verleihen	3,0	1,00

Position		M	SD
o)	... Lernenden mit Lernschwierigkeiten durch gezielte Erfolgserlebnisse Sicherheit und Vertrauen in die eigene Leistungsfähigkeit zu vermitteln	3,0	0,93
m)	... spontan entstehende Diskussionen von Lernenden fruchtbar zu gestalten	2,9	1,08
n)	... Lernenden zu zeigen, wie sie ihr Lernen in Lernschritten einteilen und davon profitieren können	2,7	0,93

Tabelle 4.3   Ich fühle mich kompetent ...©

4.5   Anwendung in SPSS

Wir wollen die Streuungsmaße sowie ein Histogramm für die Variable *ST06Q01* des PISA-Datensatzes berechnen. Diese Variable bezieht sich, wie wir im Kapitel 3 gesehen haben, auf das Alter der Schüler/innen zu Beginn der Grundschule. Die Berechnung der Streuungsmaße und des Histogramms wird über die Menüleiste durch sukzessives Anklicken auf *Analysieren → Deskriptive Statistiken → Häufigkeiten ...* erreicht. Danach muss man die in Abbildungen 3.6 und 3.7 (Kapitel 3) dargestellten Schritte wiederholen. Indem wir zuerst auf Statistiken (s. 3.7(b)) klicken, erscheint das in Abbildung 4.9 dargestellte Fenster. Hier haben wir die Auswahl *Standardabweichung, Varianz, Bereich, Schiefe* und *Kurtosis* getroffen. Wir klicken auf *Weiter* und gelangen zu Abbildung 4.10 (a). Indem man auf *Diagramme* klickt, öffnet sich das Fenster in Abbildung 4.10 (b). Hier trifft man die Auswahl *Histogramme* und *Normalverteilungskurve im Histogramm anzeigen* und klickt auf *Weiter*. Es erscheint sodann wieder das in Abbildung 4.10 (a) dargestellte Fenster. Hier kann man entweder auf *OK* oder *Einfügen* klicken. Durch das *Einfügen* wird in einem neuen Syntaxfenster folgender Befehl geschrieben:

```
FREQUENCIES VARIABLES=ST06Q01
  /STATISTICS=STDDEV VARIANCE RANGE SKEWNESS KURTOSIS
  /HISTOGRAM NORMAL
  /ORDER=ANALYSIS.
```

Markiert man nun den Syntax-Befehl und klickt auf den grünen Pfeil im Syntaxfenster, erscheint die in Abbildung 4.11 dargestellte Ausgabedatei, welche einen Auszug der SPSS-Ausgabedatei darstellt.

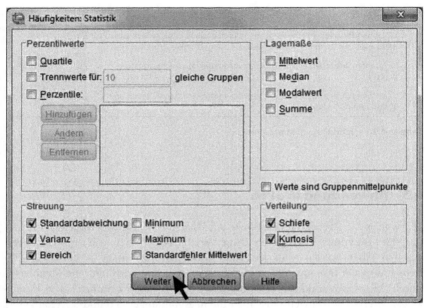

Abbildung 4.9   Berechnung der Streuungsmaße©

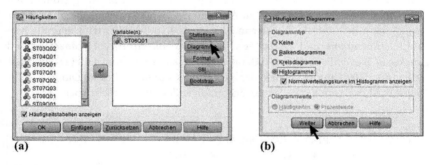

Abbildung 4.10   Erstellung eines Histogramms©

Statistiken

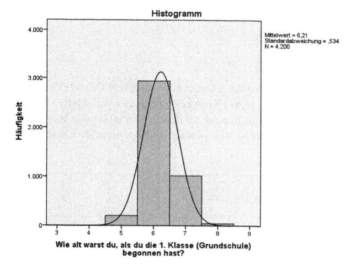

ST06Q01 Wie alt warst du, als du die

N	Gültig	4200
	Fehlend	801
Standardabweichung		,534
Varianz		,286
Schiefe		,512
Kurtosis		,807
Spannweite		4

Abbildung 4.11   Auszug aus dem SPSS-Ausgabefenster©

Bevor wir das Programm schließen, speichern wir die Syntaxdatei unter dem Namen *Syntax_4_5.sps* im Ordner *Kapitel_4*. Den Datensatz haben wir unter dem Namen *PISA_4.sav* gespeichert. Er bildet die Grundlage für die in Kapitel 5 dargestellten SPSS-Anwendungen.

4.6 Anwendung in R

Um die Streuungsmaße in R zu berechnen, muss man zuerst die Daten einlesen, die Pakete *Deducer* und *psych*[13] laden und die fehlenden Werte der Variablen *ST06Q01* definieren. Wir müssen also in eine neue Skriptdatei folgende Befehle schreiben:

```
setwd("C:/SPSS-, R-Analysen/R/Kapitel_4")
Pisa4 <- read.csv2("Pisa3.csv")
fix(Pisa4)
library(Deducer)
library(psych)
frequencies(Pisa4$ST06Q01)
```

Somit laden wir die in Kapitel 3 erstellten Daten (*csv*-Datei) im Objekt *Pisa4*. Mit dem Befehl *frequencies* erstellen wir eine Häufigkeitstabelle der Variablen *ST06Q01*, um uns zu vergewissern, dass die in Kapitel 3.9 definierten fehlenden Werte ausgeschlossen sind. Die Variationsbreite lässt sich anhand des folgenden Befehls berechnen:

```
diff(range(Pisa4$ST06Q01, na.rm = TRUE))
```

Dieser Befehl besteht aus zwei Funktionen. Die Funktion *range* weist die gleiche Struktur wie die Funktionen zur Berechnung der Maße der zentralen Tendenz auf und gibt den kleinsten und größten Wert der Variablen *ST06Q01* wieder. Diese sind die Werte 4 und 8. Die Funktion *range* ist dann in die Funktion *diff* geschachtelt, welche die Differenz zwischen diesen beiden Werten berechnet. Nach der Ausführung dieses Befehls erscheint in der R-Konsole der Wert 4, welche der Range der Variablen *ST06Q01* ist.

Die Varianz und Standardabweichung lassen sich wiederum mit den folgenden Befehlen berechnen, welche die gleiche Struktur mit den Funktionen zur Berechnung der Maße der zentralen Tendenz aufweisen:

---

13 Das Paket *psych* muss zuerst installiert werden, da wir dieses hier zum ersten Mal benutzen. Erläuterungen zur Installation von Paketen finden sich in Kapitel 2, Abschnitt 2.6.

```
var(Pisa4$ST06Q01, na.rm = TRUE)
sd(Pisa4$ST06Q01, na.rm = TRUE)
```

Die Funktion *var* bezieht sich hier auf die Berechnung der Varianz, während die Funktion *sd* eine Abkürzung der Standardabweichung (aus dem Englischen *standard deviation*) darstellt. Der Wert der Varianz beträgt in der R-Konsole 0,2855092 und der Wert der Standardabweichung 0,5343307. Diese Werte sind mit den anhand von SPSS berechneten Werten in Abbildung 4.11 identisch.

Schiefe und Exzess lassen sich ferner mithilfe des folgenden Befehls berechnen:

```
describe(Pisa4$ST06Q01)
```

Dabei ist die Funktion *describe* Teil des Pakets *psych*. Sie unterscheidet sich von der gleichnamigen Funktion des Pakets *Hmisc*, welches wir in Kapitel 2, Abschnitt 2.6.2 kennengelernt haben. Laut R-Konsole beträgt die Schiefe 0,52, während der Exzess 0,8 beträgt.

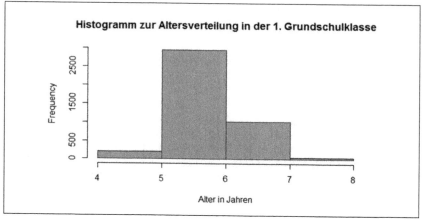

Abbildung 4.12 Ausgabefenster mit dem erstellten Histogramm©

Zum Schluss wollen wir ein Histogramm für die Variable *ST06Q01* erstellen. Dies kann man durch folgenden Befehl bewerkstelligen:

```
hist(Pisa4$ST06Q01, breaks = 4, col = "green",
  xlab = "Alter in Jahren",
  main = "Balkendiagramm zur Altersverteilung in der 1. Grundschul-
  klasse")
```

Die Funktion *hist* besteht somit aus dem Namen der Variablen und ein paar zusätzlichen Argumenten, die allerdings nicht obligatorisch sind. Das Argument *breaks* bestimmt die Bandbreite der Balken des Histogramms. Mit steigender Zahl im Argument verringert sich die Bandbreite der Balken. Das nach der Ausführung des Befehls erstellte Histogramm ist Abbildung 4.12 zu entnehmen.

Bevor man R schließt, muss man den Datensatz erneut speichern. Wir haben dies mit folgendem Befehl getan:

```
write.csv2(Pisa4, file = "Pisa4.csv", row.names = FALSE)
```

Unser Datensatz ist also in der *Pisa4.csv*-Datei gespeichert, welche die Grundlage für die in Kapitel 5 dargestellten R-Analysen sein wird. Außer dem Speichern des Datensatzes muss man auch die Skriptdatei speichern. Wir haben die Skriptdatei des Kapitels 4.6 als *Skript_4.6.r* im Ordner *Kapitel_4* gespeichert.

Literaturverzeichnis

Benninghaus, H. (1998): Einführung in die Sozialwissenschaftliche Datenanalyse. München: Oldenbourg Verlag, S. 112–120; 143–156.

Bortz, J. (2005): Statistik für Human- und Sozialwissenschaftler. 6., vollständig überarbeitete Auflage. Berlin Heidelberg: Springer, S. 30–47.

Bühner, M. und Ziegler, M. (2009): Statistik für Psychologen und Sozialwissenschaftler. München: Pearson Studium, S. 42–56.

Schubarth, W.; Speck, K.; Gladasch, U.; Seidel, A.; Chudoba, C. (2005): Die zweite Phase der Lehrerausbildung aus Sicht der Brandenburger Lehramtskandidatinnen und Lehramtskandidaten. Potsdam: Universität Potsdam.

Standardnormalverteilung und z-Transformation

5

In diesem Kapitel lernen Sie ...

Inhalte	➲ die Bedeutung der (Standard)Normalverteilung und z-Transformation für die Statistik kennen.
Beispiele	➲ z-Transformationen an einem Beispiel handschriftlich zu berechnen.
Anwendungen	➲ z-Transformationen mit SPSS und R durchzuführen.

Inhaltsübersicht des Kapitels

5.1 Normalverteilung und Standardnormalverteilung

In diesem Kapitel beschäftigen wir uns mit der Frage, wie man Messwerte aus unterschiedlichen Verteilungen miteinander vergleichen kann. Insbesondere dann, wenn Messwerte unterschiedlichen Populationen zugrunde liegen, ist der Vergleich zwischen den Werten nicht ohne Weiteres möglich. Darüber hinaus kann es vorkommen, dass sich zwar die Messwerte auf dieselbe Population beziehen, die erhobenen Variablen aber nicht die gleiche Metrik aufweisen. Beispielsweise werden in den Erziehungswissenschaften sehr häufig Zufriedenheitsvariablen in der Form wie zum Beispiel „Wie zufrieden sind Sie mit der Leistung der Lehrperson" oder „Wie zufrieden sind Sie mit der Veranstaltung insgesamt" erhoben. Nehmen wir hinsichtlich des Antwortformates an, dass die erste Variable vier Kategorien *(1. unzufrieden, 2. eher unzufrieden, 3. eher zufrieden, 4. zufrieden)* und die zweite Variable fünf Kategorien *(1. voll und ganz unzufrieden, 2. eher unzufrieden, 3. weder zufrieden, noch unzufrieden, 4. eher zufrieden, 5. voll und ganz zufrieden)* aufweist. Wie kann man nun die Zufriedenheit derselben Person oder zweier bzw. mehrerer Personen über die beiden Fragen beurteilen? Ist die erste Kategorie der ersten Variablen identisch mit der ersten Kategorie der zweiten Variablen? Diese Probleme kann man anhand der sogenannten *z-Transformation* der Variablen lösen. Diese nutzt bestimmte Eigenschaften der *Standardnormalverteilung*.

Bei der Standardnormalverteilung handelt es sich um eine Normalverteilung, bei der der Mittelwert 0 und die Standardabweichung bzw. die Varianz 1 ist. Wegen der Symmetrie beträgt Median und Modus ebenfalls 0. Die Standardnormalverteilung weist alle Eigenschaften einer Normalverteilung auf. Das bedeutet, dass annäherungsweise ca. zwei Drittel aller Fälle (68,27 %) zwischen einer Standardabweichung über dem Mittelwert ($\bar{x} + s$) und einer Standardabweichung unter dem Mittelwert ($\bar{x} - s$) liegen. Ferner befinden sich zwischen den Werten $\bar{x} \pm 2s$ annäherungsweise 95,44 % und zwischen den Werten $\bar{x} \pm 3s$ annäherungsweise 99,73 % aller Fälle. Dies illustriert auch Abbildung 5.1.

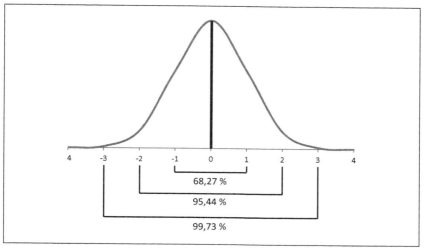

Abbildung 5.1   Die Standardnormalverteilung[©]

5.2   z-Transformation

Die im vorigen Abschnitt dargestellte Standardnormalverteilung ist deswegen so wichtig, weil alle übrigen Normalverteilungen durch eine einfache Transformation in sie überführbar sind. Diese Transformation heißt auch z-Transformation. Mit ihr können unterschiedlich erhobene Variablen in eine gemeinsame Metrik überführt werden. Die Formel zur z-Transformation lautet (Bortz, 2005, S. 45):

$$z_i = \frac{x_i - \bar{x}}{s} \tag{5.1}$$

Für jeden Wert i einer Variablen wird also der Mittelwert abgezogen, anschließend wird durch die Standardabweichung der Variablen dividiert. Die z-transformierte Variable weist nun einen Mittelwert von 0 und eine Standardabweichung von 1 auf. Die Werte der z-transformierten Variablen heißen z-Werte.

Wir wollen anhand der Schulnoten-Daten eine z-Transformation durchführen. In Tabelle 5.1 haben wir zuerst von der Schulnote jedes/-r Schülers/-in den Klassenmittelwert abgezogen, der 3 beträgt. Das Resultat dieser Operation ist in der dritten Spalte zu betrachten. In der vierten Spalte haben wir dann die z-Werte jedes/-r Schülers/-in berechnet, indem wir den in Spalte 3 abgetragenen Wert an der Standardabweichung der Schulnoten-Variablen relativiert haben, welche

Schulnoten (x)	$x_i - \bar{x}$	=	$z_i = \dfrac{x_i - \bar{x}}{s}$
1	1 − 3	−2	−1,61
1	1 − 3	−2	−1,61
1	1 − 3	−2	−1,61
2	2 − 3	−1	−0,81
2	2 − 3	−1	−0,81
2	2 − 3	−1	−0,81
2	2 − 3	−1	−0,81
2	2 − 3	−1	−0,81
2	2 − 3	−1	−0,81
3	3 − 3	0	0
3	3 − 3	0	0
3	3 − 3	0	0
3	3 − 3	0	0
3	3 − 3	0	0
3	3 − 3	0	0
3	3 − 3	0	0
3	3 − 3	0	0
3	3 − 3	0	0
4	4 − 3	1	0,81
4	4 − 3	1	0,81
4	4 − 3	1	0,81
4	4 − 3	1	0,81
4	4 − 3	1	0,81
5	5 − 3	2	1,61
5	5 − 3	2	1,61
6	6 − 3	3	2,42
$\bar{x} = 3$			$\bar{x} = 0$
$s = 1,24$			$s = 1$

Tabelle 5.1 z-Transformation der Mathe-Schulnote©

den Wert 1,24 aufweist. Schüler/innen also, welche die Note 1 erzielt haben, liegen 1,61 Standardabweichungseinheiten unter dem Mittelwert, während Schüler/innen, die eine 4 bekommen haben, 0,81 Standardabweichungseinheiten über dem Mittelwert der gesamten Klasse liegen. Man muss dabei beachten, dass niedrige Werte in der Schulnoten-Variablen auf eine gute Schülerleistung hinweisen. Bei hohen Werten in der Schulnoten-Variablen ist es umgekehrt. Der Mittelwert und die Standardabweichung der z-transformierten Schulnoten-Variablen betragen 0 bzw. 1.

Bei der z-Transformation handelt es sich um eine lineare Transformation der Form $f(x) = bx + a$ (mit $b > 0$) (s. Abschnitt 2.3.3). D.h., dass die Form der Verteilung der ursprünglichen Variablen unverändert bleibt. Dies kann man auch anhand der Abbildung 5.2 veranschaulichen. Sowohl die originale als auch die

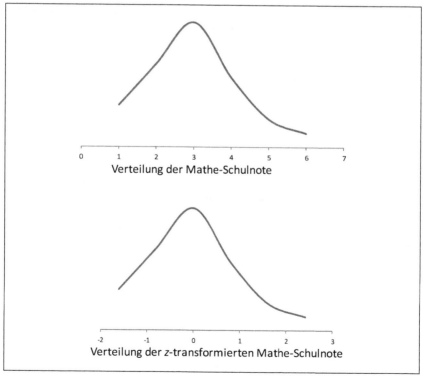

Abbildung 5.2   Die Verteilung der Mathe-Schulnote und der z-transformierten Mathe-Schulnote im Vergleich©

transformierte Mathe-Schulnoten-Variable zeigen identische Verlaufskurven auf. Lediglich die Metrik der Originalwerte, welche in Standardabweichungseinheiten überführt wurden, ändert sich – sowie der Wert des arithmetischen Mittels und der Standardabweichung.

Zur Bearbeitung der Ausgangsfrage, wie man Messwerte aus unterschiedlichen Verteilungen miteinander vergleichen kann, soll das in Tabelle 5.2 aufgeführte Beispiel betrachtet werden. Klaus und Julia haben an zwei unterschiedlichen Intelligenztests teilgenommen. Die Personen, die wie Klaus bei Test A mitgemacht haben, zeichnen sich durch einen Mittelwert von 100 und eine Standardabweichung von 10 aus. Die Gruppe von Julia schneidet im Durchschnitt genauso gut ab wie die Gruppe von Klaus – die Standardabweichung ist aber größer (15). Während Klaus 120 Testpunkte erzielt hat, lag der Test-Wert von Julia bei 130. Wer ist nun intelligenter? Zu Beantwortung dieser Frage haben wir die z-Werte für Julia und Klaus berechnet. Das Ergebnis lautet: Sowohl der Wert von Klaus als auch von Julia liegt 2 Standardabweichungseinheiten über dem jeweiligen Gruppenmittelwert. Somit weisen beide die gleiche Intelligenz auf.

	$\bar{x}$	s	Intelligenztest-Wert	$z_i = \dfrac{x_i - \bar{x}}{s}$
Klaus (Test A)	100	10	120	2
Julia (Test B)	100	15	130	2

Tabelle 5.2   Vergleich der Test-Werte von zwei Personen durch z-Werte[©]

Hat man einmal z-Werte berechnet, so kann man sie als Basis für andere Transformationen benutzen. Beispielsweise werden in den Erziehungswissenschaften häufig IQ-Testwerte, T-Werte sowie Kompetenztestwerte (vor allem in einer Studie wie PISA) verwendet. Die IQ-Verteilung bezieht sich auf die Intelligenzmessung und weist einen Mittelwert von 100 und eine Standardabweichung von 15 auf. IQ-Werte werden anhand der folgenden Formel transformiert werden (Bühner & Ziegler, 2009, S. 59):

$$IQ_i = 100 + 15 \cdot z_i \tag{5.2}$$

Es wird also der Mittelwert (100) der angestrebten Verteilung mit dem Produkt der angestrebten Standardabweichung mal dem dazugehörigen z-Wert aufsummiert. Die T-Werte gehen auf den Psychologen Terman (1877–1956) zurück, der eine Verteilung mit einem Mittelwert von 50 und einer Standardabweichung von 10 konstruiert hat (Bühner & Ziegler, 2009, S. 60). Analog zu der Formel der IQ-

Werte lautet die Formel zur Berechnung der T-Werte wie folgt (Bühner & Ziegler, 2009, S. 60):

$$T_i = 50 + 10 \cdot z_i \tag{5.3}$$

Die PISA-Punktwerte wiederum können anhand der folgenden Formel berechnet werden:

$$PISA - Punktwert_i = 500 + 100 \cdot z_i \tag{5.4}$$

Die zugrundeliegende Verteilung hat also einen Mittelwert von 500 und eine Standardabweichung von 100.

5.3 Zusammenfassung

Gegenstand dieses Kapitels war die Standardnormalverteilung und die z-Transformation. Bei der Standardnormalverteilung handelt es sich um eine Normalverteilung. D. h., sie ist symmetrisch, glockenförmig, unimodal, mit einem Mittelwert von 0 und einer Standardabweichung von 1. Darüber hinaus weist sie alle Eigenschaften einer Normalverteilung auf: ca. zwei Drittel aller Fälle (68,27 %) liegen zwischen den Werten $\bar{x} \pm s$ und 95,44 % aller Fälle zwischen den Werten $\bar{x} \pm 2s$.

Bei der z-Transformation wird eine beliebige Normalverteilung in eine Standardnormalverteilung überführt. Dies wird dadurch erreicht, indem für jeden Wert i einer Variablen der Mittelwert abgezogen und anschließend durch die Standardabweichung der Variablen dividiert wird. Die z-transformierten Werte heißen z-Werte und ermöglichen den Vergleich zwischen Variablenwerten, die unterschiedlichen Populationen zugrunde liegen. Dies, sowie der Vergleich zwischen Variablen derselben Population, aber unterschiedlichen Operationalisierungen, werden durch die Anwendung des Verfahrens der z-Transformation ermöglicht.

5.4 Beispiele: Übungs- und Reflexionsaufgaben zu Kapitel 5

Führen Sie eine z-Transformation für die beiden Variablen „Alter" (gemessen in Jahren) und „Abiturnote" durch, indem Sie die Daten aus der Lehrerbildungsstudie mit 20 Lehramtsstudierende verwenden (s. Kapitel 3, Abschnitt 3.7):

Alter	Abiturnote
22	1,9
26	3,3
23	2,2
23	2,2
22	1,9
24	2,8
26	1,5
28	2,1
24	2,8
30	2,6
22	2,5
24	2,9
47	2,6
24	2,9
37	2,7
22	2,5
28	3,6
23	2,3
23	2,3
23	2,2

Tabelle 5.3   Werte der Variablen[©]

5.5 Anwendung in SPSS

Wir wollen nun exemplarisch eine z-Transformation für die Variable *AGE* des PISA-Datensatzes durchführen, welche das Alter der Schüler/innen zum Zeitpunkt der Befragung erhebt. Dies wird über die Menüleiste durch sukzessives Anklicken auf *Analysieren → Deskriptive Statistiken → Deskriptive Statistik ...* erreicht. Dadurch öffnet sich das Fenster in Abbildung 5.3. Um die Variable *AGE* in den rechten Rahmen des SPSS-Fensters zu platzieren, muss man ähnlich wie bei dem Befehl *Analysieren → Deskriptive Statistiken → Häufigkeiten ...* handeln (s. Abbildung 3.6 (b) und 3.7 (a)). Danach muss man ein Häkchen neben die Auswahloption *Standardisierte Werte als Variable speichern* setzen (s. Abbildung 5.3). Wir klicken auf *Einfügen,* um den folgenden Befehl in ein neues Syntaxfester zu schreiben:

```
DESCRIPTIVES VARIABLES=AGE
  /SAVE
  /STATISTICS=MEAN STDDEV MIN MAX.
```

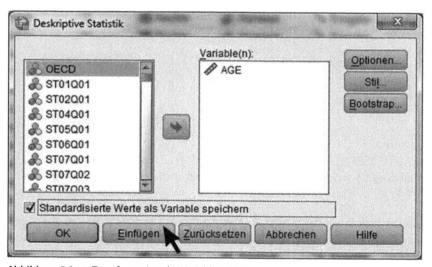

Abbildung 5.3   *z*-Transformation der Variablen *AGE*©

Mithilfe dieses Befehls wird zunächst der Mittelwert, die Standardabweichung, der kleinste sowie der größte Wert der Variablen *AGE* berechnet. Durch das Schlüsselwort *SAVE* wird – nach dem Ausführen des Befehls – eine neue, z-transformierte Variable am Ende des SPSS-Datensatzes (s. Variablenansicht im Datensatz, online) erstellt. Diese neue Variable heißt nun *ZAGE* und wurde automatisch von SPSS so benannt. Ebenfalls wurde diese Variable mit dem Label *z-Faktorwert(AGE)* deklariert. Wenn man durch folgenden Befehl *freq AGE ZAGE.* eine Häufigkeitstabelle für die Variablen *AGE* und *ZAGE* erstellt, dann bekommt man in dem Ausgabefenster den in Abbildung 5.4 dargestellten Auszug. Eine Gegenüberstellung der beiden Häufigkeitstabellen verdeutlicht, dass sich nicht die Verteilung der Variablen, sondern deren Metrik geändert hat. Der Wert z. B. 15,33 wurde ins −1,72617 transformiert. Beide Werte weisen eine identische Häufigkeit von 169 Fällen auf. 169 Schüler/innen hatten einen Alterswert, der 1,73 Standardabweichungseinheiten unter dem Altersmittelwert lag. Ähnlich sind die anderen z-Werte zu interpretieren.

AGE		ZAGE z-Faktorwert(AGE)	
	Häufigkeit		Häufigkeit
Gültig 15,33	169	Gültig -1,72617	169
15,42	459	-1,41334	459
15,50	420	-1,13526	420
15,58	430	-,85718	430
15,67	461	-,54434	461
15,75	408	-,26626	408
15,83	439	,01182	439
15,92	424	,32465	424
16,00	421	,60273	421
16,08	374	,88081	374
16,17	396	1,19365	396
16,25	371	1,47173	371
16,33	229	1,74981	229
Gesamtsumme	5001	Gesamtsumme	5001

Abbildung 5.4   Häufigkeitsverteilungen der ursprünglichen und der z-transformierten Variablen©

Um die Richtigkeit der in SPSS erfolgten z-Transformation zu überprüfen, kann man den Mittelwert und die Standardabweichung für die z-transformierte Variable *ZAGE* (ähnlich wie in Kapiteln 3.8 und 4.5) mit folgendem Befehl anfordern:

```
FREQUENCIES VARIABLES = ZAGE
  /STATISTICS=MEAN STDDEV
  /ORDER=ANALYSIS.
```

Nach Ausführung dieses Befehls wird man bei Betrachtung der Ausgabe feststellen, dass der Mittelwert 0 und die Standardabweichung 1 beträgt. Wir können also sicher sein, dass die z-Transformation der Alters-Variablen korrekt erfolgt ist.

Auf Basis der z-Werte können wir diverse Transformationen durchführen, indem wir den Mittelwert der angestrebten Verteilung mit dem Produkt der angestrebten Standardabweichung mal dem dazugehörigen z-Wert aufsummieren (s. Formel 5.2 bis 5.4). Dies kann man in SPSS mit dem Befehl *compute* bewirken. Wir wollen nun die Variable *AGE* in eine neue Variable t_age mit einem Mittelwert von 1 000 und einer Standardabweichung von 100 transformieren[14]. Der entsprechende Befehl lautet:

```
compute t_age = 1000 + (ZAGE * 100).
variable labels t_age 'Alter der Schüler, transformiert'.
FREQUENCIES VARIABLES = t_AGE
  /STATISTICS=MEAN STDDEV
  /ORDER=ANALYSIS.
```

Nach dem Befehl *compute* folgt der Name der zu erstellenden Variablen. Wir haben uns für den Namen *t_age* (transformiertes Alter) entschieden. Danach folgen das Gleichheitszeichen und die entsprechenden mathematischen Operationen. Mit diesem Befehl ist es also möglich, mathematische Operationen durchzuführen, wobei man auf die Regeln rechnerischer Operationen achten muss (etwa die korrekte Verwendung von Klammern). Der nächste Programmierungsbefehl beinhaltet die Benennung der neuen Variablen. Diese soll also *Alter der Schüler, transformiert* heißen. Zum Schluss wollen wir noch Mittelwert, Standardabweichung und Häufigkeitsverteilung der neuen Variablen betrachten. Markiert man die drei Befehle in der Syntaxdatei und klickt man auf den grünen Pfeil, dann erhält man die Ausgabe in Abbildung 5.5. Hier sieht man, dass in der Tat die neue Variable einen Mittelwert von 1 000 und eine Standardabweichung von 100 aufweist.

---

14 Diese Transformation des Alters zielt eher auf die technische Anwendung der Transformation anhand SPSS und nicht auf eine inhaltlich relevante Interpretation.

⇒ **Häufigkeiten**

Statistiken

t_age Alter der Schüler, transformiert

N	Gültig	5001
	Fehlend	0
Mittelwert		1000,0000
Standardabweichung		100,00000

t_age Alter der Schüler, transformiert

		Häufigkeit	Prozent	Gültige Prozent	Kumulative Prozente
Gültig	827,38	169	3,4	3,4	3,4
	858,67	459	9,2	9,2	12,6
	886,47	420	8,4	8,4	21,0
	914,28	430	8,6	8,6	29,6
	945,57	461	9,2	9,2	38,8
	973,37	408	8,2	8,2	46,9
	1001,18	439	8,8	8,8	55,7
	1032,47	424	8,5	8,5	64,2
	1060,27	421	8,4	8,4	72,6
	1088,08	374	7,5	7,5	80,1
	1119,36	396	7,9	7,9	88,0
	1147,17	371	7,4	7,4	95,4
	1174,98	229	4,6	4,6	100,0
	Gesamtsumme	5001	100,0	100,0	

Abbildung 5.5   Häufigkeitsverteilung zu der Transformation des Alters der Schüler[©]

Bevor wir das Programm schließen, speichern wir die Syntaxdatei unter dem Namen *Syntax_5_5.sps* im Ordner *Kapitel_5*. Den Datensatz haben wir unter dem Namen *PISA_5.sav* gespeichert; er bildet die Grundlage für die in Kapitel 6 dargestellten SPSS-Anwendungen.

5.6 Anwendung in R

Um die Variable *AGE* mit R zu *z*-transformieren, muss man zuerst die Daten einlesen und das Paket *Deducer* laden. Für die *z*-Transformation an sich spielt das Paket *Deducer* keine Rolle. Wir wollen aber das Paket laden, um Häufigkeitstabellen zu erstellen. Wir haben also in eine neue Skriptdatei folgende Befehle geschrieben:

```
setwd("C:/SPSS-, R-Analysen/R/Kapitel_5")
Pisa5 <- read.csv2("Pisa4.csv")
fix(Pisa5)
library(Deducer)
frequencies(Pisa5$AGE)
```

Mit dem ersten Befehl haben wir das Arbeitsverzeichnis bestimmt, das sich im Unterordner *Kapitel_5* befindet. Mit dem zweiten Befehl haben wir die *csv*-Datei *Pisa4.csv* in das neu erstellte Objekt *Pisa5* geladen. Unser Datensatz in diesem Kapitel heißt *Pisa5*. Mit dem dritten Befehl öffnen wir das Fenster mit dem Dateneditor, um zu Kontrollzweck den Datensatz zu betrachten. Mit dem vierten Befehl haben wir das Paket *Deducer* geladen und mit dem letzten Befehl haben wir eine Häufigkeitstabelle für die Variable *AGE* erstellt. Diese Häufigkeitstabelle, welche im linken Teil von Abbildung 5.6 dargestellt ist, weist die gleichen Werte auf wie die in Abbildung 5.5 dargestellte SPSS-Häufigkeitstabelle. Wir sehen also, dass die Variable *AGE* keine fehlenden Werte enthält, sodass wir auch keine fehlenden Werte definieren müssen.

Nach dieser Vorarbeit können wir die *z*-Transformation der Variablen *AGE* fortsetzen. Dies kann man in R mit folgendem Befehl tun:

```
Pisa5$ZAGE <- scale(Pisa5$AGE)
frequencies(Pisa5$ZAGE)
```

Die Funktion zur *z*-Transformation heißt also *scale* und hat als Argument den Namen der Variablen, die *z*-transformiert werden soll. Durch die Anweisung *Pisa5$-ZAGE <-* wird das Resultat dieser Funktion in die von uns erstellte Variable *ZAGE* geschrieben. Mit dem zweiten Befehl haben wir eine Häufigkeitstabelle der Variablen *ZAGE* erstellt. Anhand Abbildung 5.6 kann man feststellen, dass die von R erstellte Variable *ZAGE* die gleichen Werte wie die mit SPSS erstellte Variable *ZAGE*

```
> frequencies(Pisa5$AGE)    > frequencies(Pisa5$ZAGE)
$data                       $V1
-------------------------   ----------------------------------------
--   Frequencies            --            Frequencies
--                          --
     Value # of Cases                    Value # of Cases
1    15.33       169        1    -1.72617317693969       169
2    15.42       459        2    -1.41333513175798       459
3    15.5        420        3    -1.13525686937423       420
4    15.58       430        4    -0.857178606990489      430
5    15.67       461        5    -0.544340561808775      461
6    15.75       408        6    -0.266262299425029      408
7    15.83       439        7    0.0118159629587173      439
8    15.92       424        8    0.324654008140431       424
9    16          421        9    0.602732270524177       421
10   16.08       374        10   0.880810532907917       374
11   16.17       396        11   1.19364857808964        396
12   16.25       371        12   1.47172684047338        371
13   16.33       229        13   1.74980510285712        229
```

Abbildung 5.6 Häufigkeitsverteilungen der ursprünglichen und der z-transformierten Variablen, Auszug aus der R-Konsole[©]

(s. Abbildung 5.5) aufweist. Um uns zu vergewissern, dass die z-Transformation korrekt ist, können wir mit folgenden Befehlen den Mittelwert und die Standardabweichung der Variablen $ZAGE$ berechnen:

```
mean(Pisa5$ZAGE, na.rm = TRUE)
sd(Pisa5$ZAGE, na.rm = TRUE)
```

Eigentlich könnte man hierbei die Anweisung *na.rm = TRUE* sowie das davor gesetzte Komma weglassen, da die Variable keine fehlenden Werte aufweist. Ob man das tut oder nicht, hat keinen Effekt auf die zu berechnenden Werte. Nach Ausführung dieses Befehls erscheint in der R-Konsole der Wert des Mittelwertes, der $-6{,}13579e{-}16$ beträgt. Dabei handelt es sich um eine wissenschaftliche Notation, die von R benutzt wird, um einen Wert nahe 0 wiederzugeben. Unser Mittelwert ist also praktisch 0. Die Standardabweichung beträgt laut R-Konsole 1.

Zum Schluss wollen wir noch, genau wie im vorigen Abschnitt, die Variable t_AGE erstellen, welche einen Mittelwert von 1 000 und eine Standardabweichung von 100 haben soll. Dies kann man mit folgenden Befehlen tun:

```
Pisa5$t_AGE <- 1000 + (Pisa5$ZAGE * 100)
frequencies(Pisa5$t_AGE)
```

Mit dem ersten Befehl wird die Variable *t_AGE* erstellt, welche aus der Addition des konstanten Wertes 1 000 mit dem Produkt der Werte der Variablen *ZAGE* mal dem Wert 100 besteht. Mit dem zweiten Befehl haben wird eine Häufigkeitstabelle der Variablen *t_AGE* erstellt. Nach Ausführung dieser Befehle wird man feststellen, dass die Verteilung der Variablen *t_AGE* die gleiche ist wie die Verteilung der Variablen *t_AGE*, welche wir mithilfe von SPSS erstellt haben. Will man nun den Mittelwert und die Standardabweichung der Variablen *t_AGE* berechnen, kann man dieses mit folgenden Befehlen tun:

```
mean(Pisa5$t_AGE, na.rm = TRUE)
sd(Pisa5$t_AGE, na.rm = TRUE)
```

Nach Ausführung dieser Befehle erscheinen in der R-Konsole die Werte 1 000 (Mittelwert) und 100 (Standardabweichung). Dadurch sind wir sicher, dass die Transformation korrekt ist.

Bevor man R schließt, muss man den Datensatz erneut speichern. Wir haben dies mit folgendem Befehl getan:

```
write.csv2(Pisa5, file = "Pisa5.csv", row.names = FALSE)
```

Unser Datensatz ist also in die *Pisa5.csv*-Datei gespeichert, welche die Grundlage für die in Kapitel 6 dargestellten R-Analysen sein wird. Außer dem Speichern des Datensatzes muss man auch die Skriptdatei speichern. Wir haben die Skriptdatei des Kapitels 5.6 als *Skript_5.6.r* im Ordner *Kapitel_5* gespeichert.

Literaturverzeichnis

Bortz, J. (2005): Statistik für Human- und Sozialwissenschaftler. 6., vollständig überarbeitete Auflage. Berlin Heidelberg: Springer, S. 42–45.
Bühner, M. und Ziegler, M. (2009): Statistik für Psychologen und Sozialwissenschaftler. München: Pearson Studium, S. 54–61.

Teil II:
Bivariate und multivariate Deskriptivstatistik

Zusammenhangsmaße für nominalskalierte Variablen

6

In diesem Kapitel lernen Sie ...

Inhalte	⮕ Zusammenhangsmaße für nominalskalierte Variablen kennen.
Beispiele	⮕ Beispiele von Zusammenhangsmaßen für nominalskalierte Variablen handschriftlich zu berechnen und zu interpretieren.
Anwendungen	⮕ Zusammenhangsmaße für nominalskalierte Variablen mit den Statistik-Programmen SPSS und R zu berechnen.

Inhaltsübersicht des Kapitels

6.1 Zusammenhangsmaße, Fragestellungen und Hypothesen

Während die univariate Statistik auf die Beschreibung der Verteilung von *einzelnen* Variablen anhand von Maßzahlen (wie z. B. Maße der zentralen Tendenz sowie der Dispersion) zielt, geht es bei der *bivariaten* Statistik um die Beschreibung von bivariaten Verteilungen, d. h. allgemein betrachtet, um den Zusammenhang zwischen zwei Variablen mithilfe von geeigneten Maßzahlen. Diese Maßzahlen nennt man *Zusammenhangsmaße* bzw. *Koeffizienten.* „Diese sind den Kennwerten der univariaten Statistik (etwa dem Modus, dem Median oder der Standardabweichung) insofern ähnlich, als diese wie jene bestimmte Aspekte einer Verteilung summarisch mit einer einzigen Zahl beschreiben" (Benninghaus, 1998, S. 168). Bei der bivariaten Deskriptivstatistik gibt es also eine Fülle von *Koeffizienten,* welche in Abhängigkeit vom Skalierungsniveau passend sind, um die Beziehung zwischen zwei Variablen zu beschreiben (s. Tabelle 6.1). Wie wir sehen werden, deuten diese Koeffizienten nicht nur auf den *Grad* der Beziehung (stark oder schwach) zwischen den betrachteten Variablen hin, sondern auch auf die *Richtung* der Beziehung (positiv oder negativ). Die meisten von ihnen sind so zu lesen, dass sie Werte zwischen 0 und 1 bzw. −1 annehmen. Werte um 1 deuten auf eine perfekte positive Beziehung, Werte um −1 auf eine perfekte negative Beziehung hin, wobei der Wert 0 das Fehlen einer Beziehung zwischen zwei Variablen signalisiert.

	nominal allgemein	nominal: echt dichotom	Ordinalskala	Intervall- oder Ratioskala
nominal allgemein	Prozentsatzdifferenz (d %), Cramers V)			Eta-Quadrat (η^2)
nominal: echt dichotom		Phi-Koeffizient (Φ)		
Ordinalskala			Rangkorrelation nach Spearman	
Intervall- oder Rationskala				Produkt-Moment-Korrelation (r)

Tabelle 6.1 Ausgewählte Koeffizienten zur Beschreibung der Beziehung zwischen zwei Variablen in Abhängigkeit ihrer Skalenniveaus (hellgrau: Kapitel 6, dunkelgrau: Kapitel 7)©

In diesem Kapitel wollen wir uns mit der *Prozentsatzdifferenz* (d %), des *Phi-Koeffizienten* (*Φ*), *Cramers V* und *Eta-Quadrat* (η^2) befassen, da sie häufig in der erziehungswissenschaftlichen Forschung vorkommen (s. hellgraue Markierung in Tabelle 6.1; dunkelgrau markierte Koeffizienten werden im nachfolgenden Kapitel behandelt). Diese Maße sind wichtig, wenn wir uns mit bivariaten Fragestellungen bzw. Hypothesen befassen, da sie zur Klärung der Geltung der bivariaten Fragestellungen bzw. Hypothesen beitragen. Was ist aber mit bivariaten Fragestellungen bzw. Hypothesen gemeint?

Jeder empirischen Untersuchung liegt eine Fragestellung zugrunde. D. h. bevor man sich mit der Erhebung, Erfassung und Auswertung von Daten beschäftigt, muss man sich entschieden haben, was man erforschen will. Die Fragestellungen ergeben sich meistens aus generellen oder aktuellen Problemstellungen, mit denen die betreffende Disziplin konfrontiert ist. Beispielsweise beschäftigen sich Erziehungswissenschaftler/innen mit Themen wie *Leistungsdruck und Lernerfolg, Bullying in der Schule, schulabstinentes Verhalten, Klassenheterogenität und Lernerfolg* etc. Die entsprechenden Fragestellungen können nun z. B. lauten:

- Wie beeinflusst der Leistungsdruck den Lernerfolg von Studierenden?
- Welchen Zusammenhang gibt es zwischen den soziodemografischen Merkmalen der Schüler/innen und dem Auftreten von Bullying?
- Gibt es einen Zusammenhang zwischen Schulerfolg und Schulabsentismus?
- Beeinflusst der Migrationshintergrund der Schüler/innen deren Schulerfolg?

Während die Fragestellung den allgemeinen Rahmen einer empirischen Untersuchung wiedergibt, bilden *wissenschaftliche Hypothesen* den Kern jeder empirischen Untersuchung. Etymologisch lässt sich das Wort aus dem Griechischen Ὑπόθεσις (Hypothesis = Vermutung, Unterstellung) ableiten. Bei wissenschaftlichen Hypothesen handelt es sich also um Vermutungen, welche Bortz und Döring (2006, S. 4) zufolge die folgenden Kriterien erfüllen müssen:

(1) Eine wissenschaftliche Hypothese bezieht sich auf reale Sachverhalte, die empirisch untersuchbar sind.
(2) Eine wissenschaftliche Hypothese ist eine allgemeingültige, über den Einzelfall oder ein singuläres Ereignis hinausgehende Behauptung („All-Satz").
(3) Einer wissenschaftlichen Hypothese muss zumindest implizit die Formalstruktur eines sinnvollen Konditionalsatzes („Wenn-dann-Satz" bzw. „Je-desto-Satz") zugrunde liegen.
(4) Der Konditionalsatz muss potenziell falsifizierbar sein, d. h. es müssen Ereignisse denkbar sein, die dem Konditionalsatz widersprechen.

Des Weiteren kann man zwischen *Zusammenhangs-, Unterschieds-* und *Verän-derungshypothesen* unterscheiden. Wie der Wortlaut verrät, postulieren Zusam-menhangshypothesen eine Beziehung zwischen zwei oder mehreren Größen. Beispielsweise ist die Hypothese „Abi-Note und Intelligenz hängen miteinander zusammen" eine Zusammenhangshypothese, da dabei eine Beziehung zwischen *Abi-Note* und *Intelligenz* angenommen wird. Bei den Unterschiedshypothesen wird angenommen, dass sich die Ausprägungen einer oder mehrerer Variablen bei bestimmten Gruppen von Personen/Objekten hinsichtlich einer Eigenschaft unterscheiden. So ist die Aussage „Jungen und Mädchen sind unterschiedlich gut im Lesen" eine Unterschiedshypothese, weil dadurch postuliert wird, dass sich die Ausprägungen in der Lesekompetenz durch die Variable *Geschlecht* (also männlich oder weiblich) unterscheiden. Das Charakteristikum der Veränderungshypothese wiederum ist der Faktor Zeit. Es wird also postuliert, dass sich die Ausprägungen einer Variablen im Laufe der Zeit ändern. Beispiel für eine solche Hypothese ist die folgende: „Die Schulfreude verändert sich während der Schulzeit".

Die obigen Hypothesen lassen sich dadurch charakterisieren, dass sie keine Richtung bezüglich des Zusammenhangs, Unterschieds oder der zeitlichen Ent-wicklung annehmen. Solche Hypothesen, die eine allgemeine und unspezifische Beziehung zwischen zwei oder mehreren Variablen formulieren, werden *ungerich-tete* Hypothesen genannt. Dagegen zeichnen sich *gerichtete* Hypothesen dadurch aus, dass sie die Beziehung zwischen den Variablen spezifizieren. So ist die Hypo-these „Je höher die Intelligenz, desto besser die Abi-Note" eine gerichtete Zusam-menhangshypothese, die einen positiven Zusammenhang zwischen *Intelligenz* und *Abi-Note* postuliert. Positiv ist hierbei der Zusammenhang, weil hohe Intel-ligenzwerte mit hohen Werten der Abi-Note einhergehen sollen. Ähnlich ist die Hypothese „Jungen sind weniger gut im Lesen als Mädchen" eine gerichtete Un-terschiedshypothese. Die Hypothese „Die Schulfreude nimmt während der Schul-zeit ab" ist eine gerichtete Veränderungshypothese, die eine negative Entwicklung der Variablen *Schulfreude* im Laufe der Schulzeit annimmt. Negativ bedeutet hier-bei also, dass, während die Werte der einen Variablen *(Schulfreude)* abnehmen, die Werte der anderen Variablen *(Zeit)* zunehmen.

Bezogen auf die bivariate Deskriptivstatistik informieren wissenschaftliche Hypothesen die zu untersuchende Beziehung zwischen zwei Variablen. Dabei stellt die eine Variable die *unabhängige* und die andere die *abhängige* Variable dar, wobei unabhängige Variablen meist mit dem Buchstaben X und abhängige Varia-blen mit dem Buchstaben Y indiziert werden. Andere Bezeichnungen für unab-hängige Variablen, die in der empirischen Forschung sehr häufig anzutreffen sind, sind *erklärende* und *exogene* Variable. Abhängige Variablen werden wiederum sehr häufig als *erklärte* oder *endogene* Variablen bezeichnet. Mit diesen Unter-scheidungen soll zum Ausdruck gebracht werden, „dass Veränderungen der einen (abhängigen) Variablen mit dem Einfluss einer anderen (unabhängigen) Variablen erklärt werden soll" (Bortz & Döring, 2006, S. 3). So ist bei der gerichteten Zusammenhangshypothese „je höher die Intelligenz, desto besser die Abi-Note" die *Intelligenz* die unabhängige und die *Abi-Note* die abhängige Variable. Bei der gerichteten Unterschiedshypothese „Jungen sind weniger gut im Lesen als Mädchen" stellt das *Geschlecht* die unabhängige und die *Lesekompetenz* die abhängige Variable dar. Bei der gerichteten Veränderungshypothese „die Schulfreude nimmt während der Schulzeit ab" bildet die *Schulzeit* die unabhängige und die *Schulfreude* die abhängige Variable.

Die Unterscheidung von unabhängigen und abhängigen Variablen bedeutet nicht automatisch, dass eine *kausale* Beziehung zwischen den beiden Variablen existiert. Benninghaus zufolge (1998, S. 276 f., unter Verweis auf Lazarsfeld, 1955; Blalock, 1964; Cook & Cambel, 1979; Davis, 1988; Hirschi & Selvin, 1967; Hyman, 1955; Zeisel, 1970) kann man über eine kausale Beziehung nur dann sprechen, wenn folgende drei Kriterien erfüllt sind:

(1) Zwischen der Variablen X und der Variablen Y besteht eine statistische Beziehung *(association)*.

(2) Die Variable X geht der Variablen Y kausal voran *(causal order, temporal precedence)*.

(3) Die Beziehung zwischen X und Y verschwindet nicht, wenn der Einfluss dritter Variablen, die X und Y kausal vorangehen, kontrolliert wird *(lack of spuriousness)*.

Das erste Kriterium stellt Gegenstand dieses und des darauf folgenden Kapitels dar. Als Voraussetzung für die etwaige Betrachtung kausaler Beziehungen muss, allgemein gesprochen, eine statistische Beziehung (Korrelation) zwischen den beiden Variablen existieren. Das zweite Kriterium bezieht sich auf die zeitliche Reihenfolge der Variablen und bedeutet, dass die Ursache (Variable X) der Wirkung (Variable Y) vorausgehen soll. Dieses Kriterium kann beispielsweise bei der in diesem Kapitel als Beispiel formulierten gerichteten Unterschiedshypothese als erfüllt betrachtet werden: So ließe sich für unser Beispiel argumentieren, dass man zuerst als Junge oder Mädchen geboren wird und danach der Lernprozess in der Schule einsetzt. Dies ist nicht so eindeutig in Bezug auf die gerichtete Zusammenhangshypothese: Hier kann z. B. auch sein, dass sich die *Intelligenz* in Folge einer *Abi-Note* erhöht, etwa interpretiert als Folge des Schulbesuchs. In Bezug auf das dritte Kriterium muss man sicher sein, dass keine anderen Variablen den vermuteten Zusammenhang zwischen unabhängiger und abhängiger Variablen erklären können. Es wäre z. B. denkbar, dass nicht die *Intelligenz* sondern der *Fleiß* einen größeren Einfluss auf die *Abi-Note* hat.

Zum Schluss dieses Abschnitts soll erwähnt werden, dass die Unterscheidung zwischen Zusammenhangs-, Unterschieds- und Veränderungshypothesen kein formales Kriterium zu Kategorisierung von wissenschaftlichen Hypothesen ist. Im Allgemeinen sind alle in diesem Abschnitt formulierten Hypothesen Zusammenhangshypothesen, da sie eine Beziehung (Zusammenhang) zwischen zwei Variablen implizieren. So kann unsere Unterschiedshypothese in die folgende Zusammenhangshypothese „übersetzt" werden: „Das Geschlecht hat einen positiven/negativen Einfluss auf die Lesekompetenz", wobei sich der Term positiv/negativ auf die Kodierung der Ausprägungen (männlich, weiblich, etwa 0/1) des Geschlechts bezieht. Ähnlich kann man die Veränderungshypothese wie folgt formulieren: „Die Schulzeit hat einen positiven Einfluss auf die Schulfreude", oder: „Die Schulfreude hängt mit der Schulzeit positiv zusammen". Insofern stellt die Unterscheidung zwischen Zusammenhangs-, Unterschieds- und Veränderungshypothesen eine Heuristik[15] dar, die in der erziehungswissenschaftlichen Statistik helfen soll, wissenschaftliche Hypothesen und deren Bedeutung zu strukturieren und zu verstehen.

6.2 Zusammenhangsmaße zur Analyse der Beziehung zwischen nominalskalierten Variablen

In diesem Abschnitt wollen wir uns mit der Vorstellung der Prozentsatzdifferenz d %, des Phi-Koeffizienten Φ und des Cramers V beschäftigen, da diese Zusammenhangsmaße einerseits leicht und verständlich zu interpretieren sind und andererseits in der erziehungswissenschaftlichen Forschung oft Verwendung finden.

6.2.1 Prozentsatzdifferenz d %

Die Prozentsatzdifferenz d % ist „das vielleicht einfachste aller Zusammenhangsmaße" (Benninghaus, 1998, S. 199) und eignet sich sehr, um die Beziehung zwischen zwei nominalskalierten Variablen zu analysieren. Die nominalskalierten Variablen sollen zwei Ausprägungen aufweisen, also dichotom sein. Dabei spielt es keine Rolle, ob es sich um echte dichotome[16] Variablen (wie z. B. *Geschlecht*) oder

---

15　Das Wort stammt aus dem griechischen Verb ευρίσκειν (heurískein = finden, entdecken) und ist als Denkstrategie zu verstehen.

16　Echte dichotome Variablen weisen von Anbeginn nur zwei Ausprägung auf (z. B. Geschlecht: männlich, weiblich). Dagegen handelt es sich bei einer künstlichen dichotomen Variablen um eine Variable mit mehreren Ausprägungen, etwa metrische, die nachträglich dichotomisiert wurde (z. B. Alter mit den Ausprägungen (a) jünger als 50 und (b) 50 Jahre und älter).

um künstliche dichotome Variablen (wie z. B. die Variable *Alter* mit den Kategorien *(a) 15- bis 25-Jährige* und *(b) 26-Jährige und ältere Personen*) handelt.

Schule in den letzten 6 Monaten geschwänzt?	Schulform				Gesamt
		1 (Hauptschule)		2 (Gymnasium)	
1 („nein") % innerhalb von Schulform	(a)	100 20	(b)	250 50	350 35
2 („ja") % innerhalb von Schulform	(c)	400 80	(d)	250 50	650 65
Gesamt		500		500	1000
% innerhalb von Schulform		50		50	100

Tabelle 6.2 Kreuztabelle über den Zusammenhang zwischen Schulform und Schulschwänzen©

Die Berechnung von d % setzt die *Kreuztabulation* der interessierenden Variablen voraus. Wir wollen am fiktiven Beispiel der Tabelle 6.2. die Logik demonstrieren, die hinter d % steckt. In dieser Tabelle haben wir die Kreuztabulation (auch Kreuzklassifikation genannt) der Variablen *Schulschwänzen* und *Schulform* erstellt. Ausgangspunkt für diese Tabelle war die wissenschaftliche Hypothese, dass Hauptschüler/innen die Schule häufiger schwänzen als Gymnasiasten/-innen. Nach dieser Hypothese stellt die Variable *Schulform* die unabhängige (*X-*)Variable und die Variable *Schulschwänzen* die abhängige (*Y-*)Variable dar. Um diese Hypothese zu überprüfen, haben wir jeweils 500 Hauptschüler/innen und 500 Gymnasiasten/-innen befragt, ob sie während der letzten sechs Monate mindestens einen Tag die Schule geschwänzt haben. Die Ergebnisse unserer fiktiven Befragung sind in Tabelle 6.2. dargestellt.

Solche Kreuztabellen, die auf zwei dichotomen Variablen basieren, nennt man auch Vierfelder-Tabellen oder 2 × 2-Tabellen („zwei-mal-zwei-Tabellen"), da sich durch die Kreuztabulation von zwei dichotomen Variablen vier Felder (a, b, c und d) ergeben. In den Tabellenkopf haben wir die unabhängige (*X-*)Variable *Schulform* als Spaltenvariable und die abhängige (*Y-*)Variable *Schulschwänzen* an den Tabellenrand als Zeilenvariable dargestellt. Hauptschüler/innen weisen den Code 1, Gymnasiasten/-innen den Code 2 auf. Ähnlich wurden die Schulschwänzer/innen mit 2 und die Schüler/innen, die nie die Schule geschwänzt haben, mit 1 kodiert. Im Allgemeinen empfiehlt sich diese Darstellungsform (*X*-Variable in den Tabellenkopf, *Y*-Variable in den Tabellenrand) bei allen Kreuztabellen anzuwenden (Benninghaus, 1998). Tabelle 6.2. beinhaltet sowohl absolute Häufigkeiten als auch Prozentwerte. Die Prozentwerte beziehen sich auf die unabhängige *X-*

Variable. Während also 20 % der Hauptschüler/innen nie die Schule innerhalb der letzten sechs Monate geschwänzt haben, haben dies 80 % der Hauptschüler/innen mindestens einen Tag im gleichen Zeitraum getan. Bei den Gymnasiasten/-innen waren 50 % der Schüler/innen Schwänzer/innen und 50 % keine Schwänzer/innen. Die Prozentsatzdifferenz d % lässt sich nun anhand der folgenden Formel berechnen (Benninghaus, 1998, S. 201):

$$d\% \ = \ 100 \ \cdot \ \left(\frac{a}{a+c} - \frac{b}{b+d} \right) \tag{6.1}$$

Setzt man die Daten (absolute Werte) der Tabelle in diese Formel ein, so erhält man:

$$d\% \ = \ 100 \ \cdot \ \left(\frac{100}{100 + 400} - \frac{250}{250 + 250} \right) \ = \ 100 \cdot (0,2 - 0,5) \ = \ -30$$

Dieser Wert bedeutet, dass der Anteil der Schulschwänzer/innen bei den Gymnasiasten/-innen um 30 Prozentpunkte niedriger ist als der entsprechende Anteil bei den Hauptschülern/-innen. Wäre das Vorzeichen positiv, würde dies bedeuten, dass der Anteil der Schulschwänzer/innen bei den Gymnasiasten/-innen um 30 Prozentpunkte höher liegt als der entsprechende Anteil bei den Hauptschülern/-innen. Im Allgemeinen gilt also: „Ein positives Zeichen gibt zu erkennen, dass die Beziehung entlang der (ad)-Diagonalen verläuft, während ein negatives Vorzeichen das Übergewicht der (bc)-Diagonalen anzeigt" (Benninghaus, 1998, S. 202). Anhand des Wertes von d % kann man von der Richtigkeit unserer Hypothese in Bezug auf die betrachteten Daten (Stichprobe) ausgehen.

Die Prozentsatzdifferenz kann Werte zwischen −100 und +100 annehmen, wobei der Wert −100 auf eine perfekt negative, der Wert +100 auf eine perfekt positive Beziehung (Assoziation) zwischen den beiden Variablen hindeutet. Werte um 0 können dagegen als Indiz dafür angesehen werden, dass es keine statistische Beziehung zwischen den beiden Variablen gibt. „Die Prozentsatzdifferenz vermittelt als einfaches, leicht errechnetes Maß einen plastischen Eindruck von der Beziehung zwischen den Variablen" (Benninghaus, 1998, S. 201).

6.2.2 Phi-Koeffizient (Φ)

Der Phi-Koeffizient ist ein Zusammenhangsmaß zur Beschreibung der Beziehung zwischen zwei echten dichotomen Variablen. Seine Berechnung kann auf zwei unterschiedlichen Wegen erfolgen. Der erste hier beschriebene Weg umfasst Φ als ein auf *Chi-Quadrat* (χ^2) basierendes Zusammenhangsmaß. Anhand der zweiten

Berechnungsmethode kann Φ ähnlich wie d % mithilfe einer Formel berechnet werden, welche auf der *konditionalen*[17] Verteilung der Vierfelder-Tabelle basiert.

Während die Prozentsatzdifferenz anhand der Betrachtung der konditionalen Verteilungen einer Vierfelder-Tabelle berechnet werden kann, basiert die erste Methode zur Berechnung von Φ auf dem Vergleich der Häufigkeiten zwischen der sogenannten *Kontingenztabelle* mit der sogenannten *Indifferenztabelle*. Die Kontingenztabelle (f_b) gibt die beobachtete bivariate Verteilung einer Kreuztabelle wieder. Sie stellt also die Basis der bivariaten konditionalen Verteilung dar. Beispielsweise stellt Tabelle 6.2 eine Kontingenztabelle dar. Die Indifferenztabelle (f_e) gibt die in einer Kreuztabelle abgetragene bivariate Verteilung zweier Variablen wieder, die man erwartet hätte, wenn zwischen den Variablen keine statistische Beziehung bestünde. In diesem Fall spricht man von einer statistischen Unabhängigkeit zwischen den beiden Variablen.

Tabelle 6.3 stellt nun die Kontingenztabelle einer fiktiven bivariaten Verteilung zwischen den Variablen *Schulunlust* (Y) und *Geschlecht* (X) dar. Der Anlass für die Erstellung dieser Tabelle könnte z. B. die wissenschaftliche gerichtete Unterschiedshypothese „Schulunlust kommt bei männlichen Jugendlichen häufiger vor als bei weiblichen" sein. In der Tabelle sind die absoluten Häufigkeiten und deren Summen abgetragen. Diese sind mit der Abkürzung R_z und R_s indiziert, welche sich auf die Randhäufigkeiten der Zeilen bzw. Spalten beziehen. Die Zahlen 1 und 2 beziehen sich auf Zeilen bzw. Spaltennummer. Es gab also insgesamt 400 (R_{z1}) Personen, die keine Schulunlust besaßen („nein"), und 300 Personen (R_{z2}), die Schulunlust berichteten („ja"). Von den 700 befragten Personen (n) waren 350 (R_{s1}) weiblich und 350 (R_{s2}) männlich. Die Randverteilungen der Kontingenztabelle bilden nun die Basis für die Erstellung der Indifferenztabelle, welche in Tabelle 6.4 veranschaulicht werden kann. In dieser Tabelle ist in jeder Zelle derjenige Wert abgetragen, den man erwartet hätte, wenn keine Beziehung zwischen *Schulunlust* und *Geschlecht* existieren würde. Die Zellenwerte lassen sich anhand der folgenden Formel berechnen:

$$\frac{(R_{zi} \cdot R_{si})}{n} \tag{6.2}$$

---

17 Bei der konditionalen Verteilung wird die unabhängige Variable als Bedingung (Kondition) für die Verteilung der abhängigen Variablen betrachtet. So haben von den 500 Hauptschülern/-innen in Tabelle 6.2 100 die Schule innerhalb der letzten sechs Monate nie geschwänzt, während 400 von ihnen die Schule geschwänzt haben. Bei den Gymnasiasten/-innen sieht die Verteilung anders aus. Die Verteilung des Schulschwänzens hängt also von der Schulform ab, die man besucht. Insofern stellt die *Schulform* die Bedingung für eine gewisse Verteilung des *Schulschwänzens* dar.

Man sieht also, dass beim Fehlen einer Assoziation zwischen *Schulunlust* und *Geschlecht* 200 männliche und 200 weibliche Jugendliche frei von Schulunlust hätten sein sollen. Ähnlich hätten 150 männliche und weibliche Personen Schulunlust berichten sollen. Durch die Erstellung der Indifferenztabelle bleiben die Werte der Randverteilungen unberührt. Diese sind identisch mit den Werten der Kontingenztabelle.

Schulunlust?	Geschlecht			Gesamt
	1 weiblich		2 männlich	
1 nein	(a) 300		(b) 100	(R_{Z1}) 400
2 ja	(c) 50		(d) 250	(R_{Z2}) 300
Gesamt	(R_{S1}) 350		(R_{S2}) 350	700

Tabelle 6.3   Kontingenztabelle (f_b) über den Zusammenhang zwischen Geschlecht und Schulunlust©

Schulunlust?	Geschlecht			Gesamt
	1 weiblich		2 männlich	
1 nein	(a) (400*350)/700 = 200		(b) (400*350)/700 = 200	(R_{Z1}) 400
2 Ja	(c) (300*350)/700 = 150		(d) (300*350)/700 = 150	(R_{Z2}) 300
Gesamt	(R_{S1}) 350		(R_{S2}) 350	700

Tabelle 6.4   Indifferenztabelle (f_e) über den Zusammenhang zwischen Geschlecht und Schulunlust©

Hat man nun die Erstellung der Indifferenztabelle abgeschlossen, dann besteht der nächste Schritt in der Berechnung von Chi-Quadrat (χ^2). Dabei handelt es sich um ein Zusammenhangsmaß, das geeignet ist, die Beziehung von Variablen jeglichen Skalierungsniveaus zu beschreiben. Es lässt sich anhand der folgenden Formel berechnen (Benninghaus, 1998, S. 204):

$$\chi^2 = \sum \frac{(f_b - f_e)^2}{f_e} \tag{6.3}$$

Tabelle 6.5 veranschaulicht nun, wie die obige Formel angewendet wird. Es wurden für jede Zeile und Spalte der Kontingenz- und Indifferenztabelle die Werte in der Spalte f_b und f_e abgetragen. Danach wurde die Differenz dieser Werte für jede Zeile und Spalte berechnet. Diese Differenzwerte wiederum wurden quadriert und durch die Werte der Indifferenztabelle dividiert. Der Wert von χ^2 besteht nun aus der Summe der Werte von der letzten Spalte (Tabelle 6.5), welche 233,3 beträgt.

Zeile i	Spalte j	f_b	f_e	$(f_b - f_e)$	$(f_b - f_e)^2$	$\dfrac{(f_b - f_e)^2}{f_e}$
1	1	300	200	100	10 000	50
1	2	100	200	−100	10 000	50
2	1	50	150	−100	10 000	66,7
2	2	250	150	100	10 000	66,7
Summe		700	700	0		$(\chi^2 =)$ 233,3

Tabelle 6.5   Hilfstabelle zur Berechnung von Chi-Quadrat©

„Obwohl der errechnete Wert von χ^2 das Ausmaß der Abweichung der Kontingenztabelle von der Indifferenztabelle, d. h. den Grad der Abweichung der beobachteten bivariaten Verteilung von der statistischen Unabhängigkeit reflektiert, kann er in dieser Form nicht als sinnvoller Kennwert der Beziehung zwischen den Variablen fungieren" (Benninghaus, 1998, S. 209). Grund hierfür ist, dass der Wert von χ^2 an die Stichprobengröße gebunden ist. Es lässt sich z. B. zeigen, dass sich der Wert von χ^2 bei einer Verdoppelung der Zellenhäufigkeiten der Kontingenztabelle verdoppelt, obwohl die Proportionen der Kontingenztabelle unverändert bleiben. Aus diesem Grunde wird χ^2 kaum als Zusammenhangsmaß in Erwägung gezogen, obwohl χ^2 die Basis für die Berechnung vieler Zusammenhangsmaße ist. Dies ist auch bei Φ der Fall, wie anhand der folgenden Formel gezeigt werden kann (Benninghaus, 1998, S. 210):

$$\varphi = \sqrt{\frac{\chi^2}{n}} \tag{6.4}$$

Bezogen auf unser Beispiel beträgt nun Φ:

$$\varphi = \sqrt{\frac{\chi^2}{n}} = \sqrt{\frac{233,3}{700}} = 0,57$$

Der auf χ^2 basierende Φ-Koeffizient kann Werte zwischen 0 und 1 annehmen, wobei der Wert 0 auf das Fehlen einer statistische Beziehung zwischen den beiden Variablen hindeutet. Dagegen kann der Wert 1 als ein Indiz für eine perfekte statistische Beziehung zwischen den beiden Variablen angesehen werden. Allerdings wird dieser Wert in der Forschungspraxis kaum genutzt, da die Bedingung dafür ist, dass χ^2 ebenfalls seinen maximalen Wert erreicht, welcher gleich mit der Stichprobengröße n ist.

Dagegen kann der Φ-Koeffizient, welche anhand der zweiten Methode berechnet wird, Werte zwischen -1 und $+1$ annehmen, wie man aus der Betrachtung der diesbezüglichen Formel feststellen kann (Benninghaus, 1998, S. 211).

$$\varphi = \frac{(a \cdot d) - (b \cdot c)}{\sqrt{(a + b) \cdot (c + d) \cdot (a + c) \cdot (b + d)}} \tag{6.5}$$

Bezogen auf die Werte der Tabelle 6.3 beträgt Φ nun:

$$\varphi = \frac{(300 \cdot 250) - (100 \cdot 50)}{\sqrt{(300 + 100) \cdot (50 + 250) \cdot (300 + 550) \cdot (100 + 250)}} = \frac{70.000}{\sqrt{14.700.000.000}} = 0,57$$

Da der Wert von Φ positiv ist, bedeutet dies, dass die Beziehung zwischen *Geschlecht* und *Schulunlust* entlang der (ad)-Diagonalen von Tabelle 6.3 verläuft. Die Schulunlust kommt also bei den Schülerinnen häufiger vor als bei den Schülern.

6.2.3 Cramers *V*

Cramers *V* geht auf Cramer (1946) zurück und lässt sich für nominale Variablen (egal ob künstlich oder echt) anhand der folgenden Formel berechnen (Benninghaus, 1998, S. 213):

$$V = \sqrt{\frac{\chi^2}{n \cdot min(r - 1, c - 1)}} \tag{6.6}$$

Dabei bezieht sich r auf die Zeilen (aus dem Englischen *rows*) und c auf die Spalten (aus dem Englischen *columns*) der Kreuztabelle. Es muss also zunächst festgestellt werden, ob die Anzahl der Zeilen oder der Spalten kleiner ist. Der kleinste Wert (min) muss in die Formel 6.6 eingesetzt werden.

Wir wollen nun anhand eines fiktiven Beispiels die Art und Weise der Berechnung von *V* demonstrieren. In Tabelle 6.6 ist die bivariate Verteilung zwischen den Variablen *Studienfach* und *Stresserleben* zu veranschaulichen. Als Anlass für die Erstellung dieser Kontingenztabelle könnte z. B. die folgende wissenschaftliche Hypothese sein: „Je schwieriger[18] das Studienfach ist, desto größer ist die Wahr-

---

18 Die Fach-Schwierigkeit wurde hier mithilfe der jeweiligen Studienordnung über die Anzahl der vorgesehen Prüfungen gemessen. Der Studie lag die Information zugrunde, dass

scheinlichkeit des Stresserlebens". Die Randverteilungen der Kontingenzstabelle stellen nun die Basis für die Erstellung der Indifferenztabelle 6.7 dar, welche die Werte der bivariaten Verteilung zwischen *Studienfach* und *Stresserleben* wiedergibt, die man erwarten würde, wenn keine Beziehung zwischen *Studienfach* und *Stresserleben* existieren würde. Mithilfe der Kontingenz- und Indifferenztabelle lässt sich die Hilfstabelle zur Berechnung von χ^2 erstellen. Unter Anwendung der Formel 6.3 erhalten wir:

$$\chi^2 = 431.$$

Stress-erleben?	Studienfach			Gesamt
	1 Pädagogik	2 Soziologie	3 Jura	
1 Nein	300	200	100	(R_{Z1}) 600
2 Ja	50	250	500	(R_{Z2}) 800
Gesamt	(R_{S1}) 350	(R_{S2}) 450	(R_{S3}) 600	1400

Tabelle 6.6 Kontingenztabelle (f_b) über den Zusammenhang zwischen Studienfach und Stresserleben©

Stress-erleben?	Studienfach			Gesamt
	1 Erziehungs-wissenschaft	2 Soziologie	3 Jura	
1 nein	(600*350)/1400 = 150	(600*450)/1400 = 192,9	(600*600)/1400 = 257,1	(R_{Z1}) 600
2 ja	(800*350)/1400 = 200	(800*450) / 1400 = 257,1	(800*600)/1400 = 342,9	(R_{Z2}) 800
Gesamt	(R_{S1}) 350	(R_{S2}) 450	(R_{S3}) 600	1400

Tabelle 6.7 Indifferenztabelle (f_e) über den Zusammenhang zwischen Studienfach und Stresserleben©

im Jura-Studium eine hohe Anzahl von Prüfungen abgelegt werden musste, im Soziologie-Studium dagegen eine mittlere und im Studium der Erziehungswissenschaften eine – vergleichsweise – geringe Anzahl.

Zeile i	Spalte j	f_b	f_e	$(f_b - f_e)$	$(f_b - f_e)^2$	$\dfrac{(f_b - f_e)^2}{f_e}$
1	1	300	150	150	22 500	150
1	2	200	192,9	7,1	50,4	0,3
1	3	100	257,1	−157,1	24 680,4	96
2	1	50	200	−150	22 500	112,5
2	2	250	257,1	−7,1	50,41	0,2
2	3	500	342,9	157,1	24 680,4	72
Summe		1400	1400	0		$(\chi^2 =)\,431$

Tabelle 6.8 Hilfstabelle zur Berechnung von Chi-Quadrat©

Hat man den Wert von χ^2 ermittelt, dann kann man sehr leicht den Wert von V berechnen. Dieser beträgt für unser Beispiel:

$$V = \sqrt{\frac{\chi^2}{n \cdot min(r - 1, c - 1)}} = \sqrt{\frac{431}{n \cdot (2 - 1)}} = \sqrt{\frac{431}{1400}} = 0,55$$

V kann Werte zwischen 0 und 1 annehmen. Der Wert 0,55 deutet also auf eine relativ starke Beziehung zwischen den Variablen *Studienfach* und *Stresserleben* hin. Die Richtung der Beziehung kann anhand der Kontingenztabelle festgestellt werden. Man sieht sehr deutlich, dass rund 14 % (50 von 350) der Studierenden des untersuchten erziehungswissenschaftlichen Studiengangs, 56 % (250 von 450) der Soziologie-Studierenden und 83 % der Jura-Studierenden angegeben haben, Stress zu erleben. Da Erziehungswissenschaft mit 1, Soziologie mit 2 und Jura mit 3 kodiert wurde, kann man behaupten, dass die *Schwierigkeit des Studienfachs* mit stärkerem *Stresserleben* einhergeht.

Falls die zu berücksichtigenden Variablen dichotom sind, ist V mit Φ identisch, da in diesem Fall der Klammerausdruck im Nenner der Formel 6.6 1 ist.

6.3 Zusammenhangsmaße zur Analyse der Beziehung zwischen nominal- und intervallskalierten Variablen

Ein Zusammenhangsmaß für die Analyse der Beziehung zwischen einer nominalen und einer metrischen (Intervall- oder Ratioskala) Variablen ist Eta-Quadrat (η^2), wobei die nominalskalierte Variable als unabhängige und die metrische Variable als abhängige Variable betrachtet wird. Bei η^2 handelt es sich um ein *PRE-*

Maß. PRE ist die Abkürzung für die englische Bezeichnung *proportional reduction in error measures*. Während bei Φ und V die Stärke des Zusammenhangs zwischen zwei Merkmalen daran gemessen wird, wie stark die tatsächliche bivariate Verteilung von der bivariaten Verteilung im Falle statistischer Unabhängigkeit abweicht, zeichnen sich PRE-Maße dadurch aus, dass bei ihnen die Stärke des Zusammenhangs zwischen zwei Merkmalen anhand der Vorhersagbarkeit der Werte der abhängigen Variablen auf Basis der Werte der unabhängigen Variablen beurteilt wird (Benninghaus, 1998; Gehring & Weins, 2009).

6.3.1 Eta-Quadrat (η^2)

Da es sich bei η^2 um ein PRE-Maß handelt, zeigt η^2 im Allgemeinen, inwieweit der Vorhersagefehler bei der Vorhersage einer metrischen Variablen reduziert werden kann, wenn eine zweite (nominale) Variable hinzugezogen wird.

Wir wollen nun die Logik von η^2 anhand eines fiktiven Beispiels erläutern. Wir wollen untersuchen, ob die ungerichtete Veränderungshypothese „Jungen und Mädchen sind unterschiedlich gut im Lesen" bzw. die gerichtete Veränderungshypothese „Jungen sind weniger gut im Lesen als Mädchen" zutrifft. Zu diesem Zweck haben wir die Lesekompetenz von 10 Grundschulkindern mithilfe eines standardisierten Leistungstests gemessen. Die Ergebnisse, welche die Kinder erzielt haben, sind in der dritten Spalte von Tabelle 6.9 zu betrachten. Die Werte der Lesekompetenz schwanken zwischen 8 und 16. Der Mittelwert der Lesekompetenz beträgt 12,2. Hätte man nur diesen Mittelwert und nicht die Testwerte jedes einzelnen Kindes verfügbar und wäre man aufgefordert, die Lesekompetenz für jedes Kind zu prognostizieren, dann wäre der Mittelwert 12,2 die beste Prognose für die Lesekompetenz eines jeden Kindes. Dadurch begeht man allerdings einen Fehler, den man ermitteln kann, wenn man den Mittelwert von dem tatsächlich erreichten Wert der Lesekompetenz für jedes Kind abzieht. Dies ist in der vierten Spalte von Tabelle 6.9 aufgeführt. Beispielsweise hat man die Lesekompetenz der ersten Person um 4,2 Punkte überschätzt, jene der zweiten Person um 0,8 Punkte unterschätzt, jene der dritten Person um 1,2 Punkte überschätzt usw. Wenn man nun für jede Person diese Vorhersagefehler quadriert und anschließend aufsummiert, dann erhält man den Wert des ersten Fehlers (E_1 aus dem Englischen *Error*), den man begeht, wenn man versucht, den Wert der Lesekompetenz mithilfe des Mittelwerts der Lesekompetenzverteilung vorauszusagen. „Die *Summe der quadrierten Abweichungen aller Messwerte vom Mittelwert* bzw. die Summe der Abweichungsquadrate (SAQ) ist minimal. Minimal heißt, dass bei der Berechnung der quadrierten Abweichungen der Messwerte von irgendeinem anderen Wert das Ergebnis auf jeden Fall größer wäre als bei Verwendung des arithmetischen Mittels" (Gehring & Weins, 2009, S. 128). Da wir also den ersten Fehler so klein wie möglich halten wollen, betrachten wir als Indikator für diesen Fehler die SAQ. In unserem Beispiel erhalten wir nun für E_1 den Wert 57,6 (Tabelle 6.9).

Person	Geschlecht (0 = männlich, 1 = weiblich)	Lesekompetenz (Testpunkte)	$(y_i - \bar{y})$	$(y_i - \bar{y})^2$
1	0	8	−4,2	17,64
2	0	13	0,8	0,64
3	0	11	−1,2	1,44
4	0	12	−0,2	0,04
5	1	9	−3,2	10,24
6	1	14	1,8	3,24
7	1	15	2,8	7,84
8	1	13	0,8	0,64
9	1	11	−1,2	1,44
10	1	16	3,8	14,44
		$\bar{y} = 12,2$		$\Sigma = 57,6$

Tabelle 6.9   Hilfstabelle zur Berechnung von E_1[©]

Unter Berücksichtigung des Geschlechts der Kinder wäre die beste Prognose für die Lesekompetenz in diesem Fall auch der Mittelwert je nach Geschlecht. Für männliche Kinder beträgt dieser 11 (s. Tabelle 6.10) und für weibliche 13 (s. Tabelle 6.11). Die SAQ für die Jungen beträgt 14 und für die Mädchen 34. Die Summe dieser beiden SAQ beträgt 48. Genau dies ist der Wert des zweiten Fehlers (E_2), den man begeht, wenn man versucht, die Lesekompetenz der Kinder auf Basis des Geschlechts vorauszusagen. Auch dieser Fehler ist minimal, da er auf SAQ-Werten beruht.

Person	Geschlecht (0 = männlich, 1 = weiblich)	Lesekompetenz (Testpunkte)	$(y_i - \bar{y})$	$(y_i - \bar{y})^2$
1	0	8	−3	9
2	0	13	2	4
3	0	11	0	0
4	0	12	1	1
		$\bar{y} = 11$		$\Sigma = 14$

Tabelle 6.10 Hilfstabelle zur Berechnung von E_2 (Gruppe der Jungen)[©]

Person	Geschlecht (0 = männlich, 1 = weiblich)	Lesekompetenz (Testpunkte)	$(y_i - \bar{y})$	$(y_i - \bar{y})^2$
5	1	9	−4	16
6	1	14	1	1
7	1	15	2	4
8	1	13	0	0
9	1	11	−2	4
10	1	16	3	9
		$\bar{y} = 13$		$\Sigma = 34$

Tabelle 6.11 Hilfstabelle zur Berechnung von E_2 (Gruppe der Mädchen)[©]

Hat man E_1 und E_2 berechnet, dann kann man den Wert von η^2 anhand der folgenden Formel berechnen (Benninghaus, 1998, S. 345):

$$\eta^2 = \frac{E_1 - E_2}{E_1} \tag{6.7}$$

Für unser Beispiel beträgt nun η^2:

$$\eta^2 = \frac{E_1 - E_2}{E_1} = \frac{57,6 - 48}{57,6} = \frac{9,6}{57,6} = 0,167$$

η^2 kann Werte zwischen 0 und 1 annehmen. Als Effektgröße interpretiert (z. B. „Wie groß ist der ‚Effekt' des Geschlechts auf die Lesekompetenz?") gilt, dass Werte ab 0,01 und kleiner 0,10 auf geringe praktische Bedeutsamkeit, Werte ab 0,10 und kleiner 0,25 auf mittlere praktische Bedeutsamkeit, und Werte ab 0,25 auf große praktische Bedeutsamkeit der Zusammenhänge hindeuten (Bortz & Döring, 2006, S. 606). η^2 wird als der Anteil der aufgeklärten Varianz an der Gesamtvarianz eines Merkmals durch ein anderes Merkmal interpretiert. Für unser Beispiel bedeutet der η^2-Wert von 0,167, dass ca. 17 % der Gesamtvarianz der Lesekompetenz der Grundschüler/innen unserer Klasse durch die Geschlechtszugehörigkeit erklärt werden kann. Da der Mittelwert der Lesekompetenz bei den Mädchen größer ist als bei den Jungen, kann dies zudem als Indiz für die Richtigkeit der gerichteten Hypothese angesehen werden. Dadurch kann man natürlich auch von der Richtigkeit der ungerichteten Hypothese ausgehen. In der Regel wird in Forschungsberichten und -publikationen η^2 auf zwei Dezimalstellen gerundet angegeben (in unserem Beispiel also $\eta^2 = 0{,}17$) oder aber mit 100 multipliziert als prozentualer Anteil erklärter Varianz mitgeteilt (z. B. „Durch das Geschlecht der Kinder konnten 17 % der Varianz in ihrer Leseleistung aufgeklärt werden.").

6.4 Zusammenfassung

In diesem Kapitel haben wir uns mit Maßen zur Beurteilung der Assoziation zwischen zwei nominalen Variablen sowie zwischen einer metrischen und einer nominalen Variablen auseinandergesetzt. Die Zusammenhangsmaße sind wichtig, weil sie über die Existenz einer statistischen Beziehung zwischen zwei Variablen informieren. Dadurch helfen sie uns, die Richtigkeit von wissenschaftlichen Hypothesen festzustellen.

Wissenschaftliche Hypothesen stellen den Versuch dar, die Fragestellungen des Forschers zu spezifizieren. Es lassen sich Zusammenhangs-, Unterschieds- und Veränderungshypothesen unterscheiden. Während bei den Zusammenhangshypothesen eine Beziehung zwischen zwei Variablen angenommen wird, wird bei den Unterschiedshypothesen eine Unterscheidung zwischen den Kategorien einer Variablen hinsichtlich einer anderen (metrischen) Variablen postuliert. Bei den Veränderungshypothesen wiederum liegt der Fokus auf der zeitlichen Entwicklung der Ausprägungen einer Variablen.

In Bezug auf die Zusammenhangsmaße haben wir die Prozentsatzdifferenz (d %), den Phi-Koeffizienten (Φ), den Koeffizienten V von Cramers und das PRE-Maß Eta-Quadrat (η^2) behandelt. d %, Φ und V sind Zusammenhangsmaße zur Beurteilung zwischen zwei nominalen Variablen. d % kann Werte zwischen −100 und +100 annehmen und ist geeignet für die Analyse der Beziehung zwischen zwei dichotomen Variablen. Dies ist auch bei Φ der Fall, wobei die Variablen echte dichotome Variablen sein sollen. Der Phi-Koeffizient kann Werte zwischen −1 und 1 annehmen, wenn er anhand der Formel 6.5 berechnet wird, und Werte zwischen 0 und 1, falls er auf Basis von χ^2 ermittelt wird. Cramers V wiederum eignet sich für die Analyse der Beziehung zwischen zwei nominalen Variablen, die auch mehr als zwei Kategorien aufweisen können. Es kann ebenfalls Werte zwischen 0 und 1 annehmen, da es ein χ^2-basierendes Zusammenhangsmaß ist. Bei all diesen Maßen deuten Werte bei 0 auf das Fehlen einer statistischen Beziehung zwischen den beiden Variablen hin. Dies ist anders bei Werten größer oder kleiner 0. Diese Werte können als Indiz für das Vorhandensein einer statistischen Beziehung angesehen werden.

Zum Schluss dieses Kapitels haben wir η^2 vorgestellt. Die Logik von η^2 unterscheidet sich grundsätzlich von der Logik von d %, Φ und V. Es wird nicht die bivariate Verteilung als Basis zur Beurteilung der Assoziation zwischen zwei Variablen betrachtet, sondern die Stärke des Zusammenhangs zwischen zwei Größen wird anhand der Vorhersagbarkeit der Werte der abhängigen Variablen auf Basis der Werten der unabhängigen Variablen ermittelt. η^2 wird in Anspruch genommen, wenn die eine (abhängige) Variable metrisch (d. h. mindestens intervallskaliert) und die andere (unabhängige) Variable nominalskaliert ist. Es kann Werte zwischen 0 und 1 annehmen. Durch Multiplikation des Wertes von η^2 mit 100 erhält man den Anteil der erklärten Varianz der abhängigen Variablen anhand der unabhängigen Variablen.

6.5 Beispiele: Übungs- und Reflexionsaufgaben zu Kapitel 6

6.5.1 Beispielstudie mit Kreuztabelle

20 Schülerinnen und Schüler wurden zu zwei Zeitpunkten (in der 3. Klasse und vier Jahre später in der 7. Klasse) zu ihrer Freude am Schulbesuch (ja/nein) befragt. Die Ergebnisse wurden in einer Kreuztabelle in Form von absoluten Häufigkeiten aufbereitet (Tabelle 6.12).

20 Kinder bzw. Jugendliche, wiederholt befragt		Schuljahr	
		3. Klasse	7. Klasse
Freude am Schulbesuch?	ja	14	8
	nein	6	12

Tabelle 6.12 Kreuztabelle mit absoluten Häufigkeiten der Variablen Schuljahr und Freude am Schulbesuch aus einer Beispielstudie mit 20 Schülerinnen und Schülern©

(1) Welche Hypothese könnte der Studie zugrunde liegen? Formulieren Sie eine solche beispielhaft aus.
(2) Berechnen Sie ein Zusammenhangsmaß.
(3) Interpretieren Sie das Ergebnis.

6.5.2 Interpretation von Eta-Quadrat

In einer Studie wurden Jugendliche zu ihrer sogenannten „Geschlechtsrollenorientierung" befragt (König, Wagner & Valtin, 2011). Die deskriptiven Kennwerte der verwendeten Items zur Erfassung der „Traditionellen Orientierung" als eine Facette der Geschlechtsrollenorientierung sind in Tabelle 6.13 dargestellt.

Einleitungsfrage und Items der Skalen	Klasse	Antwortformat und Zustimmung in Prozent				M	SD
Bist du auch dieser Meinung?		*ja, trifft voll und ganz zu*	*trifft eher zu*	*trifft eher nicht zu*	*nein, trifft überhaupt nicht zu*		
Traditionelle Orientierung							
1. Es ist für Jungen wichtiger als für Mädchen, in der Schule gut zu sein.	8	4,4	9,6	40,1	45,9	**0,72**	0,81
	9	3,9	9,5	38,5	48,1	**0,69**	0,80
2. Im Allgemeinen sollte der Vater bei Familienentscheidungen mehr zu sagen haben als die Mutter.	8	6,9	9,5	33,9	0,74	**0,74**	0,89
	9	6,1	10,2	32,5	0,71	**0,71**	0,88
3. Für Kinder ist es besser, wenn die Mutter die Betreuung übernimmt und dafür im Beruf zurücksteckt.	8	8,8	23,4	40,4	27,8	**0,86**	0,88
	9	7,4	22,4	42,5	27,7	**1,09**	0,89
4. Für eine Frau ist es wichtiger, ihrem Mann bei der Karriere zu helfen als selbst Karriere zu machen.	8	6,0	14,5	39,2	40,3	**0,86**	0,88
	9	4,5	12,3	39,8	43,5	**0,86**	0,88

Anmerkungen: Range der Skalen: 0–3. Kodierung des Antwortformats für die Items: ja, trifft voll und ganz zu („3"), trifft eher zu („2"), trifft eher nicht zu („1"), nein, trifft überhaupt nicht zu („0").

Tabelle 6.13   Verteilung der Antworten zu den Items der Skalen der Geschlechtsrollenorientierung in Prozent sowie Mittelwerte (M) und Standardabweichung (SD) der Items©

(1) Interpretieren Sie die in Tabelle 6.14 dargestellten Unterschiede nach Geschlecht.

(2) Interpretieren Sie die in Tabelle 6.15 dargestellten Unterschiede nach Schulform.

		Schüler			Schülerinnen			
	Klasse	M	SE	SD	M	SE	SD	η^2
Traditionelle	8	1,5	0,03	0,63	0,68	0,02	0,52	0,10
Orientierung	9	1,2	0,03	0,65	0,61	0,02	0,49	0,11

Tabelle 6.14 Mittelwerte (M), Standardfehler (SE) und Standardabweichungen (SD) der Skalen zur Geschlechtsrollenorientierung, gegliedert nach Geschlecht©

		Gymnasium			Realschule			Hauptschule			Gesamtschule			
	Klasse	M	SE	SD	M	SE	SD	M	SE	SD	M	SE	SD	η^2
Trad.	8	0,72	0,02	0,54	0,96	0,03	0,61	1.21	0,06	0,71	0,93	0,04	0,59	0,06
Orient.	9	0,68	0,02	0,56	0,90	0,04	0,62	1,03	0,06	0,65	0,86	0,04	0,65	0,04

Tabelle 6.15 Mittelwerte (M), Standardfehler (SE) und Standardabweichungen (SD) der Skalen zur Geschlechtsrollenorientierung, gegliedert nach Schulform©

6.6 Anwendung in SPSS

6.6.1 Prozentsatzdifferenz, Phi-Koeffizient und Cramers *V* in SPSS berechnen

Wir wollen zuerst die Prozentsatzdifferenz zwischen den Variablen *Schulform* und *Schulschwänzen* berechnen. Die Variable *progn* bezieht sich auf die Schulform der besuchten Schule und weist folgende Kategorien auf:

02760001 ,*Sonder- und Förderschule*',
02760002 ,*Hauptschule*',
02760003 ,*Realschule*',
02760004 ,*Gymnasium*',
02760005 ,*Gymnasium*',
02760006 ,*integrierte Gesamtschule*',
02760012 ,*Schule mit mehreren Bildungsgängen*',
02760013 ,*Schule mit mehreren Bildungsgängen*',
02760014 ,*Schule mit mehreren Bildungsgängen*',
02760015 ,*Schule mit mehreren Bildungsgängen*',
02760018 ,*Berufsschule*',
02760019 ,*Berufsschule*',
02760020 ,*Berufsschule*'.

Die Variable *ST09Q01* bezieht sich auf die Frage „Wie oft hast du in den letzten zwei vollen Schulwochen einen ganzen Schultag geschwänzt?" und hat folgende Kategorien:

1 ,*nie*', 2 ,*ein- oder zweimal*', 3 ,*drei- oder viermal*', 4 ,*fünfmal und öfter*'.

Wir wollen die Prozentsatzdifferenz nur für diejenigen Schüler/innen berechnen, die eine Hauptschule oder ein Gymnasium besuchen und die Schule in den letzten zwei vollen Schulwochen geschwänzt haben oder nicht. Mit anderen Worten müssen wir zuerst die oben genannten Variablen rekodieren. Mit dem folgenden Befehl haben wir die Variable *rpron* erstellt, die eine Rekodierung der Variablen *progn* darstellt:

```
if (progn = '02760002') rprogn = 1.
if (progn = '02760004' or progn = '02760005') rprogn = 2.
variable labels rprogn 'Schulform'.
value labels rprogn 1 'Hauptschule' 2 'Gymnasium'.
freq rprogn.
```

Den *if*-Befehl haben wir schon im Kapitel 2.5.3 kennengelernt. Neu ist hierbei, dass die Werte der Variablen *progn* innerhalb von zwei Anführungszeichen gesetzt werden. Dies liegt daran, dass die Variable *progn* eine Stringvariable[19] (auch Zeichenfolge genannt) ist, wie man anhand der SPSS-Variablenansicht feststellen kann. Mit dem ersten *if*-Befehl teilen wir dem Programm mit, dass wenn die Variable *progn* den Wert 02760002 (also *Hauptschule*) aufweist, dann die zu erstellende Variable *rprogn* den Wert 1 aufweisen soll. Der zweite *if*-Befehl besagt, dass falls die Variable *progn* den Wert 02760004 oder 02760005 (also *Gymnasium*) hat, dann die Variable *rprogn* den Wert 2 zugewiesen bekommen soll. Danach haben wir mit den Befehlen *variable labels* und *value labels* die Variable *rprogn* näher beschrieben. Mit dem letzten Befehl erstellen wir zur Kontrolle eine Häufigkeitstabelle für die Variable *rprogn*. Diese Variable ist numerisch, da ihre Werte nur aus Zahlen bestehen.

Als Nächstes haben wir mit den folgenden Befehlen die Variable *rST09Q01* erstellt, die das allgemeine schulschwänzende Verhalten der PISA-Teilnehmer misst:

```
recode ST09Q01 (1 = 0) (2 thru 4 = 1) into rST09Q01.
variable labels rST09Q01 'Schule in den letzten zwei vollen Schul-
    wochen einen ganzen Tag geschwänzt?'.
value labels rST09Q01 0 'nein' 1 'ja'.
freq rST09Q01.
```

Den *recode*-Befehl haben wir ebenfalls im Kapitel 2.5.3 kennengelernt. Der Wert 1 soll also zu 0 und die Werte 2, 3 und 4 zu 1 rekodiert werden. Das Ganze soll dann in Form der zu erstellenden Variablen *rST09Q01* gespeichert werden.

---

19 Die Werte von Stringvariablen werden nicht als Zahlen, sondern Zeichen interpretiert.

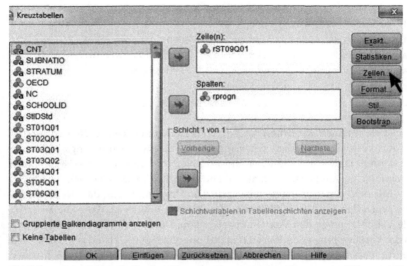

Abbildung 6.1   Kreuztabellenerstellung zur Berechnung der Prozentsatzdifferenz d %°

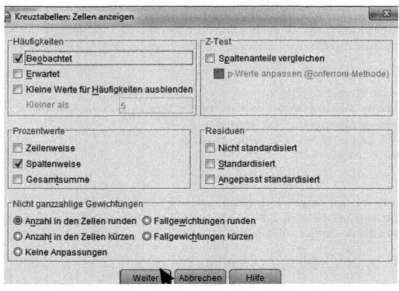

Abbildung 6.2   Kreuztabellenerstellung zur Berechnung der Prozentsatzdifferenz d % (Fortsetzung)©

Um die Prozentsatzdifferenz zu berechnen, klicken wir über die Menüleiste auf *Analysieren → Deskriptive Statistiken → Kreuztabellen* ... Es öffnet sich das in Abbildung 6.1 dargestellte Fenster. Wir haben im linken Bereich der Abbildung 6.1 die Variablen *rprong* und *rST09Q01* gesucht und markiert. Danach haben wir die Variable *rST09Q01* durch Klicken auf die dazwischen liegende Pfeiltaste in den Bereich *Zeile(n)* transportiert bzw. ausgewählt. Auf ähnliche Art und Weise haben wir die Variable *rprogn* in den Bereich *Spalten* transportiert bzw. ausgewählt. Welche Variable zu welchem Bereich gehört, hängt von der zugrundeliegenden Hypothese ab. In unserem Fall vermuten wir, dass die Schulform (unabhängige Variable) das schulschwänzende Verhalten (abhängige Variable) beeinflusst. Aus diesem Grund kommt die Variable *rprogn* in den Bereich *Spalten* und die Variable *rST09Q01* in den Bereich *Zeile(n)*. Nach der Variablenauswahl muss man auf das Feld *Zellen* ... klicken. Dadurch öffnet sich das in Abbildung 6.2 dargestellte Fenster. Hierbei muss man per Mausklick auf das Kästchen *Beobachtet* und *Spaltenweise* diese Felder auswählen. Wir klicken auf *Weiter*. Es erscheint wieder das in Abbildung 6.1 dargestellte Fenster. Indem man auf *Einfügen* klickt, schreibt man den folgenden Befehl in ein neues Syntaxfenster:

```
CROSSTABS
  /TABLES=rST09Q01 BY rprogn
  /FORMAT=AVALUE TABLES
  /CELLS=COUNT COLUMN
  /COUNT ROUND CELL.
```

Durch die Ausführung dieses Befehls erscheint die in Abbildung 6.3 dargestellte Ausgabedatei. In SPSS wird die Prozentsatzdifferenz nicht direkt berechnet. Auf Basis der erstellten Datei kann diese aber sehr schnell und einfach berechnet werden. Entweder benutzt man Formel 6.1 oder man zieht die Prozentwerte der zweiten Zelle (96,5 %) von dem Prozentwert der ersten Zelle (92,5 %) ab. Das Ergebnis beträgt (gerundet) −4 (Prozentpunkte). Da das Vorzeichen negativ ist, bedeutet dies, dass der Zusammenhang entlang der bc-Diagonalen interpretiert werden soll. Der Anteil der Schulschwänzer/innen bei den Gymnasiasten/-innen ist also um vier Prozentpunkte niedriger ist als der entsprechende Anteil bei den Hauptschülern/-innen.

rST09Q01 Schule in den letzten zwei vollen Schulwochen einen ganzen Tag geschwänzt? * rprogn Schulform Kreuztabelle

			rprogn Schulform		
			1,00 Hauptschule	2,00 Gymnasium	Gesamt
rST09Q01 Schule in den letzten zwei vollen Schulwochen einen ganzen Tag geschwänzt?	,00 nein	Anzahl	382	1611	1993
		% innerhalb von rprogn Schulform	92,5%	96,5%	95,7%
	1,00 ja	Anzahl	31	58	89
		% innerhalb von rprogn Schulform	7,5%	3,5%	4,3%
Gesamt		Anzahl	413	1669	2082
		% innerhalb von rprogn Schulform	100,0%	100,0%	100,0%

Abbildung 6.3   Erstellte Kreuztabelle im SPSS-Ausgabefenster©

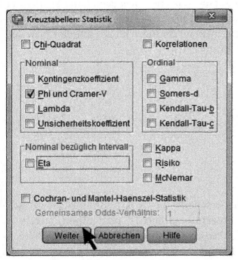

Abbildung 6.4   Kreuztabellenerstellung zur Berechnung von Φ und Cramers V©

Φ und Cramers V lassen sich ähnlich wie d % durch die Erstellung einer Kreuztabelle berechnen. Wir wiederholen einfach die in Abbildung 6.1 und 6.2 dargestellten Schritte. Danach klicken wir in Abbildung 6.1 auf *Statistiken ...* Dadurch öffnet sich das in Abbildung 6.4 dargestellte Fenster. Hierbei muss man das Feld *Phi
und Cramer-V* markieren und auf *Weiter* klicken. Es erscheint wieder das in Abbildung 6.1 dargestellte Fenster. Indem man auf *Einfügen* klickt, schreibt man den
folgenden Befehl in das Syntaxfenster:

```
CROSSTABS
 /TABLES=rST09Q01 BY rprogn
 /FORMAT=AVALUE TABLES
 /STATISTICS=PHI
 /CELLS=COUNT COLUMN
 /COUNT ROUND CELL.
```

Bei Ausführung dieses Befehls erscheint in der SPSS-Ausgabedatei der Wert von Φ, der $-0{,}079$ beträgt, und der Wert von Cramers V, der $0{,}079$ beträgt. Wie im Kapitel 6.2.3 erwähnt, ist im Falle von zwei dichotomen Variablen Cramers V mit Φ identisch, da in diesem Fall der Klammerausdruck im Nenner der Formel 6.6 1 ist. SPSS berechnet den Phi-Koeffizienten anhand Formel 6.5, d.h., Φ kann auch negative Werte annehmen. Die Werte von Φ und Cramers V sind recht niedrig und deuten auf eine schwache Beziehung zwischen den Variablen *Schulform* und *Schulschwänzen* hin.

Die in diesem Abschnitt vorgestellten Befehle haben wir in der Syntaxdatei *Syntax_6_6_1.sps* im Ordner *Kapitel 6* gespeichert.

6.6.2 Eta-Quadrat in SPSS berechnen

Wir wollen nun die Beziehung zwischen den Variablen *Geschlecht* und *Lesekompetenz* für die teilnehmenden deutschen Schüler/innen der PISA-Studie 2012 mithilfe von Eta-Quadrat untersuchen. Die Variable *ST04Q01* misst das Geschlecht der Schüler/innen und hat die Ausprägungen 1 *(weiblich)* und 2 *(männlich)*. Die Messung der Lesekompetenz, sowie mathematischen und naturwissenschaftlichen Kompetenz der Schüler/innen stellen den Fokus aller PISA-Erhebungen dar. Sie wurden basierend auf einem Multi-Matrix-Design (s. Heine et al., 2013, S. 322) mithilfe von Verfahren der IRT-Skalierung[20] erhoben. In unserem Datensatz gibt es in Bezug auf die Messung der Lesekompetenz fünf Variablen *(PV1READ, PV-2READ, PV3READ, PV4READ, PV5READ)* welche aus sogenannten *Plausible Values* bestehen. Diese können als zufällige Werte aus der geschätzten Verteilung der Lesekompetenz in Bezug auf die Gesamtpopulation aller deutschen Schüler/innen im durchschnittlichen Alter von 15 Jahren verstanden werden (s. OECD, 2005,

---

20 IRT ist im Englischen die Abkürzung für *Item Response Theory*. „IRT is a system of models that defines one way of establishing the correspondence between latent variables and their manifestations" (De Ayala, 2009, S. 4).

S. 74). Da also die Lesekompetenz nicht aus einer, sondern aus fünf Variablen besteht, müssen wir fünfmal η^2 berechnen (s. OECD, 2005, S. 78; Heine et al., 2013,
S. 333). Aus diesen fünf η^2-Werten müssen wir den Mittelwert berechnen. Dieser Durchschnittswert ist der gesuchte η^2-Wert zwischen den Variablen *Geschlecht*
und *Lesekompetenz.*

Wir wollen also zuerst η^2 zwischen den Variablen *ST04Q01* und *PV1READ* berechnen. Zu diesem Zweck muss man über die Menüleiste sukzessiv auf *Analysieren* ➤ *Mittelwerte Vergleichen* ➤ *Mittelwerte …* klicken. Dadurch öffnet sich das
in Abbildung 6.5 gezeigte Fenster. Wir haben die Variable *ST04Q01* im Feld *Unabhängige Variablen* und die Variable *PV1READ* im Feld *Abhängige Variablen* gebracht. Wir klicken auf *Optionen* und markieren in dem neu geöffneten Fenster
(nicht grafisch dargestellt) das Feld *ANOVA-Tabelle und Eta.* Wir klicken auf *Weiter.* Es erscheint wieder das in Abbildung 6.5 dargestellte Fenster.

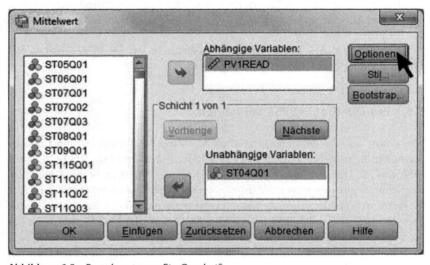

Abbildung 6.5   Berechnung von Eta-Quadrat©

Als Nächstes klickt man auf *Einfügen* und fügt damit den folgenden Befehl in das Syntaxfester:

```
MEANS TABLES= PV1READ BY ST04Q01
  /CELLS=MEAN COUNT STDDEV
  /STATISTICS ANOVA.
```

Führt man diesen Befehl aus, so erscheint in der Ausgabedatei der in Abbildung 6.6 dargestellte Auszug. Man sieht zunächst, dass die Mittelwertdifferenz zwischen den ersten Plausible Values zur Messung der Lesekompetenz von Mädchen und Jungen ca. (539,43 – 486,16 $\approx$) 44 Punkten beträgt. Der Wert von η^2 ist 0,056. Wenn wir auf dem gleichen Weg das η^2 zwischen den Variablen *ST04Q01* und *PV-2READ, PV3READ, PV4READ, PV5READ* berechnen, dann stellen wir folgende Werte von η^2 fest: 0,056, 0,056, 0,058 und 0,057. Der Mittelwert aus diesen fünf Werten von η^2 beträgt nun gerundet *0,06*. Durch das Geschlecht der Schüler/innen können also ca. (0,06 $\cdot$ 100 =) 6 % der Varianz in ihrer Lesekompetenz aufgeklärt werden. Obwohl dieses Ergebnis eine geringe praktische Bedeutsamkeit hat, „gehört Deutschland zu den OECD-Staaten mit den größten Leistungsunterschieden zwischen Mädchen und Jungen im Lesen" (Hohn et al., 2013, S. 232).

Bericht

PV1READ

ST04Q01 Geschlecht der Schüler	Mittelwert	N	Standardabweichung
1 weiblich	529,431286	2462	85,4864483
2 männlich	486,164500	2539	91,6527458
Insgesamt	507,464805	5001	91,2628373

Zusammenhangsmaße

	Eta	Eta-Quadrat
PV1READ * ST04Q01 Geschlecht der Schüler	,237	,056

Abbildung 6.6 Wert von Eta-Quadrat im SPSS-Ausgabefenster[©]

Bevor wir das Programm schließen, speichern wir die Syntaxdatei unter den Namen *Syntax_6_6_2.sps* im Ordner *Kapitel_6*. Den Datensatz haben wir unter dem Namen *PISA_6.sav* gespeichert. Dieser Datensatz bildet die Grundlage für die in Kapitel 7 dargestellten SPSS-Anwendungen.

6.7 Anwendung in R

6.7.1 Prozentsatzdifferenz, Phi-Koeffizient und Cramers *V* in R berechnen

Wir wollen nun die Prozentsatzdifferenz zwischen den Variablen *Schulform (progn)* und *Schulschwänzen (ST09Q01)* berechnen. Davor müssen wir ähnlich wie in SPSS die Variable *progn* und *ST09Q01* rekodieren. Dies kann man in R mit den folgenden Befehlen tun:

```
setwd("C:/ SPSS-, R-Analysen/R/Kapitel_6")
Pisa6 <- read.csv2("Pisa5.csv")
fix(Pisa6)
library(Deducer)
##Schulform dichotomisieren
Pisa6$rprogn[Pisa6$progn == 02760002] <- 1
Pisa6$rprogn[Pisa6$progn == 02760004 | Pisa6$progn == 02760005]
    <- 2
Pisa6$rprogn <- factor(Pisa6$rprogn, levels = c(1, 2),
    labels = c("Hauptschule", "Gymnasium"))
frequencies(Pisa6$rprogn)
table(Pisa6$progn, Pisa6$rprogn)
##Schulschwänzen dichotomisieren
Pisa6$rST09Q01[Pisa6$ST09Q01 == 1] <- 0
Pisa6$rST09Q01[Pisa6$ST09Q01 == 2 | Pisa6$ST09Q01 == 3 |
  Pisa6$ST09Q01 == 4] <- 1
Pisa6$rST09Q01 <- factor(Pisa6$rST09Q01, levels = c(0, 1),
    labels = c("letzte 2 Wochen Schule nicht geschwänzt",
                "letzte 2 Wochen Schule geschwänzt"))
frequencies(Pisa6$rST09Q01)
table(Pisa6$ST09Q01, Pisa6$rST09Q01)
```

Die ersten drei Befehle beziehen sich auf das Einlesen der Daten. Der Datensatz dieses Kapitels trägt also den Namen *Pisa6*. Danach haben wir das Paket *Deducer* geladen, um Häufigkeits- und Kreuztabellen erstellen zu können. Als Nächstes folgt die Erstellung der Variablen *rprogn*, wobei der Ausdruck *##Schulform dichotomisieren* ein Kommentar ist. Nach der Erstellung der Variablen *rprogn* folgt die Konvertierung dieser Vektor-Variablen in eine Faktor-Variablen (s. Kapitel 2.6.2) mit den Kategorien *Hauptschule* und *Gymnasium*. Die nächsten zwei Befehle *frequencies(Pisa6$rprogn)* und *table(Pisa6$progn, Pisa6$rprogn)* dienen zur Kontrolle. Dadurch erstellen wir eine Häufigkeitstabelle der Variablen *rprogn* und eine Kreuztabelle zwischen den Variablen *progn* und *rprogn*. Nach dem gleichen Muster erstellen wir die Variable *rST09Q01*, welche aus den Kategorien *letzte 2 Wochen Schule nicht geschwänzt* und *letzte 2 Wochen Schule geschwänzt* besteht.

Wir können nun die Prozentsatzdifferenz auf Basis einer Kreuztabelle berechnen. Die Kreuztabelle können wir über die Menüleiste in der R-Konsole erstellen, indem wir sukzessiv auf *Analysis → Contigency Tables* klicken. Dadurch öffnet sich das Fenster *Contigency Tables* in Abbildung 6.7. Wir haben hierbei die Varia-

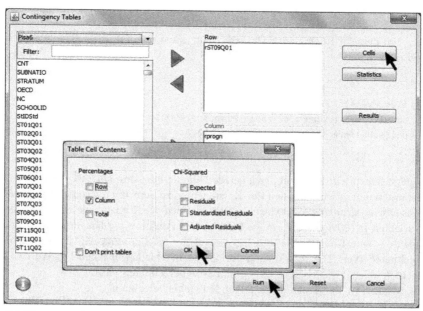

Abbildung 6.7 Kreuztabellenerstellung zur Berechnung der Prozentsatzdifferenz©

ble *rST09Q01* im Bereich *Row* und die Variable *rprogn* im Bereich *Column* ähnlich wie in SPSS transportiert. Danach haben wir auf *Cells* geklickt. Dies bewirkt, dass das Fenster *Table Cell Contents* zum Vorschein kommt, wie man Abbildung 6.7 entnehmen kann. Hier muss man nur das Feld *Column* per Mausklick markieren und auf *OK* klicken. Danach muss man auf *Run* klicken. Es öffnet sich in der R-Konsole die in Abbildung 6.8 dargestellte Kreuztabelle.

```
=========== Table: rST09Q01 by rprogn ===========
                                       | rprogn
                             rST09Q01  | Hauptschule  |  Gymnasium  |  Row Total
-----------------------------------------|--------------|-------------|-----------|
letzte 2 Wochen Schule nicht geschwänzt  Count  |    382  |    1611   |    1993  |
                                    Column %  |  92.494%  |  96.525%  |           |
-----------------------------------------|--------------|-------------|-----------|
      letzte 2 Wochen Schule geschwänzt   Count  |     31  |      58   |      89  |
                                    Column %  |   7.506%  |   3.475%  |           |
-----------------------------------------|--------------|-------------|-----------|
                          Column Total  |    413  |    1669   |    2082  |
                              Column %  |  19.837%  |  80.163%  |           |
```

Abbildung 6.8   Kreuztabelle in der R-Konsolle©

Nun ist man in der Lage, die Prozentsatzdifferenz zu berechnen, indem man die Prozentwerte der zweiten Zelle (96,525 %) von dem Prozentwert der ersten Zelle (92,494 %) abzieht. Das Ergebnis beträgt (gerundet) −4 (Prozentpunkte). Dieser Wert ist mit dem Wert von SPSS in Kapitel 6.6.1 identisch.

Um den Phi-Koeffizienten zu berechnen, muss man folgende Befehle ausführen:

```
library(psych)
Schulform_Schwänzen <- table(Pisa6$rST09Q01, Pisa6$rprogn)
phi(Schulform_Schwänzen, digits = 3)
```

Zuerst haben wir das Paket *psych* geladen, da die Funktion *phi* Teil dieses Pakets ist und benötigt wird, um den Phi-Koeffizienten zu berechnen. Danach haben wir das Objekt *Schulform_Schwänzen* erstellt, das aus der Kreuztabelle zwischen den Variablen *rST009Q01* und *rprogn* besteht. Die Funktion *phi* hat nun zwei Argumente – eine Kreuztabelle und die Anzahl der Nachkommastellen bei dem berechneten Wert. Die Ausführung der obigen Befehle ergibt einen Phi-Wert von −0,079, welcher identisch ist mit dem in SPSS berechneten Wert.

Cramers *V* kann man durch folgende Befehle berechnen:

```
library(vcd)
assocstats(Schulform_Schwänzen)
```

Man benötigt also das Paket *vcd*. Dieses Paket haben wir noch nicht installiert, d. h., wir müssen es zuerst über die Menüleiste in der R-Konsole installieren (s. Kapitel 2.6) und danach durch den *library*-Befehl das Paket laden. Die Funktion zur Berechnung von Cramers *V* heißt *assocstats* und benötigt als Argument ein Kreuztabelle-Objekt. In unserem Fall ist es das Objekt *Schulform_Schwänzen*, welches wir zuvor erstellt haben. Nach Ausführung dieser Befehle erhalten wir in der R-Konsole einen Cramers *V*-Wert von 0,079.

Zum Schluss soll erwähnt werden, dass wir alle in diesem Kapitel aufgeführten R-Befehle in der R-Skriptdatei *Skript_6.7.1.r* im Order *Kapitel_6* gespeichert haben.

6.7.2 Eta-Quadrat in R berechnen

Ebenfalls wollen wir Eta-Quadrat zwischen den Variablen *Geschlecht* und *Lesekompetenz* in R berechnen. Die Variablennamen in R sind identisch mit den Variablennamen in SPSS. Da aber die Variable *ST04Q01 (Geschlecht)* eine Vektor-Variable ist und da das *Geschlecht* eine nominale dichotome Variable ist, sollte man zuerst diese Variable in eine Faktor-Variablen konvertieren. Dies haben wir bereits in Kapitel 2.6.2 getan und die Variable *Gender* erstellt, welche die Kategorien *weiblich* und *männlich* aufweist. D. h. wir müssen η^2 zwischen der Variable *Gender* und den fünf Variablen zur Messung der *Lesekompetenz* berechnen. Dies können wir durch folgende Befehle tun:

```
library(lsr)
auswahl1 <- aov(Pisa6$PV1READ ~ Pisa6$Gender)
auswahl2 <- aov(Pisa6$PV2READ ~ Pisa6$Gender)
auswahl3 <- aov(Pisa6$PV3READ ~ Pisa6$Gender)
auswahl4 <- aov(Pisa6$PV4READ ~ Pisa6$Gender)
auswahl5 <- aov(Pisa6$PV5READ ~ Pisa6$Gender)
etaSquared(auswahl1)
etaSquared(auswahl2)
etaSquared(auswahl3)
etaSquared(auswahl4)
etaSquared(auswahl5)
```

Zu Beginn müssen wir das Paket *lsr* über die R-Konsole installieren und anhand des *library*-Befehls laden. Das Paket enthält unter anderem die Funktionen *aov* und *etaSquared*, welche wir für die Berechnung von η^2 benötigen. Nach dem Laden des Pakets *lsr* erstellen wir die Objekte *auswahl1* bis *auswahl5*. Diese Objekte beziehen sich auf die Funktion *aov*, die es uns ermöglicht, *varianzanalytische*[21] *Modelle* zu berechnen. Diese Funktion weist zwei Argumente auf, nämlich den Namen der abhängigen Variablen und (nach der Tilde) den Namen der unabhängigen Variablen. Die η^2-Werte können wir mit der Funktion *etaSquared* berechnen, die standardmäßig ein Objekt benötigt, das auf ein varianzanalytisches Modell verweist. Diese Objekte sind die *auswahl1* bis *auswahl5*. Wir berechnen also dadurch fünf η^2-Werte. Nach Ausführung der obigen Befehle erscheint in der R-Konsole die in Abbildung 6.9 dargestellte Ausgabe. Pro η^2-Befehl werden zwei Werte ausgegeben, die bei bivariaten Fragestellungen identisch sind. Der erste Wert heißt *eta.sq* (steht für eta squared) und ist der gesuchte η^2-Wert. Der zweite Wert heißt *eta.sq.part* und ist dann relevant und soll berichtet werden, wenn wir den erklärten Varianzanteil von mehreren unabhängigen Variablen auf eine abhängige Variable in einem varianzanalytischen Modell berechnen wollen. In diesem Fall haben wir es mit *multivariaten* deskriptiven Statistiken zu tun, welche Gegenstand des neunten Kapitels sind. Der Mittelwert aus diesen fünf η^2-Werten beträgt nun (gerundet) 0,06 und ist ähnlich mit dem in SPSS berechneten Wert.

```
> etaSquared(auswahl1)
                eta.sq eta.sq.part
Pisa6$Gender 0.05618821  0.05618821
> etaSquared(auswahl2)
                eta.sq eta.sq.part
Pisa6$Gender 0.05576782  0.05576782
> etaSquared(auswahl3)
                eta.sq eta.sq.part
Pisa6$Gender 0.05612304  0.05612304
> etaSquared(auswahl4)
                eta.sq eta.sq.part
Pisa6$Gender 0.05763972  0.05763972
> etaSquared(auswahl5)
                eta.sq eta.sq.part
Pisa6$Gender 0.05680832  0.05680832
```

Abbildung 6.9   Eta-Quadrat-Wert in der R-Konsole©

---

21 Die Varianzanalyse ist ein Verfahren zur Analyse des linearen Zusammenhangs zwischen zwei oder mehreren Variablen. Aus Platzgründen steht sie nicht im Fokus dieses Lehrbuchs.

Bevor wir R schließen, müssen wir den Datensatz erneut speichern. Wir haben dies mit folgendem Befehl getan:

```
write.csv2(Pisa6, file = "Pisa6.csv", row.names = FALSE)
```

Unser Datensatz ist also in der *Pisa6.csv*-Datei gespeichert, welche die Grundlage für die in Kapitel 7 dargestellten R-Analysen sein wird. Außerdem haben wir die Skriptdatei des Kapitels 6.7.2 als *Skript_6.7.2.r* im Ordner *Kapitel_6* gespeichert.

Literaturverzeichnis

Benninghaus, H. (1998): Einführung in die Sozialwissenschaftliche Datenanalyse. München: Oldenbourg Verlag, S. 168–231; 342–367.

Bortz, J. (2005): Statistik für Human- und Sozialwissenschaftler. 6., vollständig überarbeitete Auflage. Berlin Heidelberg: Springer, S. 224–234.

Bortz, J. und Döring, N. (2006): Forschungsmethoden und Evaluation für Human und Sozialwissenschaftler (4. Auflage). Berlin: Springer, S. 2–14; 605–606.

De Ayala, R. J. (2009): The Theory and Practice of Item Response Theory. New York, London: The Guilford Press.

Heine, J.-H.; Sätzer, C.; Borchert, L.; Sibberns, H.; Mang, J. (2013): Technische Grundlangen des fünften internationalen Vergleichs. In: Prenzel, M.; Sälzer, C.; Köller, O. (Hrsg.), *PISA 2012. Fortschritte und Herausforderungen in Deutschland.* Münster: Waxmann, S. 309–346.

Hohn, K.; Schiepe-Tiska, A.; Sälzer, C.; Artelt, C. (2013): Lesekompetenz in PISA 2012: Veränderungen und Perspektiven. In: Prenzel, M.; Sälzer, C.; Klieme, E.; Köller, O. (Hrsg.), *PISA 2012. Fortschritte und Herausforderungen in Deutschland.* Münster: Waxmann, S. 217–244.

Gehring, U. W. und Weins, C. (2009): Grundkurs Statistik für Politologen und Soziologen. 6., überarbeite Auflage. Wiesbaden: VS Verlag für Sozialwissenschaften, S. 141–166.

König, J.; Wagner, C.; Valtin, R. (2011): Jugend – Schule – Zukunft. Psychosoziale Bedingungen der Persönlichkeitsentwicklung – Ergebnisse der Längsschnittstudie AIDA. Münster: Waxmann.

OECD, (2005): PISA 2003 Data Analysis Manual: SPSS' Users. OECD, Paris.

Zusammenhangsmaße für ordinal- und intervallskalierte Variablen

7

In diesem Kapitel lernen Sie ...

Inhalte	⮞ Korrelationsmaße kennen, die geeignet sind, um den Zusammenhang zwischen zwei Variablen zu beschreiben, wobei die eine Variable ordinal- oder intervallskaliert sein soll, und die andere Variable jegliches Skalierungsniveau aufweisen kann.
Beispiele	⮞ Korrelationen beispielhaft handschriftlich zu berechnen und Ergebnisdarstellungen zu interpretieren.
Anwendungen	⮞ mit den Statistik-Programmen SPSS und R diese Korrelationsmaße zu berechnen.

Inhaltsübersicht des Kapitels

7.1 Zusammenhangsmaße zur Analyse der Beziehung zwischen echten dichotomen und intervallskalierten Variablen: Punktbiseriale Korrelation

Ein Maß, dass in der erziehungswissenschaftlichen Forschung häufig angewendet wird, um die Beziehung zwischen einer echten dichotomen und einer intervall-skalierten Variablen zu analysieren, ist die *punktbiseriale Korrelation* r_{pb}. Diese lässt sich anhand der folgenden Formel berechnen (Bortz, 2005, S. 225):

$$r_{pb} = \frac{\bar{y}_1 - \bar{y}_0}{s_y} \cdot \sqrt{\frac{n_0 \cdot n_1}{n^2}} \tag{7.1}$$

wobei

n_0, n_1 = Größe der Stichprobe für die Kategorien der dichotomen Variablen,

n = Größe der Gesamtstichprobe,

$\bar{y}_1, \bar{y}_0$ = Mittelwert der intervallskalierten Variablen für die Kategorien der dichotomen Variablen,

s_y = Standardabweichung der intervallskalierten Variablen.

Person	Geschlecht (0 = männlich, 1 = weiblich)	Lesekompetenz (Testpunkte)	$(y_i - \bar{y})$	$(y_i - \bar{y})^2$
1	0	8	−4,2	17,64
2	0	13	0,8	0,64
3	0	11	−1,2	1,44
4	0	12	−0,2	0,04
5	1	9	−3,2	10,24
6	1	14	1,8	3,24
7	1	15	2,8	7,84
8	1	13	0,8	0,64
9	1	11	−1,2	1,44
10	1	16	3,8	14,44
		$\bar{y} = 12{,}2, \bar{y}_0 = 11, \bar{y}_1 = 13$		$\Sigma = 57{,}6$

Tabelle 7.1 Hilfstabelle zur Berechung von r_{pb} für die Variablen *Geschlecht* und *Lese-kompetenz*©

Wir wollen nun anhand eines Beispiels die Art und Weise der Berechnung von r_{pb} demonstrieren. In Kapitel 6.3.1 haben wir die Beziehung zwischen *Geschlecht* und *Lesekompetenz* mithilfe von η^2 untersucht. Anlass dafür war die gerichtete Unterschiedshypothese „Jungen sind weniger gut im Lesen als Mädchen". Wir wollen anhand der r_{pb} ebenfalls untersuchen, ob diese Hypothese zutrifft. Während man sich mithilfe von η^2 indirekt – je nach dem Anteil der erklärten Varianz – über die Gültigkeit der Hypothese entscheiden kann, fällt diese Entscheidung mithilfe von r_{pb} anhand des Wertes von r_{pb}.

Zuerst soll die Standardabweichung der Lesekompetenz berechnet werden. Diese beträgt laut Formel 4.4:

$$s = \sqrt{s^2} = \sqrt{\frac{\sum_{i=1}^{n}(y_i - \overline{y})^2}{n}} = \sqrt{\frac{57,6}{10}} = \sqrt{5,76} = 2,4$$

Hat man den Wert der Standardabweichung der metrischen Variablen berechnet, dann kann man sehr leicht anhand Formel 7.1 den Wert der punktbiserialen Korrelation berechnen. Dieser beträgt nun:

$$r_{pb} = \frac{\overline{y}_1 - \overline{y}_0}{s_y} \cdot \sqrt{\frac{n_0 \cdot n_1}{n^2}} = \frac{13 - 11}{2,4} \cdot \sqrt{\frac{4 \cdot 6}{10^2}} = 0,83 \cdot 0,49 \approx 0,41$$

r_{pb} kann Werte zwischen −1 und +1 annehmen. Negative Werte bedeuten, dass die Werte der metrischen Variablen Y für die Kategorie X_0 der dichotomen Variablen im Durchschnitt größer sind als die Y-Werte für die Kategorie X_1 der dichotomen Variablen. Bei positiven Korrelationswerten ist es umgekehrt. Bezogen auf unser Beispiel also deutet der Wert 0,41 darauf hin, dass Mädchen im Durchschnitt eine höhere Lesekompetenz aufweisen als Jungen.

7.2 Zusammenhangsmaße zur Analyse der Beziehung zwischen ordinalskalierten Variablen: Rangkorrelation nach Spearman

Die *Rangkorrelation* r_s (oder ρ_s) wurde von Spearman im Jahre 1904 vorgeschlagen (Benninghaus, 1998). Sie ist ein geeignetes Maß, um die Beziehung zwischen zwei ordinalskalierten Variablen zu analysieren, und lässt sich anhand der folgenden Formel berechnen (Bortz, 2005, S. 233):

$$r_s = 1 - \frac{6 \cdot \sum_{i=1}^{n} d_i^2}{n \cdot (n^2 - 1)} \tag{7.2}$$

wobei d_i sich auf die Differenz zwischen den Rangplätzen bezieht, welche das i-te Untersuchungsobjekt bezüglich der Variablen X und Y aufweist.

Student/in	Mathe-Note	Deutsch-Note	Mathe-Note-Rangplatz (x_i)	Deutschnote-Rangplatz (y_i)	$d_i = x_i - y_i$	$d_i^2 = (x_i - y_i)^2$
1	1,3	2,3	1	2	−1	1
2	3,3	3,3	3	3	0	0
3	4	4	4	4	0	0
4	2,3	1,3	2	1	1	1
Summe			10	10	0	2

Tabelle 7.2 Hilfstabelle zur Berechnung von rs für die Variablen Mathe-Note und DeutschNote©

Anhand eines fiktiven Beispiels soll nun die Logik zur Berechnung von r_s erläutert werden. Ein Uni-Dozent möchte wissen, ob es einen Zusammenhang zwischen den Leistungen von Lehramtsstudierenden bezüglich der Fächer Mathematik und Deutsch gibt. Zu diesem Zweck hat er zufällig die Klausurnoten von vier Studierenden für die entsprechenden Fächer ausgesucht. Die Leistungen der vier Studierenden sind in der zweiten und dritten Spalte von Tabelle 7.2 aufgelistet. Der wichtigste Schritt zur Berechnung von r_s besteht darin, die ordinale Information der Noten in Rangplätze zu überführen. Das bedeutet, dass jeder Note der Größe nach (absteigend oder aufsteigend) ein Rangplatz zugewiesen wird. So erhält die erste Person in Bezug auf die Mathe-Note den Rangplatz 1, da diese Note (1,3) den niedrigsten Ziffernwert aufweist. Die zweite Person wird in Bezug auf die Mathe-Note der Rangplatz 3 zugewiesen, da diese Note die drittniedrigste Note ist. Auf ähnliche Art und Weise wurden die Rangplätze der Studierenden für die Deutsch-Note erstellt. Man kann die Summe der Rangplätze pro Variable betrachten, um die Richtigkeit der Rangplätze zu kontrollieren. Es soll nämlich folgende Beziehung gelten (Benninghaus, 1998, S. 270):

$$\sum_{i=1}^{i=n} x_i = \sum_{i=1}^{i=n} y_i = \frac{n \cdot (n + 1)}{2} \qquad (7.3)$$

Dies ist offensichtlich für unsere Rangplätze der Fall, da der Wert der Summe 10 in den Spalten 4 und 5 dem errechneten Wert nach der Formel 7.3 ($4 \cdot (4 + 1) / 2 = 10$) entspricht.

Hat man für alle Studierenden die Noten-Rangplätze erstellt (Spalte 4 und 5 in Tabelle 7.2), besteht der nächste Schritt in der Berechnung der Differenz d_i zwischen den Rangplätzen. Die Summe dieser quadrierten Differenzen findet sich wieder in der Formel 7.2:

$$r_s = 1 - \frac{6 \cdot \sum_{i=1}^{n} d_i^2}{n \cdot (n^2 - 1)} = 1 - \frac{6 \cdot 2}{4 \cdot (4^2 - 1)} = 1 - \frac{12}{60} = 1 - 0,2 = 0,8$$

Da r_s, wie die Mehrheit der Zusammenhangsmaße, Werte zwischen −1 und +1 annehmen kann, deutet der Wert von 0,8 auf einen starken positiven Zusammenhang zwischen den Variablen *Mathe-Note* und *Deutsch-Note* hin.

Student/in	Mathe-Note	Deutsch-Note	Mathe-Note-Rangplatz (x_i)	Deutschnote-Rangplatz (y_i)	$d_i = x_i - y_i$	$d_i^2 = (x_i - y_i)^2$
1	1,3	2,3	1,5	3	−1,5	2,25
2	3,3	3,3	4,5	4,5	0	0
3	4	4	6	6	0	0
4	2,3	1,3	3	1,5	1,5	2,25
5	5	5	7	7	0	0
6	1,3	3,3	1,5	4,5	−3	9
7	3,3	1,3	4,5	1,5	3	9
Summe			28	28	0	22,5

Tabelle 7.3 Hilfstabelle zur Berechnung von r_s beim Vorkommen von Verknüpfungen©

In Tabelle 7.2 gibt es keine Studierenden, die pro Fach gleiche Leistungen aufweisen. Dieser Fall kommt aber in der Realität kaum vor. Es stellt sich nun die Frage, wie die Rangplätze zu bilden sind, wenn identische Werte pro Variable auftreten. Diesen Fall wollen wir mithilfe von Tabelle 7.3 erläutern. Betrachten wir zuerst die Mathe-Noten in Spalte 2. Die erste und sechste Person weisen beide die Note 1,3 auf. Sie sind – wie man es statistisch ausdrücken kann – im Hinblick auf die Variable *Mathe-Note* verknüpft. „Beim Auftreten solcher Verknüpfungen weist man den verbundenen Untersuchungseinheiten das arithmetische Mittel derjenigen Rangplätze zu, die man zugewiesen hätte, wenn keine Verknüpfungen aufgetreten wären" (Benninghaus, 1998, S. 268). Da die Note 1,3 den Rangplatz 1 bekommen hätte, und da wir hierbei zwei Studierende mit der Note 1,3 haben, soll der Note 1,3 der Mittelwert der Rangplätze 1 und 2 als Rangplatz zugewiesen werden. Die erste und sechste Person bekommen also den Rangplatz 1,5. Ähnlich weist man der zweiten und siebten Person den Rangplatz 4,5 zu, da beide die Note 3,3 aufweisen. Wären keine Verknüpfungen vorhanden, hätten diese Studierenden die Rangplätze 4 und 5 zugewiesen bekommen. Der Mittelwert dieser Rangplätze beträgt also 4,5. Ähnlich sind die Rangplätze für die Variable *Deutsch-Note* erstellt worden. Die Tatsache, dass die Summe der Rangplätze pro Variable 28 beträgt, gilt als Indiz für die Richtigkeit unserer Berechnungen, da laut Formel 7.3 $(n \cdot (n + 1)) / 2$ ebenfalls 28 beträgt.

Nach der Bildung der Rangplätze folgt die Berechnung der Summe der quadrierten Rangplätze-Differenzen. Diese betragen 22,5. Nun ist man in der Lage, r_s zu ermitteln:

$$r_s = 1 - \frac{6 \cdot \sum_{i=1}^{n} d_i^2}{n \cdot (n^2 - 1)} = 1 - \frac{6 \cdot 22,5}{7 \cdot (7^2 - 1)} = 1 - \frac{135}{336} = 1 - 0,40 \approx 0,60$$

Im Durchschnitt also schneiden diejenigen Studierenden in der Mathe-Klausur gut bzw. schlecht ab, die auch in der Deutsch-Klausur gut bzw. schlecht abgeschnitten haben.

7.3 Zusammenhangsmaße zur Analyse der Beziehung zwischen metrisch skalierten Variablen: Produkt-Moment-Korrelation

Ein Maß für die Untersuchung der Beziehung zwischen zwei metrischen Variablen, also Variablen mit mindestens Intervallskalenniveau, stellt die *Produkt-Moment-Korrelation r* dar. Diese geht auf Karl Pearson und Francis Galton (1890) zurück (Bortz, 2005; Benninghaus, 1998). „Wenngleich Pearson entscheidend an der Weiterentwicklung des Korrelationskoeffizienten beteiligt war, nahm die Korrelationsrechnung mit einem Artikel von Bravais (1846) ihren Anfang" (Bortz, 2005, S. 205). Aus diesem Grund wird die Produkt-Moment-Korrelation häufig auch als *Bravais-Pearson-Korrelation* oder Produkt-Moment-Korrelation nach Pearson genannt.

Schon ein Punktdiagramm vermittelt einen ersten Eindruck über den bivariaten Zusammenhang zwischen zwei metrischen Variablen. In Abbildung 7.1 ist die bivariate Verteilung zwischen den Variablen *pädagogisches Wissen* und *Studiendauer* grafisch dargestellt. Die erste Variable bezieht sich auf das pädagogische Wissen, welches sechs fiktive Studierende im Laufe ihres Studiums gesammelt haben. Es wurde mithilfe eines Tests gemessen und kann Werte zwischen 0 und 100 annehmen. Die Variable *Studiendauer* bezieht sich auf die Studienjahre bis zum Zeitpunkt des Tests zur Erfassung des pädagogischen Wissens der Studierenden und ist in Jahren gemessen. Man sieht also sehr deutlich anhand der Abbildung, dass mit steigender *Studiendauer* die Testwerte des *pädagogischen Wissens* zuneh-

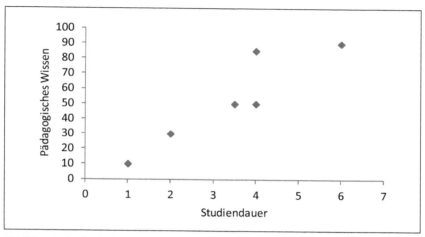

Abbildung 7.1   Punktdiagramm zur Darstellung der Beziehung zwischen den Variablen pädagogisches Wissen und Studiendauer[©]

men. Dies spricht für einen positiven Zusammenhang zwischen den beiden Variablen. Wäre die Beziehung negativ, dann sollten die Testwerte des *pädagogischen Wissens* mit steigender *Studiendauer* abnehmen.

Obwohl die grafische Darstellung bereits einen Eindruck über den Zusammenhang zwischen den beiden Variablen vermittelt, sagt sie nichts über die Größe des Zusammenhangs aus. Dies ermöglicht die Produkt-Moment-Korrelation *r*, welche Werte zwischen −1 und +1 annehmen kann. Wie bei den meisten Korrelationskoeffizienten deuten negative Werte auf eine negative Beziehung zwischen den beiden Variablen hin, während positive Werte auf eine positive Beziehung hindeuten. Um *r* zu berechnen, muss man zuerst die *Kovarianz* zwischen den beiden Variablen berechnen. „Die Kovarianz stellt eine Größe dar, die den Grad, in dem zwei Variablen miteinander variieren, beziffert" (Bühner und Ziegler, 2009, S. 591). D.h., sie ist genauso wie die Korrelation ein Maß, das über den Zusammenhang zwischen den beiden Variablen informiert. Sie lässt sich anhand der folgenden Formel berechnen (Bortz, 2005, S. 203):

$$\text{cov}(x, y) \;=\; \frac{\sum\limits_{i=1}^{n}(x_i - \bar{x}) \cdot (y_i - \bar{y})}{n} \tag{7.4}$$

Dem aufmerksamen Leser soll schon an dieser Stelle die Ähnlichkeit der Formel 7.4 mit der Formel 4.3 zur Berechnung der Varianz aufgefallen sein. Während es bei der Varianz hauptsächlich um die Summe der quadrierten Abweichungen

aller Messwerte einer Variablen von ihrem arithmetischen Mittel geht, steht bei
der Berechnung von Kovarianz die Summe der Produkte in Bezug auf die Abweichungen der jeweiligen Variablen von ihrem Mittelwert im Vordergrund. Die Kovarianz gibt also die Varianz der einen Variablen in Zusammenhang mit der Varianz der anderen Variablen wieder.

Student/in	Studiendauer (x_i)	Pädagogisches Wissen (y_i)	$(x_i - \bar{x})$	$(y_i - \bar{y})$	$(x_i - \bar{x}) \cdot (y_i - \bar{y})$
1	1	10	−2,416	−42,5	102,708
2	2	30	−1,146	−22,5	31,875
3	3,5	50	0,083	−2,5	−0,208
4	6	90	2,583	37,5	96,875
5	4	85	0,583	32,5	18,958
6	4	50	0,583	−2,5	−1,45833
	$\bar{x} = 3,416$	$\bar{y} = 52,5$			$\Sigma = 248,75$

Tabelle 7.4   Hilfstabelle zur Berechnung der Kovarianz©

Wir wollen nun für die in Abbildung 7.1 dargestellten Variablen die Kovarianz berechnen. Tabelle 7.4 kann die Logik zur Berechnung der Kovarianz entnommen
werden. Zuerst soll für jede Variable der arithmetische Mittelwert ermittelt werden. Dieser beträgt für die *Studiendauer* 3,416 und für das *pädagogisches Wissen*
52,5. In der vierten und fünften Spalte von Tabelle 7.4 sind die Differenzen für alle
Messwerte der jeweiligen Variablen von ihrem Mittelwert zu veranschaulichen.
Das Produkt dieser Differenzen ist in der letzten Spalte von Tabelle 7.4 abgetragen.
Die Summe dieser Produkte beträgt 248,75. Sie wird nun noch durch die Anzahl
der Fälle geteilt. Laut Formel 7.4 beträgt die Kovarianz:

$$\text{cov}(x, y) = \frac{\sum_{i=1}^{n}(x_i - \bar{x}) \cdot (y_i - \bar{y})}{n} = \frac{248,75}{6} \approx 41,46$$

Die Tatsache, dass dieser Wert positiv ist, bedeutet, dass es zwischen den beiden
Variablen einen positiven Zusammenhang gibt. Allerdings wissen wir anhand des
Kovarianz-Wertes nichts über die Stärke des Zusammenhangs. Denn die Höhe
der Kovarianz hängt vom Maßstab der zugrunde liegenden Variablen ab. Wenn
wir beispielsweise jeden Wert der Variablen *Studiendauer* und *pädagogisches Wissen* mit dem Faktor 2 multiplizieren, dann wird der Wert der Kovarianz sich vervierfachen (165,83).

Diesen Nachteil kompensiert die Produkt-Moment-Korrelation r, welche nach der folgenden Formel berechnet wird (Bortz, 2005, S. 205):

$$r = \frac{cov(x, y)}{s_x \cdot s_y} \tag{7.5}$$

Dabei wird der Wert der Kovarianz an dem Produkt der Standardabweichungen von den beiden Variablen relativiert. Dadurch schwanken die Werte von r zwischen -1 und $+1$, wobei ein Wert von -1 auf eine perfekt negative Beziehung zwischen den beiden Variablen hindeutet, während ein r-Wert von $+1$ eine perfekt positive Beziehung zwischen den beiden Variablen signalisiert.

Student/in	Studien-dauer (x_i)	Pädagogisches Wissen (y_i)	$(x_i - \bar{x})$	$(x_i - \bar{x})^2$	$(y_i - \bar{y})$	$(y_i - \bar{y})^2$
1	1	10	−2,416	5,840	−42,5	1806,25
2	2	30	−1,146	2,006	−22,5	506,25
3	3,5	50	0,083	0,006	−2,5	6,25
4	6	90	2,583	6,673	37,5	1406,25
5	4	85	0,583	0,340	32,5	1056,25
6	4	50	0,583	0,340	−2,5	6,25
	$\bar{x} = 3,416$	$\bar{y} = 52,5$		$\Sigma = 15,208$		$\Sigma = 4787,5$

Tabelle 7.5   Hilfstabelle zur Berechnung der Produkt-Moment-Korrelation[©]

Tabelle 7.5 stellt nun die Hilfstabelle zur Berechnung von r dar. Aus der Formel 7.5 ist ersichtlich, dass man für die Berechnung von r auch die Werte der Standardabweichung für die beiden Variablen ermitteln muss. Dafür benötigt man die Summe der quadrierten Abweichungen der jeweiligen Variablen von ihrem arithmetischen Mittelwert. Laut Tabelle 7.5 beträgt diese Summe für die Variable *Studiendauer* 15,208 und für die Variable *pädagogisches Wissen* 4787,5. Anhand der Formel 4.4 kann man nun den Wert der Standardabweichung für die beiden Variablen berechnen:

$$s_x = \sqrt{s_x^2} = \sqrt{\frac{\sum_{i=1}^{n}(x_i - \bar{x})^2}{n}} = \sqrt{\frac{15,208}{6}} = \sqrt{2,534} \approx 1,60$$

$$s_y = \sqrt{s_y^2} = \sqrt{\frac{\sum_{i=1}^{n}(y_i - \bar{y})^2}{n}} = \sqrt{\frac{4787,5}{6}} = \sqrt{797,916} \approx 28,25$$

Die Produkt-Moment-Korrelation r beträgt nun:

$$r = \frac{\text{cov}(x, y)}{s_x \cdot s_y} = \frac{41, 46}{1, 60 \cdot 28, 25} = \frac{41, 46}{44, 97} \approx 0, 92$$

Dieser Wert deutet also auf eine starke Beziehung zwischen den Variablen *Studiendauer* und *pädagogisches Wissen* hin. Laut Bortz und Döring (2006, S. 606) ist die Effektgröße von r wie folgt zu beurteilen:

ab $r = 0,10$ (bzw. r = −0,10) kleine positive (negative) Korrelation
ab $r = 0,30$ (bzw. r = −0,30) mittlere positive (negative) Korrelation und
ab $r = 0,50$ (bzw. r = −0,50) große positive (negative) Korrelation.

„Eine Korrelation zwischen $r = 0,10$ und kleiner $r = 0,30$ wird als gering bis moderat bezeichnet und eine Korrelation zwischen $r = 0,30$ und kleiner $r = 0,50$ als moderat bis groß" (Bühner & Ziegler, 2009, S. 603). Korrelationswerte ab 0,50 weisen auf eine sehr starke statistische Beziehung hin.

Des Weiteren lässt sich beweisen (Bortz, 2005; Benninghaus, 1998; Bühner & Ziegler, 2009), dass die Korrelation zweier Variablen mit der Kovarianz der z-transformierten Variablen identisch ist. Wenn wir unsere Variablen *Studiendauer* und *pädagogisches Wissen* z-transformiert und danach deren Kovarianz berechnet hätten, dann wäre der Wert der Kovarianz gleich mit dem Wert der Korrelation der beiden (nicht z-transformierten) Variablen.

Die Produkt-Moment-Korrelation r zeigt nicht nur den Zusammenhang zwischen zwei metrisch skalierten Variablen, sondern sie stellt auch die Basis für die Berechnung des *Determinationskoeffizienten* r^2 dar. Dieser wird aus dem Quadrat der Produkt-Moment-Korrelation r berechnet (Benninghaus, 1998). Bei r^2 handelt es sich um ein PRE-Maß (s. Kapitel 5.1 und 5.2). r^2 zeigt also ähnlich wie η^2, inwieweit der Vorhersagefehler bei der Vorhersage einer abhängigen Variablen reduziert werden kann, wenn eine zweite unabhängige Variable hinzugezogen wird. Wenn man den Wert von r^2 mit 100 multipliziert, dann erhält man den erklärten Varianzanteil der abhängigen Variablen durch die unabhängige Variable in Prozent. Für unser Beispiel beträgt also r^2 ca. 0,85 (= 0,92·0,92). In diesem Fall besagt der Wert 0,85, dass ca. 85 % der Varianz der abhängigen Variablen *pädagogisches Wissen* durch die unabhängige Variable *Studiendauer* erklärt wird. Allerdings ist die Unterscheidung zwischen abhängiger und unabhängiger Variablen eher theoretischer als statistischer Natur. D. h., dass beide Variablen einen Anteil gemeinsamer Varianz von 85 % haben.

Wie in Kapitel 6.1 erwähnt wurde, deutet die Unterscheidung zwischen unabhängiger und abhängiger Variablen, sowie das Vorhandensein einer starken statistischen Beziehung nicht automatisch auf die Existenz einer kausalen Beziehung hin. Wie Abbildung 7.2 zu entnehmen ist, sind prinzipiell mehrere Fälle möglich, die eine hohe Korrelation r zwischen zwei Variablen rechtfertigen können. So kann es z. B. sein, dass in der Tat die (unabhängige) Variable X die (abhängige) Variable Y beeinflusst. Der umgekehrte Fall ist allerdings auch vorstellbar. Auch kann eine hohe Korrelation das Resultat einer gegenseitigen Beeinflussung der Variablen X und Y sein. In diesem Fall spricht man von einer *Interaktion*. Ferner kann die Korrelation zwischen den beiden Variablen auf den Effekt einer dritten Variablen Z auf die beiden Variablen X und Y zurückgehen. In diesem Fall spricht man von einer *Scheinbeziehung*. Schließlich besteht auch die Möglichkeit sowohl der Interaktion zwischen X und Y als auch der Beeinflussung von X und Y von etlichen Variablen. Insofern ist also das Vorhandensein einer hohen Produkt-Moment-Korrelation r zwischen zwei Variablen eine notwendige, aber keine hinreichende Bedingung für das Bestehen einer kausalen Abhängigkeit.

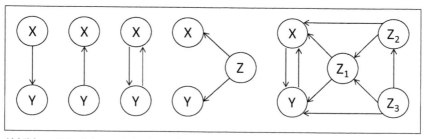

Abbildung 7.2   Schematische Darstellung kausaler Beziehungen©

7.4 Zusammenfassung

In diesem Kapitel haben wir uns mit den Zusammenhangsmaßen der punktbiserialen Korrelation, der Rangkorrelation nach Spearman und der Produkt-Moment-Korrelation nach Pearson beschäftigt, da diese Zusammenhangsmaße sehr häufig in der empirischen erziehungswissenschaftlichen Forschung angewendet werden, um die Beziehung zwischen zwei Variablen zu beschreiben.

Die punktbiseriale Korrelation stellt ein Maß zur Untersuchung der Beziehung zwischen einer echten dichotomen und einer intervallskalierten Variablen dar. Sie kann Werte zwischen -1 und $+1$ annehmen, wobei negative Werte auf eine negative Beziehung, positive Werte auf eine positive Beziehung zwischen den beiden Variablen hindeuten. Da aber hierbei die eine Variable nominal und dichotom (zwei Ausprägungen) ist, muss man die Kodierung von dieser Variablen beachten, um die punktbiseriale Korrelation sinnvoll zu interpretieren. Ebenfalls Werte zwischen −1 und +1 kann die Rangkorrelation nach Spearman aufweisen. Allerdings müssen hierbei beide Variablen ordinalskaliert sein. Dagegen beschreibt die Produkt-Moment-Korrelation die Beziehung zwischen zwei mindestens intervallskalierten Variablen.

7.5 Beispiele: Übungs- und Reflexionsaufgaben zu Kapitel 7

7.5.1 Berechnung eines Zusammenhangs

In einer Untersuchung von Studienanfängern wurde der Zusammenhangshypothese nachgegangen, dass mit höherer Intelligenz eine bessere Abitur-Note vorliegt. Es nahmen sechs Personen teil, die Ergebnisse sind in der nachfolgenden Tabelle abgetragen.

Student	Abi-Note	IQ
1	1	140
2	2	120
3	2	130
4	3	120
5	3	100
6	4	110

Tabelle 7.6   Tabelle zur Untersuchung des Zusammenhangs zwischen Intelligenz und Abitur-Note[©]

Berechnen Sie

(1) die Kovarianz,
(2) die Korrelation r und
(3) den Determinationskoeffizienten.

7.5.2 Interpretation von Zusammenhängen

In einer Untersuchung zur Qualität von Schulunterricht wurden bivariate Zusammenhänge zwischen Merkmalen qualitätsvollen Unterrichts (gemessen über Schülerbeurteilungen) und dem Leistungszuwachs in Mathematik über ein Schuljahr berechnet (Gruehn, 2000). Eine Auswahl sei in der nachfolgenden Tabelle gegeben. Interpretieren Sie die Zusammenhänge.

Merkmal	Mathematik-Leistungs-zuwachs
Klarheit und Strukturiertheit der Präsentation	0,19
Sprunghaftigkeit	−0,28
Binnendifferenzierende Maßnahmen	−0,20
Repetitives Üben	−0,38
Konstruktivistischer Unterricht (genetisch-sokratisches Vorgehen, anspruchsvolles Üben)	0,28
Schülermitbestimmung	−0,30
Affektive Qualität der Lehrer-Schüler-Beziehung (Zufriedenheit mit Lehrer, Motivierung, Sozialorientierung, diagnostische Kompetenz im Sozialbereich)	0,05

Tabelle 7.7 Bivariate Zusammenhänge[©]

7.6 Anwendung in SPSS

Wir wollen nun die punktbiseriale Korrelation zwischen den Variablen *Geschlecht* (*ST04Q01*) und *Lesekompetenz* berechnen. Aus den fünf Variablen zur Messung der Lesekompetenz wollen wir aus Illustrationsgründen nicht wie im Kapitel 6.6.2 alle fünf Variablen (*PV1READ, PV2READ, PV3READ, PV4READ, PV5READ*) berücksichtigen, sondern nur die Variable *PV1READ*. Um die punktbiseriale Korrelation in SPSS zu berechnen, muss man über die Menüleiste auf *Analysieren* → *Korrelation* → *Bivariat ...* klicken. Es öffnet sich dann das in Abbildung 7.3 dargestellte Fenster. Wir haben im linken Bereich der Abbildung 7.3 die Variablen *ST04Q01* und *PV1READ* gesucht und markiert. Danach haben wir diese Variablen durch Klicken auf den Pfeil inmitten der Abbildung 7.3 in den Bereich *Variablen:* transportiert. Per Voreinstellung ist das Feld *Pearson* im Bereich *Korrelationskoeffizienten* markiert. D. h., man kann auf diese Art und Weise den Kor-

relationskoeffizienten nach Pearson berechnen. „Das bedeutet, dass die punktbiseriale Korrelation der Produkt-Moment-Korrelation einer dichotomen mit
einer intervallskalierten Variablen entspricht" (Bühner & Ziegler, 2009, S. 625).
Aus diesem Grund gibt es in SPSS keinen gesonderten Weg zur Berechnung der
punktbiserialen Korrelation.

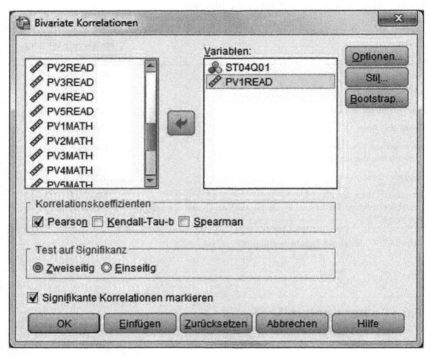

Abbildung 7.3   Berechnung von Korrelationen in SPSS©

Mit Klicken auf *Einfügen* (s. Abbildung 7.3) wird in ein neues Syntaxfenster der
folgende Befehl geschrieben:

```
CORRELATIONS
  /VARIABLES = ST04Q01 PV1READ
  /PRINT=TWOTAIL NOSIG
  /MISSING=PAIRWISE.
```

Man könnte alternativ auch den folgenden Befehl in das Syntaxfenster schreiben:

```
corr ST04Q01 PV1READ.
```

Die Ausführung beider Befehle führt zum gleichen Ergebnis, das in Abbildung 7.4 zu betrachten ist. Es wird in einer Vierfeldertabelle zweimal der Wert −0,237 aus-

Korrelationen

		ST04Q01 Geschlecht der Schüler	PV1READ
ST04Q01 Geschlecht der Schüler	Korrelation nach Pearson	1	-,237[**]
	Signifikanz (2-seitig)		,000
	N	5001	5001
PV1READ	Korrelation nach Pearson	-,237[**]	1
	Signifikanz (2-seitig)	,000	
	N	5001	5001

**. Die Korrelation ist auf dem Niveau von 0,01 (2-seitig) signifikant.

Abbildung 7.4 Berechneter Wert der punktbiserialen Korrelation im SPSS-Ausgabefenster[©]

gegeben. Dies geschieht, weil beide Variablen als Zeilen- und Spaltenvariablen berücksichtigt werden. Die zwei Sternchen neben dem Wert −0,237 bedeuten, dass dieser Wert statistisch signifikant[22] ist. Der Wert von −0,237 bedeutet, dass weibliche Schülerinnen (kodiert mit 1) im Durchschnitt höhere Lesekompetenzwerte erzielt haben als männliche Schüler (kodiert mit 2). Je höher also die Kodierung des Geschlechts, desto niedriger der Wert der Lesekompetenz.

Als Nächstes wollen wir den Zusammenhang zwischen den Variablen *Schulschwänzen* und *Klassenwiederholung* untersuchen. Als Indikator für das Schulschwänzen verwenden wir die Variable *ST09Q01*, welche sich auf folgende Frage bezieht: „Wie oft hast du in den letzten zwei vollen Schulwochen einen ganzen Schultag geschwänzt?" Wie wir im Kapitel 6.6.1 gesehen haben, weist diese Variable die folgenden Kategorien auf:

1 *,nie',* 2 *,ein- oder zweimal',* 3 *,drei- oder viermal'* 4 *,fünfmal und öfter',* 7 *,nicht administriert',* 9 *,nicht ausgefüllt'.*

---

22 Mit dem Thema *statistische Signifikanz* beschäftigen wir uns intensiver in den Kapiteln 10, 11 und 12.

Die Klassenwiederholung wurde mithilfe der Variablen *REPEAT* gemessen, welche sich auf folgende Frage bezieht: „Hast du jemals eine Klasse wiederholen müssen?". Diese Variable weist die folgenden Kategorien auf:

0 *„nein, nie",* 1 *„ja, einmal oder mehr",* 9 *„nicht ausgeführt".*

Da beide Variablen ordinalskaliert sind, kann man den Zusammenhang zwischen den beiden mithilfe des Rangkorrelationskoeffizienten nach Spearman untersuchen. Davor aber muss man beide Variablen und ihre Werte benennen, sowie deren fehlende Werte definieren. Wir haben dies mit dem folgenden Befehlen vorgenommen:

```
variable labels ST09Q01 'Wie oft hast du in den letzten zwei vol-
    len Schulwochen einen ganzen Schultag geschwänzt?'.
value labels ST09Q01 1 'nie', 2 'ein- oder zweimal', 3 'drei-
    oder viermal' 4 'fünfmal und öfter', 7 'nicht administriert',
    9 'nicht ausgefüllt'.
missing values ST09Q01 (7, 8).
freq ST09Q01.
variable labels REPEAT 'Hast du jemals eine Klasse wiederholen
    müssen?'.
value labels REPEAT 0 'nein, nie', 1 'ja, einmal oder mehr',
    9 'nicht ausgeführt'.
missing values REPEAT (9).
freq REPEAT.
```

Um die Rangkorrelation nach Spearman zu berechnen, muss man ähnlich wie in Abbildung 7.3 fortfahren, mit dem Unterschied, dass man anstatt des Feldes *Pearson* das Feld *Spearman* markiert. Wie in Abbildung 7.3 klickt man auf *Einfügen* und fügt dann im Syntaxfenster den folgenden Befehl hinzu:

```
NONPAR CORR
  /VARIABLES = REPEAT ST09Q01
  /PRINT=SPEARMAN TWOTAIL NOSIG
  /MISSING=PAIRWISE.
```

Alternativ könnte man in das Syntaxfenster den folgenden Befehl schreiben:

```
nonpar corr REPEAT ST09Q01.
```

Die Ausführung beider Befehle führt zum gleichen Ergebnis, nämlich 0,093. Der Zusammenhang zwischen den beiden Variablen beträgt also ungefähr 0,10 und ist relativ niedrig. Da das Vorzeichen positiv ist, bedeutet dies, dass im Allgemeinen mit steigenden Werten der Klassenwiederholung das schulabstinente Verhalten tendenziell zunimmt.

Zum Schluss dieses Kapitels wollen wir die Produkt-Moment-Korrelation nach Pearson zwischen den Variablen *Lesekompetenz (PV1READ)* und *Mathematikkompetenz*[23] *(PV1MATH)* berechnen. Da beide Variablen intervallskaliert sind, eignet sich zur Untersuchung des Beziehungsmusters zwischen diesen Variablen die Produkt-Moment-Korrelation nach Pearson. Basierend auf den in Abbildung 7.3 dargestellten Weg lautet der Befehl zur Berechnung dieses Korrelationskoeffizienten wie folgt:

```
CORRELATIONS
  /VARIABLES = PV1READ PV1MATH
  /PRINT=TWOTAIL NOSIG
  /MISSING=PAIRWISE.
```

Vereinfachend kann man auch schreiben:

```
corr PV1READ PV1MATH.
```

Die Ausführung beider Befehle führt zum gleichen Ergebnis, nämlich 0,872. Das bedeutet, Schüler/innen, welche gut in Bezug auf den Test zur Messung der Lesekompetenz abgeschnitten haben, haben ebenfalls gut bezüglich des Tests zur Mes-

---

23 Zur Messung der Mathematikkompetenz gibt es in PISA 2012 ebenfalls fünf Variablen *(PV1MATH, PV2MATH, PV3MATH, PV4MATH, PV5MATH)*, welche auf die latente Erfassung von Plausible Values basieren. Wir betrachten hierbei aus Illustrationsgründen nur die Variable *PV1MATH*.

sung der Mathematikkompetenz abgeschnitten. Mit anderen Worten, Lesekompetenz geht mit Mathematikkompetenz einher. Der Wert von 0,872 deutet auf einen sehr starken positiven Zusammenhang zwischen den beiden Variablen hin.

Bevor wir das Programm schließen, müssen wir die Syntaxdatei und den SPSS-Datensatz speichern. Die Syntaxdatei haben wir als *Syntax_7_6.sps* gespeichert. Den Datensatz haben wir unter dem Namen *PISA_7.sav* gespeichert. Er bildet die Grundlage für die in Kapitel 8 dargestellten SPSS-Anwendungen.

7.7 Anwendung in R

Genau wie in SPSS gibt es in R keine spezifische Funktion zur Berechnung der punktbiserialen Korrelation. Sie kann über die Produkt-Moment-Korrelation nach Pearson berechnet werden. Um die punktbiseriale Korrelation zwischen den Variablen *Geschlecht (ST04Q01)* und *Lesekompetenz (PV1READ)* zu berechnen, muss man in einer neuen Skriptdatei die folgenden Befehle ausführen:

```
setwd("C:/SPSS-, R-Analysen/R/Kapitel_7")
Pisa7 <- read.csv2("Pisa6.csv")
fix(Pisa7)
##Punktbiseriale Korrelation berechnen
auswahl1 <- c("ST04Q01", "PV1READ")
kor_punktbis <- Pisa7[auswahl1]
cor(kor_punktbis, use = "complete")
```

Die ersten drei Befehle beziehen sich auf das Einlesen der Daten. Der Datensatz dieses Kapitels trägt also den Namen *Pisa7*. Zur Berechnung der punktbiserialen Korrelation muss man zuerst ein Objekt erstellen, das aus den Namen der Variablen besteht, für die die punktbiseriale Korrelation berechnet werden soll. Wir haben also zuerst das Vektor-Objekt *auswahl1* erstellt. Mit dem nächsten Befehl haben wir den Datensatz *kor_punktbis* erstellt, der nur aus den Variablen *ST04Q01* und *PV1READ* des PISA-Datensatzes besteht, wobei der Name des Datensatzes *kor_punktbis* frei gewählt wurde. Mit dem letzten Befehl wird die Funktion *cor* ausgeführt, welche als Argumente einen Datensatz (also *kor_punktbis*) und die Art und Weise des Umgangs mit fehlenden Werten benötigt. Mit dem Argument *use = „complete"* wird R mitgeteilt, dass alle fehlenden Werte aus der Analyse zur Berechnung der punktbiseriale Korrelation ausgeschlossen werden sollen. Da unsere Variablen keine fehlenden Werte aufweisen, könnte man dieses Argument auslassen. Falls aber die Variablen fehlende Werte haben, muss man dieses Argument unbedingt einbeziehen, um fehlerhafte Berechnungen zu vermeiden. Nach Ausführung der obigen Befehle erscheint in der R-Konsole in einer Vierfeldertabelle der Wert von der punktbiserialen Korrelation von −0,2370405, der mit dem von SPSS berechneten Wert identisch ist.

Als Nächstes wollen wir die Rangkorrelation nach Spearman zwischen den Variablen *Schulschwänzen (ST09Q01)* und *Klassenwiederholung (REPEAT)* berechnen. Da beide Variablen fehlende Werte haben, sollen zuerst diese definiert werden. Danach kann man anhand der Funktion *cor* die Korrelation nach Spearman berechnen:

```
Pisa7$REPEAT[Pisa7$REPEAT == 9] <- NA
Pisa7$ST09Q01[Pisa7$ST09Q01 == 7 | Pisa7$ST09Q01 == 9] <- NA
##Rangkorrelation nach Spearman berechnen
auswahl2 <- c("REPEAT", "ST09Q01")
kor_spearman <- Pisa7[auswahl2]
cor(kor_spearman, method = "spearman", use = "complete")
```

Mit den ersten zwei Befehlen haben wir also die fehlenden Werte der beiden Variablen definiert. Danach haben wir das Vektor-Objekt *auswahl2* erstellt, das aus den Namen der relevanten Variablen besteht. Mit dem nächsten Befehl haben wir den Datensatz *kor_spearman* erstellt, der nur aus den Variablen *REPEAT* und *ST09Q01* des PISA-Datensatzes besteht, wobei der Name des Datensatzes *kor_spearman* willkürlich ist. Die Rangkorrelation nach Spearman kann man mit dem letzten Befehl berechnen. Dieser Befehl ist nichts anderes als die Funktion *cor,* welche im Vergleich zu der *cor*-Funktion zu Berechnung der punktbiserialen Korrelation das Argument *method* hat. Hierbei haben wir als Methode zur Berechnung des Korrelationskoeffizienten „spearman" angegeben. Wird diese weggelassen, so wird die Korrelation nach Pearson berechnet. Die Ausführung der obigen Befehle in die R-Konsole ergibt den Wert 0,09289207, der mit dem von SPSS berechneten und gerundeten Wert identisch ist.

Zur Berechnung der Produkt-Moment-Korrelation nach Pearson zwischen den Variablen *Lesekompetenz (PV1READ)* und *Mathematikkompetenz (PV1-MATH)* wird ebenfalls die Funktion *cor* verwendet. Da beide Variablen keine fehlenden Werte aufweisen, kann dies durch folgende Befehle bewerkstelligt werden:

```
auswahl3 <- c("PV1READ", "PV1MATH")
kor_pearson <- Pisa7[auswahl3]
cor(kor_pearson, use = "complete")
```

Mit dem ersten Befehl haben wir ein Vektor-Objekt erstellt, das die Variablennamen enthält. Danach haben wir den Datensatz *kor_pearson* erstellt, der nur aus
den Variablen *PV1READ* und *PV1MATH* des PISA-Datensatzes besteht. Mit dem
letzten Befehl wird die Produkt-Moment-Korrelation nach Pearson berechnet,
welche 0,8717763 beträgt.

Man könnte die drei Koeffizienten auch über die Menüleiste berechnen. Zuvor
sollte man das Paket *Deducer* mit dem Befehl *library(Deducer)* geladen haben. In
der Menüleiste der R-Konsole klickt man nacheinander auf *Analysis* → *Correla-
tion*. Es öffnet sich das in Abbildung 7.5 Fenster. Hierbei muss man die relevanten

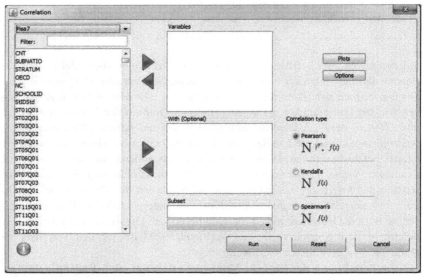

Abbildung 7.5   Berechnung von Korrelationen in R©

Variablen ins Feld *Variables* durchs Markieren und Klicken im blauen Pfeil neben
dem Feld *Variables* bringen. Danach kann man den gewünschten Korrelationstyp
wählen. Anschließend muss man auf *Run* klicken. Dadurch wird in die R-Konsole
der Korrelationswert ausgegeben.

Bevor wir R schließen, müssen wir den Datensatz erneut speichern. Wir haben dies mit folgendem Befehl getan:

```
write.csv2(Pisa7, file = "Pisa7.csv", row.names = FALSE)
```

Unser Datensatz ist also in der *Pisa7.csv*-Datei gespeichert, welche die Grundlage für die in Kapitel 8 dargestellten R-Analysen sein wird. Außerdem haben wir die Skriptdatei dieses Kapitels als *Skript_7.7.r* im Ordner *Kapitel_7* gespeichert.

Literaturverzeichnis

Benninghaus, H. (1998): Einführung in die Sozialwissenschaftliche Datenanalyse. München: Oldenbourg Verlag, S. 264–243; 323–343.

Bortz, J. (2005): Statistik für Human- und Sozialwissenschaftler. 7., vollständig überarbeitete Auflage. Berlin Heidelberg: Springer, S. 203–213; 224–234.

Bortz, J. und Döring, N. (2006): Forschungsmethoden und Evaluation für Human und Sozialwissenschaftler (4. Auflage). Berlin: Springer, S. 605–607.

Bühner, M. und Ziegler, M. (2009): Statistik für Psychologen und Sozialwissenschaftler. München: Pearson Studium, S. 591–627.

Gruehn, S. (2000): Unterricht und schulisches Lernen: Schüler als Quellen der Unterrichtsbeschreibung. Münster: Waxmann.

Testtheoretische Basiskonzepte

8

> **In diesem Kapitel lernen Sie …**
>
> **Inhalte** ⮑ testtheoretische Gütekriterien kennen, die hilfreich sind, um eine Entscheidung über die Brauchbarkeit von manifesten Indikatoren zur Messung latenter Größen zu treffen.
>
> **Beispiele** ⮑ beispielhaft Gütekriterien handschriftlich zu berechnen, anzuwenden und zu interpretieren.
>
> **Anwendungen** ⮑ mit den Statistik-Programmen SPSS und R den Wert von Cronbachs Alpha zu berechnen.

Inhaltsübersicht des Kapitels

8.1 Testtheoretische Axiome

„Die sogenannte klassische *Testtheorie* behandelt den Zusammenhang zwischen Messinstrumenten und theoretischen Konstrukten im Rahmen eines mathematisch-statistischen Modells" (Diekmann, 1999, S. 228). Dabei wird angenommen, dass der wahre Wert des theoretischen Konstrukts (auch als True Score T genannt) durch das Messinstrument erfasst werden kann. Allerdings ist die auf dem Messinstrument basierende Messung mit *Messfehlern* behaftet. Diese können z. B. durch das Messinstrument selbst oder durch die befragten Personen zustande kommen. Im ersten Fall können z. B. die Items (Fragen) zur Erfassung des theoretischen Konstrukts ungeeignet sein, im zweiten Fall können z. B. die Fragen von den befragten Personen nicht verstanden worden sein. Die Aufgabe der Testtheorie besteht also darin, die Eignung des Messinstruments zur Erfassung des theoretischen Konstrukts zu überprüfen. Dies geschieht auf der Basis von fünf Axiomen, die formal wie folgt dargestellt werden können (Börtz & Döring, 2006, S. 194; Diekmann, 1999, S. 228):

1. $X = T + E$
2. $\mu(E) = 0$
3. $r_{T,E} = 0$
4. $r_{T_1, E_2} = 0$
5. $r_{E_1, E_2} = 0$

Das erste Axiom besagt, dass sich der Wert des Messinstruments X additiv aus dem wahren Wert (True Score) T und dem Wert des Messfehlers E (aus dem Englisches Error) zusammensetzt. Das zweite Axiom postuliert, dass der Erwartungswert des Messfehlers im Durchschnitt 0 beträgt. Wird also das Messinstrument wiederholt durch eine Person angewendet, dann soll der Mittelwert der Messfehler E pro Messung 0 sein. Als Beispiel hierfür können wir uns eine Waage vorstellen. Wenn eine Person zehnmal nacheinander ihr Gewicht misst, dann wird sie feststellen, dass ihr Gewicht pro Messung minimal abweicht. Diese Abweichungen sind die Messfehler und sollten im Durchschnitt den Wert 0 aufweisen. Das wahre Gewicht entspricht also dem Durchschnitt der zehn Messungen. Das dritte Axiom postuliert, dass die Korrelation r zwischen dem wahren Wert T und dem Messfehler E der Messung 0 beträgt. D. h., dass der Wert des Messfehlers E nicht von dem tatsächlichen Wert des zu messenden theoretischen Konstrukts abhängen soll. Das vierte Axiom besagt, dass der wahre Wert und der Messfehler von zwei unterschiedlichen Messinstrumenten nicht miteinander korrelieren. „Die Messfehler eines Intelligenztests sollten z. B. nicht mit Testangst oder Konzentrationsfähigkeit korrelieren" (Bortz & Döring, 2006, S. 194). Das fünfte Axiom wiederum besagt, dass die Messfehler bei wiederholten Messungen an denselben Personen oder bei einer Messung an verschiedenen Personen unkorreliert sein sollten.

Auf der Basis dieser Axiome lassen sich drei Testgüterkriterien definieren, welche einen Aufschluss über die Qualität des Messinstruments geben (Börtz & Döring, 2006, S. 193). Diese sind die Kriterien der *Objektivität,* der *Reliabilität* und der *Validität.* Bevor wir aber im Einzelnen diese Kriterien betrachten, wollen wir uns genauer mit der Basis jedes testtheoretischen Verfahrens, nämlich mit den Variablen und Indikatoren, beschäftigen.

8.2 Variablen und Indikatoren

Wie wir schon im Kapitel 2.3 gesehen haben, besteht Messen in der Zuordnung von Zahlen zu Objekten oder Ereignissen nach gewissen Regeln (Stevens, 1946). Dadurch wird beabsichtigt, dass bestimmte Relationen zwischen den Zahlen analoge Relationen zwischen den Objekten oder Ereignissen widerspiegeln. Die Relationen zwischen den Objekten bilden das sogenannte *empirische Relativ,* während die Relationen zwischen den Zahlen durch das *numerische Relativ* repräsentiert werden. So ordnet man zum Beispiel, wie in Abbildung 8.1 zu sehen ist, einzelnen Personen (formal auch als Objekte bezeichnet) die Zahlen 1, 2 und 3 zu, je nachdem, welche Schulform (Gesamtschule, Realschule, Gymnasium) sie besuchen. Dabei stellt die Entscheidung, das empirische Relativ durch die Zahlen 1, 2 und 3 zu erfassen, die nach gewissen Regeln stattgefundene Operationalisierung dar (s. Kapitel 2.1). Diese Operationalisierungsregeln (Art der Erfassung der besuchten Schulform und numerische Zuweisung) müssen für alle Befragten identisch sein.

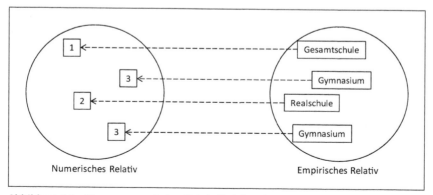

Abbildung 8.1 Messen: numerisches Relativ (links) und empirisches Relativ (rechts)©

Die durch die Operationalisierungsregeln entstandenen numerischen Relative bilden die Variablen, welche die Merkmale der Objekte erfassen sollen. Da sie indikativ für die zu erfassenden Merkmale sind, werden sie auch Indikatoren oder Items genannt. Beispielsweise könnte man sich als Indikator für das Geschlecht der Studierenden in Köln die Variable *Gender* vorstellen, welche die Ausprägung 1 für männliche und 2 für weibliche Studierende aufweisen könnte. Allerdings lassen sich nicht immer alle Merkmale eines Objekts durch einen Indikator allein erfassen. Wie wir in Kapitel 2.2 gelernt haben, heißen diese Merkmale latente Merkmale. Diese können nicht direkt durch eine einzige Variable messbar gemacht werden. Wenn man z. B. die *Stressresistenz am Arbeitsplatz* erfassen will, kann man dies nicht tun, indem man einen Arbeitnehmer die folgende Frage stellt: *Wie stressresistent sind Sie?* Viel zuverlässiger ist die Erfassung der *Stressresistenz* durch die Aufstellung eines Bündels von Fragen, die auf die Stressresistenz der befragten Person abzielen (s. Kapitel 2.2).

Beispielsweise wird im Rahmen der internationalen Studie *Entwicklung von berufsspezifischer Motivation und pädagogischem Wissen in der Lehrerausbildung* (EMW), welche seit 2011 in den deutschsprachigen Ländern (Deutschland, Österreich, Schweiz) durchgeführt wird, die intrinsische Berufswahlmotivation der Studierenden durch folgende Variablen/Fragen erfasst (s. dazu detailliert König et al., 2013):

Ich möchte Lehrerin/Lehrer werden, denn …
… mich interessiert der Lehrerberuf. (Variable 1)
… ich unterrichte gern. (Variable 2)
… ich wollte schon immer Lehrer/in werden. (Variable 3)

Die Antwortmöglichkeiten für jede dieser drei Fragen erstrecken sich auf einer Antwort-Skala von 1 bis 7, wobei 1 *überhaupt nicht wichtig* und 7 *äußerst wichtig* bedeutet. Hintergrund für die Auswahl dieser drei Fragen bzw. Items ist die Überlegung, dass diese drei Variablen indikativ für das Konstrukt der intrinsischen Berufswahlmotivation von Lehramtsstudierenden sein sollen. In diesem Fall werden die drei Items auch als *manifeste Variablen* und die intrinsische Berufswahlmotivation als *latente Variable* bezeichnet. Falls diese theoretische Überlegung richtig ist, dann könnte man einen Index zu Erfassung der intrinsischen Berufswahlmotivation bilden, der aus den Durchschnitts- oder aus den Summenwerten dieser drei Variablen besteht. Aus messtheoretischer Sicht stellt sich jedoch dabei die grundsätzliche Frage, ob diese drei Variablen tatsächlich „gute" Indikatoren für die Erfassung der Berufswahlmotivation darstellen.

8.3 Testtheorie: Testgüterkriterien

Die Frage nach der Eignung der drei Variablen zur Erfassung der intrinsischen Berufswahlmotivation der Lehramtsstudierenden lässt sich anhand der Axiome der Testtheorie bzw. deren Testgüterkriterien beantworten. Dies lässt sich nachvollziehen, da die drei Fragen das Messinstrument zur Erfassung des wahren Wertes von dem theoretischen Konstrukt „intrinsische Berufswahlmotivation" darstellen sollten. Im Folgenden wollen wir uns also genauer mit den Kriterien der Objektivität, Reliabilität und Validität beschäftigen.

8.3.1 Objektivität

„Der Grad der Objektivität eines Messinstruments bringt zum Ausdruck, in welchem Ausmaß die Ergebnisse unabhängig sind von der jeweiligen Person, die das Messinstrument anwendet" (Diekmann, 1999, S. 216). Gelangen z. B. zwei Testanwender mit dem gleichen Messinstrument in vergleichbaren Testanwendungen zu übereinstimmenden Ergebnissen, dann ist das Messinstrument objektiv. In der erziehungswissenschaftlichen Forschung und in den Sozialwissenschaften im Allgemeinen unterscheidet man zwischen *Durchführungsobjektivität* und *Auswertungsobjektivität.*

Die Durchführungsobjektivität ist dann gewährleistet, wenn die von dem Messinstrument erzielten Resultate unabhängig von den Personen sind, welche die Messung durchführen. Wenn z. B. ein Interviewer A ein anderes Antwortverhalten der Befragten auslöst als ein Interviewer B, dann ist die Durchführungsobjektivität nicht gegeben. Beispielsweise könnte Interviewer A die Fragen sehr schnell formulieren und aus diesem Grund zu Verständnisschwierigkeiten bei den Befragten führen. Die Durchführungsobjektivität kann man sehr einfach kontrollieren, indem man dieselben Personen mit dem gleichen Messinstrument zweimal befragt; einmal mit Interviewer A und einmal mit Interviewer B. Wenn die beiden Messergebnisse perfekt korrelieren, dann ist das Kriterium der Durchführungsobjektivität erfüllt. Bezogen auf die Erfassung der intrinsischen Berufswahlmotivation in unserem Beispiel ist die Durchführungsobjektivität insofern gegeben, als es sich bei der EMW-Studie um eine standardisierte schriftliche Befragung handelt. Die Beteiligung der Person, die die Daten erhob, beschränkte sich hauptsächlich auf das Austeilen und Einsammeln von Fragebögen sowie eine vorab festgelegte Instruktion. Dieses Kriterium sollte also eher bei mündlichen Befragungen eine wichtige Rolle spielen.

Die Auswertungsobjektivität bezieht sich auf den potentiellen Einfluss der Person, welche die Ergebnisse des Messinstruments auswertet. Werden z. B. zwei

Personen die Ergebnisse desselben Messinstruments beurteilen, dann ist die Auswertungsobjektivität hoch, wenn die Urteile der beiden Personen hoch miteinander korrelieren. Bei *geschlossenen Fragen,* d. h. bei Fragen, bei denen die Antwortmöglichkeiten vorab definiert sind, ergeben sich keine Probleme mit der Auswertungsobjektivität. Dies ist z. B. der Fall bei der Messung der intrinsischen Berufswahlmotivation, da zu jeder der drei Fragen die Antwortmöglichkeit von 1 *(= überhaupt nicht wichtig)* bis 7 *(= äußerst wichtig)* streuen. Dagegen kann es bei *offenen Fragen,* d. h. bei Fragen, bei denen die Antwortmöglichkeiten offen sind, Probleme in Bezug auf die Auswertungsobjektivität geben. Bei offenen Fragen findet die Kodierung bzw. Auswertung der Antworten nachträglich statt. Hier empfiehlt es sich, die Fragen von mindestens zwei Kodierern auswerten zu lassen und anschließend die Korrelation der Auswertungen zu berechnen. Ist diese hoch, dann ist das Kriterium der Auswertungsobjektivität entsprechend erfüllt.

„Bei standardisierten quantitativen Verfahren, die von ausgebildeten Psychologen oder geschulten Testanweisern unter kontrollierten Bedingungen eingesetzt werden, ist davon auszugehen, dass perfekte Objektivität vorliegt" (Bortz & Döring, 2006, S. 195). Da standardisierte quantitative Verfahren mittlerweile auch in den Erziehungswissenschaften üblich sind, kann man auch davon ausgehen, dass ebenfalls in erziehungswissenschaftlichen Studien das Kriterium der Objektivität in der Regel erfüllt ist.

8.3.2 Reliabilität

„Die Reliabilität (Zuverlässigkeit) gibt den Grad der Messgenauigkeit (Präzision) eines Instrumentes an" (Bortz & Döring, 2006, S. 196). Den Sinn der Reliabilität kann man sich an folgendem Beispiel deutlich machen: Nehmen wir an, wir wollen unser Gewicht messen. Zu diesem Zweck benutzen wir zwei Waagen, eine digitale und eine analoge. Würden die Gewichtsanzeigen von beiden Waagen abweichen, dann ist das Kriterium der Reliabilität für mindestens eine Waage nicht erfüllt. Dagegen ist bei beiden Waagen das Kriterium der Objektivität gegeben, da jeder Mensch die Waagenanzeige korrekt ablesen könnte. Aus dem obigen Beispiel lässt sich verstehen, dass, je kleiner der Messfehler E (Abweichung der Gewichtsmessung vom wahren Gewichtswert) ist, desto höher ist der Wert der Reliabilität. Man unterscheidet zwischen vier Methoden zur Bestimmung der Reliabilität (Bortz & Döring, 2006, S. 196; Diekmann, 1999, S. 217; Gehring & Weins, 2009, S. 62): *Retestreliabilität, Paralleltestreliabilität, Testhalbierungsreliabilität* und *interne Konsistenz.*

Die Retestreliabilität lässt sich anhand der wiederholten Anwendung (mindestens zweimal) des Messinstruments an derselben Stichprobe ermittelt. Anschließend wird die Korrelation zwischen den Messungen berechnet. Je höher diese Korrelation ist, desto reliabler ist die Messung. Diese Art der Bestimmung der Reliabilität setzt allerdings voraus, dass das zu messende theoretische Konstrukt über die Zeit stabil bleibt. Genau in diesem Punkt liegt auch die Schwäche dieser Methode. Dies gilt insbesondere, wenn man Einstellungen oder Überzeugungen messen will, die über die Zeit aufgrund von anderen Faktoren variieren können. Bezogen auf die Messung der intrinsischen Berufswahlmotivation kann dies auch der Fall sein. Zum Beispiel könnte man vermuten, dass sich die Motivation unter bestimmten Bedingungen verändert und somit die Messungen dieses Konstrukts unterschiedlich ausfällt. Dadurch können sich niedrige Korrelationen zwischen den Messungen der intrinsischen Berufswahlmotivation über die Zeit ergeben. Unser Messinstrument kann also reliabel sein, obwohl die Ergebnisse der Retestreliabilität dagegen sprechen. Außerdem kann die Durchführung dieser Methode aufwändig sein, da die Berechnung der Reliabilität nicht sofort, sondern erst nach einiger Zeit erfolgen kann. So müssen z. B. die befragten Personen erneut aufgesucht werden.

„Bei der Paralleltestreliabilität wird die Zuverlässigkeit durch zwei verschiedene Messinstrumente geprüft, die dasselbe messen sollen" (Gehring & Weins, 2009, S. 62). Anschließend wird die Korrelation zwischen den beiden Messungen berechnet. Je höher diese Korrelation ausfällt, desto zuverlässiger ist die Messung. Die Messung des Gewichts anhand einer digitalen und einer analogen Waage stellt eine Paralleltestreliabilität dar. Allerdings erweist sich die Konstruktion paralleler Messinstrumenten in den Erziehungswissenschaften schwieriger als z. B. in den Naturwissenschaften, da wir uns in den Erziehungswissenschaften häufiger mit der Messung von Motiven, Einstellungen und Überzeugungen, also mit Konstrukten auseinandersetzen, die über verschiedene Indikatoren gemessen werden sollen. Genau in diesem Punkt liegt auch der Nachteil von dieser Methode: Den Messinstrumenten liegen unterschiedliche Frageformulierungen zugrunde, welche die Ergebnisse der Paralleltestreliabilität bedingen können.

Bei der Testhalbierungsreliabilität werden die Indikatoren zur Erfassung eines theoretischen Konstrukts in zwei Teile zerlegt. Man entwickelt also zwei parallele Messinstrumente, welche jeweils aus der Hälfte der Indikatoren des ursprünglichen Messinstruments bestehen. Anschließend werden die Summenwerte der Indikatoren pro Messinstrument berechnet; die Korrelation zwischen den beiden Summenwerten stellt die Basis zur Ermittlung der Zuverlässigkeit der Messung dar. „Die Testhalbierungsreliabilität erfordert im Unterschied zur Retest- und Paralleltestmethode keinerlei untersuchungstechnischen Mehraufwand, da nur der zu untersuchende Test einer Stichprobe einmalig zur Bearbeitung vorgelegt wird" (Bortz & Döring, 2006, S. 198). Diese setzt nur voraus, dass das theoretische Konstrukt durch mehrere (mindestens zwei) Indikatoren gemessen wird. Probleme ergeben sich hierbei bei der Auswahl der Indikatoren zu jedem Messinstrument. Darüber hinaus ergeben sich Probleme, wenn das ursprüngliche Messinstrument aus einer ungeraden Zahl von Indikatoren besteht. Beispielsweise basiert die Messung der intrinsischen Berufswahlmotivation auf drei Indikatoren. Wie kann man das Messinstrument in solch einem Fall halbieren? Man könnte natürlich das Messinstrument so halbieren, dass zufällig die eine Hälfte aus zwei Indikatoren und die andere Hälfte aus einem Indikator besteht. Auf jeden Fall wäre aber auch diese Lösung eher suboptimal und nicht im Sinne einer Testhalbierung.

Diese Nachteile existieren bei der Methode der internen Konsistenz nicht, welche eine Erweiterung der Testhalbierungsmethode darstellt. Die zentrale Überlegung hierbei ist, „dass sich ein Test nicht nur in Testhälften, sondern in so viele „kleinste" Teile zerlegen lässt, wie er Items enthält" (Bortz & Döring, 2006, S. 198). Die Korrelationen zwischen den einzelnen Items (d.h. Indikatoren) bestimmen nun den Grad der Reliabilität. Die gebräuchlichste Formel zur Berechnung der internen Konsistenz geht auf Cronbach (1951) zurück. Dieses Maß heißt Cronbachs Alpha oder einfach α und lässt sich wie folgt berechnen (Diekmann, 1999, S. 221):

$$\alpha = \frac{k \cdot \bar{r}}{1 + \bar{r} \cdot (k - 1)} \tag{8.1}$$

mit

k = Anzahl der Indikatoren

$\bar{r}$ = Mittelwert aus allen Interkorrelationen der Indikatoren.

Im Allgemeinen weisen Werte von α, die mindestens 0,80 betragen, auf ein reliables Messinstrument hin (Diekmann, 1999). George und Mallery zufolge (2003, S. 231) ist die in Tabelle 8.1 dargelegte Einteilung als Faustregel zur Interpretation von Cronbachs Alpha zu empfehlen. Diese bzw. ähnliche Einteilungen finden auch oft in empirischen Studien Anwendung. In den meisten empirischen Studien der erziehungswissenschaftlichen Forschung dürften sich Reliabilitätswerte wiederfinden, die zumindest akzeptabel sind ($\alpha \geq 0{,}7$). Gelegentlich wird jedoch auch mit Reliabilitätswerten gearbeitet, die in einen fragwürdigen Bereich fallen ($0{,}7 > \alpha \geq 0{,}6$).

α	Bedeutung
≥ 0,9	exzellent bzw. sehr gut
≥ 0,8	gut
≥ 0,7	akzeptabel
≥ 0,6	fragwürdig
≥ 0,5	schlecht
< 0,5	inakzeptabel

Tabelle 8.1 Tabelle zur Interpretation von Cronbachs Alpha©

Student/in	Variable 1	Variable 2	Variable 3
1	7	6	6
2	7	7	6
3	7	7	7
4	6	6	6
5	6	6	6
6	6	6	5

Tabelle 8.2 Messwerte der drei Indikatoren©

Wir wollen nun den Wert von α für sechs zufällig ausgewählte Studierende der EMW-Studie berechnen. Tabelle 8.2 enthält die Messwerte der drei Indikatoren. Laut Formel 8.1 wird der Mittelwert aus allen Indikatoren-Korrelationen benötigt. Der erste Schritt zur Berechnung von α besteht also in der Ermittlung der Korrelationen zwischen den Indikatoren. Wie wir in Kapitel 6 (Tabelle 6.1) gelernt haben, lassen sich je nach Skalierungsniveau der Variablen unterschiedliche Korrelationen berechnen. Unsere Indikatoren weisen alle ein ordinales Skalenniveau auf. Da aber die Anzahl der Kategorien (1 bis 7) relativ hoch ist, werden wir sie als intervallskalierte Indikatoren betrachten. D.h. wir müssen die Produkt-Moment-Korrelationen nach Pearson berechnen. Diese können sehr leicht anhand der Formeln 7.4 und 7.5 ermittelt werden. Die Ergebnisse von diesen Berechnungen sind Tabelle 8.3 zu entnehmen. Mithilfe von Tabelle 8.3 kann man den Mittelwert aus allen Interkorrelationen berechnen. Dieser beträgt:

$$\bar{r} = (0{,}707 + 0{,}577 + 0{,}612) / 3 \approx 0{,}632$$

Nun hat man die relevanten Informationen zur Berechnung von α. Laut Formel 8.1 beträgt sein Wert:

$$\alpha = \frac{k \cdot \bar{r}}{1 + \bar{r} \cdot (k - 1)} = \frac{3 \cdot 0,632}{1 + 0,632 \cdot (3 - 1)} = \frac{1,896}{2,624} \approx 0,83$$

Da dieser Wert größer als 0,80 ist, kann man davon ausgehen, dass die drei Indikatoren ein zuverlässiges Messinstrument darstellen. Die Reliabilität kann als „gut" bezeichnet werden (s. Tabelle 8.1).

	Variable 1	Variable 2	Variable 3
Variable 1	1		
Variable 2	0,707	1	
Variable 3	0,577	0,612	1

Tabelle 8.3   Korrelationen zwischen den Indikatoren zur Messung der intrinsischen Berufswahlmotivation©

Der nächste Schritt besteht darin, die Skala zur Erfassung der intrinsischen Berufswahlmotivation zu konstruieren. Dies geschieht üblicherweise entweder additiv aus der Summe der Werte der jeweiligen Indikatoren oder durchschnittlich aus dem Mittelwert der Werte der jeweiligen Indikatoren. Bei der Bildung einer Durchschnittsskala hat man den Vorteil, dass die Durchschnittsskala die gleiche Maßeinheit aufweist wie die zugrunde liegenden Indikatoren. In Tabelle 8.4 sind beide Skalen dargestellt. Dass beide Skalen dieselbe „Geschichte" erzählen, kann man sehr leicht anhand des Wertes von der Produkt-Moment-Korrelation nach Pearson feststellen. Dieser beträgt nämlich 1. An dieser Stelle sei der interessierte Leser aufgefordert, dieses Ergebnis zu bestätigen.

Student/in	Variable 1	Variable 2	Variable 3	Skala intrinsische Berufswahlmotivation (additiv)	Skala intrinsische Berufswahlmotivation (Durchschnittsskala)
1	7	6	6	19	6,33
2	7	7	6	20	6,66
3	7	7	7	21	7
4	6	6	6	18	6
5	6	6	6	18	6
6	6	6	5	17	5,66

Tabelle 8.4   Skala zur Erfassung der intrinsischen Berufswahlmotivation©

8.3.3 Validität

„Während sich Reliabilität auf den technischen Aspekt einer Messung bezieht, betrifft die Validität den inhaltlichen Aspekt" (Gehring & Weins, 2009, S. 64). Die Validität eines Messinstruments gibt an, ob ein Messinstrument das misst, was es messen soll. Ein reliables Messinstrument muss nicht unbedingt ein valides sein. Die Reliabilität ist also eine notwendige, aber keine hinreichende Bedingung für Validität. „Im Vergleich zu Objektivität und Reliabilität ist die Erfassung und Überprüfung der Validität eines Messinstruments sehr viel aufwendiger" (Bortz und Döring, 2006, S. 200). Es lassen sich drei Arten der Validität unterscheiden: *Inhaltsvalidität, Kriteriumsvalidität* und *Konstruktvalidität.*

Die Inhaltsvalidität gibt an, inwiefern das Messinstrument die zu messende Dimension vollständig erfasst (Gehring & Weins, 2009, S. 65). Hier wird also beabsichtigt, bei der Konstruktion des Messinstruments möglichst viele Items zu berücksichtigen, die das zu messende theoretische Konstrukt gut abdecken. „So würde man etwa einem Test zur Erfassung der Kenntnisse in den Grundrechenarten wenig Inhaltsvalidität bescheinigen, wenn er keine Aufgabe zur Multiplikation enthält" (Bortz & Döring, 2006, S. 200). Die Erfüllung des Kriteriums der Inhaltsvalidität bezieht sich also auf die Auswahl der Indikatoren. Das bedeutet, sie setzt die Auseinandersetzung mit der Theorie und den potentiellen Dimensionen des zu messenden theoretischen Konstrukts voraus.

„Die Kriteriumsvalidität gibt an, in welchem Grad die mit einem Messinstrument erzielten Resultate mit anderen relevanten Merkmalen empirisch korreliert sind" (Diekmann, 1999, S. 224). Die anderen relevanten Merkmale müssen solche Merkmale sein, für die man eine Korrelation mit dem Messinstrument erwarten könnte. Diese Erwartungen können entweder auf theoretischen Vorüberlegungen

oder auf anderen empirischen Studien basieren. Beispielsweise kann man mithilfe sowohl von biologischen Theorien (s. Brizendine, 2007; Alfermann, 1996, S. 86;
Thompson, 1994, S. 212–217) als auch von Sozialisationstheorien (Parsons & Bales,
1955) erwarten, dass weibliche Lehramtsstudierenden eine höheren intrinsische
Berufswahlmotivation aufweisen als männliche Lehramtsstudierende. Würde die
punktbiseriale Korrelation zwischen den Variablen *Berufswahlmotivation (additiv
oder durchschnittlich)* und *Geschlecht* diese vermutete Beziehung bestätigen, dann
wäre das Kriterium der Kriteriumsvalidität für unser Messinstrument erfüllt.

Student/in	Variable 1	Variable 2	Variable 3	Skala Verlegen-heitslösung (additiv)	Skala Verlegen-heitslösung (Durchschnittsskala)
1	1	2	2	5	1,66
2	2	3	2	7	2,33
3	1	1	1	3	1
4	2	2	2	6	2
5	3	2	2	7	2,33
6	2	3	3	8	2,66

Tabelle 8.5   Skala zur Erfassung der Verlegenheitslösung©

„Der Überprüfung der Konstruktvalidität liegt der Gedanke zugrunde, dass sich
aus den theoretischen begründbaren Beziehungen des zu messenden Konstrukts
zu anderen Konstrukten Hypothesen ableiten lassen, die empirisch geprüft werden können" (Gehring und Weins, 2009, S. 66). Hier wird also nicht die Korrelation zu einer einzigen Variablen untersucht, sondern die Korrelationen zu mehreren manifesten und einer oder mehreren latenten Variablen. Beispielsweise wurde
im Rahmen der EMW-Studie auch die Berufswahlmotivation, Lehrer zu werden,
als sogenannte „Verlegenheitslösung" erfasst (König et al., 2013). Dieses theoretische Konstrukt wurde anhand der folgenden Items gemessen:

… ich war mir nicht sicher welchen Beruf ich wählen sollte. (Variable 1)
… ich habe den Lehrerberuf gewählt, weil ich keine anderen Möglichkeiten mehr
    hatte. (Variable 2)
… ich habe für mein Wunschstudium keine Zulassung bekommen. (Variable 3)

Die Antwortmöglichkeit streuen wie bei der Erfassung der intrinsischen Berufswahlmotivation von 1 *(= überhaupt nicht wichtig)* bis 7 *(= äußerst wichtig).* Die

Werte der Studierenden pro Item sowie die Werte der darauf gebildeten Skala sind Tabelle 8.5 zu entnehmen. Cronbachs α beträgt 0,79. Die Produkt-Moment-Korrelation nach Pearson zwischen den Skalen *intrinsische Berufswahlmotivation* und *Verlegenheitslösung* beträgt −0,76. Da es theoretisch Sinn macht, anzunehmen, dass Studierende, die durch eine hohe *intrinsischen Berufswahlmotivation* gekennzeichnet sind, eine niedrige *Verlegenheitslösung* zeigen, kann man den Wert der negativen Korrelation zwischen diesen beiden Konstrukten als Indiz für die Geltung der Konstruktvalidität ansehen.

8.4 Zusammenfassung

In diesem Kapitel haben wir uns mit testtheoretischen Verfahren auseinandergesetzt. Die Testtheorie gibt Aufschluss über die Eignung von Indikatoren zur Erfassung von theoretischen Merkmalen, welche nicht direkt beobachtet werden können und aus diesem Grunde als latente Merkmale bezeichnet werden. Die Eignung der Indikatoren wird anhand von drei Testgütekriterien überprüft. Diese sind: Objektivität, Reliabilität und Validität.

Die Objektivität ist das Kriterium, das in den Erziehungswissenschaften meistens erfüllt ist, da hierbei standardisierte Fragebögen zum Einsatz kommen. Sie postuliert, dass die Ergebnisse der Messung unabhängig von den jeweiligen Personen sein sollten, welche das Messinstrument anwenden.

Die Reliabilität eines Messinstruments gibt den Grad der Genauigkeit des Messinstruments an. Es geht also hierbei um die Zuverlässigkeit der Messung. Es gibt viele Verfahren zur Feststellung der Reliabilität, wobei am häufigsten die interne Konsistenz anhand des Wertes von Cronbachs Alpha ermittelt wird, das Werte zwischen 0 und 1 annehmen kann. Im Allgemeinen deuten Werte ab 0,80 auf eine gute Reliabilität hin. Häufig werden aber aus forschungspragmatischen Gründen auch etwas niedrigere Werte akzeptiert.

Die Validität bezieht sich auf den inhaltlichen Aspekt der Messung und gibt an, ob das Messinstrument tatsächlich das misst, was es messen soll. Sie kann meist mithilfe von Korrelationen zwischen den Skalenwerten des Messinstruments und den Werten von anderen manifesten oder latenten Variablen ermittelt werden. Diese Korrelationen sollen theoretischen Vorüberlegungen bzw. dem Stand der Forschung entsprechen.

8.5 Beispiele: Übungs- und Reflexionsaufgaben zu Kapitel 8

In einem Fragebogen für Schüler/innen werden verschiedene Merkmale der Unterrichtsqualität erhoben.

Mit den folgenden Items soll das Aufkommen von Unterrichtsstörungen gemessen werden.

	trifft voll und ganz zu	*trifft eher zu*	*trifft eher nicht zu*	*trifft überhaupt nicht zu*
Im Unterricht wird oft sehr gestört.				
Im Unterricht wird fortwährend laut gequatscht.				
Im Unterricht wird andauernd Blödsinn gemacht.				

Tabelle 8.6   Indikatoren zur Messung des latenten Konstrukts „Unterrichtsstörung"©

Für die Items ergeben sich in einer Studie die folgenden Korrelationen (Produkt-Moment-Korrelationen):

Im Mathematikunterricht ...	(1) Im Unterricht wird oft sehr gestört.	(2) Im Unterricht wird fortwährend laut gequatscht.
(1) Im Unterricht wird oft sehr gestört.		
(2) Im Unterricht wird fortwährend laut gequatscht.	0,41	
(3) Im Unterricht wird andauernd Blödsinn gemacht.	0,31	0,32

Tabelle 8.7   Korrelationen zwischen den Indikatoren©

(1) Wie bezeichnet man bei diesem Vorgehen das einzelne Item?

(2) Wie lautet Cronbachs Alpha für die Skala „Unterrichtsstörungen"?

(3) Wie lautet die Interpretation von Alpha in dieser Studie?

(4) In der Studie ergibt sich ein negativer Zusammenhang in Höhe von $r = -0{,}35$ zwischen dem durchschnittlichen Wert einer Schulklasse auf der Skala „Unterrichtsstörung" und dem durchschnittlichen Lernfortschritt der Schüler/innen einer Klasse (gemessen über einen standardisierten Leistungstest). Für welches Testgütekriterium stellt diese Korrelation eine Information dar?

8.6 Anwendung in SPSS

Wir wollen die SPSS-Anwendung zu testtheoretischen Basiskonzepten auf die Berechnung von α beschränken, da die Behandlung der Kriteriums- und Konstruktvalidität über den Rahmen dieses Buches hinausgehen würde.

In PISA 2012 wurden neun Variablen erhoben, die als Indikatoren zur Messung der latenten Variablen „Gefühl der Zugehörigkeit zur eigenen Schule" fungierten (s. Sälzer et. al., 2013, S. 180 ff.). Diese sind:

ST87Q01 „Ich fühle mich als Außenseiter/in in der Schule",
ST87Q02 „In der Schule finde ich leicht Freund/innen",
ST87Q03 „Ich habe das Gefühl, zur Schule zu gehören",
ST87Q04 „Ich fühle mich frustriert und fehl am Platz in der Schule",
ST87Q05 „Andere Schüler/innen scheinen mich zu mögen",
ST87Q06 „Ich fühle mich in der Schule einsam",
ST87Q07 „Ich fühle mich in der Schule glücklich",
ST87Q08 „Alles läuft sehr gut in meiner Schule",
ST87Q09 „Ich bin zufrieden mit meiner Schule".

Die Schüler/innen wurden in Bezug auf die obigen Aussagen aufgefordert, ihre Zustimmung zu äußern. Als Antwortformat dienten die folgenden Antwortkategorien:

1 *‚stimmt völlig',* 2 *‚stimmt eher',* 3 *‚stimmt eher nicht'* und 4 *‚stimmt überhaupt nicht'.* Fehlende Werte wurden durch die Codes 7 *(nicht administriert),* 8 *(ungültig)* und 9 *(nicht ausgefüllt)* erfasst.

Bevor wir mit der Berechnung von α fortfahren, benennen wir zuerst in einer neuen Syntaxdatei mit den folgenden Befehlen die obigen Variablen und deren Werte. Außerdem definieren wir die fehlenden Werte dieser Variablen, wobei der letzte Befehl *freq* dazu dient, die Benennung bzw. Definition von Variablen und Werten gegenzuprüfen:

```
variable labels ST87Q01 'Ich fühle mich als Außenseiter/in in der
   Schule'.
variable labels ST87Q02 'In der Schule finde ich leicht Freund/in-
   nen'.
```

```
variable labels ST87Q03 'Ich habe das Gefühl, zur Schule zu gehö-
   ren'.
variable labels ST87Q04 'Ich fühle mich frustriert und fehl am
   Platz in der Schule'.
variable labels ST87Q05 'Andere Schüler/innen scheinen mich zu mö-
   gen'.
variable labels ST87Q06 'Ich fühle mich in der Schule einsam'.
variable labels ST87Q07 'Ich fühle mich in der Schule glücklich'.
variable labels ST87Q08 'Alles läuft sehr gut in meiner Schule'.
variable labels ST87Q09 'Ich bin zufrieden mit meiner Schule'.
value labels ST87Q01 1 'stimmt völlig' 2 'stimmt eher' 3 'stimmt
   eher nicht' 4 'stimmt überhaupt nicht' 7 'nicht administriert'
   8 'ungültig' 9 'nicht ausgefüllt'.
value labels ST87Q02 1 'stimmt völlig' 2 'stimmt eher' 3 'stimmt
   eher nicht' 4 'stimmt überhaupt nicht' 7 'nicht administriert'
   8 'ungültig' 9 'nicht ausgefüllt'.
value labels ST87Q03 1 'stimmt völlig' 2 'stimmt eher' 3 'stimmt
   eher nicht' 4 'stimmt überhaupt nicht' 7 'nicht administriert'
   8 'ungültig' 9 'nicht ausgefüllt'.
value labels ST87Q04 1 'stimmt völlig' 2 'stimmt eher' 3 'stimmt
   eher nicht' 4 'stimmt überhaupt nicht' 7 'nicht administriert'
   8 'ungültig' 9 'nicht ausgefüllt'.
value labels ST87Q05 1 'stimmt völlig' 2 'stimmt eher' 3 'stimmt
   eher nicht' 4 'stimmt überhaupt nicht' 7 'nicht administriert'
   8 'ungültig' 9 'nicht ausgefüllt'.
value labels ST87Q06 1 'stimmt völlig' 2 'stimmt eher' 3 'stimmt
   eher nicht' 4 'stimmt überhaupt nicht' 7 'nicht administriert'
   8 'ungültig' 9 'nicht ausgefüllt'.
value labels ST87Q07 1 'stimmt völlig' 2 'stimmt eher' 3 'stimmt
   eher nicht' 4 'stimmt überhaupt nicht' 7 'nicht administriert'
   8 'ungültig' 9 'nicht ausgefüllt'.
value labels ST87Q08 1 'stimmt völlig' 2 'stimmt eher' 3 'stimmt
   eher nicht' 4 'stimmt überhaupt nicht' 7 'nicht administriert'
   8 'ungültig' 9 'nicht ausgefüllt'.
value labels ST87Q09 1 'stimmt völlig' 2 'stimmt eher' 3 'stimmt
   eher nicht' 4 'stimmt überhaupt nicht' 7 'nicht administriert'
   8 'ungültig' 9 'nicht ausgefüllt'.
```

```
missing values ST87Q01 ST87Q02 ST87Q03 ST87Q04 ST87Q05 ST87Q06
  ST87Q07 ST87Q08 ST87Q09 (7, 8, 9).
freq ST87Q01 ST87Q02 ST87Q03 ST87Q04 ST87Q05 ST87Q06 ST87Q07
  ST87Q08 ST87Q09.
```

Bei Betrachtung der inhaltlichen Bedeutung der neun Indikatoren zur Messung der latenten Variablen „Gefühl der Zugehörigkeit zur eigenen Schule" stellt man fest, dass die Variablen *ST87Q01, ST87Q04* und *ST87Q06* negativ gepolt sind, während die übrigen sechs Indikatoren positiv gepolt sind. D. h. bei den Indikatoren *ST87Q01, ST87Q04* und *ST87Q06* ist die Richtung der zu testenden Skala „Gefühl der Zugehörigkeit zur eigenen Schule" negativ, während bei den übrigen Indikatoren die Richtung derselben Skala positiv ist. Bevor man α berechnet, müssen alle Indikatoren die gleiche Richtung aufweisen. Wir sollten also die Indikatoren *ST87Q01, ST87Q04* und *ST87Q06* umpolen, indem wir die folgenden *recode*-Befehle in unserer Syntaxdatei ausführen:

```
recode ST87Q01 (1 = 4) (2 = 3) (3 = 2) (4 = 1) (else = copy) into
  rST87Q01.
recode ST87Q04 (1 = 4) (2 = 3) (3 = 2) (4 = 1) (else = copy) into
  rST87Q04.
recode ST87Q06 (1 = 4) (2 = 3) (3 = 2) (4 = 1) (else = copy) into
  rST87Q06.
freq rST87Q01 rST87Q04 rST87Q06.
```

Wir haben also drei neue Variablen erstellt (*rST87Q01, rST87Q04* und *rST87Q06*), welche bezogen auf die Antwortmöglichkeiten die gleiche Richtung wie die Variablen *ST87Q02, ST87Q03, ST87Q05, ST87Q07, ST87Q08* und *ST87Q09* aufweisen. Danach könnte man wie folgt die Variablen und deren Werte benennen sowie deren fehlenden Werte definieren:

```
variable labels rST87Q01 'Ich fühle mich als Außenseiter/in in der
  Schule, umgepolt'.
variable labels rST87Q04 'Ich fühle mich frustriert und fehl am
  Platz in der Schule, umgepolt'.
```

```
variable labels rST87Q06 'Ich fühle mich in der Schule einsam, um-
   gepolt'.
value labels rST87Q01 1 'stimmt überhaupt nicht' 2 'stimmt eher
   nicht' 3 'stimmt eher' 4 'stimmt völlig' 7 'nicht administriert'
   8 'ungültig' 9 'nicht ausgefüllt'.
value labels rST87Q04 1 'stimmt überhaupt nicht' 2 'stimmt eher
   nicht' 3 'stimmt eher' 4 'stimmt völlig' 7 'nicht administriert'
   8 'ungültig' 9 'nicht ausgefüllt'.
value labels rST87Q06 1 'stimmt überhaupt nicht' 2 'stimmt eher
   nicht' 3 'stimmt eher' 4 'stimmt völlig' 7 'nicht administriert'
   8 'ungültig' 9 'nicht ausgefüllt'.
missing values rST87Q01 rST87Q04 rST87Q06 (7, 8, 9).
freq rST87Q01 rST87Q04 rST87Q06.
```

Nun kann man α berechnen, indem man in die Menüleiste sukzessiv auf *Analysieren → Skala → Reliabilitätsanalyse …* klickt. Dadurch öffnet sich das in Abbildung 8.2 dargestellte Fenster. Wir suchen und markieren im linken Bereich der Abbildung 8.2 die Variablen *rST87Q01, ST87Q02, ST87Q03, rST87Q04, ST87Q05, rST87Q06, ST87Q07, ST87Q08* und *ST87Q09.* Anschließend überführen wir diese Variablen durch Klicken auf den Pfeil inmitten der Abbildung 8.2 in den rechten Bereich *Items.* Wir klicken auf *Statistiken …* Es öffnet sich das in Abbildung 8.3

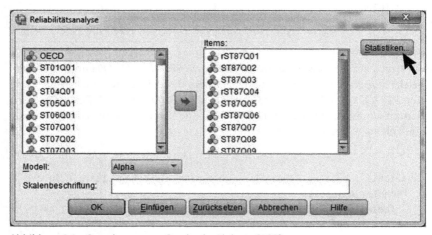

Abbildung 8.2   Berechnung von Cronbachs Alpha in SPSS©

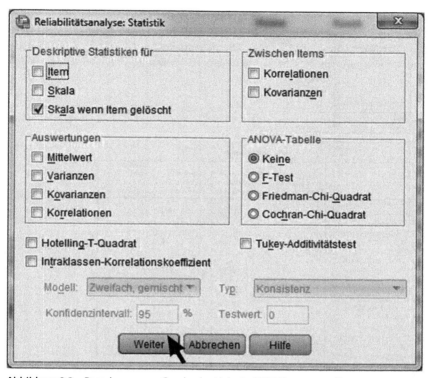

Abbildung 8.3 Berechnung von Cronbachs Alpha in SPSS (Fortsetzung)©

dargestellte Fenster. Hierbei markieren wir per Mausklick das Kästchen *Skala wenn Item gelöscht.* Wir klicken auf *Weiter.* Es erscheint wieder das in Abbildung 8.2 dargestellte Fenster. Nun klicken wir auf die Fläche *Einfügen.* Es wird in unserer Syntaxdatei der folgende Befehl eingefügt:

```
RELIABILITY
  /VARIABLES= rST87Q01 ST87Q02 ST87Q03 rST87Q04 ST87Q05 rST87Q06
ST87Q07 ST87Q08 ST87Q09
  /SCALE('ALL VARIABLES') ALL
  /MODEL=ALPHA
  /SUMMARY=TOTAL.
```

Wenn man diesen Befehl im Syntaxfenster ausführt, erhält man die in Abbildung 8.4 erzeugte Ausgabe. Unter der Rubrik *Reliabilitätsstatistiken* sieht man, dass der Wert von α 0,845 beträgt. Dieser Wert deutet darauf hin, dass die neun Indikatoren ein reliables Messinstrument zur Messung der latenten Variablen

Reliabilitätsstatistiken

Cronbachs Alpha	Anzahl der Items
,845	9

Item-Skala-Statistiken

	Skalenmittelwert, wenn Item weggelassen	Skalenvarianz, wenn Item weggelassen	Korrigierte Item-Skala-Korrelation	Cronbachs Alpha, wenn Item weggelassen
rST87Q01 Ich fuehle mich als Außenseiter/in in der Schule, umgepolt	14,3709	17,054	,514	,834
ST87Q02 In der Schule finde ich leicht Freund/innen	13,9122	17,144	,476	,838
ST87Q03 Ich habe das Gefuehl, zur Schule zu gehoeren	14,0139	15,709	,664	,818
rST87Q04 Ich fuehle mich frustriert und fehl am Platz in der Schule, umgepolt	14,3119	16,322	,596	,825
ST87Q05 Andere Schueler/innen scheinen mich zu moegen	14,1002	17,668	,454	,839
rST87Q06 Ich fuehle mich in der Schule einsam, umgepolt	14,4981	17,282	,562	,830
ST87Q07 Ich fuehle mich in der Schule gluecklich	13,8352	15,845	,667	,817
ST87Q08 Alles laeuft sehr gut in meiner Schule	13,6532	16,505	,537	,832
ST87Q09 Ich bin zufrieden mit meiner Schule	13,7849	15,766	,581	,828

Abbildung 8.4   Ergebnisse der Reliabilitätsanalyse im SPSS-Ausgabefenster[©]

„Gefühl der Zugehörigkeit zur eigenen Schule" darstellen. Des Weiteren sind in Bezug auf die Tabelle *Item-Skala-Statistiken* in Abbildung 8.4 die Werte der letzten Spalte von Bedeutung. Hierbei sehen wir, wie groß der Wert von α wäre, wenn man den jeweiligen Indikator ausschließen würde. Da in diesem Fall der Wert von α den Wert von 0,845 nicht übersteigt, kann man davon ausgehen, dass alle neun Indikatoren reliabel sind. D. h., wir brauchen keinen Indikator bei der Berechnung der folgenden Skalen auszuschließen. Basierend auf diesen neun Variablen kann man nun mit folgendem Befehl eine Skala erstellen, welche sich aus dem Mittelwert dieser neun Variablen zusammensetzt:

```
compute Sch_Zug_d = mean(rST87Q01, ST87Q02, ST87Q03, rST87Q04,
  ST87Q05, rST87Q06, ST87Q07, ST87Q08, ST87Q09).
variable labels Sch_Zug_d 'Skala: Gefühl der Zugehörigkeit zur ei-
  genen Schule (Durchschnittsskala)'.
freq Sch_Zug_d.
```

Wir haben also mit dem Befehl *compute* die Variable bzw. Skala *Sch_Zug_d* erstellt, welche Werte zwischen 1 und 4 annehmen kann. Je höher der Wert der Variablen bzw. Skala *Sch_Zug_d* ist, desto höher ist das Gefühl der Zugehörigkeit zur eigenen Schule ausgeprägt. In der Praxis werden auch additive Skalen erstellt. Bezogen auf unsere Variablen könnte man eine solche additive Skala mit dem *compute*-Befehl erstellen:

```
compute Sch_Zug_a = rST87Q01 + ST87Q02 + ST87Q03 + rST87Q04 +
  ST87Q05 + rST87Q06 + ST87Q07 + ST87Q08 + ST87Q09.
variable labels Sch_Zug_a 'Skala: Gefühl der Zugehörigkeit zur ei-
  genen Schule (additive Skala)'.
freq Sch_Zug_a.
```

Die Variable *Sch_Zug_a* besteht also aus der Summe der einzelnen Indikatoren. Würde man eine Produkt-Moment-Korrelation nach Pearson zwischen den beiden Skalen-Variablen berechnen, würde man feststellen, dass der Wert der Korrelation 1 beträgt. D. h., beide Skalen sind identisch und messen das gleiche latente Konstrukt.

Bevor wir das Programm schließen, müssen wir die Syntaxdatei und den SPSS-Datensatz speichern. Die Syntaxdatei haben wir als *Syntax_8_6.sps* gespeichert. Den Datensatz haben wir unter dem Namen *PISA_8.sav* gespeichert. Er bildet die Grundlage für die in Kapitel 9 dargestellten SPSS-Anwendungen.

8.7 Anwendung in R

Um α für die Indikatoren zur Messung des latenten Konstrukts „Gefühl der Zugehörigkeit zur eigenen Schule" zu berechnen, muss man genau wie in SPSS zuerst die Indikatoren *ST87Q01*, *ST87Q04* und *ST87Q06* umpolen. Dies kann in R durch folgende Befehle bewerkstelligt werden:

```
setwd("C:/SPSS-, R-Analysen/R/Kapitel_8")
Pisa8 <- read.csv2("Pisa7.csv")
fix(Pisa8)
library(Deducer)
## Variablen umpolen
Pisa8$rST87Q01[Pisa8$ST87Q01 == 1] <- 4
Pisa8$rST87Q01[Pisa8$ST87Q01 == 2] <- 3
Pisa8$rST87Q01[Pisa8$ST87Q01 == 3] <- 2
Pisa8$rST87Q01[Pisa8$ST87Q01 == 4] <- 1
frequencies(Pisa8$rST87Q01)
frequencies(Pisa8$ST87Q01)


Pisa8$rST87Q04[Pisa8$ST87Q04 == 1] <- 4
Pisa8$rST87Q04[Pisa8$ST87Q04 == 2] <- 3
Pisa8$rST87Q04[Pisa8$ST87Q04 == 3] <- 2
Pisa8$rST87Q04[Pisa8$ST87Q04 == 4] <- 1
frequencies(Pisa8$rST87Q04)
frequencies(Pisa8$ST87Q04)


Pisa8$rST87Q06[Pisa8$ST87Q06 == 1] <- 4
Pisa8$rST87Q06[Pisa8$ST87Q06 == 2] <- 3
Pisa8$rST87Q06[Pisa8$ST87Q06 == 3] <- 2
Pisa8$rST87Q06[Pisa8$ST87Q06 == 4] <- 1
frequencies(Pisa8$rST87Q06)
frequencies(Pisa8$ST87Q06)
```

Die ersten drei Befehle beziehen sich auf das Einlesen der Daten. Der Datensatz dieses Kapitels trägt also den Namen *Pisa8*. Danach haben wir das Paket *Deducer* geladen, um verschiedenen Häufigkeitstabellen erstellen zu können. Mit den darauf folgenden Befehlsblöcken haben wir jeweils die umgepolten Variablen *rST87Q01, rST87Q04* und *rST87Q06* erstellt. Wir brauchen hierbei die fehlenden Werte nicht zu definieren, da wir diese bei der Erstellung der umgepolten Variablen nicht explizit angesprochen haben. Dagegen müssen wir bei den übrigen Variablen die Werte 7, 8 und 9 als fehlend (NA) definieren:

```
Pisa8$ST87Q02[Pisa8$ST87Q02 == 7 | Pisa8$ST87Q02 == 8 |
  Pisa8$ST87Q02 == 9] <- NA
Pisa8$ST87Q03[Pisa8$ST87Q03 == 7 | Pisa8$ST87Q03 == 8 |
  Pisa8$ST87Q03 == 9] <- NA
Pisa8$ST87Q05[Pisa8$ST87Q05 == 7 | Pisa8$ST87Q05 == 8 |
  Pisa8$ST87Q05 == 9] <- NA
Pisa8$ST87Q07[Pisa8$ST87Q07 == 7 | Pisa8$ST87Q07 == 8 |
  Pisa8$ST87Q07 == 9] <- NA
Pisa8$ST87Q08[Pisa8$ST87Q08 == 7 | Pisa8$ST87Q08 == 8 |
  Pisa8$ST87Q08 == 9] <- NA
Pisa8$ST87Q09[Pisa8$ST87Q09 == 7 | Pisa8$ST87Q09 == 8 |
  Pisa8$ST87Q09 == 9] <- NA
```

Nach dieser Vorarbeit können wir mit der Berechnung von α fortfahren. Zu diesem Zweck müssen wir das Paket *psych* (s. Kapitel 4.6) laden. Teil dieses Pakets ist unter anderem die Funktion *alpha,* anhand derer die Berechnung von α in R stattfindet:

```
##Variablen aussortieren
auswahl <- c("rST87Q01", "ST87Q02", "ST87Q03", "rST87Q04",
  "ST87Q05", "rST87Q06", "ST87Q07", "ST87Q08", "ST87Q09")
Zugehoerigkeit <- Pisa8[auswahl]
##Cronbachs alpa berechnen
Alpha(Zugehoerigkeit)
```

Wir haben also zuerst den Vektor *auswahl* erstellt, der aus den Namen der Indikatoren besteht. Mithilfe dieses Vektors haben wir dann ein neues Datensatzobjekt erstellt, das die neun Indikatoren enthält. Dieses Datensatzobjekt haben wir *Zugehoerigkeit* benannt. Mit dem letzten Befehl können wir nun den Wert von α berechnen. Durch die Ausführung dieser Befehle erscheint in der R-Konsole die in Abbildung 8.5 dargestellte Ausgabe. Wie man sieht, beträgt der Wert von α in der Spalte *raw_Alpha* 0,84. Dieser Wert ist mit dem Wert von SPSS identisch. Dies gilt auch für die α-Werte in Bezug auf die Tabelle *Reliability if an item ist dropped* in der Spalte *raw_alpha.* Man kann also einen höheren α-Wert als 0,84 nicht bekommen. Aus diesem Grund sollte also bei der Bildung der nachfolgenden Skalen kein Indikator ausgeschlossen werden.

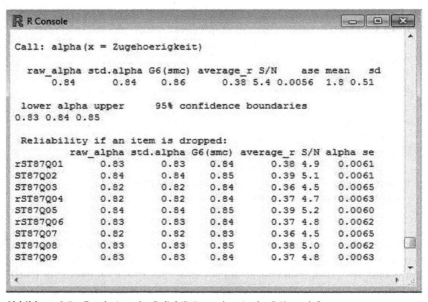

Abbildung 8.5 Ergebnisse der Reliabilitätsanalyse in der R-Konsole©

Als Nächstes haben wir mit den folgenden Befehlen die Variablen *Sch_Zug_d* und *Sch_Zug_a* erstellt, wobei die erste Variable eine Durchschnittsskala und die zweite Variable eine additive Skala zur Messung unseren latenten Konstrukts darstellt:

```
##Durchschnittskala
Pisa8$Sch_Zug_d <- (Pisa8$rST87Q01 + Pisa8$ST87Q02 +
  Pisa8$ST87Q03 +
Pisa8$rST87Q04 + Pisa8$ST87Q05 + Pisa8$rST87Q06 + Pisa8$ST87Q07 +
Pisa8$ST87Q08 + Pisa8$ST87Q09) / 9
frequencies(Pisa8$Sch_Zug_d)
##Additive Skala
Pisa8$Sch_Zug_a <- Pisa8$rST87Q01 + Pisa8$ST87Q02 +
  Pisa8$ST87Q03 +
Pisa8$rST87Q04 + Pisa8$ST87Q05 + Pisa8$rST87Q06 + Pisa8$ST87Q07 +
Pisa8$ST87Q08 + Pisa8$ST87Q09
frequencies(Pisa8$Sch_Zug_a)
```

Die Variable *Sch_Zug_a* ist mit der gleichnamigen Variable von SPSS identisch. Dies ist nicht für die Variable *Sch_Zug_d* der Fall. In SPSS wurde diese Variable anhand der Funktion *mean* erstellt. Dadurch haben fehlende Werte die Berechnung von durchschnittlichen Werten der einzelnen Personen nicht beeinflusst. Dagegen wurde in R bei einer Person kein Durchschnittswert berechnet, falls die Person in mindestens einer von den neuen Variablen fehlende Angaben hatte. Die SPSS-Variable *Sch_Zug_d* weist also eine höhere Anzahl von Fällen auf als die R-Variable *Sch_Zug_d*.

Bevor wir R schließen, müssen wir den Datensatz erneut speichern. Wir haben dies mit dem folgenden Befehl ausgeführt:

```
write.csv2(Pisa8, file = "Pisa8.csv", row.names = FALSE)
```

Unser Datensatz ist also in die *Pisa8.csv*-Datei gespeichert, welche die Grundlage für die in Kapitel 9 dargestellten R-Analysen sein wird. Außerdem haben wir die Skriptdatei dieses Kapitels als *Skript_8.7.r* im Ordner *Kapitel_8* gespeichert.

Literaturverzeichnis

Alfermann, D. (1996): Geschlechterrollen und geschlechtstypisches Verhalten. Stuttgart, Berlin, Köln: Kohlhammer.

Bortz, J. und Döring, N. (2006): Forschungsmethoden und Evaluation für Human und Sozialwissenschaftler (4. Auflage). Berlin: Springer, S. 193–206.

Brizendine, L. (2007): Das weibliche Gehirn. Warum Frauen anders sind als Männer. Haumburg: Hoffmann und Campe.

Cronbach, L. J. (1951): Cofficient Alpha and the Internal Structure of Tests. *Psychometrika, 16*, S. 297–334.

Diekmann, A. (1999): Empirische Sozialforschung. Grundlagen, Methoden, Anwendungen. 5. Aufl. Rowohlt. S. 216–228.

Gehring, U. W. und Weins, C. (2009): Grundkurs Statistik für Politologen und Soziologen. 5., überarbeitete Auflage. Wiesbaden: VS Verlag für Sozialwissenschaften, S. 61–68.

George, D. and Mallery, P. (2003): SPSS for Windows step by step: A simple guide and reference. 11.0 update (4th ed.). Boston: Allyn & Bacon.

König, J., Rothland, M., Darge, K., Lünnemann, M. & Tachtsoglou, S. (2013): Erfassung und Struktur berufswahlrelevanter Faktoren für die Lehrerausbildung und den Lehrerberuf in Deutschland, Österreich und der Schweiz. *Zeitschrift für Erziehungswissenschaft, 16* (3), 553–577.

Parsons, T. and Bales, R. F. (1955): Family, Socialization and Interaction Process. New York: Free Press, S. 35–62.

Sälzer, C.; Prenzel, M.; Klieme, E. (2013): Schulische Rahmenbedingungen der Kompetenzentwicklung. In: Prenzel, M.; Sälzer, C.; Klieme, E.; Köller, O. (Hrsg.), *PISA 2012. Fortschritte und Herausforderungen in Deutschland*. Münster: Waxmann, S. 155–188.

Thompson, F. R. (1994): Das Gehirn. Von der Nervenzelle zur Verhaltenssteuerung. 2. Auflage. Heidelberg, Berlin, Oxford: Spektrum Akademischer Verlag. S. 212–218.

Lineare Regressionsanalyse

9

In diesem Kapitel lernen Sie ...

Inhalte	➾ regressionsanalytische Techniken kennen, mit denen der Einfluss von einer oder mehreren unabhängigen Variablen auf eine abhängige Variable untersucht werden kann.
Beispiele	➾ Ergebnisdarstellungen aus Regressionsanalysen zu lesen und zu interpretieren.
Anwendungen	➾ mit den Statistik-Programmen SPSS und R multiple lineare Regressionsanalysen zu berechnen.

Inhaltsübersicht des Kapitels

9.1 Einführung in die lineare Regressionsanalyse

Mithilfe einer *linearen Regressionsanalyse* lässt sich die Beziehung zwischen einer oder mehreren unabhängigen Variablen und einer abhängigen Variablen untersuchen. Die unabhängigen Variablen werden mit dem Buchstaben X dargestellt und können jegliches Skalierungsniveau aufweisen, während die abhängige Variable mit dem Buchstaben Y indiziert wird und mindestens intervallskaliert sein muss. Im Rahmen einer linearen Regressionsanalyse werden die unabhängigen Variablen (UV) häufig als exogene, erklärende oder *Prädiktorvariablen* bzw. *Regressoren* bezeichnet, während die abhängige Variable (AV) häufig auch als endogene, erklärte *oder Prognosevariable* bzw. als *Regressand* erwähnt wird (Backhaus et al., 2003). „Das Verfahren heißt Regressionsanalyse, weil die Ausprägung der abhängigen Variablen auf die Ausprägungen der unabhängigen Variablen *zurückgeführt* („regridiert") wird" (Gehring & Weins, 2009, S. 177).

Wie schon der Name des Verfahrens der linearen Regressionsanalyse verrät, müssen die zu untersuchenden Variablen in einer linearen Beziehung zueinander stehen. Linear heißt dabei, dass Änderungen in den Werten der unabhängigen Variablen mit proportionalen Änderungen in den Werten der abhängigen Variablen einhergehen sollen. Die proportionalen Änderungen lassen sich mithilfe der linearen Funktion definieren. Wie wir im Kapitel 2.3.3 gelernt haben, sind bei intervallskalierten Variablen lineare Transformationen der Form $f(x) = bx + a$ (mit $b > 0$) zulässig. Analog kann man die lineare Beziehung zwischen zwei Variablen X und Y mit der folgenden Funktion beschreiben:

$$f(Y) = a + b \cdot X, \text{ mit } b > 0 \tag{9.1}$$

Beispielsweise stellt die Beziehung $Y = 10 + X$ eine lineare Beziehung nach der obigen Formel dar, indem der Wert von $a = 10$ und der Wert von $b = 1$ beträgt. Wäre also der Wert von $X = 1$, dann betrüge der Wert von $Y = 11$. Bei einem X-Wert von 10, erhält man einen Y-Wert von 20.

Am Einfachsten lässt sich die Art der Beziehungen zwischen zwei Variablen mithilfe eines Punktdiagramms identifizieren (s. auch Kapitel 7.3). In Abbildung 9.1 haben wir mehrere Punktdiagramme dargestellt, welche die bivariate Beziehung zwischen zwei metrischen Variablen beschreiben. Die Werte der unabhängigen Variablen X sind auf der horizontalen Achse abgetragen worden, während die Werte der abhängigen Variablen Y auf der vertikalen Achse zu betrachten sind. Das Charakteristikum von linearen Beziehungen ist, dass die Punkte nur wenig um eine Gerade streuen, welche wir durch den Punktschwarm gezogen haben. Bei einer positiven linearen Beziehung verläuft der Trend gleichmäßig von

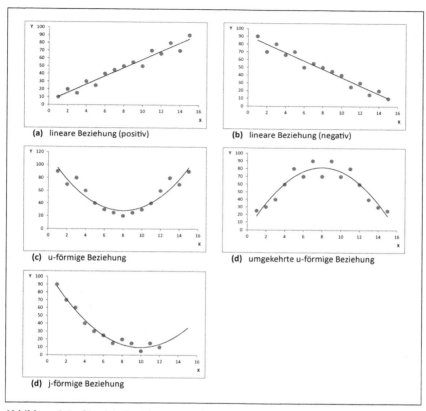

Abbildung 9.1   Bivariate Beziehungsarten©

links unten nach rechts oben, während bei einer negativen linearen Beziehung der Trend von rechts oben nach links unten gleichmäßig verläuft.

Neben den linearen Beziehungen ist man in der erziehungswissenschaftlichen Forschung auch mit *kurvilinearen* Beziehungen konfrontiert. Das Kennzeichen von diesen Beziehungen ist, dass die Punkte im Punktdiagramm um eine Kurve streuen. So stellen die Punktdiagramme c, d und e in Abbildung 9.1 kurvilineare Beziehungsformen zwischen zwei metrischen Variablen dar. Je nach der Form von diesen Kurven lassen sich verschiedenen Arten kurvilinearer Beziehungen identifizieren. Beispielsweise kann eine umgekehrte u-förmige Beziehung den Zusammenhang zwischen physischer Stärke (*Y*-Variable) und Alter (*X*-Variable) beschreiben. Mit steigendem Alter nimmt die physische Stärke zu. Allerdings ist dieser Prozess nicht unendlich. Ab einem bestimmten Alter (z. B. 38) nimmt die physische Stärke wieder langsam ab.

In der obigen Abbildung haben wir die Gerade durch die Streuungspunkte freihändig gezogen, um den Zusammenhang zwischen den Variablen zu veranschaulichen. Wie wir im Folgenden sehen werden, kann man diese Gerade viel präziser rechnerisch mithilfe der Regressionsanalyse bestimmen. In diesem Fall heißt diese Gerade *Regressionsgerade* und stellt den Schlüssel zur Verständigung des statistischen Verfahrens der linearen Regressionsanalyse dar. Wir werden zuerst die Beziehung zwischen zwei Variablen regressionsanalytisch betrachten. In diesem Fall spricht man von einer *bivariaten linearen Regressionsanalyse*. Wenn man dagegen die Beziehung zwischen mehreren unabhängigen und einer abhängigen Variablen untersucht, verwendet man die *multiple linearen Regressionsanalyse*.

9.2   Bivariate Regressionsanalyse

Im Rahmen der Regressionsanalyse wird die Beziehung zwischen einer abhängigen und einer unabhängigen Variablen analysiert, indem die Werte der abhängigen Variablen auf die Werte der unabhängigen Variablen zurückgeführt werden. Das Ziel einer linearen Regression ist also die Vorhersage einer unabhängigen Variablen Y durch eine (oder mehrere) abhängige(n) Variable(n) X. Da die Beziehung zwischen den beiden Variablen linear sein sollte, kann man diese Vorhersage anhand einer Gerade treffen, der sogenannten Regressionsgerade. Die Bestimmung der Regressionsgerade lässt sich analog zu der Formel 9.1 durch folgende Formel berechnen (s. Benninghaus, 1998; Backhaus et al., 2003; Bortz, 2005; Gehring & Weins, 2009):

$$\hat{y}_i = a + b \cdot x_i \tag{9.2}$$

mit

$\hat{y}_i$ = Schätzung der Werte der abhängigen Variablen Y
a = Schnittpunkt der Gerade mit der Y-Achse
b = Steigung der Regressionsgerade
x_i = Werte der unabhängigen Variablen X

Die Schreibweise $\hat{y}_i$ (sprich: y-Dach) soll verdeutlichen, dass es sich dabei um zu schätzende Werte der abhängigen Variablen Y handelt und nicht um die tatsächlich beobachteten Werte der abhängigen Variablen Y.

Bei der Vorhersage der Werte der Y-Variablen mithilfe einer Regressionsgerade stellt man fest, dass die Punkte im Punktdiagramm mehr oder weniger von der Regressionsgerade abweichen. Die Abweichungen werden auch als Residuen[24] e_i bezeichnet, weil sie die Restwerte wiedergeben, welche durch die Regressionsgerade nicht erfasst werden können. Sie lassen sich anhand der folgenden Formel berechnen:

$$e_i = y_i - \hat{y}_i \tag{9.3}$$

Um die Regressionsgerade zu bestimmen, braucht man genauso wie bei jeder Gerade, zwei Punkte von der Geraden zu kennen. Laut Formel 9.2 brauchen wir die Werte von a und b zu kennen, um die Regressionsgerade zu bestimmen und dadurch die Werte der Y-Variable anhand der Werte von der X-Variable zu prognostizieren (vorherzusagen). Der Wert a ist dabei der Schnittpunkt der Gerade mit der Y-Achse, der Wert b gibt die Steigung der Regressionsgerade wieder (wie wir nachfolgend noch genauer erläutern werden). Um eine möglichst genaue Vorhersage treffen zu können, soll unsere Regressionsgerade dadurch gekennzeichnet sein, dass die Summe der Abweichungen von der Regressionsgerade möglichst klein, wenn nicht sogar 0 ist. Die Regressionsgerade soll also folgende Eigenschaft aufweisen:

$$\sum_{i=0}^{n} e_i = 0 \tag{9.4}$$

„Dies ist allerdings kein geeignetes Kriterium, weil es in jedem Punktdiagramm mehrere Geraden gibt, die diese Bedingung erfüllen" (Gehring & Weins, 2009, S. 181). Aus diesem Grunde versucht man, die Regressionsgerade so zu bestimmen, dass die *Summe der quadrierten Abweichungen* von der Regressionsgerade möglichst klein ist. Es wird also diejenige Gerade gesucht, welche folgende Eigenschaft hat:

$$\sum_{i=0}^{n} e_i^2 = \sum_{i=0}^{n} (y_i - \hat{y}_i)^2 = \min \tag{9.5}$$

---

24 Die Residuen werden häufig auch als „Fehler" bezeichnet (im engl. error), da sie auch den Fehler wiedergeben, den man begeht, wenn man auf Basis der Regressionsgerade die Werte der Y-Variable prognostiziert. Deswegen werden sie mit dem Buchstaben e für error indiziert.

Ersetzt man den Wert von $\hat{y}_i$ mit seinem Wert anhand der Formel 9.2, dann erhält man:

$$\sum_{i=0}^{n} e_i^2 = \sum_{i=0}^{n}(y_i - \hat{y}_i) = \sum_{i=0}^{n}[y_i - (a + b \cdot x_i)]^2 = \min \qquad (9.6)$$

Wird diese Gleichung nach a und b abgeleitet, folgt daraus (s. Bortz, 2005, S. 185 f.; Gehring & Weins, 2009, S. 181 f.):

$$b = \frac{n \cdot \sum_{i=0}^{n} x_i \cdot y_i - \sum_{i=0}^{n} x_i \cdot \sum_{i=0}^{n} y_i}{n \cdot \sum_{i=0}^{n} x_i^2 - \left(\sum_{i=0}^{n} x_i\right)^2} \qquad (9.7)$$

bzw.:

$$b = \frac{\sum_{i=0}^{n}(x_i - \bar{x}) \cdot (y_i - \bar{y})}{\sum_{i=0}^{n}(x_i - \bar{x})^2} \qquad (9.8)$$

und:

$$a = \bar{y} - b \cdot \bar{x} \qquad (9.9)$$

mit

n = Anzahl der Fälle (Personen),
$\bar{y}$ = arithmetisches Mittel der abhängigen Variablen Y,
$\bar{x}$ = arithmetisches Mittel der unabhängigen Variablen X.

Da die Werte von a und b nach Formel 9.5 abgeleitet werden, welche die Summe der quadrierten Abweichungen $\sum e_i^2$ minimiert, heißt diese Methode zur Bestimmung der Regressionsgerade die *Methode* der *kleinsten Quadrate*. Der Wert a gibt also den Schnittpunkt der Gerade mit der Y-Achse wieder und wird auch als *Regressionskonstante* bezeichnet, während b die Steigung der Regressionsgerade wiedergibt und als *Regressionskoeffizient* oder *Regressionsgewicht* bezeichnet wird.

Hat man die Werte von a und b berechnet, dann kennt man auch die Form der Regressionsgerade. Man kann also die Form der linearen Beziehung bestimmen. Abbildung 9.2 enthält mögliche Formen von linearen Beziehungen, je nach Werten von a und b. Da a den Schnittpunkt der Regressionsgerade mit der Y-Achse wiedergibt, zeigt a auch den Wert der abhängigen Variablen, wenn der Wert der unabhängigen Variablen X 0 beträgt. Anhand der Formen linearer Beziehungen in Abbildung 9.2 kann man erkennen, dass, wenn der Wert von b positiv ist, dann die lineare Beziehung zwischen den beiden Variablen auch positiv, und wenn der Wert von b negativ ist, dann auch die Beziehung negativ ist. Falls der Wert von b 0 beträgt, dann läuft die Regressionsgerade parallel zur X-Achse. In diesem Fall gibt es also keine lineare Beziehung zwischen den beiden Variablen, da der Wert von Y konstant bleibt.

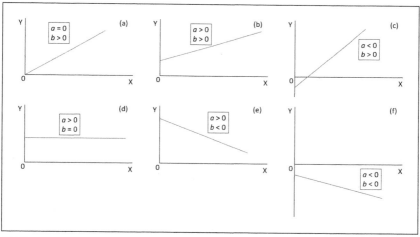

Abbildung 9.2   Schematische Darstellung von Formen linearer Beziehungen mit unterschiedlichen Werten von a und b[©]

Wir wollen nun die Logik der bivariaten Regressionsanalyse anhand eines fiktiven Beispiels erläutern. Inspiriert von der gerichteten Hypothese, dass das pädagogische Wissen von Lehramtsstudierenden mit zunehmender Studiendauer im Umfang zunimmt, wollen wir den Einfluss der unabhängigen Variablen *Studiendauer* (*X*-Variable) auf die abhängige Variable (*Y*-Variable) *pädagogisches Wissen* untersuchen. Die Verteilung dieser intervallskalierten Variablen kann Tabelle 9.1 entnommen werden. Wie schon in Kapitel 7.3 erwähnt wurde, kann das *pädagogische Wissen* Werte zwischen 0 und 100 annehmen. Diese Werte spiegeln die Punkte wider, welche die Studierenden anhand eines Tests zur Messung von *pädagogischem Wissen* erreichen konnten (s. König & Klemenz, 2015). Die Variable *Studiendauer* bezieht sich auf die Studienjahre bis zum Zeitpunkt des Tests zur Erfassung des *pädagogischen Wissens*. Mithilfe der Tabelle 9.1 und der Formel 9.7 kann man nun den Wert des Regressionskoeffizienten b berechnen. Dieser beträgt:

$$b = \frac{n \cdot \sum\limits_{i=0}^{n} x_i \cdot y_i - \sum\limits_{i=0}^{n} x_i \cdot \sum\limits_{i=0}^{n} y_i}{n \cdot \sum\limits_{i=0}^{n} x_i^2 - \left(\sum\limits_{i=0}^{n} x_i\right)^2} = \frac{(6 \cdot 1265) - (21 \cdot 295)}{(6 \cdot 91) - 91^2} = \frac{7590 - 6195}{546 - 441} \approx 13{,}286$$

Der Mittelwert der *Studiendauer* beträgt 3,5 und jener des *pädagogischen Wissens* rund 49,17. Laut Formel 9.9 beträgt nun der Wert der Regressionskonstante *a*:

$$a = \bar{y} - b \cdot \bar{x} = 49{,}17 - (12{,}286 \cdot 3{,}5) \approx 2{,}67$$

Student	Studiendauer (x_i)	(Pädagogisches Wissen y_i)	x_i^2	($x_i \cdot y_i$)
1	1	10	1	10
2	2	30	4	60
3	3	50	9	150
4	4	50	16	200
5	5	85	25	425
6	6	70	36	420
	$\Sigma = 21$	$\Sigma = 295$	$\Sigma = 91$	$\Sigma = 1265$

Tabelle 9.1　Hilfstabelle zur Berechnung des Regressionskoeffizienten b ©

Man kann den Wert des Regressionskoeffizienten *b* auch anhand der Formel 9.8 berechnen. Mithilfe der Tabelle 9.2 beträgt nun der Wert von *b*:

$$b = \frac{\sum\limits_{i=0}^{n} (x_i - \bar{x}) \cdot (y_i - \bar{y})}{\sum\limits_{i=0}^{n} (x_i - \bar{x})^2} = \frac{232{,}5}{17{,}5} \approx 13{,}286$$

Student	Studien-dauer (x_i)	(Pädagogisches Wissen y_i)	($\bar{x}_i - \bar{x}$)	($\bar{x}_i - \bar{x}$)^2	($\bar{y}_i - \bar{y}$)	($\bar{x}_i - \bar{x}$) · ($\bar{y}_i - \bar{y}$)
1	1	10	−2,5	6,25	−39,17	97,92
2	2	30	−1,5	2,25	−19,17	28,75
3	3	50	−0,5	0,25	0,83	−0,42
4	4	50	0,5	0,25	0,83	0,42
5	5	85	1,5	2,25	35,83	53,75
6	6	70	2,5	6,25	20,83	52,08
	$\bar{x} = 3{,}5$	$\bar{y} = 49{,}17$		$\Sigma = 17{,}5$		$\Sigma = 232{,}5$

Tabelle 9.2　Hilfstabelle zur Berechnung des Regressionskoeffizienten b ©

Nach der Berechnung von *a* und *b* kann man die Regressionsgerade bestimmen bzw. anhand eines Punktdiagramms grafisch darstellen. Dies haben wir in Abbildung 9.3 gemacht. Der Wert des Regressionskoeffizienten $b = 13{,}286$ besagt im Allgemeinen, dass mit Zunahme der *X*-Variablen um eine Einheit, die *Y*-Variable um 13,286 Einheiten ansteigt. Konkret kann man also behaupten, dass wenn sich die *Studiendauer* um ein Jahr erhöht, der Wert des *pädagogischen Wissens* um 13,286 Punkte zunimmt. Allerdings muss man diese Interpretation nur für die Werte der *X*- und *Y*-Variablen anwenden, die in Tabelle 9.1 oder 9.2 auch vorkommen, also für die Werte 1 bis 6 der Variablen *Studiendauer* und die Werte 10 bis 70 der Variablen *pädagogisches Wissen*. Die Behauptung, dass wenn der Wert der *Studiendauer* 0 beträgt, der Wert des *pädagogischen Wissens* 2,67 Punkte beträgt, ist inhaltlich betrachtet wenig sinnvoll, da wir das *pädagogische Wissen* nicht vor Beginn des Studiums gemessen haben. Dagegen könnte man behaupten, dass wenn sich die *Studiendauer* um zwei Jahre verlängert, sich der Wert des *pädagogischen Wissens* um $2 \cdot 13{,}286 = 26{,}57$ Punkte erhöht.

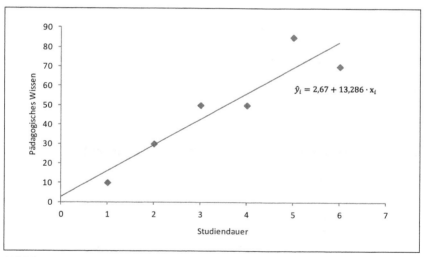

Abbildung 9.3 Regression des pädagogischen Wissens auf die Studiendauer[©]

Mithilfe der Regressionsgerade bzw. der Formel (9.2) zur Bestimmung der Regressionsgerade kann der Vorhersagewert der abhängigen Variablen, für jeden beobachteten Wert der unabhängigen Variablen berechnet werden. Beispielsweise wurde die Prognose des Wertes im *pädagogischen Wissen* für ein/e Student/in, der/die sich im 3. Studienjahr befindet, lauten:

$$\hat{y}_i = a + b \cdot x_i = 2{,}67 + (13{,}286 \cdot 3) = 2{,}67 + 39{,}858 \approx 42{,}53$$

Dieser Wert ist nichts anders als der Schnittpunkt der Gerade mit der Y-Achse für den Wert der X-Achse = 3. Dass es sich bei diesem Wert um eine Prognose handelt, lässt sich dadurch verstehen, dass der tatsächlich erreichte Test-Wert des *pädagogischen Wissens* nach drei *Studienjahren* laut Tabelle 9.1 50 Punkte beträgt. Laut Formel 9.3 beträgt also das Residuum:

$$e_i = y_i - \hat{y}_i = 50 - 42{,}53 \approx 7{,}47$$

Der tatsächlich erreichte Wert des *pädagogischen* Wissens liegt also 7,47 Punkte über dem prognostizierten Wert. Trotz dieser Abweichung der auf der Regressionsgeraden basierten Prognose vom tatsächlichen Wert, weist diese Gerade die positive Eigenschaft auf, dass bei ihr die Summe der quadrierten Residuen minimal ist. Demnach ist unsere Prognose auch mit dem kleinsten von allen Fehlern behaftet. Mit anderen Worten, eine bessere als die auf der Regressionsgerade basierte Prognose kann man nicht treffen.

9.2.1 Güte der Vorhersage – Determinationskoeffizient

Im Kapitel 6.3.1 haben wir Eta-Quadrat (η^2) als ein PRE-Maß kennengelernt, das im Allgemeinen zeigt, inwieweit der Vorhersagefehler bei der Vorhersage einer metrischen Variablen reduziert werden kann, wenn eine zweite (nominale) Variable hinzugezogen wird. Wie schon in Kapitel 6.3 erwähnt, zeichnen sich PRE-Maße dadurch aus, dass bei ihnen die Stärke des Zusammenhangs zwischen zwei Merkmalen anhand der Vorhersagbarkeit der Werte der abhängigen Variablen auf Basis der Werte der unabhängigen Variablen beurteilt wird. Im Fall einer binären linearen Regressionsanalyse, bei der die Werte einer intervallskalierten abhängigen Variablen auf Basis der Werten einer meist intervallskalierten unabhängigen Variablen prognostiziert werden sollen, heißt das entsprechende PRE-Maß Determinationskoeffizient r^2. Dieses Maß haben wir im Kapitel 7.3 ebenfalls bereits kennengelernt. Dort haben wir gesehen, dass r^2 aus dem Quadrat der Produkt-Moment-Korrelation r berechnet werden kann. In diesem Abschnitt wollen wir erstens zeigen, warum r^2 bei einer binären Regressionsanalyse identisch mit dem r^2 von einer quadrierten Korrelation ist, und zweitens die Logik von r^2 erläutern.

Formel 9.10 veranschaulicht die Berechnung des Regressionskoeffizienten b. Wenn man Zähler und Nenner mit der Anzahl der Fälle dividiert, dann erhält man:

$$b = \frac{\sum_{i=0}^{n}(x_i - \bar{x}) \cdot (y_i - \bar{y})}{\sum_{i=0}^{n}(x_i - \bar{x})^2} = \frac{\frac{\sum_{i=0}^{n}(x_i - \bar{x}) \cdot (y_i - \bar{y})}{n}}{\frac{\sum_{i=0}^{n}(x_i - \bar{x})^2}{n}} = \frac{Cov_{xy}}{s_x^2} \tag{9.10}$$

Der Regressionskoeffizient b lässt sich also auch dadurch berechnen, dass man die Kovarianz zwischen den beiden Variablen an der Varianz der unabhängigen Variablen X relativiert. Bei z-transformierten Variablen lässt sich Formel 9.10 wie folgt umformen:

$$\frac{Cov_{z_x z_y}}{s_{z_x}^2} = \frac{\frac{\sum_{i=1}^{n}(z_{x_i} - \bar{z}_x) \cdot (z_{y_i} - \bar{z}_y)}{n}}{s_{z_x}^2} = \frac{\sum_{i=1}^{n} z_{x_i} \cdot z_{y_i}}{n} = r_{xy} = \beta \tag{9.11}$$

mit

z_{x_i} = Werte der z-transformierten unabhängigen Variablen X,

z_{y_i} = Werte der z-transformierten unabhängigen Variablen Y,

$Cov_{z_x z_y}$ = Kovarianz der z-transformierten Variablen X und Y,

$s_{z_x}^2$ = Varianz der z-transformierten unabhängigen Variablen X,

$\bar{z}_x$ = Mittelwert der z-transformierten unabhängigen Variablen X,

$\bar{z}_y$ = Mittelwert der z-transformierten abhängigen Variablen Y,

r_{xy} = Produkt-Moment-Korrelation zwischen den beiden Variablen,

β = Regressionskoeffizient der z-transformierten Variablen X und Y.

Der Regressionskoeffizient bei z-transformierten Variablen heißt *standardisierter Regressionskoeffizient* und wird durch den griechischen Buchstaben β (sprich: beta) indiziert. Wie wir im Kapitel 5.2 erfahren haben, zeichnen sich z-transformierte Variablen dadurch aus, dass bei ihnen der Mittelwert 0 und die Standardabweichung bzw. Varianz 1 beträgt. Wir haben diese Eigenschaften in Formel 9.11 berücksichtigt und dadurch die Schlussfolgerung gezogen, dass der Regressionskoeffizient zweier z-transformierten Variablen gleich der Produkt-Moment-Korrelation nach Pearson ist. Setzt man diesen Wert zum Quadrat, dann erhält man den Wert des Determinationskoeffizienten r^2 (s. Kapitel 7.3).

Student	Studien-dauer (x_i)	(Pädagogisches Wissen y_i)	z_{x_i}	z_{y_i}	$z_{x_i} \cdot z_{x_i}$
1	1	10	−1,46	−1,59	2,33
2	2	30	−0,88	−0,78	0,69
3	3	50	−0,29	0,03	−0,01
4	4	50	0,29	0,03	0,01
5	5	85	0,88	1,46	1,28
6	6	70	1,46	0,85	1,24
	$\bar{x} = 3,5$	$\bar{y} = 49,17$	$\bar{z}_x = 0$	$\bar{z}_y = 0$	$\Sigma = 5,54$

Tabelle 9.3 Hilfstabelle zur Berechnung von β°

Wir wollen nun für die Daten der Tabelle 9.1 den standardisierten Regressions-koeffizienten β und den Determinationskoeffizienten berechnen. In Tabelle 9.3 sind die z-Werte der *Studiendauer* und des *pädagogischen Wissens* dargestellt. Laut Formel 9.11 beträgt der Wert des standardisierten Regressionskoeffizienten β:

$$\beta = \frac{\sum_{i=1}^{n} z_{x_i} \cdot z_{y_i}}{n} = \frac{5,54}{6} \approx 0,92$$

Der Wert der Regressionskonstante a beträgt bei z-transformierten Variablen immer 0, da der Mittelwert von z-transformierten Variablen 0 ist. Anhand der Formel 9.9 ergibt sich also:

$$a = \bar{z}_y - b \cdot \bar{z}_x = 0 - b \cdot 0 = 0$$

D.h., um die Regressionsgerade bei z-transformierten Variablen zu bestimmen, braucht man nur den Wert des standardisierten Regressionskoeffizienten zu be-rechnen. Wie wir in Kapitel 5.2 gesehen haben, ist das Charakteristikum z-trans-formierter Variablen, dass diese in Standardabweichungseinheiten gemessen werden. Dies bestimmt die Interpretation des standardisierten Regressionskoeffi-zienten β. Für unser Beispiel kann man also behaupten, dass wenn sich der Wert der unabhängigen Variablen *Studiendauer* um eine Standardabweichung erhöht, der Wert des *pädagogischen Wissens* um 0,92 Standardabweichungen steigt. In Be-zug auf den Wert des Determinationskoeffizienten kann man feststellen, dass die-ser rund (0,92 · 0,92 =) 0,85 beträgt. Multipliziert man diesen Wert mit 100, dann erhält man den prozentualen Anteil der erklärten Varianz der abhängigen Varia-blen durch die unabhängige Variable. Ungefähr 85 % also der Varianz der abhängigen Variablen *pädagogisches Wissen* wird in dieser Beispielstudie durch die unabhängige Variable *Studiendauer* erklärt.

Will man nun die Regressionsgerade für unsere z-transformierten Daten in einem Punktdiagramm darstellen, dann stellt man mithilfe von Abbildung 9.4 fest, dass sich diese von der Regressionsgerade der originalen (nicht transformierten) Variablen nicht unterscheidet. Bei den z-transformierten Variablen läuft die Gerade durch die Null-Punkte der z-transformierten Variablen. Diese Null-Punkte wiederum entsprechen den Mittelwerten der nicht transformierten Variablen im originalen Koordinatensystem. Durch die z-Transformation ändert sich somit das Koordinatensystem und entsprechend der Wert des standardisierten Regressionskoeffizienten, die Form der Regressionsgerade hingegen bleibt unverändert.

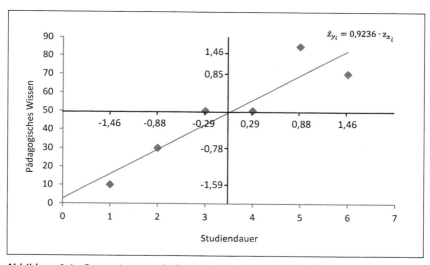

Abbildung 9.4 Regressionsgerade der z-transformierten Variablen©

Wir wollen nun erklären, warum r^2 ein PRE-Maß ist. „Bei PRE-Maßen versucht man zunächst, die abhängige Variable ohne Hinzuziehung einer unabhängigen Variablen zu prognostizieren" (Gehring & Weins, 2009, S. 184). Bezogen auf unser Beispiel stellt die beste Prognose für die Variable *pädagogisches Wissen* deren arithmetisches Mittel dar, das 49,17 beträgt. D. h., würde man von jedem Wert der Variablen *pädagogisches Wissen* deren Mittelwert abziehen und anschließend diese Differenzen quadrieren, wäre dann die Summe diese quadrierten Abweichungen die kleinste überhaupt. Insofern ist der Mittelwert die beste Prognose für die Verteilung des *pädagogischen Wissens*. Die Summe der quadrierten Abweichungen stellt den ersten Fehler E_1 (im engl. error) dar und wird auch *Gesamtvaria-tion* genannt (Benninghaus, 1998, S. 324). Unter Berücksichtigung der Werte der unabhängigen Variablen *Studiendauer* stellt der durch die Regressionsgerade ge-schätzte Wert $\hat{y}_i$ die beste Prognose für die Werte der abhängigen Variablen *päd-agogisches Wissen* dar. Die Summe der quadrierten Abweichungen der Werte der abhängigen Variablen von $\hat{y}_i$ bilden den zweiten Fehler E_2. Dieser Fehler ist, wie wir gleich sehen werden, kleiner als der erste Fehler und wird als *nicht erklärte Variation* bezeichnet (Benninghaus, 1998, S. 325). Nachdem man den ersten und zweiten Fehler bestimmt hat, kann man r^2 anhand folgender Formel berechnen (Benninghaus 1998, S. 326):

$$r^2 = \frac{E_1 - E_2}{E_1} = \frac{\sum_{i=1}^{n}(y_i - \bar{y})^2 - \sum_{i=1}^{n}(y_i - \hat{y}_i)^2}{\sum_{i=1}^{n}(y_i - \bar{y})^2} \tag{9.12}$$

Student	Studien-dauer (x_i)	Pädagogisches Wissen (y_i)	$\hat{y}_i$	$(y_i - \bar{y})$	$(y_i - \bar{y})^2$	$(y_i - \hat{y}_i)$	$(y_i - \hat{y}_i)^2$
1	1	10	15,96	−39,17	1534,03	15,96	35,47
2	2	30	29,24	−19,17	367,36	29,24	0,57
3	3	50	42,53	0,83	0,69	42,53	55,83
4	4	50	55,81	0,83	0,69	55,81	33,80
5	5	85	69,10	35,83	1284,03	69,1	252,81
6	6	70	82,39	20,83	434,03	82,39	153,41
	$\bar{x} = 3,5$	$\bar{y} = 49,17$			$\Sigma \approx 3\,620,83$	$\Sigma \approx 531,90$	

Tabelle 9.4   Hilfstabelle zur Berechnung von $r^{2\copyright}$

Wir wollen nun für unsere Beispieldaten den Wert des Determinationskoeffi-zienten r^2 berechnen. Zu diesem Zweck müssen zuerst die Werte von $\hat{y}_i$ berechnet werden, und zwar anhand der Formel zur Berechnung der Regressionsgerade. Bei-spielsweise beträgt der Wert von $\hat{y}_i$ für den ersten Student:

$$\hat{y}_i = a + b \cdot x_1 = 2,67 + (13,286 \cdot 1) = 2,67 + 13,286 \approx 15,96$$

Tabelle 9.4 sind auch die Werte von $\hat{y}_i$ für die anderen Studierenden zu entnehmen. Dadurch kann der Wert der nicht erklärten Variation (E_2) berechnet werden, der rund 531,91 beträgt. Der Wert der Gesamtvariation (E_1) beträgt gemäß Tabelle 9.4

3 620,83. Man sieht also, dass sich unter Berücksichtigung der unabhängigen Variablen der Vorhersagefehler verringert hat. Demnach beträgt der Wert von r^2:

$$r^2 = \frac{E_1 - E_2}{E_1} = \frac{\sum_{i=1}^{n}(y_i - \bar{y})^2 - \sum_{i=1}^{n}(y_i - \hat{y}_i)^2}{\sum_{i=1}^{n}(y_i - \bar{y})^2} = \frac{3620,83 - 531,90}{3620,83} \approx 0,85$$

Dieser Wert ist identisch mit dem Wert, den wir anhand der quadrierten Korrelation zu den beiden Variablen berechnet haben.

Dass r^2 auch anhand Formel 9.12 berechnet werden kann, lässt sich anhand Abbildung 9.5 nachvollziehen. Die rote Linie zeigt die Regressionsgerade an, wäh-

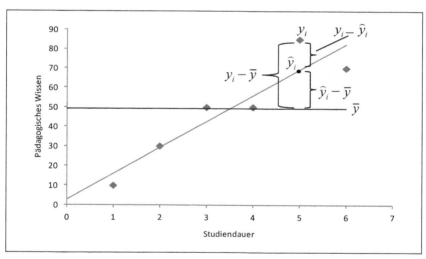

Abbildung 9.5 Die Bedeutung der Regressionsgerade©

rend die parallele zur X-Achse durchgezogene Linie dem Mittelwert der abhängigen Variablen *pädagogisches Wissen* wiedergibt. Für den fünften Student in Tabelle 9.4, der sich im 5. Studienjahr befindet, beträgt der Wert der Abweichung vom Mittelwert:

$$y_i = \bar{y} = 85 - 49,17 = 35,83$$

Der Ausdruck $y_i - \bar{y}$ heißt *Gesamtabweichung* und lässt sich wie folgt berechnen:

$$y_i - \bar{y} = (\hat{y}_i - \bar{y}) + (y_i - \hat{y}) \tag{9.13}$$

Der Ausdruck $\hat{y}_i - \bar{y}$ heißt *erklärte Abweichung,* da die Abweichung des durch die Regressionsgerade geschätzten Wertes vom Mittelwert der abhängigen Variablen Y durch die Regressionsgerade erklärt wird, indem Regressionskonstante a und Regressionskoeffizient b (s. Formel 9.8 und 9.9) immer anhand der Mittelwerte der un- und abhängigen Variablen berechnet werden. Der letzte Ausdruck $y_i - \hat{y}$ bezieht sich auf das Residuum (s. Formel 9.3) und heißt auch *nicht erklärte Abweichung.* Beispielsweise gilt für den fünften Student:

$$y_i - \bar{y} = (\hat{y}_i - \bar{y}) + (y_i - \hat{y}) \Rightarrow 35{,}83 = (69{,}10 - 49{,}17) + (85 - 69{,}10) = 35{,}83$$

Wenn man die Summe der Gesamtabweichung für alle Studierende in Formel 9.13 berechnen will, muss man davor die Summe der Gesamtabweichungen quadrieren, da sich sonst positive und negative Abweichungen aufheben und die Summe der Gesamtabweichungen jeweils 0 beträgt. Mit anderen Worten kann man basierend auf Formel 9.13 behaupten:

$$\sum_{i=1}^{n}(y_i - \bar{y})^2 = \sum_{i=1}^{n}(\hat{y}_i - \bar{y})^2 + \sum_{i=1}^{n}(y_i - \hat{y})^2 \qquad (9.14)$$

Diese Formel besagt also, dass sich die Gesamtvariation aus der erklärten und nicht erklärten Variation zusammensetzt. Bei Division beider Teile von Formel 9.14 durch $\Sigma\,(y_i - \bar{y})^2$ sowie unter Berücksichtigung von Formel 9.12 erhält man (Benninghaus, 1998, S. 328):

$$\frac{\sum_{i=1}^{n}(y_i - \bar{y})^2}{\sum_{i=1}^{n}(y_i - \bar{y})^2} = \frac{\sum_{i=1}^{n}(y_i - \hat{y}_i)^2}{\sum_{i=1}^{n}(y_i - \bar{y})^2} + \frac{\sum_{i=1}^{n}(\hat{y}_i - \bar{y})^2}{\sum_{i=1}^{n}(y_i - \bar{y})^2} \Leftrightarrow 1 = 1 - r^2 + r^2 \qquad (9.15)$$

r^2 kann man also auch als das Verhältnis der erklärten Variation an der Gesamtvariation auffassen.

9.3 Multiple Regressionsanalyse

In den Erziehungswissenschaften ist man nur selten mit bivariaten Beziehungsmustern konfrontiert. Meist interessiert man sich über den simultanen Einfluss von mehreren unabhängigen Variablen auf eine abhängige Variable. Falls diese abhängige Variable metrisches Skalenniveau aufweist, dann stellt die multiple lineare Regressionsanalyse die geeignete statistische Methode zur Untersuchung von solchen Beziehungsmustern dar. Beispielsweise haben Stanat et al. (2009, S. 220) anhand der PISA-Daten von 2009 den Einfluss verschiedener Facetten des familiären Kontextes auf die Lesekompetenz von in Deutschland lebenden Jugendlichen mit Migrationshintergrund mithilfe einer multiplen Regressionsanalyse untersucht (s. Abbildung 9.6). Die Ergebnisse ihrer multiplen Regressionsanalyse zeigten unter anderem, dass Jugendliche mit Migrationshintergrund (insbesondere türkischem Migrationshintergrund) weniger gut in der Lesekompetenztestung abschnitten als Jugendliche ohne Migrationshintergrund.

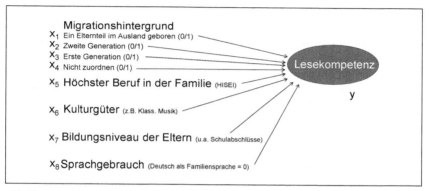

Abbildung 9.6 Multivariate Beziehungen – Beispiel aus PISA 2009©

Da das Ziel jeder linearen Regression in der Vorhersage einer unabhängigen Variablen Y durch eine (oder mehrere) abhängige(n) Variable(n) X besteht, kann man die Regressionsgleichung im Falle einer multiplen linearen Regression analog zu der Formel 9.2 durch folgende Formel beschreiben (Bühner & Ziegler, 2009, S. 637):

$$\hat{y}_i = a + b_1 \cdot x_{1i} + b_2 \cdot x_{2i} + \ldots + b_k \cdot x_{ki} \tag{9.16}$$

mit

$\hat{y}_i$ = Schätzung der Werte der abhängigen Variablen Y,
a = Regressionskonstante,
b_1 = Regressionskoeffizient für die unabhängige Variable X_1,
b_2 = Regressionskoeffizient für die unabhängige Variable X_2,
b_k = Regressionskoeffizient für die k-te unabhängige Variable,
x_{1i} = Werte der unabhängigen Variablen X_1 für Person i,
x_{2i} = Werte der unabhängigen Variablen X_2 für Person i,
x_{ki} = Werte der k-te unabhängigen Variablen für Person i.

Aus Formel 9.16 wird deutlich, dass die Werte der abhängigen Variablen Y auf Basis der Regressionskonstante und -koeffizienten der unabhängigen Variablen vorhergesagt werden können. Die Regressionskonstante und -koeffizienten werden genauso wie im bivariaten Fall anhand der Methode der kleinsten Quadrate geschätzt:

$$\sum_{i=0}^{n} e_i^2 = \sum_{i=0}^{n}(y_i - \hat{y}_i) = \sum_{i=0}^{n}[y_i - (b_1 \cdot x_{1i} + b_2 \cdot x_{2i} + \ldots + b_k \cdot x_{ki})]^2 = \min \quad (9.17)$$

Bei mehr als zwei unabhängigen Variablen erfordert die Berechnung der Regressionskoeffizienten anspruchsvollere Mathematikkenntnisse wie z. B. Matrixalgebra (Bortz & Schuster, 2010) und wird in der Forschungspraxis hauptsächlich von Computerprogrammen wie z. B. SPSS oder R übernommen. Wenn man nur zwei unabhängigen Variablen X_1 und X_2 hat, dann lässt sich zeigen, dass man die Werte von a, b_1 und b_2 anhand der folgenden Formeln berechnen kann (s. Bortz & Schuster, 2010, S. 343):

$$b_1 = \frac{s_y}{s_{x_1}} \cdot \frac{r_{yx_1} - r_{yx_2} \cdot r_{x_1 x_2}}{1 - r_{x_1 x_2}^2} \quad (9.18)$$

$$b_2 = \frac{s_y}{s_{x_2}} \cdot \frac{r_{yx_2} - r_{yx_1} \cdot r_{x_1 x_2}}{1 - r_{x_1 x_2}^2} \quad (9.19)$$

$$\alpha = \overline{y} - b_1 \cdot \overline{x}_1 - b_2 \cdot \overline{x}_2 \quad (9.20)$$

mit

α = Regressionskonstante,
b_1 = Regressionskoeffizient für die unabhängige Variable X_1,
b_2 = Regressionskoeffizient für die unabhängige Variable X_2,
s_y = Standardabweichung der abhängigen Variablen Y,
s_{x1} = Standardabweichung der unabhängigen Variablen X_1,
s_{x2} = Standardabweichung der unabhängigen Variablen X_2,
r_{yx1} = Produkt-Moment-Korrelation zwischen den Variablen Y und X_1,
r_{yx2} = Produkt-Moment-Korrelation zwischen den Variablen Y und X_2,
r_{x1x2} = Produkt-Moment-Korrelation zwischen den unabhängigen Variablen X_1 und X_2.

Im Rahmen der multiplen linearen Regressionsanalyse gibt der Regressionskoeffizient einer unabhängigen Variablen den Effekt der unabhängigen Variablen auf die abhängige Variable wieder, der von den anderen unabhängigen Variablen bereinigt ist (Bortz & Schuster, 2010). Beispielsweise könnte man den Einfluss der

Variablen X_1 auf die unabhängige Variable Y mithilfe des Regressionskoeffizienten b_1 wie folgt interpretieren: Unter Konstanthaltung (oder unter Kontrolle) aller anderen unabhängigen Variablen verändert sich der Wert der abhängigen Variablen Y um den Wert des Regressionskoeffizienten b_1, wenn der Wert der unabhängigen Variablen X_1 um eine Einheit steigt. Die Veränderung kann bedingt durch das Vorzeichen des Regressionskoeffizienten b_1 positiv oder negativ sein. Für kategoriale (egal ob nominal oder ordinalskalierte) Variablen wird der Effekt des Regressionskoeffizienten im Vergleich zu einer Referenzkategorie interpretiert. Die Auswahl der Referenzkategorie unterliegt dem Ermessen des Forschers und wird mit 0 kodiert.

Obwohl man mithilfe von Statistikprogrammen rechnerisch in der Lage ist, die Werte von b für jede unabhängige Variable zu schätzen, kann man grafisch keine Regressionsgerade darstellen, da die vorhergesagten Werte der abhängigen Variablen nicht auf einer Linie, sondern auf einer Ebene liegen (s. Abbildung 9.7).

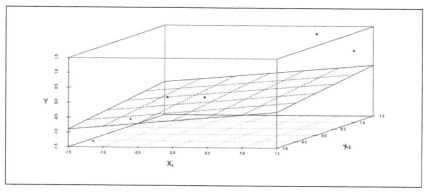

Abbildung 9.7 Schematische Darstellung eine Regression mit zwei unabhängigen Variablen[©]

Diese Ebene schneidet die Y-Achse im Punkt a (Wert der Regressionskonstante). Bezogen auf Abbildung 9.7 weist die Regressionsebene zwei Steigungen auf. Der Regressionskoeffizient b_1 gibt die Steigung der Ebene in Richtung der X_1-Achse wieder, während der Regressionskoeffizient b_2 die Steigung der Ebene in Bezug auf die X_2-Achse signalisiert. Da die Werte der unabhängigen Variablen als Dimensionen einer Ebene aufgefasst werden können, lassen sich Regressionen von mehr als zwei unabhängigen Variablen grafisch nicht darstellen.

Wir wollen nun anhand von einem Beispiel mit zwei Kovariaten die Logik der multiplen linearen Regressionsanalyse ausführlich erläutern. Neben der Hypothese, dass mit steigender Studiendauer das pädagogische Wissen zunimmt, wollen wir noch den Einfluss des Geschlechts untersuchen. Beispielsweise könnte man annehmen, dass weibliche Studierende bedingt durch z. B. eine geschlechtsspezifische Sozialisation ein höheres pädagogisches Wissen zeigen als männliche Studierende (s. dazu ausführlicher z. B. König, Tachtsoglou & Seifert, 2012). Tabelle 9.5 können nun die Werte der Variablen entnommen werden, wobei in Bezug auf die Variable *Geschlecht* männliche Studierende mit dem Code 0 und weibliche Studierende mit dem Code 1 indiziert werden. Des Weiteren können Tabelle 9.5 die Interkorrelationen zwischen den drei Variablen sowie deren Mittelwerte und Standardabweichungen entnommen werden. Anhand der Formel 9.18 bis 9.20 kann man die Werte von b_1, b_2 und a berechnen:

$$b_1 = \frac{s_y}{s_{x_1}} \cdot \frac{r_{yx_1} - r_{yx_2} \cdot r_{x_1x_2}}{1 - r_{x_1x_2}^2} = \frac{24,57}{1,71} \cdot \frac{0,92 - 0,82 \cdot 0,83}{1 - 0,83^2} = 14,38 \cdot 0,79 \approx 11,36$$

$$b_2 = \frac{s_y}{s_{x_2}} \cdot \frac{r_{yx_2} - r_{yx_1} \cdot r_{x_1x_2}}{1 - r_{x_1x_2}^2} = \frac{24,57}{0,47} \cdot \frac{0,82 - 0,92 \cdot 0,83}{1 - 0,83^2} = 52,11 \cdot 0,16 \approx 8,41$$

$$a = \bar{y} - b_1 \cdot \bar{x}_1 - b_2 \cdot \bar{x}_2 = 49,17 - 11,36 \cdot 3,5 - 8,41 \cdot 0,33$$
$$= 49,17 - 39,72 - 2,80 \approx 6,59$$

Student	Pädagogisches Wissen (Y_i)	Studien- dauer (X_{1i})	Geschlecht (X_{2i}) (0 = Mann, 1 = Frau)	Korrelationen zwischen den Variablen
1	10	1	0	
2	30	2	0	
3	50	3	0	$r_{yx_1} = 0{,}92$
4	50	4	0	$r_{yx_2} = 0{,}82$ $r_{x_1x_2} = 0{,}83$
5	85	5	1	
6	70	6	1	
	$\bar{y} = 49{,}17$ $s_y = 24{,}57$	$\bar{x}_1 = 3{,}5$ $s_{x_1} = 1{,}71$	$\bar{x}_2 = 0{,}33$ $s_{x_2} = 0{,}47$	

Tabelle 9.5   Hilfstabelle zur Berechnung der Regressionskonstante und -koeffezienten©

Der Wert von b_1 besagt, dass wenn sich – unter Kontrolle (Konstanthaltung) der Variablen *Geschlecht* – der Wert der Variablen *Studienjahre* im Durchschnitt um ein Jahr erhöht, der durchschnittliche Wert des *pädagogischen Wissens* um 11,36 Punkte steigt. Der Effekt des *Geschlechts* lässt sich wie folgt interpretieren: Unter Kontrolle der Variablen *Studiendauer* weisen weibliche Studierende im Vergleich zu männlichen Studierenden ein im Durchschnitt um 8,41 Punkte höheren Wert im *pädagogischen Wissen* auf. Der Wert der Regressionskonstante *a* besagt, dass wenn der Wert der beiden unabhängigen Variablen *Geschlecht* und *Studiendauer* 0 ist, der durchschnittliche Wert der *pädagogischen Wissens* 6,59 Punkte beträgt. Wenn man eine Prognose z. B. für männliche Studierende mit einer Studiendauer von zwei Jahren vornehmen möchte, so muss man auf Formel 9.16 zurückgreifen:

$$\hat{y}_i = a + b_1 \cdot x_{1i} + b_2 \cdot x_{2i} = 6{,}59 + 11{,}36 \cdot 2 + 8{,}41 \cdot 0 = 29{,}31$$

Männlichen Studierenden wird also ein Wert des *pädagogischen Wissens* von 29,31 prognostiziert. Bei weiblichen Studierenden[25] würde man einen Wissenswert von 37,72 erwarten, da

$$\hat{y}_i = a + b_1 \cdot x_{1i} + b_2 \cdot x_{2i} = 6{,}59 + 11{,}36 \cdot 2 + 8{,}41 \cdot 1 = 37{,}72$$

Hat man alle Werte des *pädagogischen Wissens* in Abhängigkeit von den Werten der *Studiendauer* und des *Geschlechts* anhand der Formel 9.16 vorhergesagt, dann kann man die Regressionsebene grafisch darstellen. Diese ist in Abbildung 9.8 zu betrachten, wobei die Punkte die empirisch gemessenen Werte des *pädagogischen*

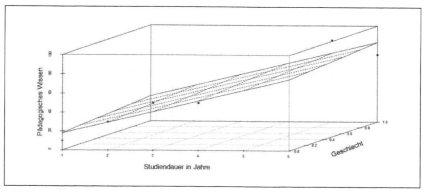

Abbildung 9.8 Regressionsebene zu Regression des pädagogischen Wissens auf die Studiendauer und das Geschlecht[©]

---

25 In Tabelle 9.5 gibt es keine weiblichen Studierenden mit einer *Studiendauer* von zwei Jahren, da wir nur sechs Personen betrachtet haben. Wir wollen trotzdem hiermit das *pädagogische Wissen* von weiblichen Studierenden prognostizieren, um die Logik der multiplen linearen Regression zu verdeutlichen.

Wissens anzeigen. Man sieht also, dass diese empirischen Werte von den vorhergesagten Werten mehr oder weniger abweichen; trotzdem ist diese Abweichung die kleinste überhaupt. Somit stellt die auf der Basis der Methode der kleinsten Quadrate ermittelte Regressionsebene die beste Prognose für die Entwicklung des *pädagogischen Wissens* in Zusammenhang mit der *Studiendauer* und dem *Geschlecht* der Studierenden dar.

Den Determinationskoeffizienten r^2 kann man, ähnlich wie im Falle des bivariaten Beispiels, anhand der Formel 9.12 berechnen. Den ersten Fehler E_1 haben wir schon im Kapitel 9.1.1. (s. Tabelle 9.4) berechnet. Sein Wert beträgt 3 620,83. Für die Berechnung des zweiten muss man anhand der Formel 9.16 die vorhergesagten Werte des *pädagogischen Wissens* ($\hat{y}_i$) für alle sechs Studierenden berechnen. Danach müssen diese prognostizierten Werte von den tatsächlichen Werten des *pädagogischen Wissens* abgezogen werden. Anschließend muss man diese Differenz-Werte für jede Person quadrieren. Die Summe dieser quadrierten Differenz-Werte gibt den Wert des zweiten Fehlers E_2 wieder. Diese Schritte sind in Tabelle 9.6 zu betrachten. Der Wert von r^2 beträgt also:

$$r^2 = \frac{E_1 - E_2}{E_1} = \frac{\sum_{i=1}^{n}(y_i - \bar{y})^2 - \sum_{i=1}^{n}(y_i - \hat{y}_i)^2}{\sum_{i=1}^{n}(y_i - \bar{y})^2} = \frac{3620,83 - 502,274}{3620,83} \approx 0,86$$

Dieser Wert besagt, dass ca. 86 % der Varianz der Variablen *pädagogisches Wissen* durch die unabhängigen Variablen *Studiendauer* und *Geschlecht* erklärt werden können. Im bivariaten Fall, bei dem wir nur den Einfluss der *Studiendauer* berücksichtigt haben, betrug der Wert von r^2 ca. 0,85. In dem aktuellen multivariaten Modell beträgt der zusätzliche Erklärungsbeitrag des *Geschlechts* auf die Varianz des *pädagogischen Wissens* nur 1 %. Daraus kann man die Schlussfolgerung ziehen, dass das *Geschlecht* keinen bedeutenden Faktor für die Erklärung des *pädagogischen Wissens* darstellt.

Student	Pädagogisches Wissen (Y_i)	Studiendauer (X_{1i})	Geschlecht (X_{2i}) (0 = Mann, 1 = Frau)	($\hat{y}_i$)	($y_i - \hat{y}_i$)^2
1	10	1	0	17,95	63,2025
2	30	2	0	29,31	0,4761
3	50	3	0	40,67	87,0489
4	50	4	0	52,03	4,1209
5	85	5	1	71,8	174,24
6	70	6	1	83,16	173,1856
					$\Sigma = 502,274$

Tabelle 9.6 Hilfstabelle zur Berechnung von r^2[⊙]

Man könnte sich auch die Größe der Regressionskoeffizienten b als Maß für die Beurteilung der Wichtigkeit der unabhängigen Variablen vorstellen. Allerdings ist das Problem, das dabei entsteht, dass die unabhängigen Variablen in unterschiedlichen Einheiten gemessen werden. Während also der Regressionskoeffizient von der *Studiendauer* den Wert des *pädagogischen Wissens* vorhersagt, wenn sich die *Studiendauer* um ein Jahr erhöht, stellt der Regressionskoeffizient des *Geschlechts* die Vorhersage des Wertes vom *pädagogischen Wissen* mithilfe eines Mann/Frau-Vergleichs dar. Dieses Problem kann gelöst werden, indem davor alle Variablen z-transformiert werden. Dadurch erhält man für alle unabhängigen Variablen den standardisierten Regressionskoeffizienten β, der in Standardabweichungseinheiten interpretiert wird. Dadurch kann die Größe vom β als Maß für die Beurteilung der Wichtigkeit der unabhängigen Variablen gedeutet werden. Anstatt die Variablen davor zu standardisieren und danach eine multiple lineare Regression zu berechnen, kann man die standardisierten Regressionskoeffizienten anhand der folgenden Formel berechnen (s. Bortz & Schuster, 2010, 346):

$$\beta_i = b_i \cdot \frac{s_{x_i}}{s_y} \tag{9.21}$$

mit

β_i = Standardisierte Regressionskoeffizient für die unabhängige Variable X_i,
b_i = Regressionskoeffizient für die unabhängige Variable X_i,
s_{x_i} = Standardabweichung der unabhängigen Variablen X_i,
s_y = Standardabweichung der abhängigen Variablen Y.

Für unsere Beispieldaten ergeben sich folgende standardisierte Regressionskoeffizienten:

$$\beta_1 = b_1 \cdot \frac{s_{x_i}}{s_y} = 11,36 \cdot \frac{1,71}{24,57} \approx 0,79$$

$$\beta_2 = b_2 \cdot \frac{s_{x_i}}{s_y} = 8,41 \cdot \frac{0,47}{24,57} \approx 0,16$$

Wie schon erwähnt, können die standardisierten Regressionskoeffizienten Werte zwischen −1 und +1 annehmen. Je näher β bei 1 oder −1 liegt, desto stärker ist der Effekt der damit indizierten unabhängigen Variablen. Für unsere Daten also stellt man fest, dass die *Studiendauer* einen stärkeren Effekt (0,79) auf die Erklärung bzw. Vorhersage des *pädagogischen Wissens* hat als das *Geschlecht* (0,16).

9.4 BLUE-Annahmen

Damit das auf der Methode der kleinsten Quadrate zugrunde liegende Verfahren der linearen Regression Sinn[26] macht, müssen gewisse Annahmen zutreffen. Diese Annahmen sind als *BLUE*-Annahmen bekannt (aus dem Englischen *best linear unbiased estimator*) und lassen sich wie folgt beschreiben (s. Wooldridge, 2009, S. 84–105):

(1) *Linearität:* Diese Annahme besagt, dass die Beziehung zwischen der abhängigen und den unabhängigen Variablen linearer Natur sein sollte. Sie stellt die Basis der linearen Regressionsanalyse dar.
(2) *Zufallsstichprobe:* Diese Annahme besagt, dass die den Variablen zugrunde liegenden Fälle oder Personen ein Abbild einer größeren Population darstellen, für welche die Aussagen getroffen werden sollten. Dies ist dann der Fall, wenn jedes Element der Population die gleiche Chance hat in die Stichprobe zu gelangen. Diese Annahme ist die Basis für alle Verfahren, die eine verallgemeinerte Aussage treffen sollen, und wird genauer in den nächsten zwei Kapitel (10 und 11) behandelt.
(3) Keine *Multikollinearität* zwischen den unabhängigen Variablen: Diese Annahme postuliert, dass es zwischen den unabhängigen Variablen keine perfekten oder sehr hohen linearen Zusammenhänge (Korrelationen) bestehen sollen.

---

26 Sinn bedeutet hier die korrekte Berechnung der Regressionsparameter und die Verallgemeinerung der Ergebnisse der Regressionsanalyse auf eine größere Population.

Im Falle einer Verletzung dieser Annahme ist die Durchführung einer multiplen linearen Regressionsanalyse nicht möglich.

(4) *Erwartungswert* der Residualgröße *e* soll 0 sein: Diese Annahme ist dann erfüllt, wenn in das Regressionsmodell alle Variablen mit eingeschlossen wurden, die einen Einfluss auf die abhängige Variablen haben können. „Wenn im Regressionsmodell alle systematischen Einflussgrößen von *Y* explizit berücksichtigt werden, dann umfasst die Residualgröße *e* nur zufällige Effekte, die positive und negative Abweichungen zwischen beobachteten und geschätzten Werten verursachen" (Backhaus et al., 2003, S. 82). Im Mittel sollen sich also die Werte der Residualvariablen *e* ausgleichen. Eine Verletzung dieser Annahme kann eine Verzerrung der Werte der Regressionskonstante zur Folge haben (ebd.).

(5) *Homoskedastizität*: Dies bedeutet, dass die Varianz der Residualvariablen *e* für alle Kombinationen der Werte der unabhängigen Variablen gleich sein soll. „If these variance changes with any of the explanatory variables, then heteroskedasticity is present" (Wooldridge, 2009, S. 94). Das Vorliegen von Heteroskedastizität führt zu inkorrekten Schätzungen der Varianz der Regressionskoeffizienten (s. Bühner & Ziegler, 2009, S. 671).

Während also eine Verletzung der Annahmen 3 und 4 zu Schwierigkeiten bezüglich der Schätzung der Werte der Regressionskonstante und -koeffizienten führt, erschwert die Verletzung der Annahmen 2 und 5 die Übertragbarkeit der Ergebnisse der Regressionsanalyse auf eine zugrunde liegende größere Population (Grundgesamtheit) (s. hierzu Kapitel 10). Die Verletzung der ersten Annahme führt zu beiden Einschränkungssorten und macht die Durchführung einer linearen Regressionsanalyse überflüssig. Die Haltbarkeit dieser Annahmen kann mithilfe von verschiedenen statistischen Programmen wie z. B. SPSS oder R überprüft werden.

9.5 Zusammenfassung

In diesem Kapitel haben wir uns mit dem Verfahren der linearen Regressionsanalyse auseinandergesetzt. „Die Regressionsanalyse bildet eines der flexibelsten und am häufigsten eingesetzten statistischen Analyseverfahren" (Backhaus et al., 2003, S. 46). Mit ihrer Hilfe lässt sich die Beziehung zwischen zwei oder mehreren Variablen analysieren. Während die eine Variable als abhängige Variable betrachtet wird, werden die restlichen Variablen als unabhängige Variablen angesehen. Die Ausprägung der abhängigen Variablen wird also auf den Einfluss der unabhängigen Variablen zurückgeführt (regrediert). Die abhängige Variable muss mindestens intervallskaliert sein, während die unabhängigen Variablen jegliches Skalierungsniveau aufweisen können. Die Basis dieses Verfahrens ist die sogenannte Linearitätsannahme. Dies bedeutet, dass Änderungen in den Werten der unabhängigen Variablen mit proportionalen Änderungen in den Werten der abhängigen Variablen einhergehen sollen. Grafisch soll diese Beziehung durch eine gerade Linie zu beschreiben sein.

Je nach Anzahl der unabhängigen Variablen lassen sich regressionsanalytische Verfahren in binäre und multiple unterscheiden. Im ersten Fall wird der Zusammenhang nur zwischen einer abhängigen und einer unabhängigen Variablen untersucht. Bei einer multiplen linearen Regressionsanalyse wird der simultane Einfluss von zwei oder mehreren unabhängigen Variablen auf eine abhängige Variable analysiert. Der Einfluss der unabhängigen Variablen wird anhand der Regressionskonstanten und -koeffizienten beschrieben. Die Regressionskonstante prognostiziert den durchschnittlichen Wert der abhängigen Variablen, wenn die Werte der unabhängigen Variablen 0 sind. Die Regressionskoeffizienten sagen die Entwicklung der abhängigen Variablen in Zusammenhang mit der Entwicklung der unabhängigen Variablen vorher. Regressionskonstante und -koeffizienten werden mithilfe der Methode der kleinsten Quadrate geschätzt. Ziel dieser Methode ist die Verminderung des Vorhersagefehlers in Bezug auf die Werte der abhängigen Variablen unter Berücksichtigung der Werte der unabhängigen Variablen.

Nicht nur die Schätzung der Regressionskonstanten und -koeffizienten sind mithilfe einer Regressionsanalyse möglich, sondern man ist auch in der Lage, den Varianzanteil der abhängigen Variablen zu bestimmen, welcher durch die unabhängigen Variablen erklärt wird. Dieses Maß heißt Determinationskoeffizient und kann Werte zwischen 0 und 1 annehmen. Wenn man den Wert des Determinationskoeffizienten mit 100 multipliziert, erhält man den Anteil der erklärten Varianz der abhängigen Variablen in Prozent. Die Möglichkeit der Berechnung von Varianzanteilen rechtfertigt die Bezeichnung der Regressionsanalyse als ein varianzanalytisches Verfahren.

Neben der Linearitätsannahme, welche den Grundstein der linearen Regressionsanalyse bildet, ist die Durchführung dieses Verfahrens mit der Erfüllung von vier weiteren Annahmen (Zufallsstichprobe, keine Multikollinearität, Erwartungswert der Residualgröße e soll 0 sein, Homoskedastizität) verbunden. Die Erfüllung dieser Annahmen gewährleistet den „best linear unbiased estimator" (BLUE) und kann mit verschiedenen statistischen Programmen überprüft werden.

9.6 Beispiele: Übungs- und Reflexionsaufgaben zu Kapitel 9

Betrachten Sie die folgenden drei Regressionsmodelle zur Schätzung von Disparitäten in der Lesekompetenz zwischen Jugendlichen ohne Migrationshintergrund und Jugendlichen mit Migrationshintergrund (weitere Informationen s. Stanat et al., 2010, S. 220).

2000	Modell I b	Modell I (SE)	Model II b	Model II (SE)	Model III b	Model III (SE)
Ohne Migrationshintergrund	514[*][a]	(2,3)	512[*][a]	(2,1)	512[*][a]	(2,1)
Ein Elternteil ins Ausland	−11	(7,4)	−11	(6,4)	−7	(6,3)
Zweite Generation	−56[a]	(11,6)	−34[a]	(9,6)	−4	(11,8)
Erste Generation	−91[a]	(14,6)	−68[a]	(10,9)	−29[a]	(11,2)
Nicht zuzuordnen	−87[a]	(20,3)	−70[a]	(21,1)	−62[a]	(18,0)
HISEI[1]			22[a]	(2,4)	21[a]	(2,4)
Kulturgüter[1]			18[a]	(1,6)	17[a]	(1,6)
Bildungsniveau der Eltern[1]			12[a]	(2,1)	11[a]	(2,2)
Sprachgebrauch[2]					−60[a]	(11,7)
n	4152		4152		4152	
r^2	0,06		0,22		0,23	

Anmerkung. Daten beruhe auf Schülerangaben; ohne Sonder- und Förderschüler/innen
* Die hier angegebenen Regressionskonstante ist der Mittelwert in der Gruppe der Schüler/innen ohne Migrationshintergrund. Für die Schüler/innen mit Migrationshintergrund gibt der Regressionskoeffizient jeweils die Abweichung von der Regressionskonstanten an.
[1] z-standardisiert
[2] Referenzgruppe: Deutsch als Familiensprache
[a] signifikante Partialregressionskoeffizienten ($p < 0.5$)

Tabelle 9.7 Regressionsmodelle zum Einfluss soziodemografischer Variablen auf die Lesekompetenz (PISA 2009)©

(1) Identifizieren Sie die abhängige und die unabhängigen Variablen der drei Modelle multipler Regressionsanalysen.
(2) Benennen Sie die Konstante (Achsenabschnitt auf der Y-Achse) eines jeden Modells.
(3) Interpretieren Sie die Vorzeichen der Regressionskoeffizienten.

9.7   Anwendung in SPSS

Wir wollen nun anhand der PISA-Daten 2012 den Einfluss der Variablen *Geschlecht, Gefühl der Zugehörigkeit zur eigenen Schule, Schulform* und *Soziökonomische Status der Eltern* auf die Variable *Lesekompetenz (PV1READ)* anhand einer multiplen linearen Regressionsanalyse untersuchen.

Zur Messung des *sozioökonomischen Status* benutzen wir die Variable *ST28Q01*, welche sich auf die Frage „Wie viele Bücher habt ihr zuhause? Auf einen Meter Bücherregal passen ungefähr 40 Bücher. Zähl bitte Zeitschriften, Zeitungen und deine Schulbücher nicht mit" bezieht. Diese Variable hat folgende Kategorien:

1   *‚0 bis 10 Bücher‚*
2   *‚11 bis 25 Bücher‚*
3   *‚26 bis 100 Bücher‚*
4   *‚101 bis 200 Bücher‚*
5   *‚201 bis 500 Bücher‚*
6   *‚mehr als 500 Bücher‚*

Wir operationalisieren also den *sozioökonomischen Status der Eltern* der Schüler/innen nicht direkt, sondern mit einem Indikator, weil die internationale vergleichende Forschung gezeigt hat (Torney-Purta et al., 2001, S. 65), dass Schüler/innen häufig nicht sicher über das Bildungsniveau oder den Beruf ihrer Eltern sind.

Die Messung der *Schulform* basiert auf der Variablen *progn*, welche wir in Kapitel 6.6.1 kennengelernt haben. Von allen möglichen Schulformen haben wir zwischen den Gymnasiasten/-innen und den restlichen Schülern/-innen unterschieden. Anhand des folgenden Befehls haben wir die Variable *Gym* erstellt:

```
compute Gym = 0.
if (progn = '02760004' or progn = '02760005') gym = 1.
variable labels Gym 'besuchte Schulform Gymnasium?'.
value labels Gym 0 'nein' 1 'ja'.
freq Gym.
```

Mit dem ersten Befehl *(compute)* haben wir die Variable *Gym* erstellt, welche den
Wert 0 aufweist. Mit dem zweiten Befehl *(if)* haben wir der Variablen *Gym* den
Wert 1 zugewiesen, falls die Variable *progn* die Werte 02760004 oder 02760005 enthält. Diese Werte beziehen sich auf die Gymnasiasten/-innen. Dadurch weist die
Variable *Gym* die Kategorien 0 *(keine Gymnasiasten/-innen)* und 1 *(Gymnasias-
ten/-innen)* auf. Wir haben hierbei nicht mehrere Schulformen berücksichtigt, da
wir vermuten, dass die Gymnasiasten/-innen bessere Lesekompetenzwerte haben
als alle anderen Schüler/innen.

Des Weiteren bezieht sich das *Geschlecht* auf die Variable *ST04Q01* mit den
Kategorien 1 ‚*weiblich*‘ und 2 ‚*männlich*‘. Das *Gefühl der Zugehörigkeit zur eigenen
Schule* haben wir mit der Variablen *Sch_Zug_a* gemessen. Wir haben hierbei die
additive Skala (s. Kapitel 8.6) berücksichtigt, da sie eine größere Anzahl von gültigen Fällen hat als die Variable *Sch_Zug_d* (Durchschnittsskala).

Was das Skalierungsniveau unserer unabhängigen Variablen angeht, ist die
Variable *ST04Q01 (Geschlecht)* nominalskaliert, während die Variablen *Gym* und
ST28Q01 (Anzahl der Bücher) ordinalskaliert sind. Das höchste Skalierungsniveau
hat die Variable *Sch_Zug_a*, welche intervallskaliert ist. Bei der Durchführung einer Regressionsanalyse in SPSS werden alle Variablen als metrische Variablen behandelt. D. h., es gibt keine Möglichkeit, dem Programm das Skalierungsniveau
der jeweiligen Variablen mitzuteilen. Wenn die nominal- oder ordinalskalierten
Variablen dichotom sind, hat das keinen Einfluss auf die Analyseergebnisse. Falls
das nicht der Fall ist, muss man sogenannte *Dummy-Variablen* erstellen. Dadurch
wird z. B. eine kategoriale Variable mit *k* Kategorien in *k – 1* dichotomen Variablen
überführt. Wenn z. B. eine kategoriale Variable (egal ob nominal- oder ordinalskaliert) fünf Kategorien hat, muss man vier dichotomen Dummy-Variablen mit den
Ausprägungen 0 und 1 erstellen, wobei sich jede Dummy-Variable auf eine Kategorie der kategorialen Variablen bezieht. Die Kategorie, die man auslässt, bildet
die Referenzkategorie und ist wichtig bei der Interpretation der Koeffizienten der
Regressionsanalyse (s. als Beispiel die Dummy-Kodierung des Migrationshinter-
grunds in Abschnitt 9.6.1).

Bevor wir also die multiple Regressionsanalyse in SPSS berechnen, müssen wir
für die sechs Kategorien der Variablen *ST28Q01* fünf Dummy-Variablen erstellen.
Wir haben uns entschieden, die erste Kategorie der Variablen *ST28Q01* (1 = *0 bis
10 Bücher*) als Referenzkategorie zu betrachten. D. h., wir müssen für diese Kategorie keine Dummy-Variable erstellen. Die fünf Dummy-Variablen haben wir mit
den folgenden Befehlen erstellt:

```
missing values ST28Q01 (7, 8, 9).
if (nvalid(ST28Q01) = 1) B_11_25 = 0.
if (ST28Q01 = 2) B_11_25 = 1.
variable labels B_11_25 'Anzahl der Bücher zuhause, 11 bis 25'.
value labels B_11_25 0 'nein' 1 'ja'.
freq B_11_25.

if (nvalid(ST28Q01) = 1) B_26_100 = 0.
if (ST28Q01 = 3) B_26_100 = 1.
variable labels B_26_100 'Anzahl der Bücher zuhause, 26 bis 100'.
value labels B_26_100 0 'nein' 1 'ja'.
freq B_26_100.

if (nvalid(ST28Q01) = 1) B_101_200 = 0.
if (ST28Q01 = 4) B_101_200 = 1.
variable labels B_101_200 'Anzahl der Bücher zuhause, 101 bis
   200'.
value labels B_101_200 0 'nein' 1 'ja'.
freq B_101_200.

if (nvalid(ST28Q01) = 1) B_201_500 = 0.
if (ST28Q01 = 5) B_201_500 = 1.
variable labels B_201_500 'Anzahl der Bücher zuhause, 201 bis
   500'.
value labels B_201_500 0 'nein' 1 'ja'.
freq B_201_500.

if (nvalid(ST28Q01) = 1) B_500plus = 0.
if (ST28Q01 = 6) B_500plus = 1.
variable labels B_500plus 'Anzahl der Bücher zuhause, mehr als
   500'.
value labels B_500plus 0 'nein' 1 'ja'.
freq B_500plus.
```

Zuerst haben wir die Werte 7, 8 und 9 bei der Variablen *ST28Q01* als fehlend definiert. Danach haben wir die Dummy-Variable *B_11_25* erstellt. Mit dem ersten *if*-Befehl haben wir dieser Variablen den Wert 0 zugewiesen, falls die Variable *ST28Q01* einen gültigen Wert aufweist. Dies haben wir mit dem Argument *nvalid(ST28Q01) = 1* getan, wobei der Wert 1 den Wahrheitsgehalt (TRUE) des Argumentes *nvalid(ST28Q01)* wiedergibt (d. h., alle gültigen Werte der Variablen *ST28Q01*). Mit dem zweiten *if*-Befehl haben wir dann der Variablen *B_11_25* den Wert 1 zugewiesen, falls die Variable *ST28Q01* den Wert 2 (also *11 bis 25 Bücher*) hat. Auf die gleiche Art und Weise haben wir die restlichen vier Dummy-Variablen erstellt.

Wir können nun mit der Berechnung der multiplen linearen Regressionsanalyse beginnen. Dafür muss man sukzessiv in der Menüleiste auf *Analysieren → Regression → Linear …* klicken. Dadurch öffnet sich das in Abbildung 9.9 dargestellte Fenster. Wir haben im linken Bereich der Abbildung 9.9 die Variablen *Sch_Zug_a*, *ST04Q01, Gym, B_11_25, B_26_100, B_101_200, B_201_500* und *B_500plus* gesucht und markiert. Danach haben wir diese Variablen durchs Klicken auf den

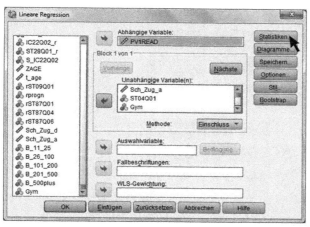

Abbildung 9.9   Berechnung einer linearen Regressionsanalyse in SPSS©

Pfeil neben dem Feld *Unabhängige Variable(n):* in diesen Feld überführt. Auf ähnliche Art und Weise haben wir die Variable *PV1READ* ins Feld *Abhängige Variable:* gebracht. Danach muss man auf *Statistiken …* klicken. Dadurch öffnet sich das in Abbildung 9.10 dargestellte Fenster. Hierbei haben wir per Mausklick die Kästchen *Schätzungen, Anpassungsgüte des Modells* und *Kollinearitätsdiagnose* markiert. Mit Klicken auf die Fläche *Weiter* erscheint das in Abbildung 9.9 dargestellte Fenster. Nun muss man auf die Fläche *Diagramme …* klicken. Dadurch öffnet sich das in Abbildung 9.11 dargestellte Fenster, anhand dessen ein Streudiagramm zu Prüfung der Prämissen der Homoskedastizität und Linearität erstellt werden kann. Dafür muss man die Variable **ZPRED* der X-Achse (X̲) und die Variable

Abbildung 9.10 SPSS-Fenster Lineare Regression: Statistiken©

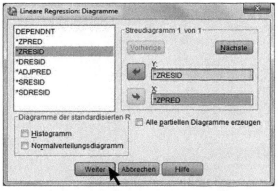

Abbildung 9.11 SPSS-Fenster Lineare Regression: Diagramme©

*ZRESID der Y-Achse (Y:) zuordnen. Bei der Variablen *ZPRED handelt es sich um die auf Basis der Regressionsgleichung vorhergesagten standardisierten z-Werte, während die Variable *ZRESID die Abweichungen von der Regressionsgeraden in z-Werteeinheiten wiedergibt. Danach klicken wir auf *Weiter*. Dadurch erscheint wieder das in Abbildung 9.9 dargestellte Fenster. Indem wir hierbei auf *Einfügen* klicken, wird in unsere Syntaxdatei der folgende Befehl geschrieben:

```
REGRESSION
 /MISSING LISTWISE
 /STATISTICS COEFF OUTS R ANOVA COLLIN TOL
 /CRITERIA=PIN(.05) POUT(.10)
 /NOORIGIN
 /DEPENDENT PV1READ
 /METHOD = ENTER
  Sch_Zug_a ST04Q01 Gym B_11_25 B_26_100 B_101_200 B_201_500
  B_500plus
 /SCATTERPLOT=(*ZRESID ,*ZPRED).
```

Nach der Ausführung dieses Befehls erscheint in der SPSS-Ausgabe ein Fenster mit der Überschrift *Modellzusammenfassung* (ohne Darstellung). Dieses Fenster informiert uns über den Wert des Determinationskoeffizienten r^2, der 0,454 beträgt. D. h., unsere unabhängigen Variablen erklären 45,4 % der Varianz der abhängigen Variablen *Lesekompetenz*. Danach folgt in der SPSS-Ausgabe eine Tabelle mit der Überschrift *ANOVA* (ohne Darstellung). Diese Tabelle bezieht sich auf die Testung der *statistischen Signifikanz* des Determinationskoeffizienten (s. detailliert Kapitel 12).

Die wichtigste Ausgabe unserer Regressionsanalyse ist in der Tabelle mit der Überschrift *Koeffizienten* zu sehen (Abbildung 9.12). Betrachten wir zuerst in der Spalte *Nicht standardisierte Koeffizienten* die Unterspalte *RegressionskoeffiezientB*. In dieser Spalte sind die Werte der unstandardisierten Regressionskoeffizienten aufgeführt. Beispielsweise beträgt der Wert der Regressionskonstante 503,793 und bedeutet, dass wenn der Wert unserer unabhängigen Variablen 0 ist, der durchschnittliche Wert der *Lesekompetenz* dann 503,793 Punkte beträgt. Danach folgt der Koeffizient der Variable *Gefühl der Zugehörigkeit zur eigenen Schule*. Dieser Wert beträgt −1,136 und bedeutet, dass wenn – unter Kontrolle der anderen unabhängigen Variablen – sich der Wert von *Gefühl der Zugehörigkeit* um eine Einheit erhöht, dann der Wert der *Lesekompetenz* um 1,136 Punkte sinkt. Da hohe Werte der *Gefühl*-Skala ein niedriges *Gefühl der Zugehörigkeit zur eigenen Schule* signalisieren, bedeutet dies mit anderen Worten, dass je höher die *Gefühl*-Skala ausgeprägt ist, desto höher sind die Lesekompetenzwerte. Der Effekt des *Geschlechts* beträgt −33,877 und bedeutet, dass unter Kontrolle der anderen unabhängigen Variablen Schüler im Vergleich zu Schülerinnen einen im Durchschnitt um 33,877 Punkten niedrigere *Lesekompetenz* aufweisen[27]. Was den Effekt der Schulform

---

27 Die Referenzkategorie bilden hierbei die Schülerinnen, da sie mit dem Wert 1 kodiert wur-

anbelangt, sieht man anhand Abbildung 9.12, dass sich Gymnasiasten/innen im Vergleich zu allen anderen Schüler/innen durch eine im Durchschnitt um 84,836 Punkte höhere *Lesekompetenz* charakterisieren lassen. In Bezug auf den Effekt des *soziökonomischen Status* kann man einen positiven und linearen Effekt feststellen. Beispielsweise weisen unter Kontrolle aller anderen unabhängigen Variablen Schüler/innen, die zuhause 11 bis 25 Bücher haben, im Vergleich zu Schülern/-innen, die weniger als 11 Bücher zuhause haben (Referenzkategorie), eine um 31,081 Punkte höhere *Lesekompetenz* auf. Falls die Schüler/innen 26 bis 100 Bücher zuhause haben, beträgt diese Differenz 50,473 Punkte. Falls sie mehr als 500 Bücher haben, beträgt sie 75,777 Punkte. Je höher also die *Anzahl der Bücher,* desto höher die Ausprägung der *Lesekompetenz.*

In Bezug auf die Frage, welche unabhängige Variable den stärksten Effekt auf die *Lesekompetenz* hat, kann man anhand der Spalte *Standardisierte Koeffizienten* in Abbildung 9.12 behaupten, dass die *Schulform* mit einem beta-Wert von 0,488

Koeffizienten[a]

Modell		Nicht standardisierte Koeffizienten		Standardisierte Koeffizienten	T	Sig.	Kollinearitätsstatistik	
		Regressions koeffizientB	Standardfehler r	Beta			Toleranz	VIF
1	(Konstante)	503,793	7,423		67,865	,000		
	Sch_Zug_a Skala: Gefuehl der Zugehoerigkeit zur eigenen Schule (additive Skala)	-1,136	,275	-,060	-4,132	,000	,992	1,008
	ST04Q01 Geschlecht der Schüler	-33,877	2,508	-,198	-13,506	,000	,989	1,012
	Gym besuchte Schulform Gymnasium?	84,836	2,733	,488	31,046	,000	,859	1,164
	B_11_25 Anzahl der Bücher zuhause, 11 bis 25	31,081	5,517	,123	5,633	,000	,449	2,229
	B_26_100 Anzahl der Bücher zuhause, 26 bis 100	50,473	4,938	,266	10,221	,000	,313	3,198
	B_101_200 Anzahl der Bücher zuhause, 101 bis 200	54,665	5,213	,259	10,486	,000	,347	2,881
	B_201_500 Anzahl der Bücher zuhause, 201 bis 500	77,634	5,402	,349	14,372	,000	,361	2,773
	B_500plus Anzahl der Bücher zuhause, mehr als 500	75,777	5,902	,279	12,840	,000	,450	2,222

a. Abhängige Variable: PV1READ

Abbildung 9.12 SPSS-Fenster lineare Regression: Koeffizienten[©]

den. Die Schüler weisen den Code 2 auf. SPSS betrachtet bei dichotomen Variablen die kleinste Kategorie als die Referenzkategorie.

die größte Erklärungskraft hat. Danach folgen die Dummy-Variablen zur Messung vom *soziökonomischen Status*. Den niedrigsten Effekt hat die Variable *Gefühl der Zugehörigkeit zur eigenen Schule*.

Des Weiteren ist für die Inhalte dieses Kapitels die Spalte *Kollinearitätsstatistik* wichtig. Anhand der Unterspalten *Toleranz* und *VIF* (aus dem Englischen Variance Inflation Factor) kann man eine Entscheidung über das Vorhandensein von Multikollinearität zwischen den unabhängigen Variablen treffen. Falls die *VIF*-Werte > 10 und die Toleranz-Werte < 0,10 sind, deutet das auf das Vorhandensein von Multikollinearität hin (s. Bühner & Ziegler, 2009, S. 678). Da in Abbildung 9.12 die *VIF*- und Toleranzwerte diese Grenzen nicht überschreiten, können wir davon ausgehen, dass es keine Multikollinearität gibt. Das spricht für die Qualität unserer multiplen Regressionsanalyse. Die restlichen Spalten *(Standardfehler, T, sig.)* stehen im Fokus der nächsten Kapitel (insbesondere Kapitel 12) und werden dort näher beschrieben.

Am Ende der SPSS-Ausgabe erscheint das in Abbildung 9.13 dargestellte Streudiagramm. Wie schon erwähnt, sind auf der *X*-Achse die auf Basis der Regres-

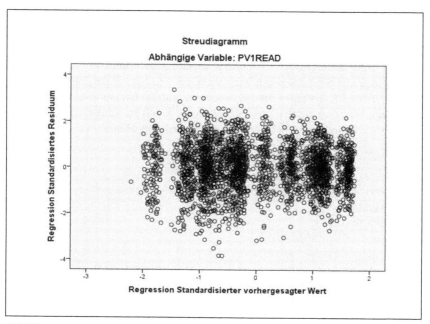

Abbildung 9.13   SPSS-Fenster Streudiagramm zur Prüfung von Homoskedastizität und Linearität©

sionsgleichung z-transformierten vorhersagten Werte, während auf der Y-Achse die z-Werte der Residuen dargestellt sind. Die Prämisse der Homoskedastizität ist dann gegeben, wenn die Streuung der Punktewolke zufällig ist. Da dies bei dem in Abbildung 9.13 dargestellten Diagramm der Fall ist, gehen wir davon aus, dass die Prämisse der Homoskedastizität erfüllt ist. In Bezug auf die Prämisse der Linearität gilt Folgendes: „If the dependent variable is linearly related to the independent variables, there should be no systematic relationship between the residuals and the predicted (that is, fitted) values" (Kabacoff, 2011, S. 190). D. h., falls in Abbildung 9.13 ein (lineares) Zusammenhangsmuster in Bezug auf die Verteilung der Punktewolke zu erkennen ist, dann ist die Prämisse der Linearität verletzt. Für unser Beispiel ist dies nicht der Fall. Wir können also davon ausgehen, dass die Prämisse der Linearität erfüllt ist.

Bevor wir das Programm schließen, müssen wir die Syntaxdatei und den SPSS-Datensatz speichern. Die Syntaxdatei haben wir als *Syntax_9_7.sps* gespeichert. Den Datensatz haben wir unter dem Namen *PISA_9.sav* gespeichert. Dieser Datensatz bildet die Grundlage für die in Kapitel 10 dargestellten SPSS-Anwendungen.

9.8 Anwendung in R

Um die in SPSS durchgeführte multiple lineare Regression in R zu replizieren, muss man zuerst die dichotomen Variablen *Gym, B_11_25, B_26_100, B_101_200, B_201_500* und *B_500plus* erstellen, wobei wir auf die Benennung der Variablen und deren Werte verzichten, um den Arbeitsaufwand zu minimieren. Diese Arbeitsschritte kann man in R durch folgende Befehle bewältigen:

```
setwd("C:/SPSS-,_R-Analysen/R/Kapitel_9")
Pisa9 <- read.csv2("Pisa8.csv")
fix(Pisa9)
library(Deducer)


###Dummy-Variablen erstellen
##Schulform Gymnasium
frequencies(Pisa9$progn)
Pisa9$Gym[Pisa9$progn >= 2760001] <- 0
Pisa9$Gym[Pisa9$progn == 2760004 | Pisa9$progn == 2760005] <- 1
frequencies(Pisa9$Gym)
```

```
## Anzahl der Bücher zuhause
Pisa9$ST28Q01[Pisa9$ST28Q01 >= 7] <- NA

Pisa9$B_11_25[Pisa9$ST28Q01 >= 1] <- 0
Pisa9$B_11_25[Pisa9$ST28Q01 == 2] <- 1
frequencies(Pisa9$B_11_25)

Pisa9$B_26_100[Pisa9$ST28Q01 >= 1] <- 0
Pisa9$B_26_100[Pisa9$ST28Q01 == 3] <- 1
frequencies(Pisa9$B_26_100)

Pisa9$B_101_200[Pisa9$ST28Q01 >= 1] <- 0
Pisa9$B_101_200[Pisa9$ST28Q01 == 4] <- 1
frequencies(Pisa9$B_101_200)

Pisa9$B_201_500[Pisa9$ST28Q01 >= 1] <- 0
Pisa9$B_201_500[Pisa9$ST28Q01 == 5] <- 1
frequencies(Pisa9$B_201_500)

Pisa9$B_500plus[Pisa9$ST28Q01 >= 1] <- 0
Pisa9$B_500plus[Pisa9$ST28Q01 == 6] <- 1
frequencies(Pisa9$B_500plus)
```

Die ersten drei Befehle beziehen sich auf das Einlesen der Daten. Der Datensatz dieses Kapitels trägt also den Namen *Pisa9*. Danach haben wir das Paket *Deducer* geladen, um verschiedene Häufigkeitstabellen erstellen zu können. Als Nächstes haben wir die Variable *Gym* erstellt. Bevor wir die Dummy-Variablen in Bezug auf die Variable *Anzahl der Bücher zuhause* konstruiert haben, haben wir die fehlenden Werte (7, 8, 9) für die Variable *Anzahl der Bücher zuhause* definiert. Die fünf Dummy-Variablen haben immer zwei Kategorien (0, 1) und sind mit den von SPSS erstellten Variablen identisch.

Nun können wir mit der Berechnung der Regressionsanalyse weiter machen. Der Befehl dazu lautet:

```
Model_1 <- lm(PV1READ ~ Sch_Zug_a + ST04Q01 + Gym + B_11_25 +
  B_26_100 + B_101_200 + B_201_500 + B_500plus, data = Pisa9)
summary(Model_1)
vif(Model_1)
```

Die Berechnung einer (multiplen) linearen Regressionsanalyse findet anhand der Funktion *lm* (aus dem Englischen linear model) statt. Diese Funktion benötigt innerhalb eines Klammerpaares den Namen der abhängigen Variablen und nach einer Tilde die Namen der unabhängigen Variablen, wobei nach jeder unabhängigen Variablen ein Pluszeichen (+) gesetzt werden soll. Am Ende der Funktion muss man noch das Argument *data* betrachten und hierbei den Namen des Datensatzes nach dem Gleichheitszeichen (=) angeben. Die Funktion *lm* soll in einem Objekt gespeichert werden, wobei der Name des Objektes willkürlich ist. Wir haben uns für den Namen *Model_1* entschieden. Mit dem nächsten Befehl *(summary(Model_1))* werden die Ergebnisse der Regressionsanalyse in der R-Konsole in tabellarischer Form ausgegeben. Mit dem Befehl *vif(Model_1)* werden in der R-Konsole die *VIF*-Werte ausgegeben, die wir benötigen, um die Gültigkeit der Prämisse der Multikollinearität zu testen. Nach der Ausführung dieser Befehle erscheint in der R-Konsole die in Abbildung 9.14 dargestellte Ausgabe.

Die in R berechnete multiple Regression ist mit jener in SPSS berechneten identisch. Allerdings fehlen in der R-Ausgabe die standardisierten Regressionskoeffizienten. Um Sie zu berechnen, muss man zuerst das Paket *QuantPsyc* installieren und laden. Danach muss man die Funktion *lm.beta* ausführen:

```
library(QuantPsyc)
lm.beta(Model_1)
```

```
R Console
Coefficients:
                Estimate Std. Error t value Pr(>|t|)
(Intercept)      503.793      7.423  67.865  < 2e-16 ***
Sch_Zug_a         -1.136      0.275  -4.132 3.71e-05 ***
ST04Q01          -33.877      2.508 -13.506  < 2e-16 ***
Gym               84.836      2.733  31.046  < 2e-16 ***
B_11_25           31.081      5.517   5.633 1.96e-08 ***
B_26_100          50.473      4.938  10.221  < 2e-16 ***
B_101_200         54.665      5.213  10.486  < 2e-16 ***
B_201_500         77.634      5.402  14.372  < 2e-16 ***
B_500plus         75.776      5.902  12.840  < 2e-16 ***
---
Signif. codes:  0 '***' 0.001 '**' 0.01 '*' 0.05 '.' 0.1 ' ' 1

Residual standard error: 63.33 on 2572 degrees of freedom
  (2420 observations deleted due to missingness)
Multiple R-squared:  0.454,     Adjusted R-squared:  0.4523
F-statistic: 267.4 on 8 and 2572 DF,  p-value: < 2.2e-16

> vif(Model_1)
Sch_Zug_a    ST04Q01       Gym   B_11_25  B_26_100 B_101_200 B_201_500 B_500plus
 1.007562   1.011627  1.164221  2.229201  3.198464  2.881417  2.773160  2.221905
```

Abbildung 9.14   Ergebnisse der multiplen linearen Regressionsanalyse in der R-Konsole©

Alternativ kann man die standardisierten Regressionskoeffizienten durch folgende Befehle berechnen:

```
auswahl <- c("PV1READ", "Sch_Zug_a", "ST04Q01", "Gym", "B_11_25",
  "B_26_100", "B_101_200", "B_201_500", "B_500plus")
Daten <- Pisa9[auswahl]
newdata <- na.omit(Daten)
Model_2 <- lm(scale(PV1READ) ~ scale(Sch_Zug_a) + scale(ST04Q01) +
  scale(Gym) + scale(B_11_25) + scale(B_26_100) + scale(B_101_200)
  + scale(B_201_500) + scale(B_500plus), data = newdata)
options(scipen=999)
summary(Model_2)
```

Wir haben also zuerst den Datensatz mit dem willkürlichen Namen *Daten* erstellt, der aus unseren neuen Variablen besteht, für die die multiple Regression berechnet wird. Danach haben wir mit dem Befehl *newdata <- na.omit(Daten)* den Datensatz mit dem ebenfalls willkürlichen Namen *newdata* erstellt, der nur aus den gültigen Fällen all dieser neuen Variablen besteht. Dieser Datensatz bildet die Grundlage für die Berechnung des Regressionsmodells im nächsten Befehl, welche in dem Objekt mit dem willkürlichen Namen *Model_2* gespeichert worden ist. Bei diesem Regressionsmodell sind alle Variablen mit der Funktion *scale* (s. Kapitel 5.6) *z*-transformiert worden. Wie wir im Kapitel 9.2.1 erwähnt haben, handelt es sich bei standardisierten Regressionskoeffizienten um die Regressionskoeffizienten von *z*-transformierten Variablen. Wir haben die multiple Regression auf Basis der Variablen ohne fehlende Werte berechnet, damit alle Variablen die gleiche Anzahl von Fällen aufweisen. Hätten wir dies nicht getan und die Regressionsanalyse mit den *z*-transformierten Variablen berechnet, wären Mittelwerte und Standardabweichungen bei den *z*-transformierten Variablen nicht 0 und 1, weil bei der Durchführung der Regressionsanalyse in R oder SPSS alle fehlenden Werte automatisch ausgeschlossen werden (listenweiser Fallausschluss). Mit dem nächsten Befehl *options(scipen=999)* wird die wissenschaftliche Notation bei der Zahlendarstellung der Berechnungen außer Kraft gesetzt. Mit dem letzten Befehl *summary(Model_2)* werden dann die standardisierten Regressionskoeffizienten ausgegeben. Diese sind (hier nicht dargestellt) mit den von SPSS berechneten Werten identisch.

Zum Schluss sollen noch ein paar Grafiken zu Prüfung der Regressionsprämissen erstellt werden. Durch die Funktion *plot* werden per R-Voreinstellung vier Grafiken erstellt, die uns helfen, eine Entscheidung über die Erfüllung von Linearität, Multikollinearität und Erwartungswert der Residuen zu treffen. Diese Grafiken können mit folgenden Befehlen erstellt werden:

```
par(mfrow=c(2,2))
plot(Model_1)
```

Mit dem ersten Befehl werden alle vier Grafiken in einem Diagrammfenster ausgegeben. Falls wir diesen Befehl auslassen, werden vier Diagramme in vier Fenstern erstellt. Dies erschwert die Darstellungsmöglichkeiten. Mit dem zweiten Befehl werden die Diagramme erstellt. Diese sind Abbildung 9.15 zu entnehmen.

Das Diagramm mit der Überschrift *Residuals vs. Fitted* bezieht sich auf die Prüfung der Linearitätsannahme. Falls die Streuung der Punktewolke zufälliger Natur ist, dann ist die Prämisse der Linearität erfüllt. Dies ist der Fall in Bezug auf unser Diagramm. Das Diagramm mit der Überschrift *Normal Q-Q* hilft uns, eine Entscheidung in Bezug auf den Erwartungswert der Residuen, der 0 sein sollte, zu treffen. Dies ist der Fall, wenn die Punkte in diesem Diagramm eine 45° Linie zeichnen. Offensichtlich gilt das für die Ergebnisse unserer Regressionsanalyse. Das nächste Diagramm mit der Überschrift *Scale-Location* bezieht sich auf die Prüfung der Homoskedastizität. Falls die Streuung der Punktewolke um die

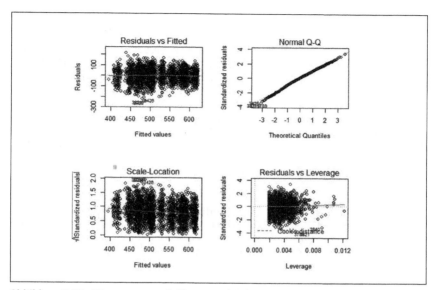

Abbildung 9.15 Diagramme zur Prüfung verschiedener Regressionsannahmen©

durchgezogene Linie zufällig ist, dann ist die Prämisse der Homoskedastizität gültig. Das ist auch der Fall bei unserem Diagramm. Das letzte Diagramm mit dem Titel *Residuals vs. Leverage* ist nützlich, um Ausreißer (s. Kapitel 3.3) zu entdecken. Laut diesem Diagramm sind die Fälle 3 789, 3 821 und 2 840 Ausreißer und sollten vor der Berechnung der multiplen Regression ausgeschlossen werden.

Bevor wir R schließen, müssen wir den Datensatz erneut speichern. Wir haben dies mit folgendem Befehl getan:

```
write.csv2(Pisa9, file = "Pisa9.csv", row.names = FALSE)
```

Unser Datensatz ist also in der *Pisa9.csv*-Datei gespeichert, welche die Grundlage für die in Kapitel 10 dargestellten R-Analysen sein wird. Außerdem haben wir die Skriptdatei des Kapitels 9.7 als *Skript_9.8.r* im Ordner *Kapitel_9* gespeichert.

Literaturverzeichnis

Stanat, P.; Rauch, D.; Segeritz, M., (2010): Schülerinnen und Schüler mit Migrationshintergrund. In: Eckhard, K.; Artelt, C.; Hartig, J.; Jude, N.; Köller, O.; Prenzel, M.; Schneider, W.; Stanat, P. (Hrsg.), *PISA 2009. Bilanz nach einem Jahrzent.* Münster: Waxmann, S. 200–230.

Backhaus, K.; Erichson, B.; Plinke, W.; Weiber, R., (2003): Multivariate Analysemethoden. Eine anwendungsorientierte Einführung. Zehnte, neu bearbeitete und erweiterte Auflage. Berlin, Heidelberg, New York: Springer, S. 45–116.

Benninghaus, H. (1998): Einführung in die Sozialwissenschaftliche Datenanalyse. München: Oldenbourg Verlag, S. 311–344.

Bortz, J. (2005): Statistik für Human- und Sozialwissenschaftler. 6., vollständig überarbeitete Auflage. Berlin Heidelberg: Springer, S. 181–210.

Bortz, J. und Schuster, C. (2010): Statistik für Human- und Sozialwissenschaftler. 7., vollständig überarbeitete Auflage. Berlin Heidelberg: Springer, S. 342–349.

Bühner, M.; Ziegler, M. (2009): Statistik für Psychologen und Sozialwissenschaftler. München: Pearson Studium, S. 634–721.

Gehring, U. W. und Weins, C. (2009): Grundkurs Statistik für Politologen und Soziologen. 5., überarbeitete Auflage. Wiesbaden: VS Verlag für Sozialwissenschaften, S. 177–192.

Kabacoff, R. I. (2011): R in Action. Data analysis and graphics with R. Shelter Island: Manning, S. 173–218.

König, J. und Klemenz, S. (2015): Der Erwerb von pädagogischem Wissen bei angehenden Lehrkräften in unterschiedlichen Ausbildungskontexten: Zur Wirksamkeit der Lehrerausbildung in Deutschland und Österreich. *Zeitschrift für Erziehungswissenschaft, 18* (2), S. 247–277.

König, J.; Tachtsoglou, S.; Seifert A. (2012): Individuelle Voraussetzungen, Lerngelegenheiten und der Erwerb von pädagogischem Professionswissen. In: König, J. und Seifert, A. (Hrsg.), *Lehramtsstudierende erwerben pädagogisches Professionswissen. Ergebnisse der Längsschnittstudie LEK zur Wirksamkeit der erziehungswissenschaftlichen Lehrerausbildung.* Münster: Waxmann, S. 243–283.

Torney-Purta, J., R. Lehmann, H. Oswald, and W. Schulz (2001): Citizenship and education in twenty-eight countries: Civic knowledge and engagement at age 14. Amsterdam: IEA. http://www.wam.umd.edu/iea (accessed October 25, 2007).

Wooldridge, Jeffrey M. (2009): Introductory Econometrics. A Modern Approach. South-Western Cengage Learning, S. 84–105.

Teil III:
Inferenzstatistik

Stichprobe und Grundgesamtheit

10

In diesem Kapitel lernen Sie ...

Inhalte ➲ das Begriffspaar Stichprobe und Grundgesamtheit, Stichprobenarten und ihre Auswahlverfahren sowie Kriterien zur Beurteilung von Stichproben-Repräsentativität kennen.

Beispiele ➲ verschiedene Beispiele von Stichproben, Stichprobenarten und Auswahlverfahren hinsichtlich ihrer Qualität zu beurteilen.

Anwendungen ➲ in SPSS und R relevante Analyseschritte anzuwenden wie z. B. die Ziehung einer Zufallsstichprobe aus einem Datensatz.

Inhaltsübersicht des Kapitels

10.1   Allgemeines zu Inferenzstatistik

Bis jetzt haben wir uns mit Fragen der deskriptiven Statistik beschäftigt, d. h., wir haben verschiedene Kennzahlen kennengelernt, welche die Verteilung von Variablen auf univariater, bivariater oder multivariater Ebene beschreiben. Dabei wurden Fragen der Generalisierbarkeit der statistischen Analyseergebnisse ausgeklammert, obwohl diese eine der interessantesten Forschungsfragen ist: Kann man, ausgehend von einem Datensatz einer Stichprobe, darüber hinausgehende, allgemeingültige Aussagen formulieren? Kann man z. B. basierend auf den Daten von sechs Personen des vorigen Kapitels die Ergebnisse zum Zusammenhang zwischen *pädagogischem Wissen* und *Geschlecht* auf alle Studierende ihrer Universität übertragen? Die Beantwortung solcher Fragen stellt ein eigenes Statistik-Gebiet dar, das unter dem Namen *Inferenzstatistik, schließende Statistik, analytische Statistik* oder *induktive Statistik* bekannt ist.

Im Kern geht es darum, von Kennwerten einer Stichprobe (z. B. Mittelwert oder Häufigkeitsverteilung einer Variablen) auf die entsprechenden Kennwerte in der Grundgesamtheit (oder auch „Population"), aus der die Stichprobe stammt bzw. zuvor „gezogen" wurde, zu schließen, diese Populationskennwerte also zu „schätzen" (Abbildung 10.1). In diesem Fall spricht man über die Schätzung von *Parametern* in der Population (Bortz & Schuster, 2010, S. 79). In Bezug auf die Schätzung von Parametern kommt der Stichprobe und deren *Ziehung* eine zentrale Rolle zu, da nur eine Stichprobe, die ein „Miniaturbild" der Population ist, d. h.,

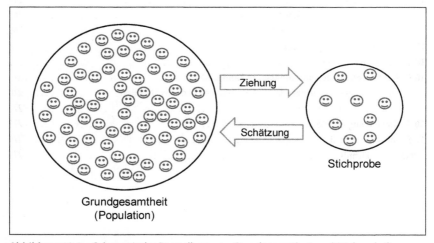

Abbildung 10.1   Schematische Darstellung von Grundgesamtheit und Stichprobe©

repräsentativ für die Population ist, präzise Parameterschätzungen gewährleistet (Bortz & Schuster, 2010, S. 79). Hauptgegenstand dieses Kapitels stellt somit die Beziehung zwischen Population und Stichprobe dar.

10.2 Die Bedeutung der Grundgesamtheit (Population)

In den Erziehungs- und Sozialwissenschaften wird üblicherweise die Population mit dem Begriff der *Grundgesamtheit* gleichgesetzt. „Unter Grundgesamtheit oder Population werden alle Einheiten verstanden, auf die sich die Untersuchungshypothesen beziehen, wobei die Einheiten real existieren müssen" (Gehring & Weins, 2009, S. 195). Beispielsweise bezogen sich die Hypothesen der PISA-Studie 2012 für Deutschland auf den Leistungsstand von 15-jährigen Jugendlichen, die in Deutschland zur Schule gingen (OECD, 2014; Sälzer & Prenzel, 2013). Diese deutsche Schülergruppe stellte demnach die Grundgesamtheit der PISA-Studie 2012 dar. Präzise Kenntnisse über die jeweilige Grundgesamtheit bilden die Basis für die Auswahl der jeweiligen Stichprobe, da, wie wir in den folgenden Kapitel sehen werden, nur so die Verallgemeinerung der statistischen Analysen gewährleistet werden kann. Allerdings kann man sich fragen, wieso man statistische Analysen basierend auf Stichproben und nicht auf Grundgesamtheiten durchführt?

Sicher haben Analysen, welche auf allen Einheiten der Grundgesamtheit basieren, den Vorteil, dass man sich mit Fragen der Inferenzstatistik nicht auseinandersetzen muss. Wenn man in der Lage ist, Daten von allen Einheiten zu erheben, worauf sich die jeweiligen Untersuchungshypothesen beziehen (in diesem Fall spricht man von einer *Vollerhebung*), dann kann man bereits mit Analyseverfahren der Deskriptivstatistik die Haltbarkeit der jeweiligen Hypothesen überprüfen. Leider sind Vollerhebungen in vielen Fällen sehr kosten- und zeitintensiv. Beispielsweise fand die letzte, auf Vollerhebung basierende Volkszählung in Deutschland im Jahre 1987 statt und kostete etwa eine Milliarde DM (Bierau, 2001). Unter anderem aus solch einem Grund befragt man nicht alle Elemente der interessierenden Grundgesamtheit, sondern trifft eine Auswahl, d.h., man entscheidet sich für eine Stichprobe. Bei der Stichprobe (im Englinschen sample) handelt es sich um eine Teilmenge der Grundgesamtheit, die vor der Untersuchung nach bestimmten Regeln gewonnen wird (Schnell et al., 2013).

„Der Preis für den Verzicht auf traditionelle Vollerhebung besteht darin, dass man die Verteilung bestimmter Merkmale in der Grundgesamtheit nicht mehr kennt, sondern schätzen muss" (Gehring & Weins, 2009, S. 193). Beispielsweise stellt Abbildung 10.2 die Ergebnisse der Bundestagswahl 2013[28] den Ergeb-

---

28 Die Bundestagswahl 2013 fand am 22.09.2013 statt.

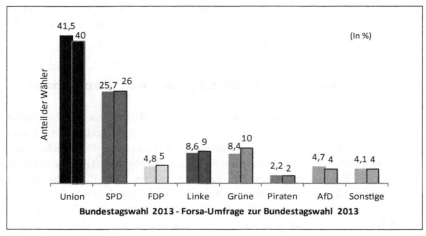

Abbildung 10.2 Ergebnis der Bundestagswahl 2013 und Prognose durch Forsa (gerahmte Balken beziehen sich auf die durch Forsa prognostizierten Werte)©

nissen der Forsa-Umfrage zum diesem Thema gegenüber, welche im Zeitraum vom 16. 09. 2013 bis 19. 09. 2013 auf Basis von 1 995 Befragten stattgefunden hatte. Ausgenommen den Prozentwerten der Grünen, wobei der Unterschied zwischen Forsa-Prognose und Bundestagswahl 2013 1,7 Prozentpunkte beträgt, liegen die Prozentwerte in den gerahmten Balken der Forsa-Umfrage recht nahe an den tatsächlichen Wahlergebnissen. Wie wir weiter unten sehen werden, hängt das Ergebnis der Parameterschätzung von der Qualität der Stichprobe ab.

Stichproben von hoher Qualität setzen präzise Kenntnisse über die jeweilige Grundgesamtheit voraus. Eine Definition der Grundgesamtheit hinsichtlich der für die jeweilige Untersuchung relevanten Designmerkmale ist dabei von grundsätzlicher Bedeutung (s. hierzu auch Abschnitt 10.4). In PISA stellt zum Beispiel das Alter von 15 Jahren der zu untersuchenden Jugendlichen ein wesentliches Definitions- und Designmerkmal der Grundgesamtheit dar. In diesem Zusammenhang ist die Unterscheidung zwischen Grundgesamtheit und *Auswahlgesamtheit* von Bedeutung, da meistens diese und nicht die Grundgesamtheit die Basis zur Auswahl der jeweiligen Stichprobe bildet. Beispielsweise bestand die Grundgesamtheit in der PISA-Studie 2012 aus 798 136 15-jährigen Schülern/-innen. Diese war die offizielle Zahl der 15-jährigen Schüler/innen in Deutschland laut statistischem Bundesamt. Tatsächlich aber basierte die Auswahl der Stichprobe auf 756 907 15-jährigen Schülern/-innen, da aus verschiedenen Gründen die Daten von allen 15-Jährigen nicht ermittelt werden konnten (s. Sälzer & Prenzel, 2013, S. 28–30). Dadurch hatten nicht alle 15-jährigen Schüler/innen die gleiche Chance in die Stichprobe zu gelangen. Während also die Grundgesamtheit alle Einheiten miteinschließt, über die Hypothesen geprüft werden sollten, umfasst die Auswahlgesamtheit alle Einheiten, welche eine Chance haben, in die Stichprobe zu gelangen.

Die Differenz zwischen Grund- und Auswahlgesamtheit kann zur Unter- bzw. Übererfassung der Grundgesamtheit führen. Die Untererfassung wird mit dem englischen Begriff *Undercoverage* bezeichnet und liegt dann vor, wenn Elemente der Grundgesamtheit nicht in der Auswahlgesamtheit vorhanden sind. Dagegen liegt eine Übererfassung (engl. *Overcoverage*) vor, wenn Elemente, welche nicht zur Grundgesamtheit gehören, in der Auswahlgesamtheit zu finden sind. Diese Sachlage verdeutlicht Abbildung 10.3. Das rot gerahmte Viereck (untere Viereck) könnte sich z. B. auf die Grundgesamtheit von PISA-Studie 2012 beziehen. Diese besteht, wie schon oben erwähnt, aus den Daten zu 798 136 15-jährigen Schülern/-innen in Bezug auf Schulform, Schulklasse etc., die zuvor von der amtlichen Statistik erfasst worden waren. Das grün gerahmte Viereck (obere Viereck) wiederum könnte indikativ für die Auswahlgesamtheit der PISA-Studie 2012 (756 907 15-jährige Schüler/innen) sein. Nun wäre es möglich, dass zum Tag der Stichprobenauswahl, welche auf der Liste des statistischen Bundesamtes zu den Daten von 798 136 15-jährigen Schülern/-innen basierte, manche Schüler/innen die Schulform gewechselt haben, andere waren vielleicht sitzengeblieben oder durch Auswanderung ihrer Eltern nicht mehr durch das deutsche Schulsystem erfasst worden. Dadurch wäre die Auswahlgesamtheit der PISA 2012 durch Overcoverage gekennzeichnet. Andererseits wäre es nicht auszuschließen, dass viele Schulen Schüler/innen enthalten, welche durch das statistische Bundesamt nicht erfasst worden sind. Diese könnten z. B. Migrantenkinder sein, die nach dem Datum der Erstellung der Liste des Bundesamts bezüglich der Anzahl der 15-jährigen Schüler/innen in einer deutschen Schule eingeschrieben worden waren. Dadurch wäre die Auswahlgesamtheit der PISA-Studie auch durch Undercoverage gekennzeichnet. Natürlich sieht man anhand Abbildung 10.3, dass es einen sehr großen Bereich gibt (weißes Viereck), indem sich Auswahl- und Grundgesamtheit überschneiden. D. h. je weniger sich Grund- und Auswahlgesamtheit voneinander unterscheiden, desto besser kann die Qualität der angestrebten Stichprobe sein, da sich dadurch die Wahrscheinlichkeit erhöht, dass sich die gezogene Stichprobe in dem weißen Viereck von Abbildung 10.3 befindet.

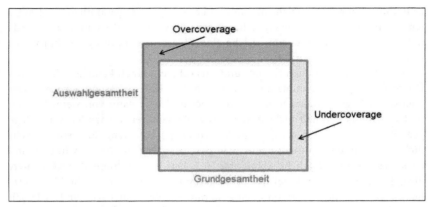

Abbildung 10.3   Beziehungsmuster zwischen Grundgesamtheit und Auswahlgesamtheit©

10.3   Stichprobenarten

Wie schon erwähnt, hängen die Resultate inferenzstatistischer Analysen von der Qualität der ausgewählten Stichprobe ab. Das Auswahlverfahren ist also determinierend für die Bezeichnung der jeweiligen Stichprobe. Grundsätzlich unterscheidet man zufallsgesteuerte und nicht-zufallsgesteuerte Auswahlverfahren. Es lässt sich zeigen, dass nur zufallsgesteuerte Verfahren der Stichprobenziehung anschließend Parameterschätzungen in der Grundgesamtheit anhand der Methoden der Inferenzstatistik ermöglichen (s. Diekmann, 1999, S. 330; Gehring & Weins, 2009, S. 219; Schnell et al., 2013, S. 257). Dies liegt unter anderem daran, „dass es für die Qualität der Stichprobe von Bedeutung ist, dass die Entscheidung darüber, welche Untersuchungsobjekte zur Stichprobe gehören und welche nicht, ausschließlich vom Zufall abhängt" (Bortz & Döring, 2006, S. 398).

10.3.1 Zufallsgesteuerte Auswahlverfahren

Stichproben, die auf dem zufallsgesteuerten Prinzip basieren, werden durch einfache oder komplexe Auswahlverfahren gezogen.

Einfache Auswahlverfahren
Zu den einfachen Verfahren der Stichprobenziehung gehören die *einfache Zufallsstichprobe* und die *systematische Zufallsstichprobe*. „Eine einfache Zufallsstich-

probe ist eine Teilmenge aus einer Grundgesamtheit, wenn alle gleich großen Teilmengen, die aus dieser Grundgesamtheit gebildet werden können, gleich wahrscheinlich sind" (Bortz, 2005, S. 87). Mit anderen Worten sollten bei der Ziehung einer einfachen Zufallsstichprobe alle Elemente der Grundgesamtheit die gleiche Chance haben, in die Stichprobe zu gelangen. Dies setzt natürlich voraus, dass man Informationen über alle Elemente der Grundgesamtheit zur Verfügung hat. Dies ist z. B. der Fall bei dem Werfen eines Würfels. Die Zahlen 1 bis 6 des Würfels können als eine Grundgesamtheit angesehen werden. Will man nun z. B. den Würfel zweimal werfen, dann ähnelt dies der Ziehung einer einfachen Zufallsstichprobe. Aus der Grundgesamtheit der Größe $N = 6$ wird eine Stichprobe der Größe $n = 2$ gezogen, indem man den Würfel zweimal wirft. Da jede Zahl des Würfels die gleiche Chance $p = 1/6$ (das p steht für „Wahrscheinlichkeit", engl. „probability") hat, in die Stichprobe zu gelangen, ist zudem diese Stichprobe eine einfache Zufallsstichprobe. Nehmen wir nun an, dass beim zweimaligen Würfelwerfen die Zahlen 1 und 5 vorkommen, dann besteht unsere einfache Zufallsstichprobe aus diesen zwei Zahlen. Zudem wissen wir, dass wir mit einer Ziehung von $n = 2$ aus einer Grundgesamtheit der Größe $N = 6$ eine Stichprobe vorliegen haben, deren Größe ein Drittel der Grundgesamtheit ist. Mit anderen Worten ist die Grundgesamtheit dreimal so groß wie unsere Stichprobe.

Natürlich ist man im erziehungswissenschaftlichen Forschungsalltag mit komplexeren Stichprobenziehungsproblemen konfrontiert, da sich die jeweilige Grundgesamtheit aus mehr als sechs Elementen zusammensetzt. Kennt man aber alle Elemente der Grundgesamtheit, dann erstellt man eine Liste mit den Daten zu diesen Elementen. Basierend auf dem Zufallsprinzip zieht man daraufhin eine Stichprobe. Die Ziehung findet meist mithilfe von Computerprogrammen wie z. B. SPSS, R oder Excel statt, indem eine bestimmte Anzahl von Elementen der Grundgesamtheit nach bestimmten Algorithmen ausgewählt wird (s. die nachfolgenden Erläuterungen in diesem Kapitel).

Neben der einfachen Zufallsstichprobe kommt häufig auch die systematische Zufallsstichprobe als Verfahren der Stichprobeziehung zum Einsatz. Dieses Verfahren lässt sich vor allem wegen seiner praktischen Anwendbarkeit charakterisieren. Dabei werden zuerst alle Elemente der Grundgesamtheit nach einem Kriterium in einer Liste sortiert (z. B. alphabetisch oder zufällig). Daraufhin wird eine Zahl zufällig gezogen. Zum Schluss gelangt jedes Element der Grundgesamtheit, dessen Position in der geordneten Liste mit der gezogenen Zahl übereinstimmt, in die Stichprobe. Nehmen wir an, wir wollen aus einer Grundgesamtheit von $N = 1\,000$ Schülern/-innen eine systematische Zufallsstichprobe der Größe $n = 50$ auswählen. Zu Beginn sollen wir die 1 000 Schüler/innen in einer Liste nach gewissen Regeln sortieren. Danach sollen wir zufällig eine Zahl zwischen 1 und 20 auslosen; mit dieser Position beginnend können wir nun den/die erste(n) Schüler/in der Stichprobe auswählen. Der/die zweite Schüler/in der Stichprobe befindet sich 20 Stellen nach dem/-r ersten Schüler/in (da 1 000/50 = 20), der/die dritte 20 Stellen nach dem/-r zweiten usw. Hat man dieses Prinzip bis zum Ende der Liste angewandt, dann hat man eine systematische Zufallsstichprobe der Größe $n = 50$ gezogen.

Komplexe Auswahlverfahren
Zu den komplexen Auswahlverfahren zählen die *geschichtete Zufallsstichprobe, die Klumpenstichprobe* und die *mehrstufige Zufallsstichprobe.*

Bei der Ziehung einer geschichteten Zufallsstichprobe wird zuerst die Grundgesamtheit in verschiedenen Schichten (häufig auch *Strata* genannt) eingeteilt. Diese können nach gewissen Kriterien (Stratifikationskriterien) gebildet werden wie z. B. Bildung, Alter, sozialer Status, Bundesland etc. Danach wird von jeder Schicht eine Zufallsstichprobe gezogen. Falls die Schichten der gezogenen Stichproben proportional ähnlich zu den Schichten der Grundgesamtheit sind, dann liegt eine proportional geschichtete Zufallsstichprobe vor. Falls das nicht der Fall ist, dann heißt die gezogene Stichprobe disproportionale Zufallsstichprobe (s. Abbildung 10.4). Beispielsweise handelt es sich bei der Stichprobe der PISA-Studie 2012 um eine mehrfach geschichtete Zufallsstichprobe. Anhand der Daten der statistischen Landesämter wurde zunächst eine vollständige Liste aller Schu-

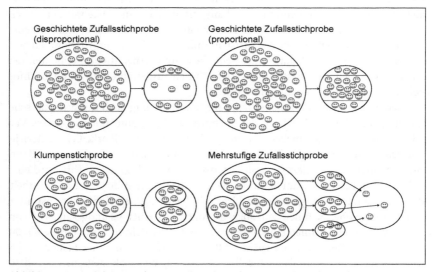

Abbildung 10.4   Schematische Darstellung komplexer Auswahlverfahren©

len in Deutschland erstellt, in denen 15-jährige Schüler/innen mit Zugehörigkeit zu ihrer Schulklasse gelistet worden waren. Diese Liste, welche zugleich auch die Grundgesamtheit der PISA-Studie darstellte, wurde in 16 Länder unterteilt. D. h., jedes Bundesland stellte in diesem Verfahren eine Schicht dar. Aus diesen 16 Schichten wurde dann jeweils eine einfache Stichprobe gezogen. Neben den 16 Ländern stellten berufliche Schulen sowie Sonder- und Förderschulen noch zwei weiterer Schichten bei der Ziehung der PISA-Stichprobe 2012 dar (s. Sälzer & Prenzel, 2013, S. 28).

Wenn man Schwierigkeiten hat, Daten über alle Elemente einer Grundgesamtheit zu sammeln, und wenn es leichter ist, Informationen über gruppierte Elemente einer Grundgesamtheit zu bekommen, dann ist eine Klumpenstichprobe als Auswahlverfahren der Stichprobenziehung geeignet. „Eine Klumpenstichprobe besteht aus allen Untersuchungsobjekten, die sich in mehreren, zufällig ausgewählten Klumpen befinden" (Bortz, 2005, S. 88). Wäre man etwa daran interessiert, das schulschwänzende Verhalten von Gymnasiasten/-innen in der 10. Klasse in Köln zu untersuchen, so würde man möglicherweise eher Informationen über die Gymnasien in Köln nutzen als über jede/n einzelne/n Gymnasiastin/-en in der 10. Klasse, da die Informationen auf Ebene der Gymnasien einfacher verfügbar sind als die Individualinformationen. Die Grundgesamtheit in diesem Fall besteht also aus 34 Klumpen (auch Cluster genannt), d. h. die 34 Kölner Gymnasien (Stadt Köln, 2014). Aus diesen 34 Klumpen sollte man dann per Zufall mindestens zwei auswählen[29]. Die Klumpenstichprobe bestünde letztlich nur aus allen Zehntklässlern der ausgewählten Gymnasien.

Die Qualität einer Klumpenstichprobe hängt vor allem von der Homogenität der Elemente innerhalb der Klumpen und von der Heterogenität der Klumpen ab. Je größer die Homogenität der Elemente innerhalb der Klumpen, und je größer die Heterogenität zwischen den Klumpen ist, desto schlechter ist die Qualität der Klumpenstichprobe. Bezogen auf unser Beispiel weißt man aus früheren Untersuchungen (Veenstra et al., 2010; Wagner et al., 2004; Ricking, 2003; Bernstein et al., 1996; Kerney & Silvermann, 1995), dass schulschwänzendes Verhalten vom sozialen Status der Eltern abhängt, d. h., Schüler/innen, die aus Familien mit niedrigem sozioökonomischen Hintergrund stammen, häufiger die Schule schwänzen, als Kinder, welche aus Familien mit hohem sozioökonomischen Hintergrund stammen. Nun könnte man erwarten, dass es insbesondere bei Arbeitervierteln oder bei Gegenden mit hohem Migrantenanteil Gymnasiasten/-innen gibt, die aus Familien mit niedrigem sozioökonomischem Hintergrund stammen. In wohlhabenden Vierteln wäre das Gegenteil zu erwarten. Mit anderen Worten hätten

---

29 Ein einzelner Klumpen (z. B. ein einzelnes Gymnasium in diesem Beispiel) stellt keine Klumpenstichprobe dar (s. Bortz, 2005, S. 85).

wir Gymnasien (Klumpen), die sehr homogen in Bezug auf den soziökonomischen Hintergrund ihrer Schüler/innen sind, sich aber stark voneinander unterscheiden (also heterogen sind). Dadurch wäre die gezogene Klumpenstichprobe nicht repräsentativ für die zugrundeliegende Grundgesamtheit. Dies würde wiederum die Generalisierbarkeit der statistischen Analysen erschweren. Ferner lässt sich zeigen, dass die Qualität der Klumpenstichprobe mit der Anzahl der gezogenen Klumpen und der Größe der Klumpen relativ zur Grundgesamtheit zunimmt (s. Diekmann, 1999, S. 336).

Die bisher dargestellten Auswahlverfahren sind je nach Untersuchungsfragestellung möglicherweise wenig geeignet oder schwer zu realisieren. „Insbesondere bei Untersuchungen, die die „allgemeine Bevölkerung" als Population besitzen, müssen komplexere Auswahlverfahren verwendet werden, die aus der Kombination mehrerer Auswahlverfahren bestehen" (Schnell et al., 2013, S. 272). So wird bei der mehrstufigen Zufallsstichprobe in mehreren Schritten jeweils eine Teilpopulation zufällig ausgewählt. Wie schon erwähnt, stellt die PISA-Studie 2012 eine mehrfach geschichtete Zufallsstichprobe dar. Da die Ziehung der PISA-Studie 2012 in mehreren Schritten erfolgte, stellt diese Stichprobe zugleich eine mehrstufige Zufallsstichprobe dar. Im ersten Schritt wurden nämlich Schulen und im zweiten Schritt Schüler/innen innerhalb der ausgewählten Schulen zufällig ausgewählt. Aus diesem Beispiel ist schon ersichtlich, dass sowohl geschichtete Zufallsstichproben als auch Klumpenstichproben Spezialfälle mehrstufiger Auswahlverfahren darstellen. Das verdeutlicht auch Abbildung 10.4, in der die dargestellte mehrstufige Zufallsstichprobe aus den drei zufällig ausgewählten Elementen von drei Klumpen besteht.

10.3.2 Nicht-zufallsgesteuerte Stichproben

Stichproben, die durch nicht-zufallsgesteuerte Verfahren zustande kommen, lassen sich in *willkürliche* (auch *ad hoc*- oder *Gelegenheitsstichproben* genannt) und *bewusste* (auch *theoriegeleitete Stichproben* genannt) unterscheiden. Das Hauptcharakteristikum solcher Stichproben ist, dass das Zufallsprinzip keine Rolle bei der Stichprobenziehung spielt. Inferenzstatistische Analyseverfahren sind in der Folge erschwert, weil das Gebot der Repräsentativität, wonach eine Stichprobe ein „Miniaturbild" der Gesamtpopulation sein sollte (s. Abbildung 10.1), verletzt ist. Zudem werden in Studien mit nicht-zufallsgesteuerten Verfahren häufig auch keine oder keine präzisen Angaben über die Grund- bzw. Auswahlgesamtheit gemacht (Gehring & Weins, 2009).

„Willkürliche Auswahlen („Auswahlen aufs Geratewohl") sind Auswahlen, bei der die Entscheidung über die Aufnahme eines Elementes der Grundgesamtheit in die Stichprobe unkontrolliert durch einen Auswahlplan nur im Ermessen des Auswählenden liegt" (Schnell et al., 2013, S. 289). Bei den willkürlichen Stichproben werden also keine Kriterien der Stichprobenziehung definiert. Willkürliche Stichproben kommen sehr häufig bei Medien- und Marktforschungsunternehmen zum Einsatz, indem sie z. B. Personen zu einem Thema befragen, welche in einer Fußgängerzone rekrutiert werden. Da bei willkürlichen Stichproben keine (präzisen) Angaben zu der Grundgesamtheit gemacht werden, und dadurch auch die Chance der Elemente der Grundgesamtheit, in die Stichprobe zu gelangen, nicht berechnet werden kann, sind diese Stichproben für inferenzstatistische Zwecke ungeeignet (s. Gehring & Weins, 2005, S. 219; Schnell et al., 2013, S. 289).

„Bewusste Auswahlen („Auswahlen nach Gutdünken") erfolgen zwar nach einem Auswalplan, die diesem Plan zugrunde liegenden Kriterien sind sogar meist angebbar und überprüfbar, dennoch sind inferenzstatistische Techniken nicht anwendbar" (Schnell et al., 2013, S. 290). Bei diesen Stichproben findet die Stichprobenziehung nach gewissen Regeln statt, die mit den Regeln der zufallsgesteuerten Stichprobenziehung nicht vergleichbar sind. Zu den bewussten Stichproben zählen z. B. die *Auswahl extremer Fälle*, das *Schneeball-* und *Quota-Verfahren*.

Wie schon der Name verrät, handelt es sich bei der Auswahl extremer Fälle um eine Stichprobe, die aus denjenigen Elemente einer Grundgesamtheit besteht, welche in Hinsicht auf eine interessierende Eigenschaft eine extreme Ausprägung aufweisen. Beispielsweise werden häufig in der Medizin zur Evaluation einer neuen Therapieform Patienten mit einer besonders schweren Zwangserkrankung ausgewählt. Man weiß allerdings nicht, wie verbreitet die Krankheit ist und kann daher die Grundgesamtheit nicht definieren. Ein Induktionsschluss von einer vorliegenden Patientenstichprobe auf die unbekannte Grundgesamtheit ist also nicht möglich. Ein analoges Beispiel in der Schulforschung wäre die Untersuchung von Nachhilfe: Die Grundgesamtheit von Schülern/-innen, die Nachhilfe erhalten, lässt sich kaum definieren, sodass repräsentative Aussagen auf Basis einer Schülergruppe, die Nachhilfe erhalten und als Stichprobe dienen könnten, nicht oder nur sehr eingeschränkt möglich sind. Bei dem Schneeball-Verfahren werden die Elemente der Stichprobe dadurch gezogen, dass eine zu Beginn ausgewählte Person weitere Personen vorschlägt, welche der zuerst ausgewählten Person in gewisser Hinsicht ähneln. Dieses Verfahren ist z. B. dann geeignet, wenn man Daten über kleine Minderheiten erheben möchte. Das Quota-Verfahren zeichnet sich dadurch aus, dass die Stichprobenziehung nach der Erhaltung von gewissen Quoten orientiert ist, die vom Interviewer eingehalten werden müssen. Meist bilden soziodemografische Merkmale wie Nationalität, Religionszugehörigkeit, Wohnort, Geschlecht, Einkommen die Quotenvorgaben. D. h., der Interviewer muss bei der Auswahl der Befragten auf die Erfüllung der Quoten achten und diese einhalten. Meist entsprechen diese Quoten der Verteilung nach den Quotenvorgaben in der Grundgesamtheit. Da aber die Stichprobeziehung willkürlich durch den Interviewer stattfindet, erschwert auch dieses Verfahren die Formulierung von allgemeingültigen Aussagen.

Schließlich können nicht-zufallsgesteuerte Stichproben auch kostengünstiger als zufallsgesteuerte Stichproben sein, und aus diesem Grund dürften sie sehr häufig Anwendung finden. Obwohl inferenzstatistische Analysen anhand dieser Verfahren nicht möglich sind, können sie für explorative Zwecke wie z. B. für die Gewinnung von wissenschaftlichen Hypothesen ein hilfreiches Werkzeug darstellen. Die Haltbarkeit der Hypothesen aber sollte letzten Endes anhand von Daten überprüft werden, die auf zufallsgesteuerten Stichproben basieren.

10.4   Stichprobe und Repräsentativität

Bisher wurde mehrmals betont, da nur eine Stichprobe, die ein „Miniaturbild" der Gesamtpopulation ist – d. h., *repräsentativ* für die Gesamtpopulation ist, präzise Parameterschätzungen gewährleistet. Mit anderen Worten bildet das Gebot der Repräsentativität die Basis inferenzstatistischer Analyseverfahren. In diesem Zusammenhang wird häufig zwischen *spezifisch* und *global* repräsentativen Stichproben unterschieden: „Eine Stichprobe ist (merkmals)spezifisch repräsentativ, wenn ihre Zusammensetzung hinsichtlich einiger relevanter Merkmale der Populationszusammensetzung entspricht. Sie ist global repräsentativ, wenn ihrer Zusammensetzung in nahezu allen Merkmalen der Populationszusammensetzung entspricht" (Bortz & Döring, 2006, S. 397 f.).

Während die Ziehung von spezifisch repräsentativen Stichproben auch mit Verfahren der nicht-zufallsgesteuerten Stichprobenziehung (z. B. Quota-Verfahren) möglich sind, lässt sich das Kriterium der globalen Repräsentativität nur bei Zufallsstichproben erfüllen (Bortz & Döring, 2006, S. 397). Im Rahmen der Inferenzstatistik also bedeutet der Begriff „repräsentative Stichprobe", dass die gezogene Stichprobe eine Zufallsstichprobe darstellt. Deswegen betonen viele Autoren wie z. B. Diekmann (1999, S. 368) und Schnell et al. (2013, S. 298) zu Recht, dass die Verwendung des Begriffs „Repräsentativität" unnötig sei. Vielmehr kommt es darauf an, ob die gezogene Stichprobe eine Zufallsstichprobe ist oder nicht. Falls Ersteres der Fall ist, dann sollte man zur Beurteilung der Qualität der Stichprobe genaue Angaben über Grundgesamtheit, Ziehungsprozess (einfache Zufallsstichprobe, geschichtete Zufallsstichprobe, Klumpenstichprobe etc.) und *Rücklaufquote* machen.

Die Rücklaufquote (auch Teilnahmequote genannt) gibt an, wie viel Prozent der durch die Stichprobenziehung eingeplanten („gezogenen") Personen tatsächlich an der Studie teilgenommen haben. Sie stellt einen wichtigen Indikator zur Beurteilung der Qualität einer Zufallsstichprobe dar und sollte so hoch wie möglich sein. Beispielsweise betrug die Rücklaufquote bei der PISA-Studie 2012 (92,2 %) (Sälzer & Prenzel., 2013). Je weniger Personen ausfallen, desto höher ist die Rücklaufquote. Ausfälle werden auch *Non-Response* genannt, da sie auf Personen beziehen, welche sich weigern, an der Befragung teilzunehmen, oder einfach unerreichbar sind. Für die Stichprobenqualität sind vor allem diejenigen Ausfälle problematisch, die nicht zufällig sondern *systematisch* entstehen. Systematische Ausfälle zeichnen sich dadurch aus, „dass die Ursachen für das Fehlen mit inhaltlichen Aspekten der Untersuchung in systematischen Zusammenhang stehen" (Schnell et al. 2013, S. 458).

Bezogen auf das obige Beispiel zum schulschwänzenden Verhalten von Gymnasiasten/-innen in der 10. Klasse in Köln könnte man erwarten, dass am Tag der Befragung insbesondere viele Schulschwänzer/innen unerreichbar gewesen wären. Dadurch wären diese Ausfälle natürlich nicht zufälliger Natur und die gezogene Klumpenstichprobe wäre nicht indikativ für die zugrundeliegende Grundgesamtheit. Dies gilt vor allem für die Anteile der Schulschwänzer/innen; aber auch Hypothesen über die Ursachen des Schulschwänzens könnten unzureichend überprüft werden. In diesem Beispiel hätten wir also mit systematischen Ausfällen zu tun gehabt, da das Untersuchungsthema (Schulschwänzen) mit den Ausfällen unmittelbar zusammenhängt. Um eine hohe Qualität der Stichprobe zu erzielen, sollte man also versuchen, eine hohe Rücklaufquote zu erreichen. Eine Methode hierfür wäre z. B., die Befragung an mehreren Tagen durchzuführen.

Zusammenfassend kann man also behaupten, dass „repräsentative" Stichproben zumindest durch drei Kriterien gekennzeichnet sind: (1) eine präzise Beschreibung der Grundgesamtheit, (2) einen zufallsgesteuerten Ziehungsprozess und (3) eine hohe Rücklaufquote.

10.5 Zusammenfassung

Gegenstand dieses Kapitel war die Bedeutung der Stichprobe für inferenzstatistische Analysen. In diesem Zusammenhang ist eine genaue Kenntnis der zugrundeliegenden Grundgesamtheit sehr wichtig, da dies die Qualität der gezogenen Stichproben erhöht. Ebenfalls bedeutend für die Stichprobenqualität ist der Ziehungsprozess. Wie wir gesehen haben, stellen Stichproben, welche auf zufallsgesteuerten Auswahlverfahren basieren, den besten Garant für die korrekte Schätzung von Populationsparametern.

Zufallsgesteuerte Auswahlverfahren lassen sich in einfache und komplexe unterscheiden. Zu den einfachen Auswahlverfahren zählen die einfache und systematische Zufallsstichprobe. Zu den komplexen gehören die geschichtete Zufallsstichprobe, Klumpenstichprobe und mehrstufige Zufallsstichprobe. Hauptcharakteristikum all dieser Stichproben ist, dass die Ziehung der Elemente der jeweiligen Stichprobe auf dem Zufallsprinzip basiert, und dass die Ziehungswahrscheinlichkeit für jedes Element der Stichprobe bekannt und gleich ist. Dies ist nicht der Fall bei den nicht-zufallsgesteuerten Stichproben und aus diesem Grunde eignen sich diese auch nicht für die Anwendung inferenzstatistischer Verfahren, obwohl sie im Vergleich zu den zufallsgesteuerten Stichproben in vielen Fällen kostengünstiger sind.

Zum Schluss dieses Kapitels haben wir uns genauer mit dem Begriff der „Repräsentativität" befasst. Wir haben betont, dass der Begriff irreführend sein kann und für solche Stichproben benutzt werden sollte, welche auf einer genau beschriebenen Grundgesamtheit basieren. Zudem sollte der Ziehungsprozess zufallsgesteuert und die Rücklaufquote so hoch wie möglich sein.

10.6   Übungs- und Reflexionsaufgaben zu Kapitel 10

10.6.1   Beispiel 1: Evaluation einer Unterrichtsmethode in einer Schulklasse

Eine Lehrerin verwendet eine neue Unterrichtsmethode in ihrer Schulklasse und befragt anschließend alle Schüler/innen ihrer Klasse zur Qualität der neuen Methode. Die Aussagen ihrer Evaluation möchte die Lehrerin nur in Bezug auf ihre Klasse treffen.

Beantworten Sie die folgenden Fragen:

(1) Benötigt die Lehrerin bei der Auswertung ihrer Daten Verfahren, die über die deskriptive Statistik hinausgehen und in den Bereich der Inferenzstatistik fallen?

(2) Mit welchem Begriff kann die Gewinnung ihrer Stichprobe bezeichnet werden?

10.6.2   Beispiel 2: Eine Bildungsumfrage

Im Jahr 2011 wurde eine Umfrage zu Bildungsfragen durchgeführt, die u. a. von der Bertelsmann-Stiftung und der Bild-Zeitung initiiert worden war (Titel „Zukunft durch Bildung – Deutschland will's wissen", http://www.bildung2011.de). Der Fragebogen war in der Bild-Zeitung abgedruckt und konnte eingesandt werden, alternativ gab es die Möglichkeit über einen Zeitraum von drei Wochen, den

Fragebogen online auszufüllen. Es nahmen rund 480 000 Personen teil. Auf der Webseite sowie im Bericht zur Umfrage (Projektbüro, 2011, S. 12) heißt es:

„Die große Bürgerbefragung ‚Zukunft durch Bildung – Deutschland will's wissen' funktioniert nach dem Prinzip eines Volksentscheides: Alle können sich beteiligen. Je mehr Menschen mitmachen, desto mehr Gewicht bekommen die Ergebnisse. Die Umfrage ist nicht repräsentativ, da die Befragten nicht zufällig ausgewählt wurden: Alle konnten sich beteiligen."

(1) Analysieren Sie diese Aussage anhand von Kriterien zur Beurteilung von repräsentativen Stichproben.

(2) Welche Informationen hätten die Autorinnen und Autoren der Studie zusätzlich mitteilen sollen?

(3) Welches Vorgehen hätten die Autorinnen und Autoren bei der Durchführung ihrer Befragung wählen können, um die Qualität ihrer Stichprobe zu erhöhen?

10.7 Anwendung in SPSS

Wir wollen nun auf Basis unserer PISA-Daten eine einfache Zufallsstichprobe von 1 500 Personen ziehen. Obwohl die PISA-Daten 2012 keine Grundgesamtheit sondern eine repräsentative Stichprobe 15-jähriger deutscher Schüler/innen ist, wollen wir diese Tatsache aus Illustrationsgründen ignorieren und so tun, als ob unsere PISA-Daten eine Grundgesamtheit 15-jähriger deutscher Schüler/innen darstellen. In SPSS kann man nun eine Stichprobe sehr leicht anhand folgender Befehle ziehen:

```
compute Stichprobe = RV.UNIFORM(0, 100) < 30.
freq Stichprobe.
```

In SPSS kann man basierend auf einem Zufallszahlgenerator, eine Reihe von Zufallszahlen erzeugen, die einer bestimmten Verteilung folgen. So haben wir mit dem ersten Befehl (compute) die Variable *Stichprobe* erstellt, welche mithilfe der Funktion *RV.UNIFORM* Werte zwischen 0 und 1 aufweist. Diese Funktion erstellt gleichverteilte Zufallszahlen zwischen den Werten 0 und 100. Falls die erzeugte Zufallszahl einen Wert unter 30 aufweist, dann erhält die Variable *Stichprobe* den Wert 1; andernfalls erhält die Variable den Wert 0. 30 % der Werte der Variablen *Stichprobe* haben also den Wert 1 und ca. 70 % den Wert 0. Da der PISA-Datensatz insgesamt aus 5 001 Personen besteht, sind 30 % davon rund 1 500 Personen. Die

Verteilung der Variablen *Stichprobe* ist mit dem *Befehl freq* erstellt und kann in Abbildung 10.5 betrachtet werden. Insgesamt wurde also 1 513 Fällen (30,3 %) in Bezug auf die Variable *Stichprobe* der Wert 1 zugewiesen.

Stichprobe

		Häufigkeit	Prozent	Gültige Prozente	Kumulierte Prozente
Gültig	,00	3488	69,7	69,7	69,7
	1,00	1513	30,3	30,3	100,0
	Gesamt	5001	100,0	100,0	

Abbildung 10.5   SPSS-Ausgabe zur Verteilung der Variablen *Stichprobe*©

Wenn wir nun durch folgende Befehle unseren Datensatz nach der Variablen *Stichprobe* filtern, werden alle nachfolgenden Analysen nur auf diese 30 % der Personen bezogen:

```
filter by Stichprobe.
freq ST04Q01.
```

Im Allgemeinen kann man mit dem Befehl *filter* die Analyse auf bestimmte Fälle beschränken, während alle übrigen Fälle außer Acht gelassen werden. In unserem Beispiel werden alle Fälle der Variablen *Stichprobe* mit dem Wert 0 deaktiviert. Mit dem nächsten Befehl *(freq)* erstellen wir eine Häufigkeitstabelle der Variablen *ST04Q01* (Geschlecht). Das Ergebnis der Ausführung dieser Befehle in unserer Syntaxdatei ist in Abbildung 10.6 zu betrachten. Man sieht also, dass die Geschlechterverteilung nur für die 1 513 Personen der Variablen *Stichprobe* mit dem Wert 1 berücksichtig worden ist.

ST04Q01 Geschlecht der Schüler

		Häufigkeit	Prozent	Gültige Prozente	Kumulierte Prozente
Gültig	1 weiblich	742	49,0	49,0	49,0
	2 männlich	771	51,0	51,0	100,0
	Gesamt	1513	100,0	100,0	

Abbildung 10.6   SPSS-Ausgabe zur Verteilung der Variablen *ST04Q01* (Geschlecht)©

Um alle Daten wieder zu aktivieren, muss man den *filter*-Befehl außer Kraft setzen. Dies funktioniert mit folgendem Befehl:

```
filter off.
exe.
```

Mit dem ersten Befehl wird das Filtern des Datensatzes außer Kraft gesetzt. Mit dem zweiten Befehl wird dieser Befehl ausgeführt (engl. to execute).

Wenn man genau eine Zufallsstichprobe von 1 500 Personen ziehen will, kann man dies mit folgendem Befehl tun:

```
sample 1500 from 5001.
```

Allerdings werden nach der Ausführung dieses Befehls die Daten zu den restlichen (5 001 − 1 500 =) 3 501 Personen endgültig gelöscht. Man sollte also vor der Ausführung dieses Befehls den Datensatz unter einem neuen Namen speichern, sodass im alten Datensatz die Daten von allen Personen erhalten bleiben. Wir verzichten hierbei auf die Ausführung des Befehls *sample*. Der interessierte Leser kann selbst unsere Behauptung überprüfen.

Bevor wir das Programm schließen, müssen wir die Syntaxdatei und den SPSS-Datensatz speichern. Die Syntaxdatei haben wir als *Syntax_10_7.sps* gespeichert. Den Datensatz haben wir unter dem Namen *PISA_10.sav* gespeichert. Dieser Datensatz bildet die Grundlage für die in Kapitel 11 dargestellten SPSS-Anwendungen.

10.8 Anwendung in R

Um in R eine Zufallsstichprobe der Größe 1 500 zu ziehen, müssen wir folgende Befehle in eine neue Skriptdatei ausführen lassen:

```
setwd("C:/SPSS-,_R-Analysen/R/Kapitel_10")
Pisa10 <- read.csv2("Pisa9.csv")
fix(Pisa10)
library(Deducer)
###Stichprobe ziehen
Stichprobe <- Pisa10[sample(1:nrow(Pisa10), 1500),]
frequencies(Stichprobe$ST04Q01)
frequencies(Pisa10$ST04Q01)
```

Die ersten drei Befehle beziehen sich auf das Einlesen der Daten. Der Datensatz dieses Kapitels trägt also den Namen *Pisa10*. Danach haben wir das Paket *Deducer* geladen, um verschiedene Häufigkeitstabellen erstellen zu können. Als Nächstes haben wir mithilfe der Funktion *sample* das Objekt *Stichprobe* erstellt, das aus genau 1 500 Fälle des Datensatzes *Pisa10* besteht. Innerhalb der Funktion *sample* bewirkt das Argument *1:nrow(Pisa10)*, dass der Fokus der Stichprobeziehung vom ersten bis letzten Fall des Datensatzes *Pisa10* gelegt wird. Danach folgt als zweites Argument der Funktion *sample* die Zahl der gezogenen Stichprobe, die 1 500 Fälle beträgt. Mit den letzen beiden Befehlen erstellen wir für die Variable *ST04Q01* *(Geschlecht)* zwei Häufigkeitstabellen, wobei die erste Häufigkeitstabelle auf Basis der gezogenen Stichprobe erstellt wird, während sich die zweite Häufigkeitstabelle auf den Gesamtdatensatz *(Pisa10)* bezieht. Diese Häufigkeitstabellen sind in Abbildung 10.7 zu betrachten.

Bevor wir R schließen, müssen wir den Datensatz erneut speichern. Wir haben dies mit folgendem Befehl getan:

```
write.csv2(Pisa10, file = "Pisa10.csv", row.names = FALSE)
```

Unser Datensatz ist also in der *Pisa10.csv*-Datei gespeichert, welche die Grundlage für die in Kapitel 11 dargestellten R-Analysen sein wird. Außerdem haben wir die Skriptdatei dieses Kapitels als *Skript_10.8.r* im Ordner *Kapitel_10* gespeichert.

```
> frequencies(Stichprobe$ST04Q01)          > frequencies(Pisa10$ST04Q01)
$data                                       $data
------------------------------------        ------------------------------------
--               Frequencies                --               Frequencies
--                                          --

  Value # of Cases    % Cumulative %          Value # of Cases    % Cumulative %
1   1      738      49.2      49.2          1   1     2462     49.2       49.2
2   2      762      50.8     100.0          2   2     2539     50.8      100.0
--                                          --
--               Case Summary               --               Case Summary
--                                          --

         Valid Missing Total                        Valid Missing Total
# of cases 1500     0   1500                # of cases 5001     0   5001
```

Abbildung 10.7 Häufigkeitsverteilungen der Variablen ST04Q01 (Geschlecht) in der R-Konsole©

Literaturverzeichnis

Bierau, D. (2001): Neue Methode der Volkszählung. Der Test eines registergestützten Zensus. In: *Statistisches Bundesamt, Wirtschaft und Statistik 5/2001*, S. 333–342.

Bernstein, G. A.; Borchardt, C. M.; Perwein, A. (1996): Anxiety Disorders in Children and Adolescents. A Review of the Past 10 Years. In: *Journal of the American Academy of Child and Adolescent Psychiatry, 35*, S. 1110–11110.

Bortz, J. (2005): Statistik für Human- und Sozialwissenschaftler. 6. Auflage. Heidelberg: Springer, S. 85–106.

Bortz, J. und Döring, N. (2006): FORSCHUNGSMETHODEN UND EVALUATION für Human und Sozialwissenschaftler. 4. Auflage. Heidelberg: Springer Medizin Verlag, S. 398–446.

Bortz, J. und Schuster, C. (2010): Statistik für Human und Sozialwissenschaftler. 7., vollständig überarbeitete und erweiterte Auflage. Heidelberg: Springer Medizin Verlag, S. 79–96.

Diekmann, A. (1999): Empirische Sozialforschung. Grundlagen, Methoden, Anwendungen. 5. Auflage. Rowohlt. S. 325–370.

Forsa 2014. http://www.wahlrecht.de/umfragen/forsa.htm.

Gehring, U. W. und Weins, C. (2009): Grundkurs Statistik für Politologen und Soziologen. 5., überarbeitete Auflage. Wiesbaden: VS Verlag für Sozialwissenschaften, S. 177–192.

Kerney, C. A., and Silverman W. K. (1995): Family environment of youngsters with school refusal behaviour: a synopsis with implications for assessment and treatment. *American Journal of Family Therapy* 23, S. 59–72.

Projektbüro (2011): Zukunft durch Bildung – Deutschland will's wissen. Die große Bürgerumfrage. München. http://www.bildung2011.de/download/Ergebnisse-der-Online-Buergerbefragung.pdf

Ricking, H., 2003: Schulabsentismus als Forschungsgegenstand. Oldenburg: BIS-Verlag Universität Oldenburg.

OECD (2014): PISA 2012 Technical Report. Paris: OECD.

Sälzer, C. und Prenzel, M. (2013): PISA 2012 – eine Einführung in die aktuelle Studie. In: Prenzel, M.; Sälzer, C.; Klieme, E.; Köller, O. (Hrsg.), *PISA 2012. Fortschritte und Herausforderungen in Deutschland*. Münster: Waxmann, S. 11–46.

Schnell, R.; Hill, P. B; Esser, E. (2013): Methoden der empirischen Sozialforschung. 10. Auflage. München: Oldenbourg, S. 255–310; 458–461.

Stadt Köln, (2014): Online verfügbar: http://www.stadt-koeln.de/leben-in-koeln/bildung-und-schule/schulformen/alphabetische-liste-der-gymnasien

Veenstra, R.; Lindenberg, S.; Tinga, F.; Ormel, J. (2010): Truancy in late elementary and early secondary education: the influence of social bonds and self-control – The TRAILS study. *International Journal of Behavioral Development* 34, S. 302–310.

Wagner, M.; Dunkake, I.; Weiss, B. (2004): Schulverweigerung. Empirische Analysen zum abweichenden Verhalten von Schülern. *Kölner Zeitschrift für Soziologie und Sozialpsychologie* 56, S. 457–4810.

Schätzer und Konfidenzintervalle

In diesem Kapitel lernen Sie ...

Inhalte	➲ die Verteilung von Mittel- und Anteilswerten in Zufallsstichproben kennen. Darauf basierend werden Verfahren zur Festlegung von Konfidenzintervalle vorgestellt.
Beispiele	➲ die Konfidenzintervalle für Mittel- und Anteilswerte beispielhaft (handschriftlich) zu berechnen und zu interpretieren.
Anwendungen	➲ mit den Statistik-Programmen SPSS und R Konfidenzintervalle von Stichproben-mittelwerten und -anteilswerten zu berechnen.

Inhaltsübersicht des Kapitels

11.1 Schätzungsarten

In diesem Kapitel setzen wir uns mit der Schätzung von Populationsparametern auseinander, wobei wir von einer Zufallsstichprobe (s. Kapitel 10) ausgehen. Die Schätzung von Populationsparametern kann sich auf unterschiedliche Kennwerte beziehen wie Mittelwert, Median, Varianz oder (bei nominal- oder ordinalskalierten Merkmalen) Prozentwerte. Es lassen sich zwei Schätzungsarten unterscheiden: Die *Punkt-* und die *Intervallschätzung.* Bei der Punktschätzung bildet ein einziger Stichprobenkennwert (z. B. Mittelwert) die Schätzung des entsprechenden Parameters in der Grundgesamtheit. Bei der Intervallschätzung berechnet man Bereiche in der Stichprobe, innerhalb deren die zu schätzenden Populationsparameter mit einer gewissen Wahrscheinlichkeit liegen. Beide Schätzverfahren hängen unmittelbar mit der Stichprobengröße zusammen. Daher werden wir auf Fragen zur Stichprobengröße im abschließenden Teil dieses Kapitels eingehen.

11.2 Die Verteilung von Stichprobenkennwerten

Mithilfe des Programms Excel haben wir per Zufall einen Datensatz von $N = 50\,000$ Fällen erstellt, welcher Werte zwischen 18 und 34 aufweist. Nehmen wir nun an, dass diese Daten die Grundgesamtheit von Bewohnern einer Stadt in Deutschland, die zwischen 18 und 34 Jahre alt sind, bezüglich der Variablen Alter wiedergeben. Der kleinste Wert in unserem Datensatz beträgt 18 und der größte 34. Im Durchschnitt sind die Personen unserer fiktiven Grundgesamtheit 26,02 Jahre alt. Die Standardabweichung dieser Altersverteilung beträgt 4,91 Jahre. Die Verteilung dieser fiktiven Grundgesamtheit ist in Abbildung 11.1 mithilfe eines Histogramms grafisch dargestellt.

Basierend nun auf dieser Grundgesamtheit ziehen wir eine Zufallsstichprobe anhand der Funktion *sample* des statistischen Programms R der Größe $n = 10$. Wir sind jetzt daran interessiert, mithilfe der kleinen Stichprobe den Populationsmittelwert zu schätzen. Der Mittelwert dieser Stichprobe beträgt 25,2 Jahre. Auf Basis dieser Zufallsstichprobe unterschätzen wir also den Altersmittelwert in der Grundgesamtheit um 0,82 Jahre (da 25,2 − 26,02 = −0,82). Um unsere Schätzung präziser zu gestalten, ziehen wir eine weitere Zufallsstichprobe der gleichen Größe $n = 10$ mit Zurücklegen[30]. Der Mittelwert dieser Stichprobe beträgt nun 27,5 Jahre. Intuitiv würde man behaupten, dass der Mittelwert aus diesen beiden Altersmittelwerten eine bessere Schätzung des Parameters in der Grundgesamtheit dar-

---

30 Damit ist gemeint, dass die Objekte der gezogenen Stichproben bei den folgenden Ziehungen aus der Grundgesamtheit nicht ausscheiden.

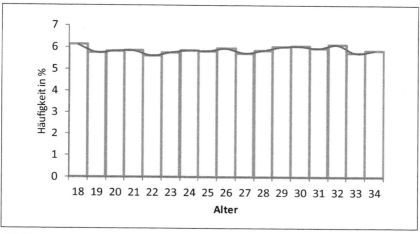

Abbildung 11.1   Verteilung der Variablen Alter (Grundgesamtheit)[©]

stellt als die einzelnen Mittelwerte der beiden Stichproben. In diesem Fall beträgt dieser Mittelwert der Altersmittelwerte aus den beiden Zufallsstichproben ((25,2 + 27,5) / 2 =) 26,35. Dadurch wird der Altersmittelwert in der Grundgesamtheit nur noch um 0,33 Jahre überschätzt. Eine Methode also zur Präzisierung der Schätzung des Mittelwerts in der Population kann dadurch erzielt werden, dass man mehrere Stichproben der gleichen Größe (z. B. $n = 10$) zieht und den Mittelwert der Altersmittelwerte $\bar{x}$ aus den jeweiligen Zufallsstichproben berechnet. Dieser Mittelwert in der Population wird häufig (und so auch hier) mit dem griechischen Buchstaben μ gekennzeichnet (und als „*mi*" ausgesprochen).

Weiterführend haben wir nun 100 Zufallsstichproben gezogen, um auf eine noch präzisere Schätzung des Populationsmittelwertes zu gelangen. Ein Auszug aus diesen Mittelwerten ist in Tabelle 11.1 zu sehen. Der dritten Tabellenspalte, in der die Differenzen der Stichprobenmittelwerte zum Populationsmittelwert abgetragen sind, kann man entnehmen, dass kleinere Abweichungen von dem Populationsparameter μ häufiger vorkommen als größere. Die Verteilung dieser Stichprobenmittelwerte ist also determinierend für die Güte der Schätzung des Populationsparameters μ anhand eines einzigen Stichprobenmittelwertes $\bar{x}$. Denn je größer die Streuung der Stichprobenmittelwerteverteilung ist, desto größer ist die Wahrscheinlichkeit, eine unpräzise Schätzung des Populationsparameters μ zu erhalten. Das gilt nicht nur für die Schätzung des Mittelwertes, sondern für jeden Populationsparameter wie z. B. Median oder Modalwert. Aus diesem Grund spricht man im Allgemeinen von der *Stichprobenkennwerteverteilung*. „Die Stichprobenkennwerteverteilung ist eine theoretische Verteilung, die die Beziehung möglicher Ausprägungen eines statistischen Kennwertes (z. B. $\bar{x}$) und deren Auftretenswahrscheinlichkeit (Dichte) beim Ziehen von Zufallsstichproben des Umfangs n beschreibt" (Bortz, 2005, S. 89).

Zufallsstichprobe Nummer	Stichprobenmittelwert $\bar{x}$	$\bar{x} - \mu$
1	25,2	−0,82
10	26,3	0,28
20	25,8	−0,22
30	25,1	−0,92
40	25,3	−0,72
50	26,2	0,18
60	27,9	1,88
70	29,3	3,28
80	25,7	−0,32
90	26,6	0,58
100	25,8	−0,22

Tabelle 11.1   Auszug aus den Altersmittelwerten bei jeweiligen Stichproben der Größe $n = 10$[©]

Wie sieht nun die Stichprobenkennwerteverteilung für den Mittelwert aus? Die Antwort auf diese Frage liefert das sogenannte *zentrale Grenzwerttheorem*. Dieses besagt: „Die Verteilung von Mittelwerten aus Stichproben des Umfangs n, die derselben Grundgesamtheit entnommen wurden, geht mit wachsendem Stichprobenumfang in eine Normalverteilung über" (Bortz, 2005, S. 94). Dies ist unabhängig von der Verteilung des Populationsparameters in der Grundgesamtheit zu verstehen (Bortz, 2005, S. 94; Gehring & Weins, 2009, S. 236, 248). Wie wir in Kapitel 4.2.4 und 5.1 erfahren haben, besitzt eine normalverteilte Variable eine unimodale, symmetrische Form mit einem glockenförmigen Verlauf. Darüber hinaus liegen beim Vorliegen einer Normalverteilung annäherungsweise ca. zwei Drittel aller Fälle (68,27 %) zwischen einer Standardabweichung (*s*) über dem Mittelwert ($\bar{x}$) und einer Standardabweichung unter dem Mittelwert. Zwischen den Werten $\bar{x} \pm 2s$ befinden sich annäherungsweise 95,44 % und zwischen den Werten $\bar{x} \pm 3s$ annäherungsweise 99,73 % aller Fälle. Diese Eigenschaften der Normalverteilung sind, wie wir weiter unten in diesem Kapitel sehen werden, sehr wichtig für die Schätzung der jeweiligen Populationsparameter.

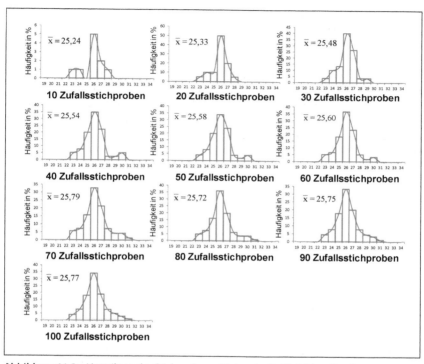

Abbildung 11.2   Verteilung der Stichprobenmittelwerte der Variablen Alter©

Um die Gültigkeit des zentralen Grenzwerttheorems zu überprüfen, haben wir mit Hilfe des Programms R (Funktion *sample*) 100 Zufallsstichproben des Umfangs $n = 10$ gezogen. Für jede Stichprobe wurde der Mittelwert $\bar{x}$ für die Variable Alter berechnet; anschließend haben wir die Verteilung der Stichprobenmittelwerte der Reihe nach für 10, 20, 30, …, 100 Stichproben beobachtet. Abbildung 11.2 kann entnommen werden, dass sich mit steigender Anzahl der Stichproben die Verteilung der Stichprobenmittelwerte immer mehr der Normalverteilung annähert. Zwar bezieht sich das zentrale Grenzwerttheorem nicht direkt auf die Anzahl der gezogenen Stichproben, sondern auf die Stichprobengröße (Umfang) *n*, aber die Anzahl der Stichproben ist dann wichtig, wenn die Stichprobengröße *n* nicht hinreichend groß ist. Eine hinreichend große Stichprobe sollte einen Umfang von $n >= 30$ aufweisen, wenn die Verteilung des Mittelwertes in der Grundgesamtheit nicht normalverteilt ist (Bortz, 2005, S. 94; Gehring & Weins 2009, S. 249). Eine andere Tatsache, welche für die Gültigkeit des zentralen Grenzwerttheorems spricht, ist, dass der Mittelwert bei allen Stichprobenbündeln recht nahe an dem Mittelwert der Grundgesamtheit $\mu = 26{,}02$ liegt.

Wie alle normalverteilten Variablen lässt sich auch die Stichprobenkennwerteverteilung durch ihren Mittelwert und ihre Standardabweichung charakterisieren. Der Mittelwert der Stichprobenmittelwerteverteilung entspricht dem Mittelwert μ in der Grundgesamtheit. Die Standardabweichung von Stichprobenmittelwerten wird als *Standardfehler des Mittelwertes* $\sigma_{\bar{x}}$ bezeichnet. „Der Standardfehler des Mittelwertes (abgekürzt: $\sigma_{\bar{x}}$, griechischer Buchstabe Sigma) ist als die Standardabweichung der Mittelwerte von gleichgroßen Zufallsstichproben einer Population definiert" (Bortz, 2005, S. 90). Er lässt sich nach folgender Formel berechnen (Bortz, 2005, S. 90):

$$\sigma_{\bar{x}} = \sqrt{\frac{\sigma^2}{n}} = \frac{\sigma}{\sqrt{n}} \tag{11.1}$$

mit

$\sigma_{\bar{x}}$ = Standardfehler des Mittelwertes,
σ^2 = Varianz des Merkmals in der Grundgesamtheit,
σ = Standardabweichung des Merkmals in der Grundgesamtheit,
n = Anzahl der Objekte in der Zufallsstichprobe.

Die obige Formel bezieht sich auf gezogene Zufallsstichproben mit Zurücklegen. Falls man mit Stichproben ohne Zurücklegen zu tun hat, bei denen $N / n <= 20$ (also die Relation der Objekte in der Grundgesamtheit zu den Objekten in der gezogenen Zufallsstichprobe) ist, dann lässt sich der Standardfehler $\sigma_{\bar{x}}$ durch folgende Formel berechnen (s. Gehring & Weins, 2009, S. 246):

$$\sigma_{\bar{x}} = \frac{\sigma}{\sqrt{n}} \cdot \sqrt{\frac{N-n}{N-1}} \tag{11.2}$$

Da wir in den Erziehungswissenschaften meist mit relativ großen Stichproben zu tun haben, bei denen meist $N / n > 20$ ist, werden wir in diesem Buch nur von Formel 11.1 Gebrauch machen.

Anhand Formel 11.1 wird also ersichtlich, dass je kleiner die Varianz bzw. Standardabweichung des untersuchten Merkmals in der Grundgesamtheit ist, desto kleiner ist der Standardfehler des Stichprobenmittelwertes. Mit geringerer Streuung eines Merkmals in der Grundgesamtheit ist also auch eine kleinere Fehleinschätzung verbunden, wenn von einem Stichprobenwert auf den Populationswert geschlossen werden soll. Andererseits kann man anhand der Formel 11.1 auch nachvollziehen, dass mit zunehmendem Stichprobenumfang n der Standardfehler des Mittelwertes kleiner wird, die Schätzung also präziser ausfällt. Bezogen auf unsere Stichprobenmittelwerteverteilung beträgt

$$\sigma_{\bar{x}} = \sqrt{\frac{\sigma^2}{n}} = \frac{\sigma}{\sqrt{n}} = \frac{4,91}{\sqrt{10}} = \frac{4,91}{3,16} \approx 1,55.$$

Da laut zentralem Grenzwerttheorem die Verteilung der Stichprobenmittelwerte normalverteilt ist, liegen ca. 95,44 % aller Fälle zwischen zwei Standardabweichungen über dem wahren Populationsmittelwert und zwei Standardabweichungen unter dem wahren Populationsmittelwert μ. Da die Standardabweichung der Stichprobenmittelwerteverteilung als Standardfehler des Mittelwertes $\sigma_{\bar{x}}$ bezeichnet wird, sollten für die Stichprobenmittelwerteverteilung von Abbildung 11.2 annäherungsweise 95,44 % aller Mittelwerte zwischen den Werten 22,92 und 29,12 liegen, da:

$$\sigma - 2 \cdot \sigma_{\bar{x}} \leq \bar{x}_i \leq \mu + 2 \cdot \sigma_{\bar{x}} \Rightarrow 26,02 - 2 \cdot 1,55 \leq \bar{x}_i \leq 26,02 - 2 \cdot 1,55 \Rightarrow 22,92 \leq \bar{x}_i \leq 29,12$$

In der Tat befindet sich auch der Mittelwert $\bar{x} = 25,77$ für die 100 Zufallsstichproben (s. Abbildung 11.2) innerhalb dieses Bereichs. Die Form der theoretisch zu erwartenden Verteilung unserer Stichprobenmittelwerte ist in Abbildung 11.3 zu sehen.

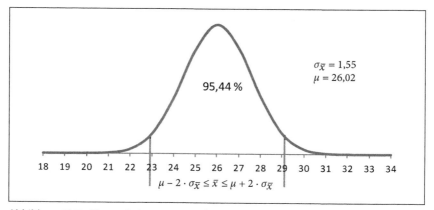

Abbildung 11.3 Theoretisch zu erwartende Verteilung der Stichprobenmittelwerteverteilung gleichen Umfangs $n = 10^\circ$

11.3   Die Verteilung von Anteilswerten in Zufallsstichproben

Im vorigen Kapitel haben wir eine fiktive Grundgesamtheit von 50 000 Personen im Alter zwischen 18 und 34 Jahre erstellt. Für diese Daten haben wir nun per Zufall das Geschlecht der Personen anhand der Excel-Funktion *Zufallszahl* definiert. Die Verteilung unserer Grundgesamtheit ist in Abbildung 11.4 zu sehen. Demnach sind 30,5 % der 50 000 Personen männlich und 69,5 % weiblich. Wie würde nun die Verteilung der Prozentwerte der männlichen Personen in 100 gezogenen Zufallsstichproben gleichen Umfangs n mit Zurücklegen aussehen?

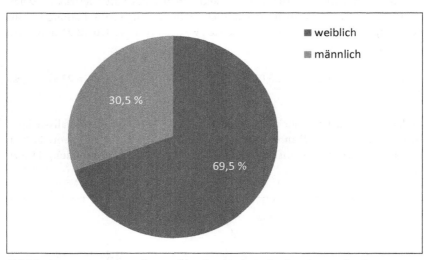

Abbildung 11.4   Verteilung der Variablen Geschlecht in der Grundgesamtheit©

Da 30,5 % der Personen in der Grundgesamtheit männlich sind, könnte man einen Anteil von 30,5 % von männlichen Personen je nach gezogener Stichprobe erwarten. Anhand der R-Funktion *sample* haben wir 100 Zufallsstichproben der Größe $n = 10$ gezogen. Für jede Stichprobe haben wir den Anteil männlicher Personen berechnet. Ein Auszug dieser Anteilswerte je nach Stichprobe ist in Tabelle 11.2 zu betrachten. Beispielsweise betrug der Anteil männlicher Personen in der ersten Stichprobe 40 %, in der zehnten 10 %, in der zwanzigsten 30 % usw. Man sieht also, dass die Anteilswerte der männlichen Personen nicht in allen Zufallsstichproben ca. 30 % sind, sondern sich um diesen Wert verteilen. Wie sieht nun die Verteilung dieser Anteilswerte für 10, 20, 30, …, 100 gezogenen Zufallsstichproben aus?

Zufallsstichprobe Nummer	Anteilswert in %
1	40
10	10
20	30
30	10
40	20
50	20
60	10
70	70
80	70
90	40
100	30

Tabelle 11.2 Auszug aus den Anteilswerten männlicher Personen bei jeweiligen Stichproben der Größe $n = 10^\circledcirc$

Die Antwort auf diese Frage liefert Abbildung 11.5 Wir haben die prozentuale Häufigkeit der Anteilswerte männlicher Personen pro 10, 20, 30, …, 100 Stichproben Umfangs $n = 10$ berechnet. Beispielsweise betrug in den ersten 10 Zufallsstichproben der Anteilswert „0 % männlicher Personen" 10 %. In den ersten 20 gezogenen Zufallsstichproben betrug die prozentuale Häufigkeit des Anteilwerts „30 %" 25 %. Mit anderen Worten haben wir in Abbildung 11.5 die Verteilung der Stichprobenkennwerteverteilung „Anteilswerte männlicher Personen in %" für bis zu 100 gezogene Zufallsstichproben der Größe $n = 10$ anhand von Balkendiagrammen grafisch dargestellt. Man sieht in Abbildung 11.5, dass mit zunehmender Zahl der betrachteten Zufallsstichproben die Verteilung dieses Anteilswerts immer mehr die Form einer Glocke annimmt, in der in größere Abweichungen von dem erwarteten Anteilswert „30,5 %" seltener, kleinere Abweichungen häufiger vorkommen. Von Bedeutung ist zudem, dass der erwartete Anteilswert bei fast allen Stichprobündeln am häufigsten vorkommt (Modalwert).

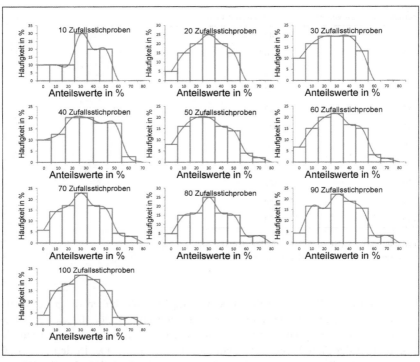

Abbildung 11.5 Balkendiagramme zu den Anteilswerten der männlichen Studierenden in Prozent je nach Anzahl der gezogenen Zufallsstichproben©

Hintergrund hierfür ist, dass die Abweichung der einzelnen Anteilswerte von dem zu erwartenden Anteilswert nicht beliebig, sondern in Form einer *Binomialverteilung* erfolgt. Diese ist eine diskrete Wahrscheinlichkeitsverteilung, welche sich auf die Wahrscheinlichkeit des Anteilswertes *P* des Merkmals einer nominalen Variablen innerhalb einer bestimmten Anzahl von Versuchen *n* bezieht (s. Gehring & Weins, 2009, S. 228 f.):

$$f_B\left(P\,|\,n;\Pi\right) \;=\; \binom{n}{P} \cdot \Pi^P \cdot \left(1 - \Pi\right)^{n-P}, \text{für } P = 0, 1, 2 \ldots, n \tag{11.3}$$

mit

$f_b(P\,|\,n;\,\Pi)$ = Wahrscheinlichkeit für *P* unter der Bedingung, dass *n* und Π zutrifft,

n   = Anzahl der Versuche (also Zufallsstichprobegröße),

Π = Wahrscheinlichkeit des interessierenden Ereignisses.

Die Binomialverteilung ist eine unimodale Verteilung, die nur dann symmetrisch ist, wenn der Wert von Π 0,5 beträgt (Bortz & Schuster, 2010, S. 65). In diesem Fall liegen also 50 % der Fälle unter dem Modalwert und 50 % der Fälle über dem Modalwert. Bezogen auf unserer Beispieldaten ergibt sich für $P = 0$:

$$f_B(0\,|\,n;\Pi) = \binom{10}{0} \cdot 0,305^0 \cdot (1 - 0,305)^{10-0} = \frac{10!}{0! \cdot (10-0)!} \cdot 1 \cdot 0,02629348$$
$$= 1 \cdot 0,02629348 = 0,02629348$$

Bei gezogenen Stichproben von Umfang $n = 10$ würde also man bei ca. (0,02629348 · 100 =) 2,63 % der Fälle erwarten, keine männlichen Personen zu ziehen. Für $P = 30$ % ergibt sich nach Formel 11.3 eine Wahrscheinlichkeit von ca. 26,7 %. Die entsprechenden Werte in Abbildung 11.5 für 100 gezogene Zufallsstichproben betragen 4 % und 22 %. Hätten wir z. B. nicht 100, sondern 1 000 Stichproben gezogen, lägen unserer Werte noch näher an den Werten von 2,63 % und 26,7 %. In Abbildung 11.6 ist nun mal die theoretisch zu erwartende Binomialverteilung, in 10 Zufallsstichproben Personen männlichen Geschlechts zu ziehen, anhand eines Balkendiagramms und der dazugehörenden Linie dargestellt.

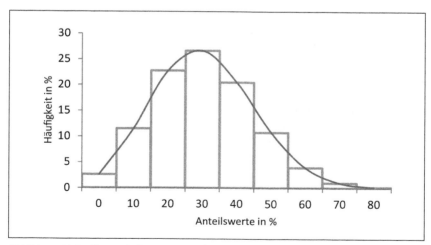

Abbildung 11.6 Theoretisch zu erwartende Binomialverteilung der prozentualen Anteilswerten von männlichen Personen in Stichproben des Umfangs $n = 10$[e]

Ähnlich wie bei der Stichprobenmittelwerteverteilung lässt sich die Anteilswerteverteilung von Zufallsstichproben der Größe n durch ihren *Erwartungswert* und ihre Varianz bzw. ihren Standardfehler beschreiben. Der Erwartungswert $E(P)$

gibt die zentrale Lage einer Stichprobenanteilswerteverteilung wieder (Gehring & Weins, 2009, S. 232), d. h. den Mittelwert des prozentualen Anteilwertes P eines interessierenden Merkmals. Er lässt sich durch folgende Formel berechnen:

$$E(P) = \Pi \tag{11.4}$$

mit

$E(P)$ = Erwartungswert in Prozent des interessierenden Merkmals, in die Zufalls-
          stichprobe gezogen zu werden,
Π = Prozentualer Anteil des Merkmals in der Grundgesamtheit.

Die Varianz der Stichprobenanteilswerteverteilung lässt sich anhand der folgenden Formel berechnen:

$$Var(P) \;=\; \frac{\Pi \cdot (100 - \Pi)}{n} \tag{11.5}$$

mit

$Var(P)$ = Varianz des interessierenden Merkmals in der Stichprobenanteilswerte-
          verteilung,
n = Anzahl der Objekte in der Zufallsstichprobe,
Π = Prozentualer Anteil des Merkmals in der Grundgesamtheit,

Der Standardfehler des Anteilwertes σ_P ist als die Standardabweichung der Anteilswerte von gleichgroßen Zufallsstichproben einer Population zu verstehen. Er lässt sich aus der Quadratwurzel der Varianz $Var(P)$ berechnen:

$$\sigma_P \;=\; \sqrt{\frac{\Pi \cdot (100 - \Pi)}{n}} \tag{11.6}$$

Für unsere Stichprobenanteilswerteverteilung beträgt der Erwartungswert:

$$E(P) = \Pi = 30{,}5\,\%$$

Wir erwarten also für unsere Stichprobenanteilswerteverteilung, dass der Anteil männlicher Personen 30,5 % beträgt. Der Standardfehler des Anteilwertes für unsere Stichprobenanteilswerteverteilung beträgt:

$$\sigma_P = \sqrt{\frac{\Pi \cdot (100 - \Pi)}{n}} = \sqrt{\frac{30,5 \cdot (1 - 30,5)}{10}} = \sqrt{\frac{2119,75}{10}}$$
$$= \sqrt{211,975} \approx 14,6\,\%\,.$$

Falls die Stichprobenanteilswerteverteilung auf Zufallsstichproben basierte, welche ohne Zurücklegen gezogen würden, sollte man den Wert des Standardfehlers anhand folgender Formel berechnen (Gehring & Weins, 2009, S. 235):

$$\sigma_P = \sqrt{\frac{\Pi \cdot (100 - \Pi)}{n} \cdot \frac{N - n}{N - 1}}, \tag{11.7}$$

wobei sich N auf die Anzahl der Objekte in der Grundgesamtheit und n auf die Anzahl der Objekte in der Zufallsstichprobe bezieht.

11.4 Punktschätzung

Wie schon im einleitenden Teil dieses Kapitels erwähnt wurde, stellt bei der Punktschätzung ein einziger Stichprobenkennwert (z. B. Mittelwert) den Schätzer des entsprechenden Parameters in der Grundgesamtheit dar. Bezogen auf die Schätzung des Mittelwertes μ in der Grundgesamtheit wird dies nach folgender Formel gemacht (s. Gehring & Weins, 2009, S. 254):

$$\hat{\mu} = \bar{x} \tag{11.8}$$

mit

$\hat{\mu}$ = Der zu schätzende Mittelwert μ des interessierenden Merkmals in der Grundgesamtheit,

$\bar{x}$ = Mittelwert des interessierenden Merkmals in der Zufallsstichprobe.

Hierbei stellt also der Mittelwert einer einzigen Zufallsstichprobe den Schätzer des Populationsparameters Mittelwert μ. Der prozentuale Anteilswert Π eines interessierenden Merkmals in der Grundgesamtheit wird durch den prozentualen Anteil dieses Merkmals in der Stichprobe geschätzt, oder formell gesehen durch (s. Gehring & Weins, 2009, S. 255):

$$\hat{\Pi} = P \tag{11.9}$$

mit

$\hat{\Pi}$ = Der zu schätzende prozentuale Anteil des interessierenden Merkmals in der Grundgesamtheit,

P = Prozentualer Anteil des interessierenden Merkmals in der Stichprobe.

Die Güte einer Punktschätzung lässt sich nach vier Kriterien charakterisieren, welche auf die Arbeiten von Fisher (1925) zurückzuführen sind. Dabei geht es um die Beantwortung der Frage, welche statistischen Kennwerte (z. B. Mittelwert, Median, Modus, Standardabweichung etc.) am besten den entsprechenden Populationsparameter schätzen können. Die Kriterien, die hilfreich sind, um diese Frage zu beantworten, sind:

- *Erwartungstreu*
- *Konsistenz*
- *Effizienz*
- *Suffizienz.*

„Ein statistischer Kennwert schätzt einen Populationsparameter erwartungstreu, wenn das arithmetische Mittel der Kennwerteverteilung bzw. deren Erwartungswert dem Populationsparameter entspricht" (Bortz, 2005, S. 96). Wie wir in Kapitel 11.2 erfahren haben, entspricht der Mittelwert $\bar{x}$ der Stichprobenmittelwerteverteilung dem Mittelwert μ in der Grundgesamtheit. D.h., dass $\bar{x}$ ein erwartungstreuer Schätzer von μ ist. Das ist auch der Fall für den prozentualen Anteilswert P der Stichprobenanteilswerteverteilung, da deren Mittelwert (Erwartungswert) dem prozentualen Anteilswert Π in der Grundgesamtheit entspricht. Bei normalverteilter Grundgesamtheit sind sowohl der Median der Stichprobenmedianwerteverteilung als auch der Modus der Stichprobenmodalwerteverteilung erwartungstreue Schätzer, da in diesem Fall Mittelwert, Median und Modalwert identisch sind. Dagegen ist die Varianz s^2 kein erwartungstreuer Schätzer der Varianz des Mittelwertes σ^2 in der Grundgesamtheit, da man zeigen kann, dass σ^2 durch s^2 unterschätzt wird (s. Bortz, 2005, S. 96; Gehring & Weins, 2009, S. 255). Da die Standardabweichung aus der Varianz abgeleitet wird, bedeutet dies, dass die Standardabweichung s ebenfalls kein erwartungstreuer Schätzer der Standardabweichung des Mittelwertes σ in der Grundgesamtheit ist. Was die Varianz des Anteilwertes anbelangt, lässt sich zeigen, dass dieser Kennwert in der Tat ein erwartungstreuer Schätzer der Varianz des prozentualen Anteilwertes in der Grundgesamtheit ist. Dies gilt auch für die Standardabweichung des prozentualen Anteilswertes einer einzigen Zufallsstichprobe.

„Von einem konsistenten Schätzwert sprechen wir, wenn sich ein statistischer Kennwert mit wachsendem Stichprobenumfang dem Parameter, den er schätzen soll, nähert" (Bortz, 2005, S. 97). D.h., dass sich mit wachsendem Stichprobenumfang die Differenz zwischen Schätzer und Populationswert verringern sollte. Dieses Kriterium trifft für alle in diesem Kapitel besprochenen Schätzer zu.

„Die Effizienz kennzeichnet die *Präzision,* mit der ein Populationsparameter geschätzt werden kann" (Bortz, 2005, S. 97). Das bedeutet, dass je kleiner der Standardfehler des Schätzers ist, desto effizienter ist der Schätzer. Es lässt sich zeigen (s. Bortz, 2005, S. 97; Gehring & Weins, 2009, S. 255 f.), dass der Standardfehler der Stichprobenmedianwerteverteilung größer ist als der Standardfehler des Stichprobenmittelwerteverteilung. Der Mittelwert einer Zufallsstichprobe ist somit ein effizienterer Schätzer als der Median.

Das letzte Kriterium zur Beurteilung der Punktschätzer ist die Suffizienz: „Ein Schätzwert ist suffizient oder erschöpfend, wenn er alle in den Daten einer Stichprobe enthaltenen Informationen berücksichtigt, sodass durch Berechnung eines weiteren statistischen Kennwertes keine zusätzliche Information über den zu schätzenden Parameter gewonnen werden kann" (Bortz, 2005, S. 98). Das trifft auf alle Schätzer zu, welche den Mittelwert der Stichprobenkennwerteverteilung berücksichtigen (also $\bar{x}$ und $\sigma_{\bar{x}}$), da, wie wir in Kapitel 3 erfahren haben, der Mittelwert die in den Daten enthaltenden Informationen bezüglich der zentralen Tendenz besser ausschöpft als der Modus oder der Median.

11.5 Intervallschätzung

Wie in Kapiteln 11.3 und 11.4 gezeigt wurde, haben Punktschätzer den Nachteil, dass sie von der Zusammensetzung der Zufallsstichprobe abhängig sind. So betrug z. B. in der 60. Zufallsstichprobe (s. Tabelle 11.1) der Altersmittelwert 27,9 Jahre, während der Altersmittelwert der Personen in unserer fiktiven Grundgesamtheit 26,02 Jahre betrug. Ähnlich war die Situation bei der Schätzung prozentualer Anteilswerten. Während in der Grundgesamtheit der Anteil männlicher Personen 30,5 % betrug, war dieser Wert für die erste Stichprobe 40 % (s. Tabelle 11.2). Zwar ist bekannt, dass die Stichprobenmittelwerteverteilung normal- und die Stichprobenanteilswerteverteilung binomialverteilt ist und dass bei mehreren gezogenen Zufallsstichproben deren Erwartungswert (also Mittelwert oder prozentualer Anteilswert) dem Wert des Populationsparameters entspricht, doch in der Forschungspraxis kann man aus verschiedenen Gründen (z. B. finanziellen, organisatorischen, forschungsethischen) die Daten von mehreren Zufallsstichproben nicht erheben. Meist werden Daten erhoben, die einer Zufallsstichprobe entstammen. Aus diesem Grund verzichtet man im Allgemeinen auf Punktschätzungen und verwendet stattdessen Intervallschätzungen.

Wie schon zu Beginn dieses Kapitels erwähnt wurde, berechnet man bei der Intervallschätzung Bereiche in der Zufallsstichprobe, innerhalb denen die zu schätzenden Populationsparameter mit einer gewissen Wahrscheinlichkeit liegen. Diese Bereiche nennt man *Konfidenzintervalle*. Meist berechnet man diejenigen Konfidenzintervalle, innerhalb derer mit einer Wahrscheinlichkeit von 95 % der Populationsparameter liegt. D. h., in so einem Fall ist man mit 95 % Wahrscheinlichkeit sicher, dass der zu schätzende Populationsparameter innerhalb des Konfidenzintervalls liegt. Der Unsicherheitsfaktor beträgt in diesem Fall 5 %. Dieser Unsicherheitsfaktor bei der Intervallschätzung wird als *Irrtumswahrscheinlichkeit* α bezeichnet. Dagegen bezeichnet man den Bereich des Konfidenzintervalls als *Vertrauenswahrscheinlichkeit*. Dieser beträgt $1 - \alpha$.

Für die Berechnung der Konfidenzintervalle spielt die Standardnormalverteilung eine sehr wichtige Rolle. Wie wir in Kapitel 5.1 erfahren haben, handelt es sich bei der Standardnormalverteilung um eine Normalverteilung, bei der der Mittelwert 0 und die Standardabweichung bzw. Varianz 1 ist. Des Weiteren haben wir erfahren, dass die Werte jeder Variablen (unabhängig davon, ob sie normalverteilt sind) anhand Formel 5.1 in z-Werte transformiert werden können:

$$z_i = \frac{x_i - \bar{x}}{s} \tag{5.1}$$

Die Standardnormalverteilung weist den Vorteil auf, dass sich für alle ihre Werte der prozentuale Flächenanteil berechnen lässt, innerhalb dessen sich alle ihrer Fälle befinden. Diese z-Werte und die prozentualen Flächenanteile können Tabelle B.1 im Anhang B entnommen werden. So informiert uns Tabelle B.1, dass sich links vom z-Wert $-1,96$ 2,5 % aller Fälle einer Standardnormalverteilung befinden. Wegen der Symmetrieeigenschaft aller Normalverteilungen befinden sich rechts vom z-Wert 1,96 ebenfalls 2,5 % aller Fälle einer Standardnormalverteilung. In der Tat stellt man in Tabelle B.1 fest, dass links vom z-Wert 1,96 der Flächenanteil der Fälle 97,5 % beträgt. D. h., rechts (oberhalb) von z-Wert 1,96 beträgt der Flächenanteil 2,5 %, da 100 % − 97,5 % = 2,5 %. Die z-Werte $-1,96$ und 1,96 markieren also die Grenzen der Konfidenzintervallbreite, innerhalb derer die Vertrauenswahrscheinlichkeit 95 % beträgt. Außerhalb dieser Werte befindet sich jeweils die Hälfte der Irrtumswahrscheinlichkeit ($\alpha / 2$), welche 2,5 % beträgt. Dieser Sachverhalt ist in Abbildung 11.7 grafisch dargestellt.

Will man nun wissen, innerhalb welcher z-Werten 99 % der Fälle einer Standardnormalverteilung liegen, dann muss man zuerst in Tabelle B.1 den z-Wert suchen, bis zu dem sich, von links kommend, ein Flächenanteil von 0,5 % befindet, da in diesem Fall 0,5 % den Ausdruck $\alpha / 2$ wiedergibt. Dieser z-Wert beträgt rund $-2,58$ (s. Tabelle B.1 im Anhang B). Da die Standardnormalverteilung wie alle Normalverteilungen symmetrisch ist, liegen rechts vom z-Wert 2,58 ebenfalls ca. 0,5 % der Fälle (da links vom z-Wert 2,58 laut Tabelle B.1 ca. 99,5 % der Fälle liegen. Also 100 % − 99,5 % = 0,5 %). Mit einer Vertrauenswahrscheinlichkeit von

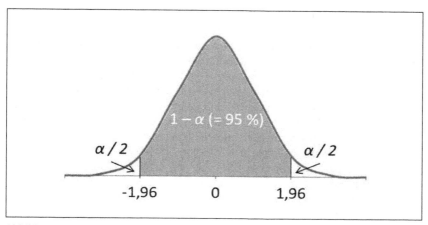

Abbildung 11.7 Vertrauenswahrscheinlichkeit von 95 % einer Standardnormalverteilung©

$(1 - \alpha =)$ 99 % liegen alle Fälle einer Standardnormalverteilung zwischen den z-Werten $-2,58$ und $2,58$. Oder anders formuliert: Zwischen $2,58$ Standardabweichungseinheiten unter und über dem Mittelwert 0 einer Standardnormalverteilung liegen 99 % der Fälle. Das Ganze ist in Abbildung 11.8 grafisch dargestellt. Vergleicht man Abbildung 11.8 mit Abbildung 11.7, dann stellt man fest, dass je kleiner die Irrtumswahrscheinlichkeit α ist, desto größer ist die Breite des Konfidenzintervalls.

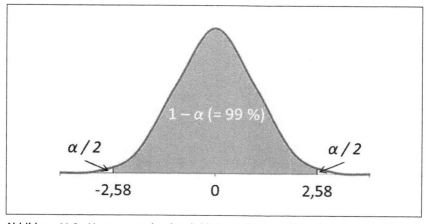

Abbildung 11.8 Vertrauenswahrscheinlichkeit von 99 % einer Standardnormalverteilung©

11.5.1 Konfidenzintervalle für den Mittelwert μ

Wie wir schon im Kapitel 11.2 erfahren haben, lässt sich die Stichprobenkennwerteverteilung – wie alle normalverteilten Variablen – durch ihren Mittelwert
und ihre Standardabweichung charakterisieren, wobei der Mittelwert $\bar{x}_i$ der Stichprobenmittelwerteverteilung dem Mittelwert μ in der Grundgesamtheit entspricht
und die Standardabweichung der Stichprobenmittelwerteverteilung durch den
Standardfehler des Mittelwertes $\sigma_{\bar{x}}$ indiziert wird. Basierend auf diesen Informationen kann man Bereiche angeben, innerhalb deren sich z. B. 95 % oder 99 % der
Stichprobenmittelwerte befinden. Denn, wenn bei einer Standnormalverteilung
95 % bzw. 99 % der Fälle zwischen 1,96 bzw. 2,58 Standardabweichungseinheiten
unter und über dem Mittelwert liegen, dann liegen auch bei einer Zufallsstichprobenmittelwerteverteilung zwischen 1,96 bzw. 2,58 Standardabweichungseinheiten unter und über dem Populationsmittelwert μ 95 % bzw. 99 % aller Zufalls-
stichprobenmittelwerte, da auch sie normalverteilt ist. Mit anderen Worten kann
man behaupten, dass mit einer Vertrauenswahrscheinlichkeit von 95 % folgende
Beziehung gilt:

$$\mu - 1{,}96 \cdot \sigma_{\bar{x}} \leq \bar{x}_i \leq \mu + 1{,}96 \cdot \sigma_{\bar{x}} \qquad (11.10)$$

Wenn man die Vertrauenswahrscheinlichkeit auf 99 % erhöhen will, so muss man
folgende Formel anwenden:

$$\mu - 2{,}58 \cdot \sigma_{\bar{x}} \leq \bar{x}_i \leq \mu + 2{,}58 \cdot \sigma_{\bar{x}} \qquad (11.11)$$

Mithilfe von 11.10 und 11.11 kann man Konfidenzintervalle für den Mittelwert $\bar{x}_i$
der Zufallsstichprobenmittelwerteverteilung berechnen. Wie aber schon erwähnt
wurde, ist meist μ unbekannt. Wenn man beide Teile von 11.10 und 11.11 nach $\bar{x}_i$
löst, dann erhält man:

$$\bar{x}_i - 1{,}96 \cdot \sigma_{\bar{x}} \leq \mu \leq \bar{x}_i + 1{,}96 \cdot \sigma_{\bar{x}} \qquad (11.12)$$

$$\bar{x}_i - 2{,}58 \cdot \sigma_{\bar{x}} \leq \mu \leq \bar{x}_i + 2{,}58 \cdot \sigma_{\bar{x}} \qquad (11.13)$$

Weiterhin sind in dieser Formel die Parameter $\bar{x}_i$ und $\sigma_{\bar{x}}$ unbekannt, da man nur
die Daten von einer Zufallsstichprobe zur Verfügung hat und die Standardabweichung σ des interessierenden Merkmals in der Grundgesamtheit, welche man laut
Formel 11.1 zur Berechnung des Standardfehlers der Zufallsstichprobenmittelwerteverteilung $\sigma_{\bar{x}}$ benötig, unbekannt ist.

Wie wir in Kapitel 11.4 zur Punktschätzung gesehen haben, reicht ein einziger Stichprobenmittelwert, um den Mittelwert der Grundgesamtheit zu schätzen, wenn das Kriterium der erwartungstreuen Schätzung erfüllt ist. Da dies für einen einzigen Stichprobenmittelwert $\bar{x}$ der Fall ist, kann man in den obigen Formeln $\bar{x}_i$ durch $\bar{x}$ ersetzen. Dagegen haben wir in Kapitel 11.3 ebenfalls gesehen, dass die Standardabweichung s eines Stichprobenmittelwertes kein erwartungstreuer Schätzer der Standardabweichung σ des Mittelwertes in der Grundgesamtheit ist. Deswegen wird die Varianz in der Grundgesamtheit σ^2 anhand der folgenden Formel geschätzt, indem Formel 4.4 (s. Kapitel 4.2.4) mit dem Korrekturfaktor n / (n – 1) multipliziert wird:

$$\hat{\sigma}^2 = \frac{\sum\limits_{i=1}^{i=n}(x_i - \bar{x})^2}{n} \cdot \frac{n}{n-1} = \frac{\sum\limits_{i=1}^{i=n}(x_i - \bar{x})^2}{n-1} \tag{11.14}$$

mit

$\hat{\sigma}^2$ = geschätzte Varianz der in der Grundgesamtheit.
x_i = Werte des interessierenden Merkmals in der Stichprobe,
$\bar{x}$ = Mittelwert des interessierenden Merkmal in der Stichprobe,
n = Anzahl der Objekte in der Stichprobe.

Die Standardabweichung in der Grundgesamtheit wird dann durch folgenden Ausdruck ermittelt:

$$\hat{\sigma} = \sqrt{\hat{\sigma}^2} = \sqrt{\frac{\sum\limits_{i=1}^{i=n}(x_i - \bar{x})^2}{n} \cdot \frac{n}{n-1}} = \sqrt{\frac{\sum\limits_{i=1}^{i=n}(x_i - \bar{x})^2}{n-1}} \tag{11.15}$$

mit

$\hat{\sigma}$ = geschätzte Standardabweichung des Merkmals in der Stichprobe.

Dementsprechend wird der Standardfehler $\sigma_{\bar{x}}$ des Mittelwertes in der Zufallsstichprobenmittelwerteverteilung durch folgende Formel ermittelt:

$$\hat{\sigma}_{\bar{x}} = \frac{\hat{\sigma}}{\sqrt{n}} \tag{11.16}$$

Basierend also auf diesen Informationen kann man die Konfidenzintervalle zur Schätzung des Mittelwertes μ in der Grundgesamtheit mit einer Vertrauenswahrscheinlichkeit von 95 % bzw. 99 % anhand folgender Formel berechnen:

$$\bar{x} - 1{,}96 \cdot \hat{\sigma}_{\bar{x}} \le \mu \le \bar{x} + 1{,}96 \cdot \hat{\sigma}_{\bar{x}} \tag{11.17}$$

$$\bar{x} - 2{,}58 \cdot \hat{\sigma}_{\bar{x}} \le \mu \le \bar{x} + 2{,}58 \cdot \hat{\sigma}_{\bar{x}} \tag{11.18}$$

mit

$\bar{x}$ = Mittelwerte des interessierenden Merkmals in der Stichprobe,
$\hat{\sigma}_{\bar{x}}$ = geschätzte Standardfehler der Zufallsstichprobenmittelwerteverteilung,
μ = Mittelwert des interessierenden Merkmals in der Grundgesamtheit.

Formel 11.17 und 11.18 lassen sich auf einer höheren Abstraktionsebene wie folgt umschreiben:

$$\bar{x} - z_{(100-\frac{\alpha}{2})} \cdot \hat{\sigma}_{\bar{x}} \le \mu \le \bar{x} + z_{(100-\frac{\alpha}{2})} \cdot \hat{\sigma}_{\bar{x}} \tag{11.19}$$

mit

$z_{(100-\frac{\alpha}{2})}$ = z-Wert, innerhalb (links) dessen sich $1 - \alpha/2$ Prozent der Fälle einer Standardnormalverteilung befinden,
α = Irrtumswahrscheinlichkeit.

Formel 11.19 kann z. B. sehr hilfreich sein, wenn man kleinere Konfidenzintervalle als 99 % bzw. 95 % berechnen will. Es kann manchmal je nach Fragestellung der Fall sein, dass man Konfidenzintervalle mit einer Breite von 90 % berechnen will. Die Irrtumswahrscheinlichkeit α beträgt dann 10 %. Laut Tabelle B.1 beträgt demnach $z_{(100-\frac{\alpha}{2})} = z_{(100-\frac{10}{2})} = z_{95} = 1{,}65$. Die gesuchten Konfidenzintervalle befinden sich also in folgendem Bereich:

$$\bar{x} - z_{(100-\frac{\alpha}{2})} \cdot \hat{\sigma}_{\bar{x}} \le \mu \le \bar{x} + z_{(100-\frac{\alpha}{2})} \cdot \hat{\sigma}_{\bar{x}} \Rightarrow \bar{x} - 1{,}65 \cdot \hat{\sigma}_{\bar{x}} \le \mu \le \bar{x} + 1{,}65 \cdot \hat{\sigma}_{\bar{x}}.$$

Alter der Studierende	$x_i - \bar{x}$	$(x_i - \bar{x})^2$
21	$(21 - 25,1 =) -4,1$	16,81
32	$(32 - 25,1 =) 6,9$	47,61
23	$(23 - 25,1 =) -2,1$	4,41
24	$(24 - 25,1 =) -1,1$	1,21
28	$(28 - 25,1 =) 2,9$	8,41
20	$(20 - 25,1 =) -5,1$	26,01
30	$(30 - 25,1 =) 4,9$	24,01
19	$(19 - 25,1 =) -6,1$	37,21
24	$(24 - 25,1 =) -1,1$	1,21
30	$(03 - 25,1 =) 4,9$	24,01
Summe	0	190,9

Tabelle 11.3 Alterswerte der 30. Zufallsstichprobe[©]

Wir wollen nun Konfidenzintervalle für den Mittelwert des Alters in Bezug auf die Daten der 30. Stichprobe berechnen. In Tabelle 11.1 (Kapitel 11.1) haben wir gesehen, dass der Altersmittelwert in der 30. Zufallsstichprobe 25,1 Jahre betrug. Die einzelnen Alterswerte für diese Stichprobe sind in Tabelle 11.3 zu betrachten. Um die Konfidenzintervalle zu berechnen, benötigen wir zuerst den Wert der geschätzten Standardabweichung in der Grundgesamtheit. Dieser beträgt:

$$\hat{\sigma} = \sqrt{\hat{\sigma}^2} = \sqrt{\frac{\sum_{i=1}^{i=n}(x_i - \bar{x})^2}{n-1}} = \sqrt{\frac{21,21}{9}} \approx 4,61$$

Ferner benötigen wir den Wert des geschätzten Standardfehlers:

$$\hat{\sigma}_{\bar{x}} = \frac{\hat{\sigma}}{\sqrt{n}} = \frac{4,61}{\sqrt{10}} \approx 1,46$$

Nun können wir die Konfidenzintervalle berechnen. Wir wählen hierfür unterschiedliche Vertrauenswahrscheinlichkeiten von 99 %, 95 % und 90 %:

99 %-ige Vertrauenswahrscheinlichkeit:

$$\bar{x} - 2,58 \cdot \hat{\sigma}_{\bar{x}} \leq \mu \leq \bar{x} + 2,58 \cdot \hat{\sigma}_{\bar{x}} \Rightarrow 25,1 - 2,58 \cdot 1,46 \leq \mu \leq 25,1 + 2,58 \cdot 1,46$$
$$\Rightarrow 25,1 - 3,77 \leq \mu \leq 25,1 + 3,77 \Rightarrow 21,33 \leq \mu \leq 28,87$$

95 %-ige Vertrauenswahrscheinlichkeit:

$$\bar{x} - 1,96 \cdot \hat{\sigma}_{\bar{x}} \leq \mu \leq \bar{x} + 1,96 \cdot \hat{\sigma}_{\bar{x}} \Rightarrow 25,1 - 1,96 \cdot 1,46 \leq \mu \leq 25,1 + 1,96 \cdot 1,46$$
$$\Rightarrow 25,1 - 2,85 \leq \mu \leq 25,1 + 2,85 \Rightarrow 22,25 \leq \mu \leq 27,95$$

90 %-ige Vertrauenswahrscheinlichkeit:

$$\bar{x} - 1,65 \cdot \hat{\sigma}_{\bar{x}} \leq \mu \leq \bar{x} + 1,65 \cdot \hat{\sigma}_{\bar{x}} \Rightarrow 25,1 - 1,65 \cdot 1,46 \leq \mu \leq 25,1 + 1,65 \cdot 1,46$$
$$\Rightarrow 25,1 - 2,41 \leq \mu \leq 25,1 + 2,41 \Rightarrow 22,69 \leq \mu \leq 27,51$$

Bezogen auf das Konfidenzintervall von 99 % kann man nun behaupten, dass in 99 % der gezogenen Zufallsstichproben das um unsere Zufallsstichprobe gelegene Konfidenzintervall (Werte zwischen 21,33 und 28,87) den Parameter μ enthält. Mit einer Wahrscheinlichkeit von 99 % liegt also der Altersmittelwert in der Grundgesamtheit zwischen den Alterswerten 21,33 und 28,87. Ähnlich sind auch die beiden anderen Intervallschätzungen zu interpretieren: Mit einer Wahrscheinlichkeit von 95 % bzw. 90 % liegt der Populationsmittelwert zwischen den Werten 22,25 und 27,95 bzw. zwischen 22,69 und 27,51. Vergleicht man die drei Intervallschätzungen, fällt zunächst auf, dass mit steigender Vertrauenswahrscheinlichkeit die Breite des Konfidenzintervalls (*Konfidenzintervallbreite,* KIB) ebenfalls steigt (KIB von 99 %: 7,54; von 95 %: 5,7; von 90 %: 4,82). Dadurch verringert sich allerdings die Genauigkeit der Intervallschätzung, denn sich die Irrtumswahrscheinlichkeit vergrößert (von 1 % über 5 % bis zu 10 %).

Durch die Schätzung des Standardfehlers über die Stichprobenstandardabweichung s wird unterstellt, dass die Stichprobenstandardabweichung s identisch mit der Standardabweichung in der Grundgesamtheit σ ist. Da aber, wie schon erwähnt, s kein erwartungstreuer Schätzer von σ ist, nimmt man einen Unsicherheitsfaktor in Kauf, den wir durch Formel 11.14 bzw. 11.16 wettzumachen versucht haben. Dieses Problem ist noch gravierender, wenn die Stichprobengröße $n < 30$ ist (s. Bortz, 2005, S. 103). In diesem Fall basiert die Berechnung der Konfidenzintervalle nicht auf der z-Verteilung (also der Standardnormalverteilung), sondern auf der t-Verteilung (s. auch Anhang B). Die t-Verteilung ist ebenfalls eine symmetrische, glockenförmige Verteilung, derer Mittelwert 0 beträgt. Sie ist etwas flacher und breiter als die Standardnormalverteilung und ihre Form hängt von der Zahl der *Freiheitsgrade* ab. „Die Freiheitsgrade, welche mit einem Kennwert verbunden sind, entsprechen der Anzahl der Werte, die bei seiner Berechnung frei variieren können" (Bortz & Schuster, 2010, S. 121). Beispielsweise können bei der Berechnung der Varianz $n - 1$ Werte frei variieren, da, wie wir schon im Abschnitt 4.2.3 gesehen haben, die Summe der Abweichungen aller Messwerte einer Verteilung zum Mittelwert 0 beträgt. Wenn z. B. bei einer Stichprobe von

$n = 3$ und $\bar{x} = 4$ die Abweichungen der Werte der ersten beiden Fälle vom Mittelwert ($x_1 - \bar{x} =$) 1 und ($x_2 - \bar{x} =$) 3 betragen, dann muss der Wert bei dem dritten Fall ($x_3 - \bar{x} =$) −4 betragen, da nur in diesem Fall die Summe der Abweichungen aller Messwerte dieser fiktiven Verteilung zum Mittelwert 0 ist. Die Differenz $x_i - \bar{x}$ kann also nur in $n - 1$ Fällen frei variieren. Es lässt sich zeigen, dass bei der Schätzfunktion der t-Verteilung ebenfalls nur $n - 1$ Werte frei variieren können. Die Freiheitsgrade werden mit dem Symbol df (aus dem Englischen degrees of freedom) indiziert. Der Vorteil bei der t-Verteilung ist, dass deren t-Werte und der dazugehörige Flächenanteil ebenfalls in tabellierter Form vorliegen (s. Anhang Tabelle B.2). Falls also die Stichprobe kleiner als 30 ist, dann sollen die Konfidenzintervalle durch folgende Formel berechnet werden:

$$\bar{x} - t_{(100-\frac{\alpha}{2},\text{df})} \cdot \hat{\sigma}_{\bar{x}} \leq \mu \leq \bar{x} + t_{(100-\frac{\alpha}{2},\text{df})} \cdot \hat{\sigma}_{\bar{x}} \qquad (11.20)$$

mit

$t_{(100-\frac{\alpha}{2}, df)}$ = t-Wert bei df = n − 1, innerhalb (links) dessen sich $1 - \alpha/2$ Prozent der Fälle einer t-Verteilung befinden,

α = Irrtumswahrscheinlichkeit.

Nun sind wir in der Lage, die Konfidenzintervalle in Bezug auf den Mittelwert μ der Grundgesamtheit der 50 000 Personen anhand der Daten der 30. Stichprobe angemessener zu ermitteln. Da diese Stichprobe eine Gesamtzahl von $n = 10$ aufweist, beträgt die Anzahl der Freiheitsgrade ($n - 1 =$) 9. Zuerst wollen wie die Konfidenzintervalle mit einer Vertrauenswahrscheinlichkeit von 99 % berechnen. In diesem Fall soll folgender t-Wert ermittelt werden:

$$t_{(100-\frac{\alpha}{2},\text{df})} = t_{(100-\frac{1}{2},9)} = t_{(99,5\%,9)}$$

Laut Tabelle B1.2 ist der Wert des t-Wertes, unterhalb dessen bei einer Anzahl der Freiheitsgrade von 9 der Flächenanteil 99,5 % beträgt, 3,25. Anhand Formel 11.20 können wir nun die Konfidenzintervalle berechnen:

$$\bar{x} - t_{(100-\frac{\alpha}{2},\text{df})} \cdot \hat{\sigma}_{\bar{x}} \leq \mu \leq \bar{x} + t_{(100-\frac{\alpha}{2},\text{df})} \cdot \hat{\sigma}_{\bar{x}}$$

$$\Rightarrow 25,1 - 3,25 \cdot 1,46 \leq \mu \leq 25,1 + 3,25 \cdot 1,46 \Rightarrow 20,36 \leq \mu \leq 29,85.$$

Bei einer 95 %-igen Vertrauenswahrscheinlichkeit erhält man folgende Konfidenzintervalle:

$$\bar{x} - t_{(100-\frac{\alpha}{2},df)} \cdot \hat{\sigma}_{\bar{x}} \le \mu \le \bar{x} + t_{(100-\frac{\alpha}{2},df)} \cdot \hat{\sigma}_{\bar{x}}$$

$$\Rightarrow \bar{x} - t_{(100-\frac{5}{2},9)} \cdot \hat{\sigma}_{\bar{x}} \le \mu \le \bar{x} + t_{(100-\frac{5}{2},9)} \cdot \hat{\sigma}_{\bar{x}}$$

$$\Rightarrow \bar{x} - t_{(97,5\%,9)} \cdot \hat{\sigma}_{\bar{x}} \le \mu \le \bar{x} + t_{(97,5\%,9)} \cdot \hat{\sigma}_{\bar{x}}$$

$$\Rightarrow 25,1 - 2,262 \cdot 1,46 \le \mu \le 25,1 + 2,262 \cdot 1,46$$

$$\Rightarrow 21,80 \le \mu \le 28,40.$$

Falls die Vertrauenswahrscheinlichkeit 90 % betragen sollte, lassen sich folgende Konfidenzintervalle berechnen:

$$\bar{x} - t_{(100-\frac{\alpha}{2},df)} \cdot \hat{\sigma}_{\bar{x}} \le \mu \le \bar{x} + t_{(100-\frac{\alpha}{2},df)} \cdot \hat{\sigma}_{\bar{x}}$$

$$\Rightarrow \bar{x} - t_{(100-\frac{10}{2},9)} \cdot \hat{\sigma}_{\bar{x}} \le \mu \le \bar{x} + t_{(100-\frac{10}{2},9)} \cdot \hat{\sigma}_{\bar{x}}$$

$$\Rightarrow \bar{x} - t_{(95\%,9)} \cdot \hat{\sigma}_{\bar{x}} \le \mu \le \bar{x} + t_{(95\%,9)} \cdot \hat{\sigma}_{\bar{x}}$$

$$\Rightarrow 25,1 - 1,833 \cdot 1,46 \le \mu \le 25,1 + 1,833 \cdot 1,46$$

$$\Rightarrow 22,42 \le \mu \le 27,78.$$

Im Vergleich zu den auf der z-Verteilung basierenden Berechnungen sind die Konfidenzintervalle auf Basis der t-Verteilung breiter, da die t-Verteilung etwas flacher und breiter als die Standardnormalverteilung ist. Dadurch erhöht sich die Sicherheit, dass sich der wahre Mittelwert μ in der Grundgesamtheit innerhalb der Grenzen der Konfidenzintervalle befindet. Bezogen auf unser Beispiel führen beide Schätzverfahren zu korrekten Schätzungen, da in allen Fällen der Wert von $\mu = 26{,}01$ durch die Konfidenzintervalle erfasst wurde.

11.5.2 Konfidenzintervalle für den prozentualen Anteilswert P

Im Kapitel 11.3 wurde erwähnt, dass die Zufallsstichprobenanteilswerteverteilung einen binomialen Verlauf aufweist. Intuitiv könnte man die Konfidenzintervalle von Anteilswerten berechnen, indem man zuerst den entsprechenden Wert der Binomialverteilung ermittelt, unterhalb dessen die Irrtumswahrscheinlichkeit α den gewünschten Wert aufweist. Die Grenzwerte der Binomialverteilung können genauso wie die Grenzwerte der z- und t-Verteilung berechnet und tabellarisch dargestellt werden. Dann benötigt man noch den Wert des Standardfehlers σ_P bzw. den Wert des geschätzten Standardfehlers $\hat\sigma_P$ durch folgende Formel zu berechnen:

$$\hat\sigma_P = \sqrt{\frac{P \cdot (100 - P)}{n}} \tag{11.21}$$

mit

$\hat\sigma_P$ = geschätzte Standardfehler des interessierenden prozentualen Anteils in der Grundgesamtheit,

P = Prozentualer Anteil des interessierenden Merkmals in der Zufallsstichprobe,

n = Umfang der Stichprobe.

Im Kapitel 11.4 zur Punktschätzung haben wir erfahren, dass die Varianz bzw. Standardabweichung des Anteilwertes in einer Zufallsstichprobe eine erwartungstreue Schätzung der Varianz bzw. Standardabweichung in der Grundgesamtheit darstellt. Aus diesem Grunde kann der Ausdruck 11.6 durch 11.21 geschätzt werden. Basierend also auf diese Überlegungen könnte man theoretisch die Konfidenzintervalle des prozentualen Anteilwertes in der Grundgesamtheit wie folgt berechnen:

$$P - bin_{(100-\frac{\alpha}{2})} \cdot \hat\sigma_P \leq \Pi \leq P + bin_{(100-\frac{\alpha}{2})} \cdot \hat\sigma_P \tag{11.22}$$

mit

$bin_{(100-\frac{\alpha}{2})}$ = Binomialverteilungswert, innerhalb (links) dessen sich $1 - \alpha/2$ Prozent der Fälle einer Binomialverteilung befinden,

Π = Prozentualer Anteil des interessierenden Merkmals in der Grundgesamtheit.

In der Praxis wird aber dieser Weg kaum eingeschlagen, da die Binomialverteilung mit zunehmendem Stichprobenumfang in eine Normalverteilung übergeht (s. Gehring & Weins, 2009, S. 267; Bortz, 2005, S. Bortz & Döring, 2006, S. 418).

Dies ist dann der Fall, wenn nämlich folgende Beziehung gilt (s. Gehring & Weins, 2009, S. 267; Bortz, 2005, S. 104):

$$n \cdot \left(\frac{P}{100}\right) \cdot \left(\frac{100 - P}{100}\right) \geq 9 \qquad (11.23)$$

Falls der Ausdruck 11.23 einen kleineren Wert als 9 ergibt, dann sollte man zumindest theoretisch die Konfidenzintervalle anhand Formel 11.22 schätzen. „Allerdings beziehen sich die exakten Binomialverteilungstabellen nur auf kleinere Stichprobenumfänge, mit denen sich der unbekannte Parameter Π nur sehr ungenau schätzen lässt" (Bortz & Döring, 2006, S. 418). D. h., dass die Intervallschätzung durch 11.22 ebenfalls sehr ungenau ist. Deswegen werden die Konfidenzintervalle durch folgenden Ausdruck ermittelt, der auf der Standardnormalverteilung basiert, obwohl bekannt ist, dass bei einer Verletzung von 11.23 die Schätzung sehr ungenau wird:

$$P - z_{(100-\frac{a}{2})} \cdot \hat{\sigma}_P \leq \Pi \leq P + z_{(100-\frac{a}{2})} \cdot \hat{\sigma}_P \qquad (11.24)$$

Wir wollen nun basierend auf den Daten der ersten Stichprobe (s. Tabelle 11.2) den prozentualen Anteil männlicher Personen in der Grundgesamtheit mit einer Vertrauenswahrscheinlichkeit von 95 % schätzen. Zuerst soll kontrolliert werden, ob Bedingung 11.23 zutrifft. Der Anteilswert P beträgt in der Stichprobe 40 % und die Stichprobengröße n 10:

$$n \cdot \left(\frac{P}{100}\right) \cdot \left(\frac{100 - P}{100}\right) = 10 \cdot \left(\frac{40\,\%}{100\,\%}\right) \cdot \left(\frac{100\,\% - 40\,\%}{100\,\%}\right) = 10 \cdot 0,4 \cdot 0,6 = 2,4$$

Da der Wert 2,4 kleiner als 9 ist, wird unsere Schätzung ziemlich ungenau sein. Wir wollen aber aus illustrativen Gründen fortfahren. Als Nächstes berechnen wir den Wert des geschätzten Standardfehlers:

$$\hat{\sigma}_P = \sqrt{\frac{P \cdot (1 - P)}{n}} = \sqrt{\frac{40\,\% \cdot (100\,\% - 40\,\%)}{n}} = \sqrt{240\,\%} \approx 15,49\,\%$$

Nun sind wir in der Lage, Π zu schätzen:

$$P - z_{(100-\frac{a}{2})} \cdot \hat{\sigma}_P \leq \Pi \leq P + z_{(100-\frac{a}{2})} \cdot \hat{\sigma}_P$$

$$\Rightarrow 40\,\% - 1,96 \cdot 15,49\,\% \leq \Pi \leq 40\,\% + 1,96 \cdot 15,49\,\%$$

$$\Rightarrow 9,64\,\% \leq \Pi \leq 70,36\,\%$$

Anhand des Ergebnisses kann man festhalten, dass mit 95 %-tiger Wahrscheinlichkeit der Anteil männlicher Personen in der Grundgesamtheit zwischen den Werten 9,64 % und 70,36 % liegt. Allerdings ist diese Schätzung ungenau, da das Intervall sehr breit ist.

11.6 Die Bedeutung der Stichprobengröße

In diesem Kapitel wurde bereits der Begriff Konfidenzintervallbreite (KIB) verwendet, ohne dass wir ihn genauer definiert haben. Darunter versteht man die Differenz zwischen dem kleinsten und größten Wert einer Intervallschätzung. Beispielsweise haben wir im Kapitel 11.5.1 gesehen, dass sich, basierend auf den Daten der 30. Stichprobe, der Altersmittelwert in der Grundgesamtheit mit einer Vertrauenswahrscheinlichkeit von 95 % zwischen den Alterswerten 22,25 und 27,95 befindet. In diesem Fall also beträgt die KIB (27,95 – 22,25 =) 5,7 Jahre. Bezogen auf die Intervallschätzung der männlichen Personen anhand der Daten der ersten Stichprobe haben wir im vorigen Abschnitt festgestellt, dass mit 95 %-tiger Wahrscheinlichkeit der prozentuale Anteil männlicher Personen in der Grundgesamtheit zwischen den Werten 9,64 % und 70,36 % zu finden ist. Die KIB beträgt also (70,36 % – 9,64 % =) 60,72 %. Insbesondere hierbei stellt man fest, dass die KIB sehr groß ist. Dadurch verringert sich die Aussagekraft der Intervallschätzung erheblich – solch eine Prognose könnte man möglicherweise auch ohne besondere Statistikkenntnisse treffen. Im Allgemeinen kann man also behaupten, dass je größer die KIB ist, desto trivialer ist die Aussagekraft der Intervallschätzung.

Aussagekräftige Intervallschätzungen zeichnen sich durch eine möglichst kleine KIB aus bzw. durch eine KIB, die der entsprechenden Fragestellung angemessen ist. Hierbei spielt der Stichprobenumfang eine besondere Rolle. Je größer die Stichprobe ist, desto größer wird die Ähnlichkeit zwischen Stichprobe und Grundgesamtheit sein und folglich desto präziser die Intervallschätzung. Eine große Stichprobe kann also die Konfidenzintervallbreite verringern. Allerdings kann, wie bereits genannt, aus verschiedenen Gründen (z. B. aus finanziellen, organisatorischen, forschungsethischen) nicht immer eine beliebig große Stichprobe erreicht werden. Die Frage lautet somit, wie groß eine Stichprobe sein soll, um die Konfidenzintervallbreite um einen bestimmten Wert zu verringern. Die Konfidenzintervallbreite lässt sich, basierend auf Formel 11.19, durch folgenden Ausdruck ermitteln:

$$KIB = (\overline{x} + z_{(100-\frac{a}{2})} \cdot \hat{\sigma}_{\overline{x}}) - (\overline{x} - z_{(100-\frac{a}{2})} \cdot \hat{\sigma}_{\overline{x}}) = 2 \cdot z_{(100-\frac{a}{2})} \cdot \frac{\hat{\sigma}}{\sqrt{n}} \qquad (11.25)$$

mit

KIB = Konfidenzintervallbreite

Wenn man Gleichung 11.25 nach n löst, erhält man:

$$n = \frac{4 \cdot z^2_{(100-\frac{\alpha}{2})} \cdot \hat{\sigma}^2}{KIB^2} \qquad (11.26)$$

Analog lässt sich n für Anteilswerte durch folgende Formel berechnen:

$$n = \frac{4 \cdot z^2_{(100-\frac{\alpha}{2})} \cdot P \cdot (100 - P)}{KIB^2} \qquad (11.27)$$

Bezogen nun auf die Daten der 30. Stichprobe haben wir gesehen, dass die Konfidenzintervallbreite für eine 95 %-ige Vertrauenswahrscheinlichkeit 5,7 Jahre beträgt. Wie groß soll unsere Stichprobe sein um die Konfidenzintervallbreite zu halbieren (2,85 Jahre)? Anhand 11.26 können wir Folgendes ermitteln:

$$n = \frac{4 \cdot z^2_{(100-\frac{\alpha}{2})} \cdot \hat{\sigma}^2}{KIB^2} = \frac{4 \cdot 1,96^2 \cdot 4,61^2}{2,85^2} = \frac{4 \cdot 3,8416 \cdot 21,2521}{8,1225} \approx 40,2$$

Man sollte also die ursprüngliche Stichprobengröße n von zehn Personen vervierfachen, um in der Lage zu sein, die Konfidenzintervallbreite zu halbieren. Wie sieht es nun mit der Halbierung des ermittelten Konfidenzintervalls 60,72 % für den prozentualen Anteilswert der männlichen Studierenden der ersten Stichprobe aus? Wenn also das Konfidenzintervall 30,36 % betragen soll, dann kann man anhand 11.27 berechnen:

$$n = \frac{4 \cdot z^2_{(100-\frac{\alpha}{2})} \cdot P \cdot (100 - P)}{KIB^2} = \frac{4 \cdot 1,96^2 \cdot 40\,\% \cdot (100\,\% - 40\,\%)}{30,36\,\% \cdot 30,36\,\%} \approx 40,01$$

Man sollte also auch in diesem Beispiel die Anzahl der untersuchten Personen vervierfachen. Im Allgemeinen kann man also behaupten, dass die Halbierung der Konfidenzintervallbreite mit der Vervierfachung des Stichprobenumfangs verbunden ist.

11.7 Zusammenfassung

In diesem Kapitel haben wir uns mit Verfahren zur Schätzung von Populationsparametern auseinander gesetzt. Der Fokus lag auf der Schätzung des Mittelwertes μ und des prozentualen Anteilwertes Π in der Grundgesamtheit anhand der Daten einer Zufallsstichprobe. In diesem Zusammenhang war die Zufallsstichprobenmittelwerte- und Zufallsstichprobenanteilswerteverteilung von besonderer Bedeutung.

Wir haben anhand einer Simulation festgestellt, dass die Zufallsstichprobenmittelwerteverteilung normal mit einem Erwartungswert μ und einem Standardfehler $\sigma_{\bar{x}}$ ist. In Bezug auf die Verteilung der prozentualen Zufallsstichprobenanteilswerte haben wir festgestellt, dass diese binomial mit einem Erwartungswert von Π und einem Standardfehler von σ_P verteilt ist. Der Standardfehler ist mit der Standardabweichung der jeweiligen Zufallsstichprobenkennwerteverteilung identisch. Je größer sein Wert ist, desto breiter ist die Form der jeweiligen Verteilung. Dadurch erhöht sich der Bereich der Werte, welche sich in der Zufallsstichprobenkennwerteverteilung vom unbekannten Populationswert abweichen können.

Das erste Schätzungsverfahren, das wir kennengelernt haben, war die Punktschätzung. Hierbei stellt eine Zufallsstichprobe die Basis zur Schätzung des Populationsparameters dar. Die Güte einer Punktschätzung hängt von vier Kriterien ab. Das Wichtigste ist das der erwartungstreuen Schätzung. Eine Schätzung ist erwartungstreu, wenn das arithmetische Mittel der Kennwerteverteilung bzw. deren Erwartungswert dem Populationsparameter entspricht. Da dies sowohl für die Zufallsstichprobenmittelwerteverteilung als auch für die prozentuale Zufallsstichprobenanteilswerteverteilung der Fall ist, können sowohl der Mittelwert als auch der prozentuale Anteilswert einer Zufallsstichprobe als erwartungstreue Schätzer charakterisiert werden. Ebenfalls stellt die Standardabweichung des prozentualen Anteilswertes einer Zufallsstichprobe eine erwartungstreue Schätzung des prozentualen Anteilswertes in der Grundgesamtheit dar. Dagegen ist die Standardabweichung des Mittelwertes einer Zufallsstichprobe kein erwartungstreuer Schätzer der Standardabweichung in der Grundgesamtheit. Diese Tatsache wird bei der Schätzung des Standardfehlers des Mittelwertes berücksichtigt, indem dieser mit dem Ausdruck $n / (n - 1)$ multipliziert wird.

Das zweite Schätzungsverfahren heißt Intervallschätzung. Hierbei wird ein Bereich ermittelt, innerhalb dessen sich der gesuchte Populationsparameter befindet. Dieser Bereich spiegelt eine gewisse Wahrscheinlichkeit wider, mit der der gesuchte Populationsparameter anhand der Stichprobendaten geschätzt wird. Bei der Intervallschätzung werden also Konfidenzintervalle (Vertrauensbereiche) berechnet, innerhalb derer sich die gesuchten Populationsparameter mit einer gewissen Wahrscheinlichkeit befinden. Meist berechnet man Konfidenzintervalle, innerhalb derer mit einer Wahrscheinlichkeit von 95 % der Populationsparameter liegt. Die Basis der Intervallschätzung bildet die Verteilung der Zufallsstichprobenkennwerte. Für die Schätzung des Mittelwertes μ ist dies hauptsächlich die Standardnormalverteilung (z-Verteilung). Falls die Stichprobe $n < 30$ ist, dann basiert die Intervallschätzung von μ auf der t-Verteilung. Die Werte und die Flächenanteile von beiden Verteilungsformen sind im Anhang B tabellarisch erfasst.

Für die Schätzung des prozentualen Anteilswertes Π stellt die Binomialverteilung die Basis der Intervallschätzung dar. Allerdings wird auch in diesem Fall die Standardnormalverteilung verwendet, da mit zunehmendem Stichprobenumfang die Binomialverteilung durch die Standardnormalverteilung approximiert wird. Bei sehr kleinen Stichproben ist die Intervallschätzung von Π auch durch die Verwendung der Binomialverteilung unsicher, sodass hierbei auch die Standardnormalverteilung einbezogen wird, da die Berechnung der Flächenanteile und Verteilungswerten bei der Standardnormalverteilung viel einfacher ist. Die KIB und dadurch die Schätzungsgenauigkeit werden sowohl bei der Schätzung von μ als auch von Π durch den Wert des Standardfehlers determiniert. Im Allgemeinen gilt: Je größer der Wert des Standardfehlers ist, desto größer ist die Breite des Konfidenzintervalls.

Mit zunehmender Konfidenzintervallbreite vermindert sich also die Aussagekraft einer Intervallschätzung. Um diese zu erhöhen, empfiehlt es sich, den Umfang der Stichprobe zu vergrößern. Denn je größer die Stichprobe ist, desto ähnlicher sind Stichprobe und Grundgesamtheit. Dadurch verringert sich die Konfidenzintervallbreite. Wie wir gegen Ende dieses Kapitels gesehen haben, erfordert eine Halbierung der Konfidenzintervallbreite eine Vervierfachung des Stichprobenumfangs.

11.8 Übungs- und Reflexionsaufgaben zu Kapitel 11

11.8.1 Schätzung des Standardfehlers eines Prozentwertes und Konfidenzintervallberechnung

In einer Kleinstadt wurden 50 Eltern von Grundschulkindern befragt, ob sie mit der Schulqualität zufrieden sind. Die Eltern wurden zufällig für die Befragung ausgewählt. 60 % der befragten Eltern antworteten mit „Ja" (d. h. stimmten zu), 40 % mit „Nein". Die Auftraggeber der Studie sind an folgender Frage interessiert: Gibt es mit 95 %-iger Wahrscheinlichkeit eine klare Zustimmung in dem Sinne, dass mehr als die Hälfte der Population zustimmt?

Bearbeiten Sie hierfür die folgenden Fragen:

(1) Kann die Normalverteilungsannahme getroffen werden?
(2) Wie lautet der Standardfehler für den Prozentwert 70 % (Zustimmung)?
(3) Wie lautet die untere und obere Grenze des Vertrauensintervalls (Konfidenzintervalls), in dem die Zustimmung aller Eltern von Grundschulkindern der Kleinstadt mit 95 %-iger Wahrscheinlichkeit liegt?
(4) Interpretieren Sie das Ergebnis.

11.8.2 Berechnung eines Konfidenzintervalls für einen Mittelwert mithilfe des Standardfehlers

In der PISA-Studie 2012 erreichten Jungen einen mittleren Lesekompetenztestwert von 478 Punkten mit einem Standardfehler von 3,6, Mädchen einen Mittelwert von 518 mit einem Standardfehler von 2,9. Zeichnen Sie in die nachfolgende Abbildung die jeweils obere und untere Grenze eines 95 %-igen Konfidenzintervalls ein.

	Jungen	Mädchen
Mittelwert	478	518
Standardfehler	3,6	2,9

Tabelle 11.4 Lesekompetenztestwerte nach Geschlecht (PISA-Studie 2012)©

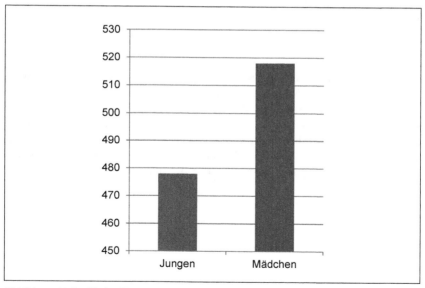

Abbildung 11.9 Säulendiagramm zu Verteilung der Lesekompetenz von Jungen und Mädchen in der PISA-Studie 2012©

11.9   Anwendung in SPSS

In diesem Abschnitt wollen wir die Konfidenzintervalle für den Mittelwert der Variable *Lesekompetenz (PV1READ)* und für die Anteilswerte der Variable *Schulschwänzen (ST09Q01)* berechnen.

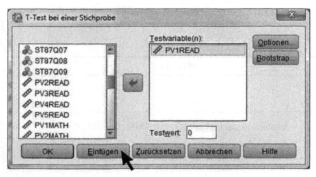

Abbildung 11.10   Konfidenzintervalle berechnen©

Um die Konfidenzintervalle in Bezug auf die Variable *PV1READ* mit einer Vertrauenswahrscheinlichkeit von 95 % in SPSS zu berechnen, muss man zunächst in der Menüleiste auf *Analysieren → Mittelwerte vergleichen → T-Test bei einer Stichprobe ...* klicken. Dadurch öffnet sich das in Abbildung 11.10 dargestellte Fenster. Wir haben im linken Bereich der Abbildung 11.10 die Variable *PV1READ* gesucht und markiert. Danach haben wir diese Variable durchs Klicken auf dem Pfeil in der Mitte ins Feld *Testvariable(n):* überführt. Indem man nun auf *Einfügen* klickt, wird in einem neuen Syntaxfenster folgender Befehl geschrieben:

```
T-TEST
  /TESTVAL=0
  /MISSING=ANALYSIS
  /VARIABLES = PV1READ
  /CRITERIA=CI(.95)
```

Nach der Ausführung dieses Befehls erscheint in der SPSS-Ausgabe eine Tabelle mit der Überschrift *Test bei einer Stichprobe,* welche in Abbildung 11.11 betrachtet werden kann. In der Spalte *Mittlere Differenz* ist der Wert des Mittelwertes für die Variable *PV1READ* zu sehen, welcher (gerundet) 507,46 beträgt. Die gesuchten Konfidenzintervalle sind in der Spalte *95 % Konfidenzintervall der Differenz* dargestellt. Man kann dieser Spalte entnehmen, dass sich mit einer Vertrauenswahrscheinlichkeit von 95 % der Mittelwert der Variable *PV1READ* zwischen den (gerundeten) Werten 504,93 und 509,99 befindet. Wenn man die Vertrauenswahrscheinlichkeit auf 99 % festlegen will, kann man in Abbildung 11.10 auf *Optionen* klicken und danach in dem sich neu öffnenden Fenster (hier nicht dargestellt) den Wert des Feldes *Prozentsatz Konfidenzintervall* auf 99 festlegen. Alternativ kann man in der obigen Syntax den Eintrag von *CI(.95)* zu *CI(.99)* ändern. Führt man den so geänderten Befehl aus, so wird berechnet, dass mit einer Wahrscheinlichkeit von 99 % der Mittelwert der Variablen PV1READ zwischen den (gerundeten) Werten 504,14 und 510,79 liegt.

Test bei einer Sichprobe

	Testwert = 0					
					95% Konfidenzintervall der Differenz	
	T	df	Sig. (2-seitig)	Mittlere Differenz	Untere	Obere
PV1READ	393,224	5000	,000	507,4648053	504,934815	509,994795

Abbildung 11.11 Berechnete Konfidenzintervalle für den Mittelwert der Variablen *PV-1READ* in SPSS-Ausgabefenster©

Als Nächstes wollen wir die Konfidenzintervalle für die Anteilswerte der Variable *ST09Q01* berechnen. In SPSS gibt es hierfür keinen eigenen Befehl. Man kann allerding Konfidenzintervalle für Anteilswerte auf die gleiche Art und Weise wie Konfidenzintervalle für Mittelwerte berechnen. Davor muss man, basierend auf den Kategorien der interessierenden Variable, die gleiche Anzahl von Dummy-Variablen erstellen. Bezogen auf die Variable *ST09Q01* haben wir in Kapitel 6.6.1 gesehen, dass sich diese auf die Frage „Wie oft hast du in den letzten zwei vollen Schulwochen einen ganzen Schultag geschwänzt?" bezieht und folgende Kategorien aufweist:

1 ‚nie‘, 2 ‚ein- oder zweimal‘, 3 ‚drei- oder viermal‘, 4 ‚fünfmal und öfter‘.

D. h., wir müssen mit den folgenden Befehlen vier Dummy-Variablen erstellen:

```
if (nvalid(ST09Q01) = 1) ST09Q01_1 = 0.
if (ST09Q01 = 1) ST09Q01_1 = 1.
variable labels ST09Q01_1 'Zwei vollen Schulwochen einen ganzen
    Schultag geschwänzt? Nie'.
```

```
if (nvalid(ST09Q01) = 1) ST09Q01_2 = 0.
if (ST09Q01 = 2) ST09Q01_2 = 1.
variable labels ST09Q01_2 'Zwei vollen Schulwochen einen ganzen
   Schultag geschwänzt? Ein- oder zweimal'.
if (nvalid(ST09Q01) = 1) ST09Q01_3 = 0.
if (ST09Q01 = 3) ST09Q01_3 = 1.
variable labels ST09Q01_3 'Zwei vollen Schulwochen einen ganzen
   Schultag geschwänzt? Drei- oder viermal'.
if (nvalid(ST09Q01) = 1) ST09Q01_4 = 0.
if (ST09Q01 = 4) ST09Q01_4 = 1.
variable labels ST09Q01_4 'Zwei vollen Schulwochen einen ganzen
   Schultag geschwänzt? Fünfmal und öfter'.
freq ST09Q01_1 ST09Q01_2 ST09Q01_3 ST09Q01_4.
```

Wir haben also die vier Dummy-Variablen *(ST09Q01_1, ST09Q01_2, ST09Q01_3, ST09Q01_4)* jeweils mit zwei *if*-Befehlen erstellt, wobei durch das Argument *nvalid* der Fokus auf die gültigen Fälle der Variablen *ST09Q01* gelegen wird (s. Kapitel 9.7). Anhand der Befehle *variable labels* haben wir die vier Dummy-Variablen nach den Kategorien der Variablen *ST09Q01* benannt. Wir können nun ähnlich wie in Abbildung 11.10 beschrieben die Konfidenzintervalle für die vier Dummy-Variablen mit dem folgenden Befehl berechnen:

```
T-TEST
/TESTVAL=0
/MISSING=ANALYSIS
/VARIABLES=ST09Q01_1 ST09Q01_2 ST09Q01_3 ST09Q01_4
/CRITERIA=CI(.95).
```

Die Ausführung dieses Befehls erzeugt die in Abbildung 11.12 dargestellte Ausgabe. Unter der Spalte *Mittelwertdifferenz* sind die Anteilswerte der jeweiligen Kategorie der Variable *ST09Q01* dargestellt. Wenn man diese Werte mit 100 multipliziert, erhält man die prozentualen Anteilswerte. Beispielsweise beträgt der prozentuale Anteilswert für die Schulschwänzen-Kategorie 1 ,nie' 94,94 % (gerundet). Mit einer Vertrauenswahrscheinlichkeit von 95 % liegt der prozentuale Anteilswert dieser Kategorie in der Grundgesamtheit zwischen den Werten (0,9429 · 100 =) 94,29 % und (0,9556 · 100 =) 95,56 %. Ähnlich sind die prozentualen Anteilswerte für die anderen drei Kategorien der Variablen *ST09Q01* zu berechnen bzw. zu interpretieren.

Bevor wir das Programm schließen, müssen wir die Syntaxdatei und den SPSS-Datensatz speichern. Die Syntaxdatei haben wir als *Syntax_11_9.sps* gespeichert. Den Datensatz haben wir unter dem Namen *PISA_11.sav* gespeichert. Dieser Datensatz bildet die Grundlage für die in Kapitel 12 dargestellten SPSS-Anwendungen.

Test bei einer Sichprobe

	Testwert = 0				95% Konfidenzintervall der Differenz	
	T	df	Sig. (2-seitig)	Mittlere Differenz	Untere	Obere
ST09Q01_1 Zwei vollen Schulwochen einen ganzen Schultag geschwaenzt? Nie	284,331	4308	,000	,94941	,9429	,9560
ST09Q01_2 Zwei vollen Schulwochen einen ganzen Schultag geschwaenzt? Ein- oder zweimal	13,504	4308	,000	,04061	,0347	,0465
ST09Q01_3 Zwei vollen Schulwochen einen ganzen Schultag geschwaenzt? Drei- oder viermal	4,702	4308	,000	,00511	,0030	,0072
ST09Q01_4 Zwei vollen Schulwochen einen ganzen Schultag geschwaenzt? Fünfmal und öfter	4,593	4308	,000	,00487	,0028	,0070

Abbildung 11.12   Berechnete Konfidenzintervalle für die Anteilswerte der Variablen ST09Q01[©]

11.10 Anwendung in R

Um in R die Konfidenzintervalle für den Mittelwert der Variablen *Lesekompetenz*
(PV1READ) zu berechnen, müssen wir folgende Befehle in eine neue Skriptdatei
ausführen lassen:

```
setwd("C:/SPSS-, R-Analysen/R/Kapitel_11")
Pisa11 <- read.csv2("Pisa10.csv")
fix(Pisa11)
library(Deducer)
###2. Konfidenzintervall (95 %) für den Mittelwert berechnen
t.test(Pisa11$PV1READ)
```

Die ersten drei Befehle beziehen sich auf das Einlesen der Daten. Der Datensatz
dieses Kapitels trägt also den Namen *Pisa11*. Danach haben wir das Paket *Deducer*
geladen, um verschiedene Häufigkeitstabellen erstellen zu können. Das 95 %-tige
Konfidenzintervall lässt sich anhand der Funktion *t.test* berechnen, die als Basis-
argument den Variablenamen erfordert. Nach der Ausführung dieser Befehle erscheint in der R-Konsole die in Abbildung 11.13 dargestellte Ausgabe. Man sieht
hierbei, dass der Wert des Mittelwertes 507,4648 beträgt und mit dem von SPSS
berechneten Wert identisch ist. Dies gilt auch für die Werte der Konfidenzintervalle, welche 504,9348 und 509,9948 betragen.

```
        One Sample t-test

data:  Pisa11$PV1READ
t = 393.2243, df = 5000, p-value < 2.2e-16
alternative hypothesis: true mean is not equal to 0
95 percent confidence interval:
 504.9348 509.9948
sample estimates:
mean of x
 507.4648
```

Abbildung 11.13 Berechnete Konfidenzintervalle für den Mittelwert der Variablen *PV-
1READ* in der R-Konsole[©]

Falls man die Vertrauenswahrscheinlichkeit auf 99 % erhöhen will, dann muss man folgenden Befehl ausführen:

```
t.test(Pisa11$PV1READ, conf.level = .99)
```

Man hat also in der *t.test*-Funktion das Argument *conf.level* mit der Option *.99* hinzugefügt. Wenn man dieses Argument weglässt, wird per Voreinstellung die Vertrauenswahrscheinlichkeit auf 95 % gesetzt. Die Ausführung dieses Befehls führt zu den gleichen Ergebnissen wie in SPSS.

Wie in SPSS gibt es in R keine eigene Funktion zu Berechnung von Konfidenzintervallen für die Anteilswerte einer Variablen. Man kann dies allerdings über die Funktion *t.test* vornehmen. Davor muss man – ähnlich wie in SPSS – basierend auf den Kategorien der interessierenden Variablen die gleiche Anzahl von Dummy-Variablen erstellen. Bezogen auf die Variable *ST09Q01* können wir die vier Dummy-Variablen anhand folgender Befehle erstellen:

```
Pisa11$ST09Q01_1[Pisa11$ST09Q01 >= 1] <- 0
Pisa11$ST09Q01_1[Pisa11$ST09Q01 == 1] <- 1
frequencies(Pisa11$ST09Q01_1)

Pisa11$ST09Q01_2[Pisa11$ST09Q01 >= 1] <- 0
Pisa11$ST09Q01_2[Pisa11$ST09Q01 == 2] <- 1
frequencies(Pisa11$ST09Q01_2)

Pisa11$ST09Q01_3[Pisa11$ST09Q01 >= 1] <- 0
Pisa11$ST09Q01_3[Pisa11$ST09Q01 == 3] <- 1
frequencies(Pisa11$ST09Q01_3)

Pisa11$ST09Q01_4[Pisa11$ST09Q01 >= 1] <- 0
Pisa11$ST09Q01_4[Pisa11$ST09Q01 == 4] <- 1
frequencies(Pisa11$ST09Q01_4)
```

Wir sind nun in der Lage, die gesuchten Konfidenzintervalle für eine Vertrauenswahrscheinlichkeit von 95 % zu berechnen, indem wir folgende Befehle ausführen:

```
t.test(Pisa11$ST09Q01_1)
t.test(Pisa11$ST09Q01_2)
t.test(Pisa11$ST09Q01_3)
t.test(Pisa11$ST09Q01_4)
```

Die Ausführung dieser Befehle führt zu identischen Ergebnissen (ohne zusätzliche grafische Darstellung) wie in SPSS. Es werden für jede Dummy-Variable die Anteilswerte berechnet. Um die prozentualen Anteilswerte zu berechnen, muss man genauso wie in SPSS die einzelnen Anteilswerte mit 100 multiplizieren. Um die Vertrauenswahrscheinlichkeit auf 99 % zu erhöhen, muss man folgende Befehle ausführen:

```
t.test(Pisa11$ST09Q01_1, conf.level = .99)
t.test(Pisa11$ST09Q01_2, conf.level = .99)
t.test(Pisa11$ST09Q01_3, conf.level = .99)
t.test(Pisa11$ST09Q01_4, conf.level = .99)
```

Bevor wir R schließen, müssen wir den Datensatz erneut speichern. Wir haben dies mit folgendem Befehl getan:

```
write.csv2(Pisa11, file = "Pisa11.csv", row.names = FALSE)
```

Unser Datensatz ist also in der *Pisa11.csv*-Datei gespeichert, welche die Grundlage für die in Kapitel 12 dargestellten R-Analysen sein wird. Außerdem haben wir die Skriptdatei dieses Kapitels als *Skript_11.10.r* im Ordner *Kapitel_11* gespeichert.

Literaturverzeichnis

Bortz, J. (2005): Statistik für Human- und Sozialwissenschaftler. 6. Auflage. Heidelberg: Springer, S. 85–106.

Bortz, J. und Döring, N. (2006): Forschungsmethoden und Evaluation für Human und Sozialwissenschaftler (4. Auflage). Berlin: Springer, S. 410–424.

Bortz, J. und Schuster, C. (2010): Statistik für Human- und Sozialwissenschaftler. 7., vollständig überarbeitete Auflage. Berlin Heidelberg: Springer, S. 61–78; 121; 527–531.

Fisher, R. A. (1925): Statistical methods of research workers (1. Aufl.). London: Oliver and Boyd.

Gehring, U. W. und Weins, C. (2009): Grundkurs Statistik für Politologen und Soziologen. 5., überarbeitete Auflage. Wiesbaden: VS Verlag für Sozialwissenschaften, S. 223–253.

Prüfung wissenschaftlicher Hypothesen $\quad$ **12**

In diesem Kapitel lernen Sie ...

Inhalte	➲	wissenschaftliche Hypothesen mithilfe von Signifikanztests zu prüfen.
Beispiele	➲	beispielhaft eine Signifikanzprüfung handschriftlich durchzuführen und anzuwenden.
Anwendungen	➲	mit den Statistik-Programmen SPSS und R das Signifikanzniveau von verschiedenen Kennwerten zu berechnen.

Inhaltsübersicht des Kapitels

12.1 Prüfung wissenschaftlicher Hypothesen – Test auf statistische Signifikanz

Wie schon im Kapitel 6.1 erwähnt wurde, stellen die wissenschaftlichen Hypothesen den Kern jeder empirischen Untersuchung dar. Sie beziehen sich auf reale Sachverhalte, welche empirisch untersuchbar sind. Die Prüfung wissenschaftlicher Hypothesen mithilfe der Testung auf statistische Signifikanz bildet den Schwerpunkt dieses Kapitels, mit dem wir zudem unsere Darstellung einer einführenden Statistik für Erziehungswissenschaftlerinnen und Erziehungswissenschaftler abschließen.

Die Prüfung wissenschaftlicher Hypothesen findet üblicherweise in drei Schritten statt:

(1) *Null-* und *Alternativhypothese* festlegen.
(2) *Irrtumswahrscheinlichkeit* α festlegen und Ablehnungsbereich der Nullhypothese bestimmen.
(3) Prüfgröße (z. B. z-Wert, t-Wert, χ^2-Wert, F-Wert etc.) berechnen und eine Entscheidung über die Gültigkeit der Nullhypothese treffen.

Wie wir in Kapitel 6 dargelegt haben, lassen sich wissenschaftliche Hypothesen in Unterschieds-, Zusammenhangs-, und Veränderungshypothese klassifizieren. Für die Prüfung wissenschaftlicher Hypothesen ist zunächst wichtig, die oben genannten Hypothesen in statistische Hypothesen zu überführen. So lässt sich z. B. die wissenschaftliche Hypothese „Jungen und Mädchen sind unterschiedlich gut im Lesen" in eine statistische Hypothese überführen, indem man die folgende Behauptung formuliert: „Die durchschnittliche Lesekompetenz der Jungen unterscheidet sich von der durchschnittlichen Lesekompetenz der Mädchen". Das Wort „durchschnittlich" weist auf einen statistischen Kennwert hin, nämlich den Mittelwert, den wir empirisch für Jungen und Mädchen unserer Zufallsstichprobe messen können. Wissenschaftliche Hypothesen werden also in statistische Hypothesen überführt, indem die eigentliche Aussage der wissenschaftlichen Hypothese in einen messbaren statistischen Kennwert *übersetzt* wird. Die statistischen Hypothesen wiederum lassen sich in Null- und Alternativhypothesen einteilen. Die Alternativhypothese stellt die Überführung der wissenschaftlichen Hypothese dar und wird üblicherweise mit H_A abgekürzt. Als Formel kann man dies wie folgt schreiben:

$$H_A: \mu_1 \neq \mu_2.$$

Mit μ_1 und μ_2 werden demnach die Mittelwerte in der Grundgesamtheit von zwei zu vergleichenden Gruppen bezeichnet, und es wird mit der Alternativhypothese angenommen, dass die beiden Werte nicht gleich sind. In unserem Beispiel bezieht sich μ_1 auf den Lesekompetenzwert der Mädchen und μ_2 auf den Lesekompetenzwert der Jungen in der Grundgesamtheit. „Die Nullhypothese behauptet, dass der in der Alternativhypothese postulierte Unterschied bzw. Zusammenhang nicht vorhanden ist" (Bortz & Schuster, 2010, S. 98). Sie wird meist mit H_0 abgekürzt. Für unser Beispiel lautet die Nullhypothese: „Die durchschnittliche Lesekompetenz der Mädchen unterscheidet sich nicht von der durchschnittlichen Lesekompetenz der Jungen". In Kurzform kann man schreiben:

$H_0: \mu_1 = \mu_2$ bzw. $\mu_1 - \mu_2 = 0$.

Im obigen Beispiel waren die wissenschaftlichen und die darauf basierenden statistischen Alternativhypothesen ungerichtet[31]. Falls die gerichtete wissenschaftliche Hypothese „Mädchen sind besser im Lesen als Jungen" unser Forschungsgegenstand wäre, dann würde die entsprechende Alternativhypothese lauten „Mädchen weisen einen höheren durchschnittlichen Lesekompetenzwert auf als Jungen":

$H_A: \mu_1 > \mu_2$.

Die Nullhypothese würde dann behaupten „Jungen weisen einen gleich hohen oder höheren durchschnittlichen Lesekompetenzwert auf als Mädchen":

$H_0: \mu_1 <= \mu_2$ bzw. $\mu_1 - \mu_2 <= 0$.

Wie wir weiter unten sehen werden, ist die Unterscheidung zwischen gerichteten und ungerichteten statistischen Hypothesen sehr wichtig für den Ablehnungsbereich der Nullhypothese.

Nachdem man die Alternativ- und Nullhypothese formuliert hat, muss man die Irrtumswahrscheinlichkeit α festlegen. Die Prüfung wissenschaftlicher Hypothesen findet immer anhand der erhobenen Daten einer Zufallsstichprobe statt, die zu den Daten der uns interessierenden Grundgesamtheit in Beziehung gesetzt werden (s. Kapitel 10). Dabei kann es vorkommen, dass unsere Stichprobenanalysen für die Gültigkeit der Alternativhypothese sprechen, obwohl eigentlich in der Grundgesamtheit die Nullhypothese gilt. Schenken wir den Stichprobenanalysen unser Vertrauen, dann begehen wir in diesem Fall einen Fehler, der als *Fehler 1.*

---

31 Die Bedeutung von gerichteten und ungerichteten Hypothesen wird in Kapitel 6.1 detailliert beschrieben.

Art oder α-Fehler bekannt ist. Falls wiederum in der Grundgesamtheit die Alternativhypothese gilt und die Stichprobenanalysen für die Gültigkeit der Nullhypothese sprechen, würden wir den *Fehler 2. Art* oder *β-Fehler* begehen, wenn wir aufgrund der Stichprobendaten die Nullhypothese beibehalten würden. Es kann also bei der Prüfung wissenschaftlicher Hypothese zu den in Tabelle 12.1 dargestellten Konstellationen kommen.

		Aufgrund der Stichprobenanalysen fällt die Entscheidung auf:	
		H_0	H_A
In der Grundgesamtheit gilt:	H_0	korrekt	*α-Fehler*
	H_A	*β-Fehler*	korrekt

Tabelle 12.1   Fehler bei der Überprüfung wissenschaftlicher Hypothesen©

Da die Hypothesenprüfung anhand von Stichprobendaten stattfindet, kann man eigentlich nie sicher sein, ob das Ergebnis der Hypothesenprüfung mit dem Ergebnis der Grundgesamtheit übereinstimmt. Man kann aber die Wahrscheinlichkeit dafür berechnen, mit der das auf den Stichprobendaten basierende empirische Ergebnis auftreten kann, wenn die Populationsverhältnisse der Null- oder Alternativhypothese entsprechen. Bezogen auf unser Beispiel zur Lesekompetenz nehmen wir an, dass unsere Stichprobendaten für die Alternativhypothese „Mädchen weisen einen höheren durchschnittlichen Lesekompetenzwert auf als Jungen" sprechen. Die nächste Frage lautet: Wie wahrscheinlich ist dieses Ergebnis, das für die Geltung der Alternativhypothese spricht, wenn in der Grundgesamtheit die Nullhypothese gilt? Je geringer diese Wahrscheinlichkeit ist, desto sicherer sind wir, dass wir uns zu Recht für die Geltung der Alternativhypothese und für die Verwerfung der Nullhypothese entschieden haben. D.h., dass man für dieses Beispiel die Irrtumswahrscheinlichkeit α berechnen sollte. „α gibt daher die Wahrscheinlichkeit an, mit der wir uns bei Ablehnung der Nullhypothesen irren" (Gering & Weins, 2009, S. 274). Auf die Frage, wie gering die Irrtumswahrscheinlichkeit α sein sollte, haben sich in der Wissenschaft gewisse Grenzen als Konvention ergeben. Diese befinden sich bei $\alpha = 5\%$ bzw. $\alpha = 1\%$. Wenn wir also anhand unserer Stichprobenkennwerte eine Irrtumswahrscheinlichkeit α ermitteln, die höchstens 5% bzw. 1% ist, dann ist die Wahrscheinlichkeit dafür, die Nullhypothese geworfen zu haben, obwohl sie in der Grundgesamtheit gilt, höchstens 5% bzw. 1%. Zwar ist diese Irrtumswahrscheinlichkeit gering, man kann demzufolge jedoch nur zu 95% bzw. 99%, nicht aber 100% sicher sein, dass die Nullhypothese in der Grundgesamtheit nicht gilt.

In Bezug auf den β-Fehler kann man ebenfalls eine Irrtumswahrscheinlichkeit festlegen, nämlich die Irrtumswahrscheinlichkeit β. Hierbei lautet die Ausgangsfrage: Wie wahrscheinlich ist das auf den Stichprobendaten basierende empirische Ergebnis, wenn in der Grundgesamtheit die Alternativhypothese gilt? Falls diese Wahrscheinlichkeit gering genug ist, dann verwerfen wir die Alternativhypothese. Hierbei hat sich ebenfalls eine Grenze als Konvention ergeben, die bei 20 % liegt. Wenn also der β-Fehler kleiner als 20 % ist, dann sind wir ziemlich sicher, die Alternativhypothese nicht zu Unrecht abgelehnt zu haben.

α-Fehler und β-Fehler laufen in die entgegengesetzte Richtung. Beim α-Fehler wird eine richtige Nullhypothese abgelehnt, während man sich beim β-Fehler für eine falsche Nullhypothese entscheidet. „Je sicherer wir sein wollen, dass wir die Nullhypothese nicht zu Unrecht ablehnen, umso eher lehnen wir die Alternativhypothese ab" (Gehring & Weins, 2009, S. 275). Dies bedeutet, dass man bei der Hypothesenprüfung beide Irrtumswahrscheinlichkeiten gering halten sollte. Allerdings wird in der Praxis nur die Irrtumswahrscheinlichkeit α kontrolliert, da es in diesem Fall anhand der Stichprobendaten sehr einfach ist, eine Entscheidung über die Sachlage in der Grundgesamtheit zu treffen. Bei der Ermittlung des α-Fehlers wird nämlich angenommen, dass die statistische Hypothese in der Grundgesamtheit 0 ist. Dagegen wird bei der Ermittlung des β-Fehlers angenommen, dass die Alternativhypothese in der Grundgesamtheit gilt. Dies erschwert aber die Hypothesenprüfung, da nicht genau angegeben wird, wie groß der in der statistischen Alternativhypothese angenommene Zusammenhang ist. Aus diesem Grund hat sich bei der Hypothesenprüfung in den Human- und Sozialwissenschaften etabliert, dass man nur die Irrtumswahrscheinlichkeit α festlegt und darauf basierend den Ablehnungsbereich der Nullhypothese bestimmt.

Der dritte und letzte Schritt bei der Hypothesenprüfung bezieht sich auf die Berechnung der Prüfgröße, welche die Basis für die Ablehnung der Nullhypothese darstellt. Die Berechnung der Prüfgröße hängt unmittelbar mit der Art der wissenschaftlichen Hypothese zusammen:

- Falls man Unterschiedshypothesen untersucht, dann wird anhand der Stichprobendaten ein z- oder t-Wert (bei unbekannter Varianz in der Grundgesamtheit) berechnet, da hierbei angenommen wird, dass die Verteilung des Stichprobentestwertes in der Grundgesamtheit unter Geltung der Nullhypothese normal (z-) oder t-verteilt ist.
- Falls man Veränderungshypothesen untersucht, dann wird ebenfalls anhand der Stichprobendaten ein t-Wert ermittelt, da hierbei auch angenommen wird, dass die Verteilung des Stichprobentestwertes in der Grundgesamtheit unter Geltung der Nullhypothese t-verteilt ist.
- Falls man Zusammenhangshypothesen untersucht, dann wird je nach Fragestellung entweder ein χ^2-, oder t-Wert ermittelt.

Die jeweilige Prüfgröße wird mit dem Wert der entsprechenden Verteilung, welche sich auf die Geltung der Nullhypothese in der Grundgesamtheit bezieht (also je nach Hypothese z-, t-, χ^2-Verteilung), verglichen, bei dem die Irrtumswahrscheinlichkeit α höchstens 5 % oder 1 % ist. Die Werte, die diese Grenzen von 5 % bzw. 1 % markieren, heißen *kritische Werte*. Beispielsweise stellen bei einer ungerichteten Hypothese, bei der die Nullhypothese normalverteilt ist, die Werte −1,96 und 1,96 solche kritischen Werte dar, weil sich links vom Wert −1,96 und rechts vom Wert 1,96 zusammen 5 % der Fläche einer Standardnormalverteilung befinden (s. Kapitel 11.5). Falls der absolute Wert der von uns ermittelten Prüfgröße größer ist als der absolute Wert der kritischen Werte, dann kann man die Nullhypothese verwerfen und sich für die Geltung der Alternativhypothese entscheiden. Anderenfalls muss man sich für die Geltung der Nullhypothese entscheiden. Falls das Ergebnis der Hypothesenprüfung zur Verwerfung der Nullhypothese führt, dann ist dieses Ergebnis als statistisch *signifikant* zu bezeichnen. Aus diesem Grund wird das Verfahren zur Prüfung wissenschaftlicher Hypothesen auch *Signifikanztest* genannt. „Die vom Forscher festgelegte Wahrscheinlichkeit, mit welcher die Ablehnung der Nullhypothese im Rahmen eines Signifikanztests zu einem Fehler 1. Art führt, bezeichnet das *Signifikanzniveau* α" (Bortz & Schuster, 2010, S. 101). Des Weiteren lässt sich ein statistisch signifikantes Ergebnis als *sehr signifikant* bezeichnen, wenn die Irrtumswahrscheinlichkeit α höchstens 1 % ist. Falls also das Signifikanzniveau α höchstens 1 % ist, dann hat man mit einem statistisch gesehen sehr signifikantem Ergebnis zu tun[32].

Nach dieser allgemeinen Einführung zur Prüfung wissenschaftlicher Hypothesen wollen wir im Folgenden das Thema detaillierter betrachten. Dabei wird deutlich werden, dass das jeweils benötigte Verfahren abhängig von der Art (Unterschieds-, Veränderungs-, Zusammenhangshypothese) und von der Richtung (ungerichtet vs. gerichtet) der zu untersuchenden wissenschaftlichen Hypothesen ist.

12.2 Mittelwertvergleiche

Statistische Signifikanztests, welche auf Mittelwertevergleichen von Zufallsstichproben basieren, sind geeignet, um die Gültigkeit von Unterschieds- und Veränderungshypothesen zu kontrollieren. Wir betrachten in diesem Zusammenhang

---

32 Zusätzlich zu dieser Abstufung ist gelegentlich auch ein Ergebnis als *hoch signifikant* zu bezeichnen, wenn das Signifikanzniveau höchsten 0,1 % ist; von dieser dritten Abstufung wird in erziehungswissenschaftlichen Studien allerdings eher selten Gebrauch gemacht. Gleichwohl weisen einzelne SPSS-Ausgaben diese Abstufung aus.

einen *t-Test bei einer Stichprobe,* einen *t-Test für unabhängige Stichproben* und einen *t-Test für abhängige Stichproben.* Die Bezeichnung *t*-Test bezieht sich auf die Verteilung des Kennwertes in der Grundgesamtheit bei Geltung der Nullhypothese. Bei diesen drei Testverfahren also stellt die *t*-Verteilung die Verteilung der Prüfgröße dar.

12.2.1 *t*-Test bei einer Stichprobe

In diesem Verfahren wird ein Stichprobenmittelwert mit dem bekannten Mittelwert einer Grundgesamtheit verglichen. Wir wollen die Logik dieses Verfahrens anhand des folgenden (fiktiven) Beispiels erläutern: Es sei angenommen, dass das mittlere Alter von Absolventen/-innen eines Lehramtsstudiums in Nordrhein-Westfalen (NRW) 25 Jahre beträgt (s. z. B. König et al. (b), 2016). Die Standardabweichung σ des mittleren Alters beim Examen beträgt 1,5 Jahre. Wir vermuten, dass Absolventen/-innen eines neu eingerichteten Lehramtsstudiengangs, der als Modellversuch an einer Universität geführt wird und bei dem diese besonders intensiv betreut werden, einen anderen mittleren Alterswert aufweisen. In diesem Fall bearbeiten wir eine ungerichtete Fragestellung, da wir keine spezifische Vermutung darüber anstellen, ob diese besondere Absolventengruppe im Durchschnitt älter oder jünger ist als die Absolventen/-innen eines Lehramtsstudiums in NRW generell.

Zunächst müssen wir basierend auf der obigen Fragestellung die statistische Alternativ- und Nullhypothese formulieren. Die Alternativhypothese besagt, dass sich das mittlere Alter μ der Absolventen/-innen des Modellversuchs signifikant vom mittleren Alter der Lehramtsstudierenden in NRW μ_0 unterscheidet:

H_A: $\mu \neq \mu_0 \neq 25$ Jahre.

Die Nullhypothese besagt, dass es keinen statistischen signifikanten Unterschied in Bezug auf die Altersmittelwerte der Lehramtsstudierenden in NRW und im Modellversuch gibt:

H_0: $\mu = \mu_0 = 25$ Jahre.

Das Signifikanzniveau wollen wir für Illustrationszwecke sowohl auf 5 % als auch auf 1 % festlegen. Dadurch können wir später zu 95 % bzw. 99 % sicher sein, die Nullhypothese nicht zu Unrecht abgelehnt zu haben. Die Vertrauenswahrscheinlichkeit $(1 - \alpha)$ bei unserem Signifikanztest beträgt also 95 % bzw. 99 %.

Um die Prüfgröße zu berechnen und eine Entscheidung über die Gültigkeit der Nullhypothese zu treffen, haben wir aus der Grundgesamtheit der Absolventen des Modellversuchs eine Stichprobe von (n =) 40 Personen gezogen, welche im Jahre 2014 ihr Studium abgeschlossen haben. Diese Personen waren im Durchschnitt ($\bar{x}$ =) 23,4 Jahre alt. Diesen Wert brauchen wir für die Berechnung der Prüfgröße nach folgender Formel:

$$z = \frac{\bar{x} - \mu_0}{\sigma_{\bar{x}}} \hspace{6cm} (12.1)$$

mit

z = Prüfgröße; sie bezieht sich auf den z-transformierten Stichprobenmittelwert $\bar{x}$,

μ_0 = Altersmittelwert der Absolventen eines Lehramtsstudiums in NRW in der Grundgesamtheit,

$\sigma_{\bar{x}}$ = Standardfehler des Mittelwertes.

Die Prüfgröße besteht in der Berechnung eines z-Wertes nach Vorgabe der Formel 12.1, wobei diese Formel auf Formel 5.1 (s. Kapitel 5.2) zur z-Transformation basiert. Dabei kann man sich zunächst fragen, warum die z-Transformation des Stichprobenmittelwertes auf Basis des Mittelwertes μ_0 in der Grundgesamtheit und des Standardfehlers des Mittelwertes $\sigma_{\bar{x}}$ vorgenommen wird? Dies lässt sich wie folgt beantworten: Erstens haben wir im Kapitel 11 gesehen, dass die Stichprobenmittelwerteverteilung normalverteilt ist. Zweitens wird laut Nullhypothese postuliert, dass sich beide Mittelwerte μ_0 und μ auf Stichprobenmittelwerteverteilungen derselben Grundgesamtheit beziehen. Da wir die Werte von μ_0 kennen, dürfen wir daher diese Werte für die Berechnung des z-Wertes vom Stichprobenmittelwert $\bar{x}$ verwenden.

Des Weiteren kann man sich fragen, warum das Testverfahren an sich „t-Test bei einer Stichprobe" heißt, obwohl als Prüfgröße ein z-Wert verwendet wird? Dies lässt sich wie folgt beantworten: Normalerweise sollte man dieses Verfahren z-Test bei einer Stichprobe nennen. Das ist auch in unserem Beispiel der Fall. Meist ist es jedoch so, dass man zwar Zugang zu der Information über den Mittelwert in der Grundgesamtheit hat, nicht aber über dessen Standardabweichung. Dadurch soll der Standardfehler anhand Formel 11.16 geschätzt werden. In diesem Fall wird ein t-Wert als Prüfgröße berechnet. Dieses Verfahren werden wir an späterer Stelle noch demonstrieren. Außerdem berechnen Statistik-Computerprogramme ebenfalls die Prüfgröße anhand der t-Verteilung.

Wir wollen nun die Prüfgröße berechnen, um eine Entscheidung über die Gültigkeit der Nullhypothese zu treffen. Dafür ist es zuerst nötig, den Wert des Standardfehlers zu berechnen. Laut Formel 11.1 beträgt $\sigma_{\bar{x}}$:

$$\sigma_{\bar{x}} = \sqrt{\frac{\sigma^2}{n}} = \frac{\sigma}{\sqrt{n}} = \frac{1,5}{\sqrt{40}} = \frac{1,5}{6,32} \approx 0,24$$

Der gesuchte z-Wert beträgt also:

$$z = \frac{\bar{x} - \mu_0}{\sigma_{\bar{x}}} = \frac{23,4 - 25}{0,24} = \frac{-1,6}{0,24} \approx -6,75$$

Dieser z-Wert soll nun mit den kritischen z-Werten verglichen werden, außerhalb dessen 5 % bzw. 1 % der Fläche einer Standardnormalverteilung liegen. Anhand Tabelle B.1 im Anhang kann man nämlich feststellen, dass bei einem Signifikanzniveau von 5 % die kritischen z-Werte −1,96 und 1,96 betragen. Falls man das Signifikanzniveau auf 1 % festlegt, dann stellt man ebenfalls anhand Tabelle B.1 fest, dass die kritischen Werte −2,58 und 2,58 betragen. Da sich der Wert unserer Prüfgröße −6,75 außerhalb des Bereichs befindet, welchen die kritischen z-Werte definieren, fällt unsere Entscheidung zu Ungunsten der Nullhypothese aus. Wir können also davon ausgehen, dass die Alternativhypothese mit einer Vertrauenswahrscheinlichkeit von 95 % bzw. 99 % gültig ist.

In einem weiteren Schritt wollen wir eine gerichtete Alternativhypothese aufstellen. Diese behauptet, dass das mittlere Alter μ der Modellversuch-Absolventen/-innen signifikant niedriger ist als das mittlere Alter μ_0 der Absolventen/-innen von Lehramtsstudiengängen in NRW:

H_A: $\mu < \mu_0 < 25$ Jahre.

Die Nullhypothese besagt nun, dass das mittlere Alter μ der Modellversuch-Absolventen/-innen gleich wie das mittlere Alter μ_0 der Absolventen/-innen in NRW oder sogar größer als das mittlere Alter μ_0 der Absolventen von Lehramtsstudiengängen in NRW ist:

H_0: $\mu \geq \mu_0 \geq 25$ Jahre.

Das Signifikanzniveau soll auch hierbei 5 % bzw. 1 % betragen. Die Prüfgröße hierfür haben wir schon berechnet, sie beträgt −6,75. Offen ist dagegen noch die Berechnung der kritischen z-Werte.

Abbildung 12.1 kann die Logik zur Entscheidung über die Gültigkeit der Nullhypothese in der Grundgesamtheit je nach Richtung der Alternativhypothese entnommen werden. Bei ungerichteten Hypothesen haben wir gesehen, dass die

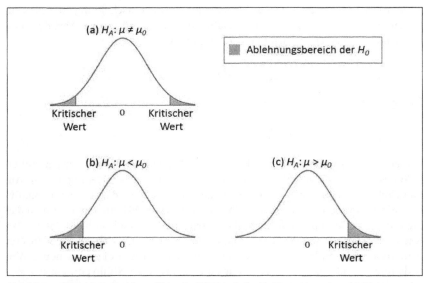

Abbildung 12.1   Entscheidung über die Gültigkeit der Nullhypothese je nach Richtung der Alternativhypothese[©]

Nullhypothese abgelehnt wird, wenn die Prüfgröße kleiner als der negative oder größer als der positive kritische Wert ist; oder wenn der absolute Betrag der Prüfgröße größer ist als der absolute Betrag der kritischen Werte. Bei gerichteten Alternativhypothesen muss man zuerst den Inhalt der Alternativhypothese betrachten. Falls die Alternativhypothese – wie im Fall (b) von Abbildung 12.1 – postuliert, dass der zu der Prüfgrößeverteilung gehörende Mittelwert μ kleiner ist als der Mittelwert μ_0 der konkurrierenden Grundgesamtheit, dann stellt der grau markierte Bereich links vom kritischen Wert den Ablehnungsbereich der Nullhypothese dar. Falls die Alternativhypothese das Gegenteil (Fall (c) in Abbildung 12.1) postuliert, dann stellt der grau markierte Bereich rechts vom kritischen Wert den Ablehnungsbereich der Nullhypothese dar. Zuerst sollten die kritischen Werte anhand der passenden Tabelle im Anhang B identifiziert werden, bei denen das Signifikanzniveau 5 % bzw. 1 % entsprechen. Ist die Prüfgröße kleiner (Fall (b) in Abbildung 12.1) bzw. größer (Fall (c) in Abbildung 12.1) als der kritische Wert, dann wird die Nullhypothese abgelehnt. Andernfalls muss man von der Gültigkeit der Nullhypothese ausgehen.

Für unsere Alternativhypothese soll anhand Tabelle B.1 derjenige kritische Wert ermittelt werden, der, von links kommend, die ersten 5 % bzw. 1 % des Flächenanteils der Standardnormalverteilung anzeigt. Für ein Signifikanzniveau von

5 % beträgt dieser −1,65 und für einen Signifikanzniveau von 1 % beträgt er −2,33. Da der Wert unserer Prüfgröße $z = -6{,}75$ kleiner als diese beiden kritischen z-Werte ist, entscheiden wir uns in jedem Fall zu Gunsten der Alternativhypothese und verwerfen die Nullhypothese.

Bei einer Standardnormalverteilung sind die kritischen Werte von 5 % bzw. 1 % immer identisch. Deswegen ist es nicht nötig, die Information jeweils erneut in Tabelle B.1 zu ermitteln. Stattdessen empfiehlt es sich, die Werte in Tabelle 12.2 zu verwenden.

Gerichtete Hypothesen:	α-Fehler	Kritische Werte	Ablehnung von H_0 bei einer Prüfgröße von:
$H_A: \mu < \mu_0$	5 %	−1,65	−∞ bis −1,65
$H_A: \mu < \mu_0$	1 %	−2,33	−∞ bis −2,33
$H_A: \mu > \mu_0$	5 %	1,65	1,65 bis ∞
$H_A: \mu > \mu_0$	1 %	2,33	2,33 bis ∞
Ungerichtete Hypothesen			
$H_A: \mu \neq \mu_0$	5 %	−1,96 und 1,96	−∞ bis −1,96 oder 1,96 bis −∞
$H_A: \mu \neq \mu_0$	1 %	−2,58 und 2,58	−∞ bis −2,58 oder 2,58 bis −∞

Tabelle 12.2 Kritische Werte und Ablehnungsbereich der Nullhypothese auf Basis der Standardnormalverteilung©

Falls die Standardabweichung in der Grundgesamtheit unbekannt ist, dann wird sie durch die Standardabweichung der Stichprobe anhand Formel 11.15 geschätzt. Darauf basierend kann man anhand Formel 11.16 den geschätzten Standardfehler des Mittelwertes $\hat{\sigma}_{\bar{x}}$ berechnen. In diesem Fall wird die Verteilung der Prüfgröße in der Grundgesamtheit anhand der t-Verteilung mit $n - 1$ Freiheitsgraden *(df)* approximiert. D. h., die Prüfgröße wird nach folgender Formel berechnet:

$$t = \frac{\bar{x} - \mu_0}{\hat{\sigma}_{\bar{x}}} \tag{12.2}$$

mit

t = Prüfgröße; sie bezieht sich auf den t zu transformierenden Stichprobenmittelwert $\bar{x}$

μ_0 = Mittelwert in der Grundgesamtheit (in unserem Beispiel der Altersmittelwert),

$\hat{\sigma}_{\bar{x}}$ = Geschätzte Standardfehler des Mittelwertes $\bar{x}$ der Stichprobenmittelwerteverteilung.

Wir wollen nun das Ganze noch einmal für das obige Beispiel demonstrieren. Zuerst sollten wir die ungerichtete Hypothese „das mittlere Alter μ der Modellversuch-Absolventen/-innen unterscheidet sich signifikant vom mittleren Alter μ_0 der Absolventen/-innen von Lehramtsstudiengängen in NRW" formulieren. In Kurzform kann man schreiben:

H_A: $\mu \neq \mu_0 \neq 25$ Jahre.

Die Nullhypothese besagt auch in diesem Fall:

H_0: $\mu = \mu_0 = 25$ Jahre.

Des Weiteren sei angenommen, dass die Standardabweichung s in der Stichprobe der Modellversuch-Absolventen/-innen 1,5 Jahre beträgt. Die geschätzte Standardabweichung $\hat{\sigma}$ des mittleren Alters von Absolventen von Lehramtsstudierenden in NRW kann nun anhand Formel 11.15 berechnet werden:

$$\hat{\sigma} = \sqrt{\hat{\sigma}^2} = \sqrt{\frac{\sum_{i=1}^{i=n}(x_i - \bar{x})^2}{n} \cdot \frac{n}{n-1}} = \sqrt{\frac{\sum_{i=1}^{i=n}(x_i - \bar{x})^2}{n}} \cdot \sqrt{\frac{n}{n-1}} = s \cdot \sqrt{\frac{n}{n-1}}$$

$$= 1,5 \cdot \sqrt{\frac{40}{39}} = 1,5 \cdot 1,01 \approx 1,52$$

Der Wert des geschätzten Standardfehlers kann anhand Formel 11.16 berechnet werden:

$$\hat{\sigma}_{\bar{x}} = \frac{\hat{\sigma}}{\sqrt{n}} = \frac{1,52}{\sqrt{40}} = \frac{1,52}{6,32} \approx 0,24$$

Wir können nun den t-Wert unserer Prüfgröße berechnen:

$$t = \frac{\bar{x} - \mu_0}{\hat{\sigma}_{\bar{x}}} = \frac{23,4 - 25}{0,24} = \frac{-1,6}{0,24} \approx -6,96$$

Die kritischen Werte können Tabelle B.2 im Anhang entnommen werden. Für ein Signifikanzniveau von 5 % und 39 Freiheitsgraden betragen sie −2,023 und 2,023. Wenn man das Signifikanzniveau auf 1 % legen möchte, dann betragen die kritischen Werte −2,708 und 2,708. Da die Prüfgröße $t = -6,96$ kleiner ist als die kritischen Werte $t = -2,023$ und $t = -2,708$, kann die Nullhypothese verworfen werden. Der Mittelwert des Alters der Modellversuch-Absolventen/-innen unterscheidet sich signifikant sowohl auf dem Niveau von 5 % als auch auf dem Niveau von 1 % vom Altersmittelwert der Absolventen/-innen von Lehramtsstudiengängen in NRW.

Falls unsere Hypothese wie davor gerichtet wäre, d.h., wenn wir vermutet hätten:

H_A: $\mu < \mu_0 < 25$ Jahre.

dann würde die Nullhypothese wie folgt lauten:

H_0: $\mu \geq \mu_0 \geq 25$ Jahre.

Die Prüfgröße t beträgt auch in diesem Fall −6,96. Was sich ändert, sind die Werte der kritischen t-Werte. Anhand Tabelle B.1 kann man für einen α-Fehler von 5 % ($df = 39$) ablesen, dass der kritische Wert t −1,685 beträgt. Setzt man den α-Fehler auf 1 %, dann beträgt der kritische Wert t −2,426. Da unsere Prüfgröße kleiner ist als die beiden kritischen Werte, verwerfen wir auch in diesem Fall die Nullhypothese und entscheiden uns für die Gültigkeit der Alternativhypothese.

12.2.2 *t*-Test für unabhängige Stichproben

Dieses Verfahren ist geeignet, um die Gültigkeit von Unterschiedshypothesen zu überprüfen. Hierbei stellen die zugrunde liegenden Stichproben unabhängige Stichproben dar. „Bei unabhängigen Stichproben beeinflusst die Auswahl der Elemente der einen Stichprobe die Auswahl der Elemente der anderen Stichprobe nicht" (Gehring & Weins, 2009, S. 286). Beispiele für solche Fragestellungen sind: „Gibt es einen Unterschied in der Lesekompetenz zwischen Jungen und Mädchen?", „Gibt es einen Unterschied in der Lesekompetenz zwischen deutschen und österreichischen Schülern/-innen?", „Schwänzen Jungen häufiger die Schule als Mädchen?", „Unterscheiden sich männliche von weiblichen Lehramtsstudierenden in Bezug auf ihre berufsspezifische Motivation?" etc. Wir haben es also mit Gruppenvergleichen zu tun. Das Besondere dabei ist, dass es sich jeweils um unabhängige Stichproben handelt: Die Wahrscheinlichkeit, mit der Elemente der einen Grundgesamtheit (z.B. Jungen) in die Stichprobe gelangen, ist nicht abhängig von der Wahrscheinlichkeit, mit der Elemente der anderen Grundgesamtheit (z.B. Mädchen) in die Stichprobe gelangen.

Wir wollen nun anhand eines fiktiven Beispiels die Logik dieses Verfahrens demonstrieren. Wir vermuten, dass sich die durchschnittliche intrinsische Berufswahlmotivation (s. Kapitel 8.2 bis 8.3.2) μ_1 der weiblichen Lehramtsstudierenden signifikant von der intrinsischen Berufswahlmotivation μ_2 der männlichen Lehramtsstudierenden unterscheidet. Zu diesem Zweck haben wir bundesweit zwei Zufallsstichproben gezogen. Die Stichprobe der weiblichen Studierenden umfasst

(n =) 48 und die Stichprobe der männlichen Studierenden (n =) 54 Personen. Die intrinsische Berufswahlmotivation der weiblichen Studierenden $\bar{x}_1$ beträgt 6,4 mit einer Standardabweichung (s_1) von 1,4, während die intrinsische Berufswahlmotivation der männlichen Studierenden $\bar{x}_2$ 5,2 mit einer Standardabweichung (s_2) von 1,9 beträgt. Die Alternativhypothese lautet demnach:

H_A: $\mu_1 \neq \mu_2$, bzw. $\mu_1 - \mu_2 \neq 0$.

Die zu überprüfende Nullhypothese postuliert:

H_0: $\mu_1 = \mu_2$, bzw. $\mu_1 - \mu_2 = 0$.

Wir haben es also mit einer ungerichteten Fragestellung zu tun.

Als Nächstes soll die Prüfgröße berechnet werden. Die Stichprobenkennwerteverteilung von Mittelwertdifferenzen ($\bar{x}_1 - \bar{x}_2$) unabhängiger Stichproben ist normalverteilt. Die lässt sich durch ihren Erwartungswert $\mu_1 - \mu_2$ und ihren Standardfehler $\sigma_{(\bar{x}_1 - \bar{x}_2)}$ vollständig beschreiben. Falls die Varianz bzw. Standardabweichung von $\mu_1 - \mu_2$ in der Grundgesamtheit nicht bekannt ist, dann kann $\sigma_{(\bar{x}_1 - \bar{x}_2)}$ nicht direkt berechnet werden. In diesem Fall wird dies durch $\hat{\sigma}_{(\bar{x}_1 - \bar{x}_2)}$ geschätzt. Da jede Schätzung mit einem gewissen Grad an Unsicherheit verbunden ist, wird dieser Tatsache Rechnung getragen, indem die t-Verteilung mit Freiheitsgraden $df = n_1 + n_2 - 2$ zur Berechnung der Prüfgröße herangezogen wird. Die Prüfgröße lässt sich also in Anlehnung an 12.2 durch folgende Formel berechnen:

$$ t = \frac{(\bar{x}_1 - \bar{x}_2) - (\mu_1 - \mu_2)}{\hat{\sigma}_{(\bar{x}_1 - \bar{x}_2)}} \tag{12.3}$$

mit

t = Prüfgröße; sie bezieht sich auf die zu transformierende Stichprobenmittelwertdifferenz $\bar{x}_1 - \bar{x}_2$,

$\mu_1 - \mu_2$ = Mittelwertdifferenz in der Grundgesamtheit,

$\hat{\sigma}_{(\bar{x}_1 - \bar{x}_2)}$ = Geschätzter Standardfehler der Mittelwertdifferenz $\bar{x}_1 - \bar{x}_2$.

Da bei Gültigkeit der H_0 die Mittelwertdifferenz $\mu_1 - \mu_2$ 0 beträgt, vereinfacht sich die obige Formel:

$$ t = \frac{\bar{x}_1 - \bar{x}_2}{\hat{\sigma}_{(\bar{x}_1 - \bar{x}_2)}} \tag{12.4}$$

Der geschätzte Standardfehler lässt sich anhand folgender Formel berechnen:

$$\hat{\sigma}_{(\bar{x}_1 - \bar{x}_2)} = \sqrt{\frac{\hat{\sigma}_1^2}{n_1} + \frac{\hat{\sigma}_2^2}{n_2}} \tag{12.5}$$

mit

$\hat{\sigma}_1^2$ = geschätzte Varianz der ersten Grundgesamtheit (weibliche Studierende),
$\hat{\sigma}_2^2$ = geschätzte Varianz der zweiten Grundgesamtheit (männliche Studierende),
n_1 = Umfang der ersten Stichprobe,
n_2 = Umfang der zweiten Stichprobe.

Die geschätzte Varianz kann anhand Formel 11.14 berechnet werden. Für die Grundgesamtheit der weiblichen Studierenden beträgt sie:

$$\hat{\sigma}_1^2 = \frac{\sum_{i=1}^{i=n}(x_i - \bar{x})^2}{n} \cdot \frac{n}{n-1} = s^2 \cdot \frac{n}{n-1} = 1{,}4^2 \cdot \frac{48}{48-1} = 1{,}96 \cdot 1{,}02 \approx 2$$

Für die Grundgesamtheit der männlichen Studierenden beträgt der Wert der geschätzten Varianz:

$$\hat{\sigma}_2^2 = \frac{\sum_{i=1}^{i=n}(x_i - \bar{x})^2}{n} \cdot \frac{n}{n-1} = s_2^2 \cdot \frac{n}{n-1} = 1{,}9^2 \cdot \frac{54}{54-1} = 3{,}61 \cdot 1{,}02 \approx 3{,}68$$

Wir können nun den Wert des geschätzten Standardfehlers $\hat{\sigma}_{(\bar{x}_1 - \bar{x}_2)}$ berechnen:

$$\hat{\sigma}_{(\bar{x}_1 - \bar{x}_2)} = \sqrt{\frac{\hat{\sigma}_1^2}{n_1} + \frac{\hat{\sigma}_2^2}{n_2}} = \sqrt{\frac{2}{48} + \frac{3{,}68}{54}} \approx 0{,}33$$

Wir sind nun in der Lage, den Wert unserer Prüfgröße t wie folgt zu berechnen:

$$t = \frac{\bar{x}_1 - \bar{x}_2}{\hat{\sigma}_{(\bar{x}_1 - \bar{x}_2)}} = \frac{6{,}4 - 5{,}2}{0{,}33} = \frac{1{,}2}{0{,}33} \approx 3{,}63$$

Nach Berechnung der Prüfgröße soll noch die Irrtumswahrscheinlichkeit α festgelegt werden. Wir wollen zu Illustrationszwecken das Signifikanzniveau sowohl auf 5 % als auch auf 1 % festlegen. Laut Tabelle B.2 betragen bei Geltung der Nullhypothese in der Grundgesamtheit und 100 Freiheitsgraden ($df = 48 + 54 - 2$) die theoretisch zu erwartenden kritischen t-Werte $-1{,}984$ und $1{,}984$ ($\alpha = 5\,\%$) bzw. $-2{,}626$ und $2{,}626$. Da der Wert unserer Prüfgröße größer als $1{,}984$ bzw. $2{,}626$ ist, kann die Nullhypothese verworfen werden. Unser Ergebnis lautet also, dass sich weibliche Lehramtsstudierenden statistisch signifikant unterscheiden in Bezug auf die intrinsische Berufswahlmotivation von männlichen Lehramtsstudierenden. Wir wollen nun das Verfahren für gerichtete Alternativhypothesen demonstrieren. Ausgangsbasis bildet die folgende Hypothese: Weibliche Lehramtsstudierende weisen eine im Durchschnitt höhere intrinsische Berufswahlmotivation auf als männliche Lehramtsstudierende. Als Formel kann man schreiben:

H_A: $\mu_1 > \mu_2$, bzw. $\mu_1 - \mu_2 > 0$.

Die zu überprüfende Nullhypothese lautet: Weibliche Lehramtsstudierende weisen eine im Durchschnitt gleich (ähnlich) hohe intrinsische Berufswahlmotivation wie die männlichen Lehramtsstudierenden oder eine im Durchschnitt niedrigere intrinsische Berufswahlmotivation auf als die männlichen Lehramtsstudierenden. In Kurzform kann man schreiben:

H_0: $\mu_1 \leq \mu_2$, bzw. $\mu_1 - \mu_2 \leq 0$.

Zur Berechnung der Prüfgröße spielt es keine Rolle, ob die Alternativhypothese gerichtet oder ungerichtet ist. D. h., der Wert der Prüfgröße beträgt in diesem Fall auch 3,63. Wir sollten nun die kritischen t-Werte anhand Tabelle B.2 für das gleiche Signifikanzniveau wie zuvor ermitteln. Zu diesem Zweck ist Abbildung 12.1 sehr hilfreich. Wir haben also mit Fall c von Abbildung 12.1 zu tun. Für 100 Freiheitsgrade beträgt der kritische t-Wert 1,660 ($\alpha = 5\%$) bzw. 2,364 ($\alpha = 1\%$). Da der Wert der Prüfgröße größer ist als 1,660 bzw. 2,364, kann auch in diesem Fall die Nullhypothese verworfen werden. Weibliche Lehramtsstudierende weisen also eine statistisch signifikant höhere intrinsische Berufswahlmotivation auf als männliche Lehramtsstudierende.

Abschließend wollen wir noch erwähnen, dass die Durchführung eines t-Tests für unabhängige Stichproben an die folgenden beiden Voraussetzungen geknüpft ist (s. Bortz & Schuster, 2010, S. 122):

(1) Die Varianzen $\hat{\sigma}_1^2$ und $\hat{\sigma}_2^2$ der beiden Grundgesamtheiten sollen gleich sein.
(2) Die Verteilung des untersuchten Merkmals (z. B. intrinsische Berufswahlmotivation) soll in den beiden Stichproben normal sein.

12.2.3 *t*-Test für abhängige Stichproben

Dieses Verfahren wird meist verwendet, um die Gültigkeit von Veränderungshypothesen zu kontrollieren. „Bei abhängigen Stichproben beeinflusst die Auswahl der Elemente der einen Stichprobe die Auswahl der Elemente der anderen
Stichprobe" (Gehring & Weins, 2009, S. 286). Beispiele für solche Fragestellungen
sind: „Wie verändert sich das pädagogische Wissen von Lehramtsstudierenden
im Laufe ihrer Ausbildung?" (s. König & Klemenz, 2015), „Wie verändert sich die
Lernfreude von Schülern/-innen während ihrer Schulzeit?" (s. Valtin et al., 2015),
„Wie verändert sich die berufsspezifische Motivation von Lehramtsstudierenden
im Laufe ihrer Ausbildung?" (s. König et al. (a), 2016) etc. Wir haben es also mit
Messwiederholungen zu tun: Personen werden zum einen Messzeitpunkt in Bezug auf ein Merkmal befragt und nach einiger Zeit werden dieselben Personen
ein weiteres Mal befragt. Da die beiden Stichproben zu beiden Messzeitpunkten
identisch sind und da die Auswahl der Stichprobenelemente zum ersten Messzeitpunkt die Auswahl der Stichprobenelemente zum zweiten Messzeitpunkt determiniert, heißt das im Folgenden vorzustellende Verfahren der Hypothesenprüfung *t*-Test für abhängige Stichproben. Auch die Bezeichnung *t*-Test für *gepaarte*
oder *verbundene* Stichproben ist geläufig, da manchmal nicht Messwiederholungen die Stichprobenabhängigkeit bestimmen, sondern Messungen von gepaarten
Objekten. Das typische Beispiel dafür sind Eigenschaften von Ehepaaren. Die entsprechende Fragestellung könnte lauten: „Wie unterscheidet sich die Eheorientierung von Ehepartnern?" (s. Tachtsoglou, 2011). In diesem Fall werden z. B. Personen der ersten Stichprobe nach dem Zufall gezogen. Die Ehepartner von diesen
Personen stellen dann die Elemente der zweiten Stichprobe dar. Diese Stichproben
sind auch abhängig voneinander. Mit dem in diesem Kapitel besprochenen Verfahren können also nicht nur Veränderungs-, sondern auch Unterschiedshypothesen kontrolliert werden.

Wir wollen nun anhand des folgenden Beispiels die Logik dieses Verfahren demonstrieren. Ausgangsbasis bildet die Fragestellung: „Wie verändert sich das pädagogische Wissen von Lehramtsstudierenden in Deutschland im Laufe ihres Studiums?". Auf Basis einer fiktiven Stichprobe von ($n =$) 10 Lehramtsstudierenden
des 3. Semesters haben wir deren pädagogisches Wissen anhand einer Skala von 0
bis 100 gemessen. Nach drei Semestern haben wir erneut das pädagogische Wissen dieser 10 Studierenden gemessen. Die Messwerte zu beiden Messzeitpunkten
sind in Tabelle 12.3 zu betrachten. In der vierten Tabellenspalte sind die Differenzen D_i in den Messwerten der Studierenden aus beiden Messzeitpunkten abgetragen. Der Mittelwert dieser Differenzen beträgt ($\bar{x}_D =$) 6,8 und die Standardabweichung ($s_D \approx$) 3,79. Die Alternativ- und Nullhypothesen beziehen sich nun auf
diese Differenzen in der Grundgesamtheit. Die Alternativhypothese besagt, dass

es eine Veränderung bezüglich der Differenz in den Wissenswerten der Studierenden in der Grundgesamtheit gibt:

$H_A: \mu_D \neq 0$.

Hierbei bezieht sich μ_D auf den Mittelwert der Differenzen der Werte vom pädagogischen Wissen zum zweiten Messzeitpunkt minus den Werten vom pädagogischen Wissen zum ersten Messzeitpunkt für die Grundgesamtheit der Studierenden. Die Nullhypothese behauptet nun, dass diese Differenz Null ist:

$H_0: \mu_D = 0$.

Student	Pädagogisches Wissen, 1. Messzeitpunkt	Pädagogisches Wissen, 2. Messzeitpunkt	Differenz D_i (*Messzeitp. 2 – Messzeitp.1*)
1	40	48	8
2	50	59	9
3	43	52	9
4	37	44	7
5	38	45	7
6	37	37	0
7	26	32	6
8	35	42	7
9	25	39	14
10	46	47	1
			$\bar{x}_D = 6{,}8$ $s_D = 3{,}79$

Tabelle 12.3   Werte vom pädagogischen Wissen für 10 Lehramtsstudierende[©]

Nachdem man die Alternativ- und Nullhypothese formuliert hat, muss man die Prüfgröße berechnen. Die Stichprobenmittelwerteverteilung der Differenz zwischen den Werten abhängiger Stichproben ist normalverteilt. Sie lässt sich durch ihren Erwartungswert μ_D und ihren Standardfehler $\sigma_{\bar{x}_D}$ charakterisieren. Falls die Varianz bzw. Standardabweichung von μ_D in der Grundgesamtheit nicht bekannt ist, dann kann $\sigma_{\bar{x}_D}$ durch $\hat{\sigma}_{\bar{x}_D}$ geschätzt werden. Da jede Schätzung mit einer gewissen Unsicherheit verbunden ist, wird dieser Tatsache Rechnung getragen, indem die t-Verteilung mit $df = n - 1$ Freiheitsgraden zur Berechnung der Prüfgröße herangezogen wird. Die Prüfgröße lässt sich also in Anlehnung an Formel 12.2 durch folgende Formel berechnen:

$$t = \frac{\bar{x}_D - \mu_D}{\hat{\sigma}_{\bar{x}_D}} \qquad (12.6)$$

mit

t = Prüfgröße; sie bezieht sich auf den t zu transformierenden Stichprobenmittelwert $\bar{x}_D$ der Differenzen D_i.

$\bar{x}_D$ = Stichprobenmittelwert der Differenzen D_i.

μ_D = Mittelwert der Differenzen D_i in der Grundgesamtheit,

$\hat{\sigma}_{\bar{x}_D}$= Geschätzte Standardfehler des Mittelwertes $\bar{x}_D$ der Differenzen D_i in der Stichprobenmittelwertverteilung.

Da laut Nullhypothese der Wert von μ_D null beträgt, lässt sich die Prüfgröße durch folgende Formel berechnen:

$$t = \frac{\bar{x}_D}{\hat{\sigma}_{\bar{x}_D}} \qquad (12.7)$$

Der geschätzte Standardfehler $\hat{\sigma}_{\bar{x}_D}$ lässt sich an Anlehnung an Formel 11.16 wie folgt berechnen:

$$\hat{\sigma}_{\bar{x}_D} = \frac{\hat{\sigma}_D}{\sqrt{n}} \qquad (12.8)$$

Die geschätzte Standardabweichung $\hat{\sigma}_D$ der Differenzen in der Grundgesamtheit kann durch die Stichprobendaten berechnet werden. Laut Formel 11.15 beträgt sie:

$$\hat{\sigma}_D = \sqrt{\frac{\sum_{i=1}^{n}(D_i - \bar{x}_D)}{n}} \cdot \sqrt{\frac{n}{n-1}} = s_D \cdot \sqrt{\frac{n}{n-1}} = 3,79 \cdot \sqrt{\frac{10}{10-1}}$$
$$= 3,79 \cdot 1,05 \approx 3,99$$

Nun sind wir in der Lage, anhand 12.8 den geschätzten Standardfehler $\hat{\sigma}_{\bar{x}_D}$ zu berechnen:

$$\hat{\sigma}_{\bar{x}_D} = \frac{\hat{\sigma}_D}{\sqrt{n}} = \frac{3,99}{\sqrt{10}} \approx 1,26$$

Der Wert unserer Prüfgröße beträgt:

$$t = \frac{\bar{x}_D}{\hat{\sigma}_{\bar{x}_D}} = \frac{6,8}{1,26} \approx 5,39$$

Der nächste Schritt der Hypothesenprüfung besteht in der Festlegung der Irr-tumswahrscheinlichkeit α. Wir wollen zu Illustrationszwecken das Signifikanz-niveau sowohl auf 5 % als auch auf 1 % festlegen. Tabelle B.2 zufolge betragen, bei Geltung der Nullhypothese in der Grundgesamtheit und bei 9 Freiheitsgraden ($df = 10 - 1$), die theoretisch zu erwartenden kritischen t-Werte −2,262 und 2,262 ($\alpha = 5$ %) bzw. −3,250 und 3,250 ($\alpha = 1$ %). Da der Wert unserer Prüfgröße grö-ßer als 2,262 bzw. 3,250 ist, kann die Nullhypothese verworfen werden. Mit ande-ren Worten gibt es eine (sehr) signifikante Veränderung bezüglich der Differenz in den Wissenswerten der Lehramtsstudierenden in Deutschland.

Falls wir mit einer gerichteten Fragestellung zu tun hätten wie z. B. „das päd-agogische Wissen von Lehramtsstudierenden in Deutschland nimmt im Lau-fe ihrer Ausbildung zu", dann würde unsere statistische Alternativhypothese behaupten, dass es eine positive Veränderung bezüglich der Differenz in den Wis-senswerten der Studierenden in der Grundgesamtheit gibt:

$H_A: \mu_D > 0.$

Die Nullhypothese würde dann behaupten, dass es diese Veränderung nicht gibt oder negativ ist:

$H_0: \mu_D \leq 0.$

Auch in diesem Fall lässt sich die Prüfgröße anhand 12.7 berechnen. D. h., der Wert der Prüfgröße beträgt in diesem Fall ebenfalls 5,39. Die kritischen Werte be-finden sich nur auf der rechten Seite der t-Verteilung, wie man Abbildung 12.1 entnehmen kann. Bei einem Signifikanzniveau von 5 % und bei 9 Freiheitsgra-den beträgt der kritische Wert 1,860. Bei einem Signifikanzniveau von 1 % und bei 9 Freiheitsgraden weist der kritische t-Wert den Wert 2,821 auf. Da der Wert der Prüfgröße sowohl größer als 1,860 als auch größer als 2,821 ist, kann auch in diesem Fall die Nullhypothese verworfen werden. Wir haben also ein statistisch (sehr) signifikantes Ergebnis.

Abschließend soll noch erwähnt werden, dass die Durchführung eines t-Tests für abhängige Stichproben an die Voraussetzung geknüpft ist, dass das untersuch-te Merkmal in der Grundgesamtheit normalverteilt ist (s. Bortz & Schuster, 2010, S. 119).

12.3 χ^2-Test auf statistische Unabhängigkeit

Mit dem χ^2-Test auf statistische Unabhängigkeit lassen sich Zusammenhangshypothesen prüfen, wobei die Variablen nominal- oder ordinalskaliert sein sollen (bzw. können). In Kapiteln 6.2.2 und 6.2.3 haben wir schon χ^2 als ein Maß kennengelernt, das für die Berechnung von Phi-Koeffizienten und Cramers V entscheidend ist. Die Berechnung von χ^2 geschieht nach Formel 6.3. Der nach dieser Formel ermittelte χ^2-Wert stellt zugleich die Prüfgröße dieses Verfahrens dar.

Wir wollen nun anhand eines fiktiven Beispiels die Logik dieses Verfahrens demonstrieren. Wir vermuten, dass es einen Unterschied in Bezug auf das Stressempfinden im Studienalltag zwischen Lehramtsstudierenden und Studierenden anderer Fachrichtungen gibt. Die Alternativhypothese könnte also lauten:

H_A: Studienrichtung und Stressempfinden im Studienalltag hängen miteinander zusammen (oder sind statistisch abhängig).

Die Nullhypothese behauptet nun:

H_0: Studienrichtung und Stressempfinden im Studienalltag hängen nicht miteinander zusammen (oder sind statistisch unabhängig).

Stressempfinden?		Studienrichtung		Gesamt
		1 Lehramt	2 kein Lehramt	
1	nein	15	10	(R_{Z1}) 25
2	ja	5	10	(R_{Z2}) 15
Gesamt		(R_{S1}) 20	(R_{S2}) 20	40

Tabelle 12.4 Kontingenztabelle *(fb)* zum Zusammenhang zwischen Studienrichtung und Stressempfinden©

Stressempfinden?		Studienrichtung		Gesamt
		1 Lehramt	2 kein Lehramt	
1	nein	(25 * 20) / 40 = 12,5	(25 * 20) / 40 = 12,5	(R_{Z1}) 25
2	ja	(15 * 20) / 40 = 7,5	(15 * 20) / 40 = 7,5	(R_{Z2}) 15
Gesamt		(R_{S1}) 20	(R_{S2}) 20	40

Tabelle 12.5 Indifferenztabelle *(fe)* zum Zusammenhang zwischen Studienrichtung und Stressempfinden©

Zwecks der Hypothesenprüfung haben wir zufällig 20 Lehramtsstudierende und 20 Studierende anderer Fachrichtungen in Bezug auf ihr Stressempfinden befragt. Die Ergebnisse dieser fiktiven Befragung sind in Tabelle 12.4 zu betrachten. Auf Basis dieser Kontingenztabelle[33] lassen sich nun die erwarteten Häufigkeiten beim Fehlen einer Assoziation zwischen *Studienrichtung* und *Stressempfinden* berechnen, welche in der Indifferenztabelle 12.5 dargestellt worden sind. Basierend auf dieser Tabelle haben wir Tabelle 12.6 erstellt, welche hilfreich für die Berechnung unserer Prüfgröße anhand Formel 6.3 ist. Die Prüfgröße beträgt also:

$$\chi^2 = \sum \frac{(f_b - f_e)^2}{f_e} = \frac{6{,}25}{12{,}5} + \frac{6{,}25}{12{,}5} + \frac{6{,}25}{7{,}5} + \frac{6{,}25}{7{,}5} \approx 2{,}67$$

Zeile i	Spalte j	f_b	f_e	$(f_b - f_e)$	$(f_b - f_e)^2$	$\dfrac{(f_b - f_e)^2}{f_e}$
1	1	15	12,5	2,5	6,25	0,5
1	2	10	12,5	−2,5	6,25	0,5
2	1	5	7,5	−2,5	6,25	0,83
2	2	10	7,5	2,5	6,25	0,83
Summe		40	40	0		$(\chi^2 \approx)$ 2,67

Tabelle 12.6   Hilfstabelle zur Berechnung von Chi-Quadrat©

Nach der Berechnung der Prüfgröße wollen wir die Irrtumswahrscheinlichkeit α sowohl auf 5 % als auch auf 1 % festlegen. Um eine Entscheidung über die Gültigkeit der Nullhypothese in der Grundgesamtheit zu treffen, müssen wir nun den Wert der Prüfgröße mit dem entsprechenden Wert der theoretisch zu erwartenden χ^2-Verteilung vergleichen. Diese Werte sind in tabellarische Form in Anhang (Tabelle B.3) zu sehen. Im Gegensatz zu der z- und t-Verteilung handelt es sich bei der χ^2-Verteilung um eine asymmetrische linkssteile Verteilung, die nur positive Werte aufweist und derer Form und Lage von der Zahl der Freiheitsgrade *(df)* abhängt, wie man anhand Abbildung 12.2 feststellen kann. Der Mittelwert einer χ^2-Verteilung ist mit der Zahl der Freiheitsgrade identisch, während die Varianz mit der doppelten Zahl der Freiheitsgrade (2 · *df*) gleich ist. Da die χ^2-Verteilung nur positive Werte aufweist, befindet sich der Ablehnungsbereich der Nullhypothese immer auf der rechten Seite der Verteilung (s. Abbildung B.3 im Anhang B).

---

33   Für eine detaillierte Erläuterung der Begriffe Kontingenz- bzw. Indifferenztabelle, die maßgebend für die Berechnung der Prüfgröße sind, sei auf Kapitel 6.2.2 und 6.2.3 verwiesen.

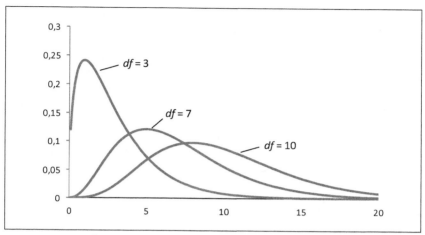

Abbildung 12.2 χ^2-Verteilung je nach Freiheitsgraden©

Die Freiheitsgrade lassen sich anhand folgender Formel ermitteln (s. Gehring & Weins, 2009, S. 300):

$$df = (Zeilenzahl - 1) \cdot (Spaltenzahl - 1) \tag{12.9}$$

Da es in unserer Kontingenztabelle zwei Zeilen und zwei Spalten gibt, beträgt der Wert von $df = 1$. Laut Tabelle B.3 beträgt der kritische χ^2-Wert für das fünfprozentige Signifikanzniveau und einen Freiheitsgrad 3,841. Bei einem Signifikanzniveau von 1 % beträgt der kritische χ^2-Wert 6,635. Da der Wert unserer Prüfgröße (2,67) kleiner als 3,841 sowie kleiner als 6,635 ist, kann die Nullhypothese nicht verworfen werden. Es gibt also keinen signifikanten Zusammenhang zwischen *Studienrichtung* und *Stressempfinden*.

Im obigen Beispiel war die Alternativhypothese ungerichtet. Falls man mit einer gerichteten Alternativhypothese zu tun hätte, dann gäbe es keine Änderung in Bezug auf den Wert der Prüfgröße. Die Frage lautet nun: Wie lassen sich die kritischen χ^2-Werte ermitteln? Hierbei muss man bedenken: Bei einem z- oder t-Test betrachtet man z. B. das Signifikanzniveau, je nach Richtung der Alternativhypothese, entweder auf der linken oder der rechten Seite der z- bzw. t-Verteilung. Beim χ^2-Test haben wir hingegen gesehen, dass die χ^2-Verteilung nur positive Werte aufweist und nicht symmetrisch ist. Dadurch befinden sich die kritischen χ^2-Werte immer auf der rechten Seite der χ^2-Verteilung. Die Antwort auf diese Frage ist also einfach: Man verdoppelt das Signifikanzniveau und sucht den entsprechenden kritischen Wert – in Analogie zum z- oder t-Test. Im Falle eines gerichteten t-Tests z. B. wird das Signifikanzniveau nicht auf beiden Seiten der t-Verteilung geteilt sondern (je nach Fragestellung) auf der rechten oder linken Seite verdoppelt. Wollen wir nun die gerichtete Alternativhypothese „Lehramtsstudierende empfinden weniger Stress im Studienalltag als Studierende anderer Fachrichtungen" auf einem Signifikanzniveau von 5 % überprüfen, dann müssen wir den kritischen χ^2-Wert bei einem Signifikanzniveau von 10 % und bei einem Freiheitsgrad suchen. Dieser beträgt laut Tabelle B.3 im Anhang 2,706. Da der Wert unserer Prüfgröße 2,67 kleiner als dieser kritische χ^2-Wert ist, kann auch in diesem Fall die Nullhypothese nicht verworfen werden.

Die Durchführung des χ^2-Tests auf statistische Unabhängigkeit ist an folgende Voraussetzungen geknüpft (s. Gehring & Weins, 2009, S. 298, 301):

(1) Die Stichproben sollen voneinander unabhängig[34] sein.
(2) Die erwartete Häufigkeit in jeder Zelle der Indifferenztabelle soll größer als fünf sein, weil nur dann die Prüfgröße χ^2-verteilt ist.

12.4 Testung von Korrelationen

In Kapitel 7.3 haben wir die Produkt-Moment-Korrelation r nach Pearson als ein Maß zu Beschreibung des Zusammenhangs zwischen metrisch skalierten Variablen kennengelernt. Wir wollen im Folgenden die Prüfung der Signifikanz dieses Koeffizienten betrachten. Damit können Zusammenhangshypothesen überprüft werden.

In Kapitel 7.3 hatten wir basierend auf einer fiktiven Stichprobe von (n =) 6 Studierenden den Zusammenhang zwischen *Studiendauer* und *Entwicklung des pädagogischen Wissens* untersucht. Dabei hatten wir eine hohe Korrelation von 0,92 ermittelt. Wir fragen uns nun, ob dieses Ergebnis auf eine (fiktive) zugrundeliegende Grundgesamtheit übertragbar ist. Nehmen wir an, dass die Ausgangsbasis unserer Überlegungen die ungerichtete Alternativhypothese *„Studiendauer und Entwicklung des pädagogischen Wissens* hängen miteinander zusammen" ist. Man kann also schreiben:

$$H_A: \rho \neq 0,$$

wobei ρ die Korrelation nach Pearson in der Grundgesamtheit wiedergibt.

---

34 Falls die Stichproben abhängig sind, gibt es andere χ^2-Verfahren, die wir hier jedoch nicht behandeln.

Die Nullhypothese behauptet, dass es keinen Zusammenhang zwischen diesen Größen gibt:

$H_0: \rho = 0$.

Wir wollen dabei die Irrtumswahrscheinlichkeit α sowohl auf 5 % als auch auf 1 % festlegen.

Als Nächstes folgt die Berechnung der Prüfgröße. Diese bezieht sich auf die Schätzung der bivariaten Verteilung (s. Kapitel 7.3) der beiden Merkmale in der Grundgesamtheit. Diese Prüfgröße ist t verteilt mit $n - 2$ Freiheitsgraden *(df)* und lässt sich anhand folgender Formel berechnen (Bortz & Schuster, 2010, S. 163):

$$t = \frac{r \cdot \sqrt{n - 2}}{\sqrt{1 - r^2}} \tag{12.10}$$

Für unseren Fall beträgt sie also:

$$t = \frac{r \cdot \sqrt{n - 2}}{\sqrt{1 - r^2}} = \frac{0{,}92 \cdot \sqrt{6 - 2}}{\sqrt{1 - 0{,}92^2}} = \frac{1{,}84}{0{,}39} \approx 4{,}69$$

Dieser Wert soll mit den kritischen t-Werten von Tabelle B.2 im Anhang B verglichen werden, welche das Signifikanzniveau von 5 % bzw. 1 % markieren. Die Zahl der Freiheitsgrade *df* dabei beträgt ($n - 2 =$) 4. Für $\alpha = 5$ % betragen die kritischen t-Werte $-2{,}776$ und $2{,}776$. Für $\alpha = 1$ % erhält man die kritischen t-Werte $-4{,}604$ und $4{,}604$. Da der Wert der Prüfgröße $4{,}69$ größer als die Werte der kritischen t-Werte ist, können wir die Nullhypothese verwerfen. Wir können also zu 99 % sicher sein, die Nullhypothese nicht zu Unrecht verworfen zu haben. Mit anderen Worten gibt es einen sehr signifikanten statistischen Zusammenhang zwischen *Studiendauer* und *Entwicklung des pädagogischen Wissens* in unserem Beispiel.

Falls man mit einer gerichteten Alternativhypothese zu tun hätte, würde sich die Berechnung der Prüfgröße nicht ändern. Nehmen wir beispielsweise an, dass mit zunehmender Studiendauer das pädagogische Wissen von Studierenden zunimmt, dann kann man behaupten:

$H_A: \rho > 0$ und $H_0: \rho \leq 0$.

Die kritischen t-Werte betragen in diesem Fall $2{,}132$ ($a = 5$ %) bzw. $3{,}747$ ($a = 1$ %). Auch in diesem Fall weist die Prüfgröße einen größeren Wert auf, sodass wir von der Gültigkeit der Alternativhypothese ausgehen können.

Das in diesem Abschnitt vorgestellte Verfahren der Hypothesenprüfung ist an die Voraussetzung geknüpft, dass die bivariate Verteilung der Variablen in der

Grundgesamtheit normalverteilt sein muss. Allerdings haben Havlicek und Peterson (1977) gezeigt, dass sich der hierbei aufgeführte Signifikanztest für Korrelationskoeffizienten als robust sowohl gegenüber Verletzungen der Verteilungsannahme als auch gegenüber Verletzungen des vorausgesetzten Intervallskalenniveaus erweist (Bortz & Schuster, 2010).

12.5 Testung von Regressionskoeffizienten

In Kapitel 9 hatten wir uns mit dem Verfahren der linearen Regressionsanalyse auseinandergesetzt. In diesem Abschnitt wollen wir die Bedingungen erläutern, die erfüllt sein müssen, damit sich das auf Basis einer Stichprobe ermittelte Zusammenhangsmuster auf eine zugrundeliegende Population verallgemeinern lässt. Da es bei der linearen Regressionsanalyse um die Beziehung zwischen einer oder mehreren unabhängigen Variablen und einer abhängigen Variablen geht, bezieht sich die Hypothesenprüfung hierbei auf Zusammenhangshypothesen. Diesbezüglich gibt es zwei Verfahren der Hypothesenprüfung. Das erste Verfahren betrachtet die statistische Signifikanz des Determinationskoeffizienten r^2, während sich das zweite Verfahren auf die statistische Signifikanz der einzelnen Regressionskoeffizienten b bezieht. Wir wollen nun bezogen auf die Beispielsdaten aus Kapitel 9.3 die Logik beider Verfahren demonstrieren.

In Kapiteln 9.2.1 hatten wir den Determinationskoeffizienten als ein PRE-Maß kennengelernt, dass den erklärten Varianzanteil der abhängigen Variablen durch die unabhängigen Variablen wiedergibt. Dieses Maß ist außerdem entscheidend für die Beurteilung der Gesamtgüte der Regressionsmodels, denn je größer sein Wert ist, desto mehr prognostizieren die unabhängigen Variablen die Werte der abhängigen Variablen. Die Alternativhypothese besagt also, dass der Wert des Determinationskoeffizienten ρ^2 in der Grundgesamtheit größer Null ist. Dies ist dann der Fall, wenn mindestens einer der Werte der Regressionskoeffizienten B in der Grundgesamtheit größer oder kleiner Null sind:

H_A: $\rho^2 > 0$, d. h., mindestens ein B-Parameter $\neq 0$.

Die Nullhypothese behauptet wiederum:

H_0: $\rho^2 = 0$, d. h., $B_1 = B_2 = \dots B_k = 0$.

Bezogen auf die Ausführung von Kapitel 9.3 über den Einfluss der Variablen *Studiendauer* und *Geschlecht* lautet die Nullhypothese:

H_0: $\rho^2 = 0$, d.h., $B_1 = B_2 = 0$.

Nach der Formulierung der Alternativ- und Nullhypothese folgt die Berechnung der Prüfgröße. Diese besteht in der Ermittlung eines F-Wertes anhand des Wertes von r² in der Stichprobe durch folgende Formel:

$$F = \frac{r^2 / K}{1 - r^2 / (n - K - 1)} \qquad (12.11)$$

Hierbei bezieht sich K auf die Zahl der unabhängigen Variablen. Für unsere Beispieldaten in Kapitel 9.3 mit zwei unabhängigen Variablen betrug der Wert von r² 0,86. Der Wert von F beträgt nun:

$$F = \frac{r^2 / K}{1 - r^2 / (n - K - 1)} = \frac{0{,}86 / 2}{1 - 0{,}86 / (6 - 2 - 1)} = \frac{0{,}43}{0{,}05} \approx 9{,}21$$

Nach der Berechnung des F-Wertes soll die Festlegung der Irrtumswahrscheinlichkeit α stattfinden. Wir wollen diese sowohl auf 5 % als auch auf 1 % festlegen. Danach soll der von uns berechnete F-Wert mit dem kritischen F-Wert der theoretisch zu erwartenden F-Verteilung bei Geltung der Nullhypothese verglichen werden. Die F-Verteilung ist mit der χ^2-Verteilung verwandt. Sie wird nämlich „durch zwei χ^2-verteilte Zufallsvariablen mit den jeweils dazugehörigen Freiheitsgraden df_1 und df_2 definiert" (Bühner & Ziegler, 2009, S. 225). Genau wie die χ^2-Verteilung weist die F-Verteilung Werte zwischen 0 und $+\infty$ auf. Tabelle B.4 im Anhang kann der prozentuale Flächenanteil unter dem jeweiligen kritischen F-Wert je nach Anzahl der Freiheitsgrade entnommen werden. Hierbei beziehen sich die Freiheitsgrade im Zähler auf die Zahl K der unabhängigen Variablen, während die Freiheitsgrade im Nenner den Wert $n - K - 1$ entsprechen. Falls der Wert unserer Prüfgröße also größer ist als der Wert des kritischen F-Wertes ist, dann kann die Nullhypothese abgelehnt werden. Da die F-Verteilung zur Entscheidung über die Gültigkeit der Nullhypothese herangezogen wird, heißt dieses Verfahren der Hypothesenprüfung F-Test.

Für unsere Daten (s. Tabelle 9.5) beträgt der Wert der Freiheitsgrade im Zähler 2 und im Nenner (6 – 2 – 1 =) 3. Bei einem Signifikanzniveau von 5 % beträgt der kritische F-Wert 9,55. Mit anderen Worten kann die Nullhypothese nicht verworfen werden, da der Wert unserer Prüfgröße 9,21 kleiner als 9,55 ist; unser Regressionsmodell als Ganze (Gesamtgüte) ist also nicht signifikant. Das Gleiche gilt für ein Signifikanzniveau von 1 %, da in diesem Fall der kritische F-Wert noch größer ist (30,82).

Nach der Signifikanzprüfung der Güte des Gesamtregressionsmodells soll nun die Prüfung der einzelnen Regressionskoeffizienten stattfinden. Im Allgemeinen postuliert die Alternativhypothese hierbei, dass jede einzelne unabhängige Varia-

ble in der Grundgesamtheit einen Einfluss auf die abhängige Variable hat. Dies bedeutet also, dass jeder Regressionskoeffizient B in der Grundgesamtheit von Null
verschieden ist:

H_A: $B_1 \neq 0$, $B_2 \neq 0$, ... $B_i \neq 0$.

Dagegen postuliert die Nullhypothese, dass dies nicht der Fall ist:

H_0: $B_1 = 0$, $B_2 = 0$, ... $B_i = 0$.

Nach der Formulierung der Alternativ- und Nullhypothese soll anhand der Stichprobendaten ein empirischer t-Wert ermittelt werden, welcher mit dem theoretisch zu erwartenden t-Wert bei Geltung der Nullhypothese in der Grundgesamtheit und entsprechenden Signifikanzniveau verglichen wird. Falls der empirische
t-Wert größer ist als der kritische t-Wert, dann kann man die Nullhypothese verwerfen und von der Gültigkeit der Alternativhypothese ausgehen. Die Zahl der
Freiheitsgrade df dabei beträgt $n - 2$. Der empirische t-Wert lässt sich anhand des
folgenden Ausdrucks ermitteln:

$$t = \frac{b_{x_i} - B_{x_i}}{\hat{\sigma}_{b_{x_i}}} \tag{12.12}$$

mit

b_{x_i} = Regressionskoeffizient der unabhängigen Variable x in der Stichprobe
B_{x_i} = Regressionskoeffizient der unabhängigen Variable x in der Grundgesamtheit
$\hat{\sigma}_{b_{x_i}}$ = Standardfehler von b_{x_i}.

Bei Geltung der Nullhypothese beträgt der Wert von B_{x_i} Null. Dadurch lässt sich
unserer t-Wert anhand folgender Formel berechnen:

$$t = \frac{b_{x_i}}{\hat{\sigma}_{b_{x_i}}} \tag{12.13}$$

Der Standardfehler $\hat{\sigma}_{b_x}$ lässt sich nach folgendem Ausdruck ermitteln (s. Bühner &
Ziegler, 2009, S. 658–662):

$$\hat{\sigma}_{b_{x_i}} = \frac{s_y}{s_{x_i}} \cdot \sqrt{\frac{\text{KorXX}_{x_i}^{-1} \cdot (1 - r^2)}{n - K - 1}} \tag{12.14}$$

mit

s_y = Standardabweichung der abhängigen Variable y in der Stichprobe,

s_x = Standardabweichung der unabhängige Variable x in der Stichprobe,

$korrXX_{xi}^{-1}$ = Wert der Hauptdiagonale der unabhängigen Variable x in der inversen Korrelationsmatrix zwischen der unabhängigen Variablen.

Wir wollen als Beispiel die statistische Signifikanz der Variablen *Studiendauer* und *Geschlecht* überprüfen. Bezogen auf die Variable *Studiendauer* lautet die Alternativhypothese:

H_A: $B_{Studiendauer} \neq 0$.

Die Nullhypothese postuliert:

H_0: $B_{Studiendauer} = 0$.

Um die Prüfgröße zu berechnen, müssen wir zuerst den Wert des Standardfehlers des Regressionskoeffizienten zur *Studiendauer* ermitteln. Hierbei ist der Wert der Hauptdiagonalen der inversen Korrelationsmatrix zwischen den unabhängigen Variablen *Studiendauer* und *Geschlecht* für die Variable *Studiendauer* zu berechnen. Tabelle 9.5 kann man entnehmen, dass die Korrelation zwischen den beiden unabhängigen Variablen 0,83 beträgt. Die zu invertierende Korrelationsmatrix (s. Kapitel C.3 im Anhang C zu Matrixalgebra) lautet wie folgt:

$$KorXX = \begin{pmatrix} 1 & 0,83 \\ 0,83 & 1 \end{pmatrix}$$

Formel C.12 (Anhang C) zufolge ist für die Matrixinversion die Berechnung der adjunkten Matrix und der Determinante der Matrix nötig. Die Determinante unserer Korrelationsmatrixbeträgt:

$$|KorXX| = \begin{vmatrix} 1 & 0,83 \\ 0,83 & 1 \end{vmatrix} = 1 \cdot 1 - 0,83 \cdot 0,83 \approx 0,31$$

Die adjunkte Korrelationsmatrix ist:

$$adj(KorXX) = \begin{pmatrix} 1 & -0,83 \\ -0,83 & 1 \end{pmatrix}$$

Die Inverse Matrix KorrXX' beträgt nun:

$$\text{KorXX'} = \begin{pmatrix} 1/0,31 & -0,83/0,31 \\ -0,83/0,31 & 1/0,31 \end{pmatrix} = \begin{pmatrix} 3,22 & -2,67 \\ -2,67 & 3,22 \end{pmatrix}$$

Für die Variable *Studiendauer* ist also der Wert der Hauptdiagonalen 3,22. Der Wert des Standardfehlers beträgt also:

$$\hat{\sigma}_{b_{x_i}} = \frac{s_y}{s_{x_i}} \cdot \sqrt{\frac{\text{KorXX}_{x_i}^{-1} \cdot (1 - r^2)}{n - K - 1}} = \frac{24,57}{1,71} \cdot \sqrt{\frac{3,22 \cdot (1 - 0,86)}{6 - 2 - 1}} = 14,37 \cdot 0,38$$

$$\approx 5,60$$

Daher beträgt der Wert unserer Prüfgröße:

$$t = \frac{b_{x_i}}{\hat{\sigma}_{b_{x_i}}} = \frac{11,36}{5,60} = 2,03$$

Wir wollen nun das Signifikanzniveau sowohl auf 5 % als auch auf 1 % festlegen. Für 4 Freiheitsgrade (df = n − 2) betragen laut Tabelle B.2 die kritischen t-Werte −2,776 und 2,776 (α = 5 %) bzw. −4,604 bzw. 4,604 (α = 1 %). Da der von uns ermittelte empirische t-Wert 2,03 kleiner als 2,776 bzw. 4,604 ist, bedeutet dies, dass die Variable *Studiendauer* keinen signifikanten Einfluss auf die Entwicklung des pädagogischen Wissens hat. Das gleiche Ergebnis gilt auch im Falle einer gerichteten Alternativhypothese der Art B$_{Studiendauer}$ > 0, da in diesem Fall der kritische t-Wert 2,132 (α = 5 %) bzw. 3,747 (α = 1 %) beträgt.

Bezogen auf die Variable *Geschlecht* lauten die ungerichteten Alternativ- und Nullhypothesen:

H_A: B$_{Geschlecht}$ $\neq$ 0 bzw. H_0: B$_{Geschlecht}$ 0.

Der Wert von korrXX^{-1} für die Variable *Geschlecht* beträgt ebenfalls 3,22, wie man anhand der Betrachtung der inversen Matrix KorrXX' feststellen kann. Hierbei beträgt also der Wert des Standardfehlers:

$$\hat{\sigma}_{b_{x_i}} = \frac{s_y}{s_{x_i}} \cdot \sqrt{\frac{\text{KorXX}_{x_i}^{-1} \cdot (1 - r^2)}{n - K - 1}} = \frac{24,57}{0,47} \cdot \sqrt{\frac{3,22 \cdot (1 - 0,86)}{6 - 2 - 1}} = 52,28 \cdot 0,38$$

$$\approx 19,87$$

Daher beträgt der Wert der Prüfgröße:

$$t = \frac{b_{x_i}}{\hat{\sigma}_{b_{x_i}}} = \frac{8{,}41}{19{,}87} = 0{,}42$$

Die kritischen t-Werte sind identisch mit denen, die wir für die Variable *Studiendauer* ermittelt haben. Da der Wert unserer Prüfgröße kleiner ist als die kritischen t-Werte, entscheiden wir uns für die Gültigkeit der Nullhypothese. Weder die Variable *Geschlecht* noch die Variable *Studiendauer* haben einen statistisch signifikanten Einfluss auf die Entwicklung des pädagogischen Wissens.

In den obigen Beispielen bezog sich die Hypothesenprüfung auf die Ergebnisse einer multiplen Regressionsanalyse. Falls man mit einer binären Regressionsanalyse zu tun hat, dann lässt sich die Hypothesenprüfung anhand der Testung der Korrelation (s. Kapitel 12.4) zwischen abhängiger und unabhängiger Variablen vornehmen. Für die Testung von r^2 kann man dagegen den F-Test verwenden.

Zum Schluss dieses Kapitels soll nun noch erwähnt werden, dass die Voraussetzungen zur Testung der Signifikanz der Regressionskoeffizienten und des Determinationskoeffizienten identisch mit den in Abschnitt 9.4 dargelegten Blue-Annahmen sind.

12.6 Zusammenfassung

Gegenstand dieses Kapitels war die Prüfung wissenschaftlicher Hypothesen. Drei Schritte waren dabei jeweils entscheidend:

(1) Null- und Alternativhypothese festlegen.
(2) Irrtumswahrscheinlichkeit α festlegen und Ablehnungsbereich der Nullhypothese bestimmen.
(3) Prüfgröße (z. B. z-Wert, t-Wert, χ^2-Wert, F-Wert etc.) berechnen und eine Entscheidung über die Gültigkeit der Nullhypothese treffen.

Maßgeblich für die Anwendung des jeweiligen Verfahrens war(en) die zugrunde liegende wissenschaftliche(n) Hypothese(n). So haben wir gesehen, dass sich bei der Bearbeitung von Unterschieds- oder Veränderungshypothesen ein t-Test für unabhängige bzw. ein t-Test für abhängige Stichproben eignet. Bei Zusammenhangshypothesen kann man je nach Skalierungsniveau der Variablen entweder einen χ^2-Test auf statistische Unabhängigkeit oder einen t-Test zur Testung von Korrelationen verwenden. Bei der Analyse multivariater Zusammenhänge empfiehlt sich die Durchführung eines F-Tests und (bedingt durch die Anzahl der unabhängigen Variablen) zweier oder mehrerer t-Tests, um die statistische Signifikanz des Determinationskoeffizienten bzw. der Regressionskoeffizienten zu prüfen.

Ferner wurde deutlich, dass (mit Ausnahme des χ^2-Tests) die Berechnung des jeweiligen Standardfehlers für die Berechnung der jeweiligen Prüfgröße maßgeblich ist, denn der jeweilige Stichprobenkennwert wird an ihr relativiert. Dies war auch der Fall bei der Berechnung der Prüfgröße in Bezug auf die Testung von Korrelationen in Formel 12.10. Obwohl hierbei der Standardfehler nicht explizit genannt wird, stellt Formel 12.10 eine Vereinfachung der Regel *Stichprobenkennwert / Standardfehler des Kennwertes* dar.

Des Weiteren haben wir betont, dass die Richtung der Alternativhypothese für die Annahme oder Verwerfung der Nullhypothese entscheidend ist. Bei einer ungerichteten Alternativhypothese befindet sich der Ablehnungsbereich der Nullhypothese auf beiden Seiten der jeweiligen theoretisch zu erwartenden z- oder t-Verteilung. Falls man mit gerichteten Alternativhypothesen zu tun hat, dann befindet sich der Ablehnungsbereich entweder auf der linken oder der rechten Seite der jeweiligen theoretisch zu erwartenden Verteilung. Dabei haben die Beispiele folgendes verdeutlicht: Wenn bei der Prüfung einer ungerichteten Hypothese das Ergebnis statistisch signifikant ist, dann ist dies auch der Fall bei einer gerichteten Alternativhypothese (unter der Voraussetzung, dass der Stichprobenkennwert der Richtung der Alternativhypothese entspricht). Im Gegensatz dazu geht ein signifikantes Ergebnis bei der Prüfung einer gerichteten Hypothese nicht notwendigerweise mit einem signifikanten Ergebnis bei der Prüfung einer ungerichteten Hypothese einher.

12.7 Beispiele: Übungs- und Reflexionsaufgaben zu Kapitel 12

Vor und nach einem Training zur Reduzierung von Leistungsangst in Mathematik bei Grundschulkindern mögen sich die folgenden Messwerte ergeben haben. Ist die Änderung statistisch signifikant, wenn man davon ausgeht, dass die Angst normalverteilt ist?

Kind	Angst vor dem Training	Angst nach dem Training	Differenz vorher – nachher
1	38	33	5
2	32	28	4
3	33	34	−1
4	28	26	2
5	29	27	2
6	37	31	6
7	35	32	3
8	35	36	−1
9	34	30	4
	$\bar{x}_v = 33{,}44$	$\bar{x}_n = 30{,}78$	$\bar{x}_d = 2{,}67$ $\hat{\sigma}_d = 2{,}45$

Tabelle 12.7 Messwerte zur Leistungsangst in Mathematik bei Grundschulkindern©

(1) Legen Sie die Null- und Alternativhypothese fest.
(2) Legen Sie die Irrtumswahrscheinlichkeit α fest und bestimmen Sie den Ablehnungsbereich der Nullhypothese.
(3) Berechnen Sie eine Prüfgröße und treffen Sie die Entscheidung über die Nullhypothese.

12.8 Anwendung in SPSS

12.8.1 Mittelwertvergleiche

Wir wollen zu Beginn dieses Kapitels einen *t*-Test bei einer Stichprobe durchführen. Bei PISA 2012 weist die durchschnittliche Lesekompetenz 15-jähriger Schüler/innen über alle Länder hinweg den Wert von 500 auf (Hohn et al., 2013, S. 222). Wir wollen untersuchen, ob sich der durchschnittliche Lesekompetenzwert der deutschen Schüler/innen, gemessen anhand der Variablen *PV1READ,* von diesem Mittelwert statistisch unterscheidet. Hierfür muss man die in Abbildung 11.10 (Kapitel 11.9) dargestellten Schritte wiederholen, wobei man das Feld *Testwert* in dieser Abbildung auf 500 setzen muss. Mit Klicken auf *Einfügen* wird in einem neuen Syntaxfenster der folgende Befehl geschrieben:

```
T-TEST
  /TESTVAL= 500
  /MISSING=ANALYSIS
  /VARIABLES=PV1READ
  /CRITERIA=CI(.95).
```

Nach der Ausführung erscheint die in Abbildung 12.3 dargestellte Ausgabe. Der Wert der Prüfgröße beträgt 5,784 (Spalte *t*). Anhand der Spalte *Sig. (2-seitig)* kann

Statistik bei einer Stichprobe

	N	Mittelwert	Standardabweichung	Standardfehler des Mittelwertes
PV1READ	5001	507,464805	91,2628373	1,2905224

Test bei einer Sichprobe

	Testwert = 500					
					95% Konfidenzintervall der Differenz	
	T	df	Sig. (2-seitig)	Mittlere Differenz	Untere	Obere
PV1READ	5,784	5000	,000	7,4648053	4,934815	9,994795

Abbildung 12.3   SPSS-Ausgabe zur *t*-Test bei einer Stichprobe©

man feststellen, dass der Unterschied zwischen den beiden Mittelwerten statistisch signifikant ist. Es gilt nämlich bei allen Signifikanztests in SPSS Folgendes:

- wenn *Sig. (2-seitig)* <= 0,05, dann ist das Signifikanzniveau <= 5 %,
- wenn *Sig. (2-seitig)* <= 0,01, dann ist das Signifikanzniveau <= 1 %,
- wenn *Sig. (2-seitig)* <= 0,001, dann ist das Signifikanzniveau <= 0,1 %.

Diese Werte gelten für die Prüfung von ungerichteten Hypothesen. Falls man mit gerichteten Hypothesen arbeitet, dann muss man die Werte von *Sig. (2-seitig)* durch zwei teilen. Falls der errechnete Wert kleiner oder gleich 0,05 ist, dann ist das Signifikanzniveau <= 5 %; falls er kleiner oder gleich 0,01 ist, dann beträgt das Signifikanzniveau <= 1 % usw. In diesem Fall spricht man von einem einseitigen Signifikanztest.

Als Nächstes wollen wir untersuchen, ob sich Jungen und Mädchen bezüglich der Lesekompetenz statistisch unterscheiden. Dies kann mit einem t-Test bei unabhängigen Stichproben kontrolliert werden. Um dies in SPSS umzusetzen, muss man zunächst in der Menüleiste auf *Analysieren* ➤ *Mittelwerte vergleichen* ➤ *T-Test bei unabhängigen Stichproben ...* klicken. Es öffnet sich das obere Fenster in Abbildung 12.4. Wir haben hierbei die Variable *PV1READ* ins Feld *Testvariable(n):* und die Variable *ST04Q01 (Geschlecht)* ins Feld *Gruppierungsvariable:* gesetzt. Anschließend haben wir auf *Gruppen def. ...* geklickt. Es erscheint das untere Fenster in Abbildung 12.4. Hierbei muss man in Bezug auf die Felder

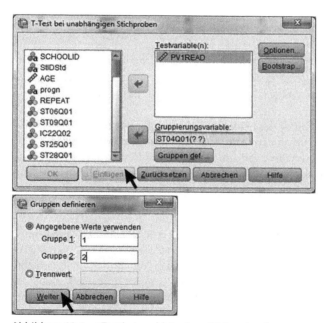

Abbildung 12.4 *t*-Test bei unabhängigen Stichproben©

Gruppe 1: und *Gruppe 2:* die Werte der Variablen *ST04Q01* eingeben. Diese sind die Werte 1 (weibliche Schülerinnen) und 2 (männliche Schüler). Danach haben wir auf *Weiter* geklickt. Dadurch erscheint wieder das obere Fenster von Abbildung 12.4. Mit Klicken auf *Einfügen* wird im Syntaxfenster der folgende Befehl geschrieben:

```
T-TEST GROUPS=ST04Q01(1 2)
   /MISSING=ANALYSIS
   /VARIABLES=PV1READ
   /CRITERIA=CI(.95).
```

Nach der Ausführung erscheint die in Abbildung 12.5 dargestellte Ausgabe. Unter der Spalte *Levene-Test der Varianzgleichheit* wird die Annahme über die Gleich-

Gruppenstatistiken

	ST04Q01 Geschlecht der Schüler	N	Mittelwert	Standardabw eichung	Standardfehle r des Mittelwertes
PV1READ	1 weiblich	2462	529,431286	85,4864483	1,7228729
	2 männlich	2539	486,164500	91,6527458	1,8189222

Test bei unabhängigen Stichproben

		Levene-Test der Varianzgleichheit		T-Test für die Mittelwertgleichheit						
									95% Konfidenzintervall der Differenz	
		F	Signifikanz	T	df	Sig. (2-seitig)	Mittlere Differenz	Standardfehle r der Differenz	Untere	Obere
PV1READ	Varianzen sind gleich	16,768	,000	17,251	4999	,000	43,2667854	2,5080325	38,3499416	48,1836291
	Varianzen sind nicht gleich			17,270	4991,486	,000	43,2667854	2,5053481	38,3552023	48,1783685

Abbildung 12.5   SPSS-Ausgabe zum *t*-Test bei unabhängigen Stichproben©

heit der Varianzen σ_1^2 und σ_2^2 der beiden Grundgesamtheiten überprüft. Falls der Wert von *Sig.* (Signifikanz) in der Spalte *Levene-Test der Varianzgleichheit* kleiner 0,05 ist, dann ist diese Annahme verletzt. In diesem Fall bezieht sich der *t*-Test auf die Werte in der Zeile *Varianzen sind nicht gleich*. Ob sich beide Mittelwerte signifikant voneinander unterscheiden, kann man mithilfe der Spalte *Sig. (2-seitig)* beurteilen. In unserem Fall beträgt die Prüfgröße 17,270 und weist ein Signifikanzniveau von kleiner als 0,1 % auf.

Um einen *t*-Test bei abhängigen Stichproben in SPSS durchzuführen, muss man in der Menüleiste auf *Analysieren → Mittelwerte vergleichen → T-Test bei verbundenen Stichproben ...* klicken. Es öffnet sich das in Abbildung 12.6 dargestellte Fenster. Hierbei muss man eine Variable ins Feld *Variable1* und eine Variable ins Fels *Variable2* bringen. Anschließend klickt man auf *Einfügen* und lässt den Befehl in der Syntaxdatei ausführen. In unserem PISA-Datensatz gibt es keine geeigneten Variablen für diese Testverfahren. Aus diesem Grund wollen wir uns nicht näher mit diesem Verfahren beschäftigen. Stattdessen sei auf das Beispiel der Übung im vorherigen Abschnitt 12.7 verwiesen.

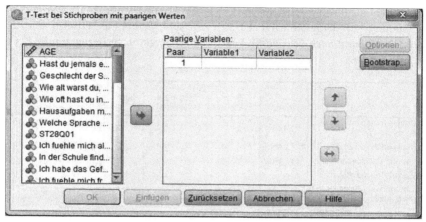

Abbildung 12.6 *t*-Test bei abhängigen Stichproben©

12.8.2 χ^2-Test auf statistische Unabhängigkeit

Im Kapitel 6.6.1 haben wir eine Kreuztabelle zwischen den Variablen *rprogn (Schulform dichotomisiert)* und *rST09Q01 (Schulschwänzen dichotomisiert)* erstellt, welche die Basis zur Berechnung von Prozentsatzdifferenz, Phi und Cramers *V* war. Die Ergebnisse dieser Analysen zeigten, dass der Anteil der Schulschwänzenden bei den Gymnasiasten/innen um 4 Prozentpunkte niedriger war als der entsprechende Anteil bei den Hauptschülern/-innen. Der Wert von Phi und Cramers *V* betrug 0,079. Wir wollen nun anhand eines χ^2-Tests untersuchen, ob es einen (statistischen) Zusammenhang zwischen diesen beiden Variablen gibt.

Um dies zu tun, müssen wir die in Abbildungen 6.1 bis 6.4 dargestellten Schritte wiederholen. Bevor man in Abbildung 6.4 auf *Weiter* klickt, muss man das Feld *Chi-Quadrat* per Mausklick markieren. Es erscheint wieder das in Abbildung 6.1 dargestellte Fenster. Mit Klicken auf *Einfügen* schreibt man den folgenden Befehl ins Syntaxfenster:

```
CROSSTABS
  /TABLES=rST09Q01 BY rprogn
  /FORMAT=AVALUE TABLES
  /STATISTICS=CHISQ PHI
  /CELLS=COUNT COLUMN
  /COUNT ROUND CELL.
```

Nach der Ausführung erscheint in der SPSS-Ausgabedatei unter anderem die in Abbildung 12.7 dargestellte Tabelle. Relevant sind hierbei die Werte in den Zeilen *Chi-Quadrat nach Pearson* und *Kontinuitätskorrektur*. In Bezug auf die Zeile

Chi-Quadrat-Tests

	Wert	df	Asymptotisch e Signifikanz (zweiseitig)	Exakte Signifikanz (2-seitig)	Exakte Signifikanz (1-seitig)
Chi-Quadrat nach Pearson	13,146[a]	1	,000		
Kontinuitätskorrektur[b]	12,180	1	,000		
Likelihood-Quotient	11,450	1	,001		
Exakter Test nach Fisher				,001	,001
Zusammenhang linear-mit-linear	13,140	1	,000		
Anzahl der gültigen Fälle	2082				

a. 0 Zellen (0,0%) haben eine erwartete Häufigkeit kleiner 5. Die minimale erwartete Häufigkeit ist 17,65.

b. Wird nur für eine 2x2-Tabelle berechnet

Abbildung 12.7   Ergebnisse des Chi-Quadrat-Tests in der SPSS-Ausgabe©

Chi-Quadrat nach Pearson sind die Werte der Prüfgröße (13,146), der Anzahl der Freiheitsgrade (1) und des Signifikanzniveaus *(Asymp. Sig. (zweiseitig))* abzulesen. Diese Werte sind relevant, wenn mindestens eine der beiden Variablen mehr als zwei Kategorien aufweist. Falls, wie in unserem Fall, beide Variablen nur zwei Kategorien haben (also dichotom sind), dann sind die Ergebnisse des χ^2-Tests der Zeile *Kontinuitätskorrektur* zu entnehmen. Die Prüfgröße 12,180 verweist auf den statistischen Zusammenhang zwischen den Variablen *Schulform* und *Schulschwänzen*. Das Signifikanzniveau ist dabei kleiner 0,1 %.

12.8.3 Testung von Korrelationen

In Kapitel 7.6 haben wir verschiedene Zusammenhänge analysiert:

- den Zusammenhang zwischen den Variablen *Geschlecht (ST04Q01)* und *Lesekompetenz (PV1READ)* anhand einer punktbiserialen Korrelation,
- den Zusammenhang zwischen den Variablen *Schulschwänzen (ST09Q01)* und *Klassenwiederholung (REPEAT)* anhand einer Rangkorrelation nach Spearman und
- den Zusammenhang zwischen *Lesekompetenz (PV1READ)* und *Mathematikkompetenz (PV1MATH)* anhand einer Produkt-Moment-Korrelation nach Pearson untersucht.

Wir wollen nun der Frage nach der statistischen Signifikanz dieser Korrelations-
maße nachgehen.

Hierfür muss man die in Kapitel 7.6 dargestellten Schritten wiederholen und
die entsprechenden SPSS-Befehlen in der Syntaxdatei ausführen. Es entstehen in
der Ausgabedatei von SPSS die in Abbildungen 12.8 bis 12.10 dargestellten Ta-
bellen. In all diesen Abbildungen ist in der Zeile *Signifikanz. (2-seitig)* das Signifikanzniveau zu betrachten. Beispielsweise beträgt dieses in Bezug auf die Abbildung 12.8 0,000 (also kleiner als 0,1 %) und deutet also auf die signifikante
Korrelation zwischen den Variablen *Geschlecht* und *Lesekompetenz* hin. Das gleiche Ergebnis der Signifikanzprüfung gilt auch für die Abbildungen 12.9 und 12.10.

Korrelationen

		ST04Q01 Geschlecht der Schüler	PV1READ
ST04Q01 Geschlecht der Schüler	Korrelation nach Pearson	1	-,237**
	Signifikanz (2-seitig)		,000
	N	5001	5001
PV1READ	Korrelation nach Pearson	-,237**	1
	Signifikanz (2-seitig)	,000	
	N	5001	5001

**. Die Korrelation ist auf dem Niveau von 0,01 (2-seitig) signifikant.

Abbildung 12.8   Berechneter Wert der punktbiseriale Korrelation im SPSS-Ausgabe-
fenster©

Korrelationen

			REPEAT Hast du jemals eine Klasse wiederholen müssen?	ST09Q01 Wie oft hast du in den letzten zwei vollen Schulwochen einen ganzen Schultag geschwänzt?
Spearman-Rho	REPEAT Hast du jemals eine Klasse wiederholen müssen?	Korrelationskoeffizient	1,000	,093**
		Sig. (2-seitig)	.	,000
		N	4304	4297
	ST09Q01 Wie oft hast du in den letzten zwei vollen Schulwochen einen ganzen Schultag geschwänzt?	Korrelationskoeffizient	,093**	1,000
		Sig. (2-seitig)	,000	.
		N	4297	4309

**. Die Korrelation ist auf dem 0,01 Niveau signifikant (zweiseitig).

Abbildung 12.9   Berechneter Wert der Korrelation nach Spearman im SPSS-Ausgabe-
fenster©

Korrelationen

		PV1 READ	PV1 MATH
PV1 READ	Korrelation nach Pearson	1	,872**
	Signifikanz (2-seitig)		,000
	N	5001	5001
PV1 MATH	Korrelation nach Pearson	,872**	1
	Signifikanz (2-seitig)	,000	
	N	5001	5001

**. Die Korrelation ist auf dem Niveau von 0,01 (2-seitig) signifikant.

Abbildung 12.10   Berechneter Wert der Korrelation nach Pearson in SPSS-Ausgabefenster©

Bei den obigen Signifikanzprüfungen handelt es sich um zweiseitige Signifikanztests, die für die Prüfung von ungerichteten Hypothesen geeignet sind. Falls man mit gerichteten Hypothesen arbeitet, dann sollte man die Werte von *Signifikanz (2-seitig)* durch zwei teilen. Generell gilt, dass wenn eine Korrelation zweiseitige Signifikanz aufweist, sie dann auch einseitig signifikant ist.

12.8.4 Testung von Regressionskoeffizienten

In Kapitel 9.7 haben wir mittels einer multiplen Regressionsanalyse den Einfluss der Variablen *Gefühl der Zugehörigkeit zur eigenen Schule, Geschlecht, Schulform* und *Soziökonomische Status der Eltern* auf die abhängige Variable *Lesekompetenz* untersucht. Wir wollen uns nun mit der Testung der Regressionskoeffizienten beschäftigen.

Um dies zu bewerkstelligen, muss man die in Abbildungen 9.9 bis 9.11 (Kapitel 9.7) dargestellten Schritte wiederholen und die Syntax zur Berechnung der multiplen linearen Regression, welche in Kapitel 9.7 vorgestellt wurde, ausführen. Es erscheint in der SPSS-Ausgabedatei die in Abbildung 12.11 dargestellte Tabelle. Man sieht hierbei den Wert der Prüfgröße (*F*-Wert) und das Signifikanzniveau *(Sig.)*. Demnach ist der Wert des Determinationskoeffizienten, der 0,45 (s. Kapitel 9.7) beträgt, statistisch signifikant. Das Signifikanzniveau ist kleiner 0,1 %, wie man anhand der Spalte *Sig.* in Abbildung 12.11 feststellen kann. Unser Regressionsmodell ist also statistisch signifikant.

Die Prüfung der einzelnen Regressionskoeffizienten kann Abbildung 9.12 in Kapitel 9.7 entnommen werden. Hierbei sind die Werte in den Spalten *T* und *Sig.* von Bedeutung, welche die Prüfgröße und das Signifikanzniveau der einzelnen Regressionskoeffizienten wiedergeben. Man sieht also in Abbildung 9.12, dass alle Regressionskoeffizienten statistisch signifikant sind. Demnach haben alle unab-

ANOVA[a]

Modell		Quadratsum me	df	Mittel der Quadrate	F	Sig.
1	Regression	8579088,128	8	1072386,016	267,362	,000[b]
	Nicht standardisierte Residuen	10316266,44	2572	4010,990		
	Gesamt	18895354,57	2580			

a. Abhängige Variable: PV1READ

b. Einflußvariablen : (Konstante), B_500plus Anzahl der Bücher zuhause, mehr als 500, Sch_Zug_a Skala: Gefuehl der Zugehoerigkeit zur eigenen Schule (additive Skala), ST04Q01 Geschlecht der Schüler, B_11_25 Anzahl der Bücher zuhause, 11 bis 25, Gym besuchte Schulform Gymnasium?, B_101_200 Anzahl der Bücher zuhause, 101 bis 200, B_201_500 Anzahl der Bücher zuhause, 201 bis 500, B_26_100 Anzahl der Bücher zuhause, 26 bis 100

Abbildung 12.11 Signifikanzprüfung in Bezug auf den Wert des Determinationskoeffizienten im SPSS-Ausgabefenster©

hängigen Variablen einen statistisch signifikanten Einfluss auf die abhängige Variable *Lesekompetenz*.

Bevor wir das Programm schließen, müssen wir die Syntaxdatei speichern. Die Syntaxdatei haben wir als *Syntax_12_8.sps* gespeichert. Den Datensatz brauchen wir nicht zu speichern, da wir in diesem Kapitel keine neuen Variablen erstellt haben.

12.9 Anwendung in R

12.9.1 Mittelwertvergleiche

Wir wollen nun anhand eines *t*-Tests bei einer Stichprobe untersuchen, ob sich der durchschnittliche Lesekompetenzwert der deutschen Schüler/innen vom Wert 500 unterscheidet. Um dies zu tun, muss man in eine neue Skriptdatei den folgenden Befehl ausführen:

```
setwd("C:/ SPSS-, R-Analysen/R/Kapitel_12")
Pisa12 <- read.csv2("Pisa11.csv")
fix(Pisa12)
###t-Test bei einer Stichrprobe
options(scipen = 999)
t.test(Pisa12$PV1READ, mu = 500)
```

Die ersten drei Befehle beziehen sich auf das Einlesen der Daten. Der Datensatz dieses Kapitels trägt also den Namen *Pisa12*. Danach haben wir mit dem nächsten Befehl *options(scipen=999)* die wissenschaftliche Notation bei der Zahlendarstellung der Berechnungen außer Kraft gesetzt. Mit dem letzten Befehl wird der *t*-Test berechnet, wobei sich das Argument *mu* auf den zu testenden Mittelwert bezieht. Nach Ausführung erscheint in der R-Konsole die in Abbildung 12.12 dargestellte Ausgabe. Die Ergebnisse dieses Tests sind mit denen von SPSS identisch (s. Abbildung 12.3), wobei das Signifikanzniveau bei R dem Feld *p-value* zu entnehmen ist und kleiner als 0,1 % (da $0{,}000000007723 \cdot 100 < 0{,}1\,\%$) ist.

```
        One Sample t-test

data:  Pisa12$PV1READ
t = 5.7843, df = 5000, p-value = 0.000000007723
alternative hypothesis: true mean is not equal to 500
95 percent confidence interval:
 504.9348 509.9948
sample estimates:
mean of x
 507.4648
```

Abbildung 12.12   Ergebnisse des *t*-Tests bei einer Stichprobe in der R-Konsole©

Als Nächstes wollen wir mithilfe eines *t*-Tests bei unabhängigen Stichproben untersuchen, ob sich Jungen und Mädchen bezüglich ihrer Lesekompetenz statistisch unterscheiden. Wir verwenden in Bezug auf das Geschlecht die Faktor-Variable *Gender*, die wir im Kapitel 2.6.2 erstellt haben. Grund hierfür ist, dass bei der Durchführung eines *Levene-Tests* in R die nominalskalierte Variable eine Faktor-Variable sein muss. Wie in Kapitel 12.8.1 erwähnt wurde, kann man mit einem *Levene-Test* die Annahme über die Gleichheit der Varianzen σ_1^2 und σ_2^2 der beiden Grundgesamtheiten überprüfen. Im Gegensatz zu SPSS muss man den *Levene-*Test vor dem *t*-Test berechnen. Der Befehl dazu lautet:

```
library(car)
leveneTest(Pisa12$PV1READ~ Pisa12$Gender)
```

Man muss also zuerst das Paket *car* über die Menüleiste in der R-Konsole installieren und anschließend dieses Paket mit dem Befehl *library(car)* laden. Erst dann ist man in der Lage, den *Levene*-Test mit dem nächsten Befehl ausführen. Das Ergebnis dieses Tests ist in Abbildung 12.13 zu betrachten. Da das Signifikanzniveau in der Spalte *Pr(>F)* in Abbildung 12.13 kleiner 0,05 ist, bedeutet dies, dass die Annahme über die Varianzengleichheit verletzt ist. Allerdings ist der von R berechnete F-Wert 17,732 größer als der mit SPSS berechnete F-Wert in Abbildung 12.5. Das liegt daran, dass in die Berechnung vom F-Wert in R Abweichungen von Median betrachtet werden, während in SPSS Abweichungen vom Mittelwert berücksichtigt werden. Dies hat aber letztlich keinen Einfluss auf das Testergebnis.

```
Levene's Test for Homogeneity of Variance (center = median)
        Df F value    Pr(>F)
group    1  17.732 0.00002589 ***
      4999
---
Signif. codes:  0 '***' 0.001 '**' 0.01 '*' 0.05 '.' 0.1 ' ' 1
```

Abbildung 12.13   Ergebnis des Levene-Tests in der R-Konsole©

Da die Annahme bezüglich der Varianz in der Grundgesamtheit nicht haltbar ist, muss man den t-Test bei unabhängigen Stichproben anhand des folgenden Befehls ausführen:

```
t.test(Pisa12$PV1READ~ Pisa12$Gender)
```

Das Testergebnis (grafisch nicht dargestellt) ist mit dem von SPSS in Abbildung 12.5 identisch. Falls das Ergebnis von *Levene*-Test nicht signifikant wäre, dann sollte man den t-Test bei unabhängigen Stichproben mit folgendem Befehl berechnen:

```
t.test(Pisa12$PV1READ~ Pisa12$Gender, var.equal = TRUE)
```

Um einen t-Test bei abhängigen Stichproben in R durchzuführen, sollte man einen Befehl ausführen, der folgende Struktur aufweist:

```
t.test(Variable1, Variable1, paired = TRUE)
```

Da wir keine geeigneten Variablen für dieses Testverfahren zur Verfügung haben, wollen wir uns nicht näher mit diesem Verfahren beschäftigen. Hingegen sei auf das Beispiel in Abschnitt 12.7 verwiesen.

12.9.2 χ^2-Test auf statistische Unabhängigkeit

Wir wollen nun anhand eines χ^2-Tests untersuchen, ob es einen (statistischen) Zusammenhang zwischen den Variablen *Schulschwänzen (rST09Q01)* und *Schulform (rprogn)* gibt. Um dies zu tun, muss man die folgenden Befehle ausführen:

```
Schule_Schwänzen <- table(Pisa12$rST09Q01, Pisa12$rprogn)
chisq.test(Schule_Schwänzen)
```

Mit dem ersten Befehl haben wir das Objekt mit dem (frei gewählten) Namen *Schule_Schwänzen* erstellt, welche aus einer Kreuztabelle zwischen den Variablen *rST09Q01* und *rprogn* besteht. Der zweite Befehl bezieht sich auf die Funktion *chisq.test*, die als Hauptargument eine Kreuztabelle enthält. Die Ausführung dieser Befehle führt zu der in Abbildung 12.14 dargestellten Ausgabe. Diese Ergebnisse sind mit der in Abbildung 12.7 dargestellten SPSS-Ausgabe (s. *Kontinuitätskorrektur*) identisch.

```
        Pearson's Chi-squared test with Yates' continuity correction

data:  Schule_Schwänzen
X-squared = 12.18, df = 1, p-value = 0.0004832
```

Abbildung 12.14   Ergebnisse des Chi-Quadrat-Tests in der R-Konsole©

Falls eine der beiden Variablen mehr als zwei Kategorien aufwiese, sollte man den χ^2-Test anhand des folgenden Befehls durchführen, der die Kontinuitätskorrektur außer Kraft setzt:

```
chisq.test(Schule_Schwänzen, correct = FALSE)
```

12.9.3 Testung von Korrelationen

Um die statistische Signifikanz in Bezug auf den Wert der punktbiserialen Korrelation zwischen den Variablen *Geschlecht (ST04Q01)* und *Lesekompetenz* zu prüfen, soll der folgende Befehl ausgeführt werden:

```
cor.test(Pisa12$ST04Q01, Pisa12$PV1READ)
```

Anhand dieses Befehls wird also sowohl die Korrelation zwischen den beiden Variablen als auch die statistische Signifikanz berechnet, wie Abbildung 12.15 entnommen werden kann. Da hierbei der Wert von *p-value* kleiner als 0,0001 ist, bedeutet dies, dass das zweiseitige Signifikanzniveau kleiner 0,1 % ist. Somit ist der Zusammenhang zwischen den beiden Variablen statistisch signifikant.

```
        Pearson's product-moment correlation

data:  Pisa12$ST04Q01 and Pisa12$PV1READ
t = -17.251, df = 4999, p-value < 0.00000000000000022
alternative hypothesis: true correlation is not equal to 0
95 percent confidence interval:
 -0.2630290 -0.2107083
sample estimates:
       cor
-0.2370405
```

Abbildung 12.15   Signifikanzprüfung der punktbiserialen Korrelation in der R-Ausgabe©

Auf ähnliche Weise kann das Signifikanzniveau der Korrelation nach Spearman in Bezug auf die Variablen *Schulschwänzen (ST09Q01)* und *Klassenwiederholung (REPEAT)* berechnet werden:

```
cor.test(Pisa12$REPEAT, Pisa12$ST09Q01, method = "spearman")
```

Im Unterschied zum obigen Befehl zur punktbiserialen Korrelation, muss man bei dem aktuellen Befehl das Argument *method* eingeben, das die zu berechnende Korrelation spezifiziert. Falls man dieses Argument auslässt, wird die Korrelation nach Pearson berechnet. Wie Abbildung 12.16 entnommen werden kann, gelangt die Ausführung dieses Befehls zum Ergebnis, dass die schwache Korrelation von 0,092 ein Signifikanzniveau (zweiseitig) von mindestens 0,1 % aufweist.

```
Spearman's rank correlation rho

data:  Pisa12$REPEAT and Pisa12$ST09Q01
S = 11995000000, p-value = 0.000000001056
alternative hypothesis: true rho is not equal to 0
sample estimates:
        rho
0.09289207
```

Abbildung 12.16   Signifikanzprüfung der Korrelation nach Spearman in der R-Konsole©

Was die Produkt-Moment-Korrelation nach Pearson zwischen den Variablen *Lesekompetenz (PV1READ)* und *Mathematikkompetenz (PV1MATH)* anbelangt, kann man nach der Ausführung des folgenden Befehls feststellen, dass der Korrelationswert von ca. 0,87 (s. Abbildung 12.17) statistisch signifikant ist, da das zweiseitige Signifikanzniveau kleiner 0,1 % ist:

```
cor.test(Pisa12$PV1READ, Pisa12$PV1MATH)
```

```
Pearson's product-moment correlation

data:  Pisa12$PV1READ and Pisa12$PV1MATH
t = 125.82, df = 4999, p-value < 0.00000000000000022
alternative hypothesis: true correlation is not equal to 0
95 percent confidence interval:
 0.8649594 0.8782715
sample estimates:
       cor
0.8717763
```

Abbildung 12.17   Signifikanzprüfung der Korrelation nach Spearman in der R-Konsole©

12.9.4 Testung von Regressionskoeffizienten

Um in R die statistische Signifikanz von Regressionsmodellen und deren Koeffizienten zu testen, muss man die folgenden zwei Befehle ausführen (s. die ausführliche Erläuterung in Kapitel 9.8):

```
Model_1 <- lm(PV1READ ~ Sch_Zug_a + ST04Q01 + Gym + B_11_25 +
   B_26_100 + B_101_200 + B_201_500 + B_500plus, data = Pisa12)
summary(Model_1)
```

Die Ausführung führt zu der in Abbildung 12.18 dargestellten Ausgabe. Am Ende der Abbildung steht der Wert der Prüfgröße *(F-statistic)* zur Testung des Determinationskoeffizienten, der gerundet 267,4 beträgt und damit jenem der in SPSS berechneten entspricht. Das Signifikanzniveau dabei ist kleiner 0,1 %, wie man anhand des Wertes von *p-value* feststellen kann. Demnach ist der Wert 0,45 des Determinationskoeffizienten *(Multiple R-squared)*, statistisch signifikant.

In Bezug auf die Prüfung der einzelnen Regressionskoeffizienten sind die Werte in den Spalten *t value* und *Pr(>|t|)* von Bedeutung, welche die Prüfgröße und das Signifikanzniveau der einzelnen Regressionskoeffizienten wiedergeben. Man sieht also in Abbildung 12.18, dass alle Regressionskoeffizienten statistisch signifikant sind. Demnach haben alle unabhängigen Variablen einen statistisch signifikanten Einfluss auf die abhängige Variable *Lesekompetenz*.

Bevor wir R schließen, müssen wir unsere Skriptdatei speichern. Wir haben diese unter dem Namen *Skript_12.9.r* im Ordner *Kapitel_12* gespeichert. Eine Speicherung des Datensatzes ist nicht nötig, da wir in diesem letzten Kapitel keine neuen Variablen erstellt haben.

```
Coefficients:
            Estimate Std. Error t value         Pr(>|t|)
(Intercept)  503.793      7.423  67.865 < 0.0000000000000002 ***
Sch_Zug_a     -1.136      0.275  -4.132         0.0000371065 ***
ST04Q01      -33.877      2.508 -13.506 < 0.0000000000000002 ***
Gym           84.836      2.733  31.046 < 0.0000000000000002 ***
B_11_25       31.081      5.517   5.633         0.0000000196 ***
B_26_100      50.473      4.938  10.221 < 0.0000000000000002 ***
B_101_200     54.665      5.213  10.486 < 0.0000000000000002 ***
B_201_500     77.634      5.402  14.372 < 0.0000000000000002 ***
B_500plus     75.776      5.902  12.840 < 0.0000000000000002 ***
---
Signif. codes:  0 '***' 0.001 '**' 0.01 '*' 0.05 '.' 0.1 ' ' 1

Residual standard error: 63.33 on 2572 degrees of freedom
  (2420 observations deleted due to missingness)
Multiple R-squared:  0.454,     Adjusted R-squared:  0.4523
F-statistic: 267.4 on 8 and 2572 DF,  p-value: < 0.00000000000000022
```

Abbildung 12.18   Ergebnisse der multiplen linearen Regression in der R-Konsole©

Literaturverzeichnis

Bortz, J. und Schuster, C. (2010): Statistik für Human- und Sozialwissenschaftler. 7., vollständig überarbeitete Auflage. Berlin Heidelberg: Springer, S. 97–136; 161–163.

Bühner, M. und; Ziegler, M. (2009): Statistik für Psychologen und Sozialwissenschaftler. München: Pearson Studium, S. 225–229.

Gehring, U. W. und Weins, C. (2009): Grundkurs Statistik für Politologen und Soziologen. 5., überarbeitete Auflage. Wiesbaden: VS Verlag für Sozialwissenschaften, S. 272–307.

Hohn, K.; Schiepe-Tiska, A.; Sälzer, C.; Artelt, Cordula (2013): Lesekompetenz in PISA 2012: Veränderungen und Perspektiven. In: Prenzel, M.; Sälzer, C.; Klieme, E.; Köller, O. (Hrsg.), *PISA 2012. Fortschritte und Herausforderungen in Deutschland*. Münster: Waxmann, S. 217–244.

König, J. und Klemenz, S. (2015): Der Erwerb von pädagogischem Wissen bei angehenden Lehrkräften in unterschiedlichen Ausbildungskontexten: Zur Wirksamkeit der Lehrerausbildung in Deutschland und Österreich. *Zeitschrift für Erziehungswissenschaft, 18*(2), 247–277.

König, J.; Rothland, M.; Tachtsoglou, S; Klemenz, S. (2016 a, under review): Change of teaching motivations among pre-service teachers in Austria, Germany, and Switzerland: Do in-school opportunities to learn matter?

König, J.; Tachtsoglou, S.; Lammerding, S.; Strauß, S.; Nold, G.; Rohde, A. (2016 b, under review): The Role of Opportunities to Learn in Teacher Preparation for EFL Teachers' Pedagogical Content Knowledge.

Tachtsoglou, S. (2011): Eheorientierung und Ehestabilität. Der Einfluss der Eheorientierung auf das Framing der Ehe. (Dissertation). Saarbrücken: Südwestdeutscher Verlag für Hochschulschriften.

Valtin, R.; König, J.; Darge, K. (2015): Schulzeit zwischen Freude und Verdrossenheit – Schule aus der Sicht von Schülerinnen und Schülern. In: Rademacher, S. und Wernet, A. (Hrsg.), *Bildungsqualen. Kritische Einwürfe wider den pädagogischen Zeitgeist*. Wiesbaden: Springer Fachmedien, S. 49–68.

Anhang

Anhang A: Lösungen der Übungsaufgaben

Kapitel 2   Variablen und Skalenniveaus

2.4.1

Im Fragebogen erfasste Variablen:	Höchstes Skalenniveau:
1. Geschlecht (weiblich, männlich)	Nominalskala
2. Alter (in Jahren)	Ratioskala
3. Körpergröße (in cm)	Ratioskala
4. Lernmotivation, erfasst über drei Variablen (A, B, C)	Ordinalskala
5. Englisch-Sprachkenntnisse, Selbsteinschätzung in Form einer Schulnote	Ordinalskala
6. Wohnort, erfasst über das zugehörige Auto-Kennzeichen	Nominalskala

2.4.2

1.

Nummer der Frage	Höchstes Skalenniveau:
19.	Nominalskala; Ordinalskala ohne Antwortoption „weiß ich nicht"
20.	Ordinalskala
21.	Intervallskala
74.	Ratioskala
75.	Ratioskala
76.	Nominalskala; Ordinalskala bei Interpretation von ja – vielleicht – nein als Rangfolge
77.	Nominalskala; Ordinalskala, falls als Kodierungskategorien z. B. die Schulabschlüsse aus Frage 20. zugrunde gelegt werden.

3.
Beispielhafte Transformation für Frage 21 (Intervallskala):
Zulässig ist eine lineare Transformationen der Form $f(x) = bx + a$ (mit $b > 0$). Zum Beispiel gelangt man mit der Transformation $f(x) = x + 300$ zu den Kategorien 2305, 2306, 2307, 2308, 2309, 2310, 2311.

Unzulässig hingegen wäre eine streng monotone Transformation wie $f(x) = x^3$, mit der man zu den folgenden Kategorien gelangt: 8060150125, 8072216216, 8084294343 usw. In diesem Fall wäre die Eigenschaft der Äquidistanz nicht mehr erfüllt.

Kapitel 3   Maße der zentralen Tendenz

3.7

(1)
absoluter Anteil weiblicher Studierender: 18
relativer Anteil: 0,9
relativer Anteil in %   90 %

(2)

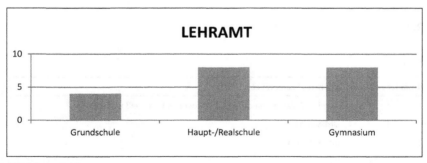

Abbildung A.1°

(3)

Variable:	Median:	Modus:	Arithmetisches Mittel:
Alter	24,00	23,00	26,05
Abitur	2,50	2,20	2,49

(4) Ja, für das Alter liegen mit den Werten 37 und 47 zwei Ausreißer vor, s. folgende Abbildung:

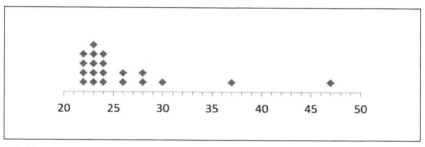

Abbildung A.2

Kapitel 4 Streuungsmaße

4.4 Beispiel-Antwort:

(1) Die angehenden Lehrpersonen geben an, dass sie sich hinsichtlich der Aussage „Unterrichtsthemen aus dem Rahmenlehrplan meines Faches abzuleiten" besonders kompetent fühlen, während sie sich am wenigsten kompetent fühlen hinsichtlich der Aussage „Lernenden zu zeigen, wie sie ihr Lernen in Lernschritten einteilen und davon profitieren können". Die einzelnen Aussagen sind nach der durchschnittlichen Zustimmung absteigend geordnet.

(2) Da relativ große Standardabweichungen für größere Unterschiedlichkeit der Messwerte stehen, kann man sagen, dass sich die angehenden Lehrpersonen hinsichtlich der Aussagen h) und m) stärker unterscheiden als z. B. hinsichtlich der Aussagen a) und d).

Kapitel 5   Standardnormalverteilung und z-Transformation

5.4

z-Transformation[©]

Alter	Abiturnote	z-Werte: Alter	z-Werte: Abiturnote
22	1,9	−0,6792826	−1,2251849
26	3,3	−0,0083862	1,68203351
23	2,2	−0,5115585	−0,60220953
23	2,2	−0,5115585	−0,60220953
22	1,9	−0,6792826	−1,2251849
24	2,8	−0,3438344	0,64374122
26	1,5	−0,0083862	−2,05581874
28	2,1	0,32706199	−0,80986799
24	2,8	−0,3438344	0,64374122
30	2,6	0,66251019	0,2284243
22	2,5	−0,6792826	0,02076585
24	2,9	−0,3438344	0,85139968
47	2,6	3,51381988	0,2284243
24	2,9	−0,3438344	0,85139968
37	2,7	1,83657889	0,43608276
22	2,5	−0,6792826	0,02076585
28	3,6	0,32706199	2,30500889
23	2,3	−0,5115585	−0,39455107
23	2,3	−0,5115585	−0,39455107
23	2,2	−0,5115585	−0,60220953

Kapitel 6 Zusammenhangsmaße für nominalskalierte Variablen

6.5.1

(Beispiel-)Lösungen:
(1) Der Studie kann eine Veränderungshypothese zugrunde liegen, z. B. in der Form wie „Die Schulfreude verändert sich während der Schulzeit" (ungerichtet) oder „Die Schulfreude nimmt während der Schulzeit ab" (gerichtet).

(2) Berechnung von $d\%$:

$$d\% = 100 \cdot \left(\frac{14}{14 + 6} - \frac{8}{8 + 12} \right) = 100 \cdot \frac{6}{20} = 30$$

(3) Interpretation: Der Anteil der Schüler mit Schulfreude liegt in Klasse 7 um 30 Prozentpunkte niedriger als der entsprechende Anteil in Klasse 3. Die Schulfreude verändert sich und nimmt also über die Schulzeit ab.

6.5.2

Beispiel-Antwort:
(1) Unterschiede nach Geschlecht (Aufgabe 1):

- Interpretation der Mittelwerte: Männliche Jugendliche stimmen der Skala „Traditionelle Orientierung" stärker zu als weibliche Jugendliche.
- Interpretation von Eta-Quadrat: Die Geschlechtsunterschiede sind von mittlerer praktischer Bedeutsamkeit. 10 bzw. 11 Prozent Varianz kann durch die Variable Geschlecht erklärt werden.

(2) Unterschiede nach Schulform:

- Interpretation der Mittelwerte: Jugendliche unterschiedlicher Schulformen unterscheiden sich in der Geschlechtsrollenorientierung. Jugendliche von Gymnasien stimmen den Items der traditionellen Orientierung weniger zu als Jugendliche von Haupt-, Real- und Gesamtschulen. Jugendliche von Hauptschulen geben die höchste Zustimmung zu Items der traditionellen Orientierung, d. h. sie sind traditioneller orientiert als Jugendliche der anderen Schulformen.
- Interpretation von Eta-Quadrat: Die Schulformunterschiede sind von einer geringen praktischer Bedeutsamkeit. 6 bzw. 4 Prozent Varianz kann durch die Variable Schulform erklärt werden.

Vergleichende Interpretation der Unterschiede nach Geschlecht und Schulform:

- Die Unterschiede in der Geschlechtsrollenorientierung sind größer als die Unterschiede nach Schulform.

Kapitel 7   Zusammenhangsmaße für ordinal- und intervallskalierte Variablen

7.5.1

Tabelle©

S	Abi-Note	IQ	$x_i - \bar{x}$	$y_i - \bar{y}$	$(x_i - \bar{x}) \cdot (y_i - \bar{y})$
1	1	140	−1,5	20	−30
2	2	120	−0,5	0	0
3	2	130	−0,5	10	−5
4	3	120	0,5	0	0
5	3	100	0,5	−20	−10
6	4	110	1,5	−10	−15
	$\bar{x} = 2,5$	$\bar{y} = 120$			$\Sigma = -60$
	$s_x = 0,96$	$s_y = 12,9$			

(1)
$$\text{Cov}_{\text{Abi-Note, IQ}} = -60 / 6 = -10$$

(2)
$$r_{xy} = -10 / (0,96 \cdot 12,9) = -10 / 12,4 = -0,81$$

(3)
$$r^2 = -0,81 \cdot -0,81 = 0,6561$$
$\Rightarrow$ ca. 66 % gemeinsame Varianz

7.5.2

Beispiel-Antwort:
Mittlere Zusammenhänge: zwischen Mathematik-Leistungszuwachs und den Merkmalen
- Repetitives Üben (negative Korrelation)
- Schülermitbestimmung (negative Korrelation)

Kleine Zusammenhänge: zwischen Mathematik-Leistungszuwachs und den Merkmalen
- Klarheit und Strukturiertheit der Präsentation (positive Korrelation)
- Sprunghaftigkeit (negative Korrelation)
- Binnendifferenzierende Maßnahmen (negative Korrelation)
- Konstruktivistischer Unterricht (positive Korrelation)

Zusammenhang ohne praktische Bedeutsamkeit: zwischen Mathematik-Leistungszuwachs und
- Affektive Qualität der Lehrer-Schüler-Beziehung

Kapitel 8   Testtheoretische Basiskonzepte

8.5

(1)
Indikator bzw. manifeste Variable.

(2)

$$\bar{r} = (0,41 + 0,31 + 0,32) / 3 \approx 0,3467$$

$$\alpha = \frac{k \cdot \bar{r}}{1 + \bar{r} \cdot (k - 1)} = \frac{3 \cdot 0,3467}{1 + 0,3467 \cdot (3 - 1)} = \frac{1,0401}{1,6934} \approx 0,61$$

(3)
Die Reliabilität der Skala ist fragwürdig (da $0,7 > \alpha \geq 0,6$).

(4)
Validität.

Kapitel 9   Lineare Regressionsanalyse

9.6

(1)
Abhängige Variable ist jeweils die Lesekompetenz.

Unabhängige Variablen in Modell I: Vier Variablen zum Migrationshintergrund (Ein Elternteil im Ausland geboren, Zweite Generation, Erste Generation, Nicht zuzuordnen).

Unabhängige Variablen in Modell II: Vier Variablen zum Migrationshintergrund (Ein Elternteil im Ausland geboren, Zweite Generation, Erste Generation, Nicht zuzuordnen), HISEI, Kulturgüter, Bildungsniveau der Eltern.

Unabhängige Variablen in Modell III: Vier Variablen zum Migrationshintergrund (Ein Elternteil im Ausland geboren, Zweite Generation, Erste Generation, Nicht zuzuordnen), HISEI, Kulturgüter, Bildungsniveau der Eltern, Sprachgebrauch.

(2)
Konstante (Achsenabschnitt auf der Y-Achse) in Modell I: 514
Konstante (Achsenabschnitt auf der Y-Achse) in Modell II: 512
Konstante (Achsenabschnitt auf der Y-Achse) in Modell III: 512

(3)
Beispiel-Interpretation der Vorzeichen der Regressionskoeffizienten (Modell III):

In allen drei Modellen I, II und III zeigen negative Vorzeichen der Prädiktoren zum Migrationshintergrund an, dass Schüler/innen mit Migrationshintergrund durchschnittlich betrachtet niedrigere Werte in der Lesekompetenz aufweisen als Schüler/innen ohne Migrationshintergrund. Die angegebene Regressionskonstante ist der Mittelwert in der Gruppe der Schüler/innen ohne Migrationshintergrund (s. Anmerkung unterhalb der Tabelle), sodass also von der Konstante ausgehend sich der Mittelwert von Schüler/innen mit Migrationshintergrund verringert. Ebenfalls verringert sich der durchschnittliche Lesekompetenzwert, wenn zuhause Deutsch nicht Familiensprache ist (unterster Prädiktor in Modell III). Dagegen erhöht sich der durchschnittliche Lesekompetenzwert mit höheren Werten im Bereich des sozio-ökonomischen Hintergrundes (HISEI), der Kulturgüter und des Bildungsniveaus der Eltern (Modelle II und III).

Kapitel 10   Stichprobe und Grundgesamtheit

10.6.1

(1)
Nein.

(2)
Vollerhebung.

10.6.2

(1)
Eine (präzise) Definition der Grundgesamtheit fehlt; es bleibt unklar, wie sich die Stichprobe zusammensetzt. Ein Repräsentationsschluss ist also nicht möglich. Die Aussage, die Befragung funktioniere „nach dem Prinzip eines Volksentscheides" ist irreführend, da weder ein „Volk" definiert wird (fehlende Definition der Grundgesamtheit), noch dieses nachvollziehbar repräsentiert sein kann. Die Ergebnisse erhalten auch nicht mehr Bedeutung („Gewicht"), weil mehr Personen an der Umfrage teilnehmen, da auch nicht mit einer erhöhten Anzahl von Teilnehmerinnen und Teilnehmern die Unklarheiten beseitigt werden können.

(2)
Mangelnde Definition der Grundgesamtheit, Problem der Selbstselektion von Befragten, Problem der Ungenauigkeit trotz großer Teilnehmeranzahl.

(3)
Ziehung einer Zufallsstichprobe; diese hätte auch viel kleiner ausfallen können, sodass beispielsweise Telefonbefragungen mit vertretbarem Aufwand hätten durchgeführt werden können.

Kapitel 11   Schätzer und Konfidenzintervalle

11.8.1

(1)
$p \cdot q \cdot n = 0{,}60 \cdot 0{,}40 \cdot 50 = 12$
12 ist größer 9, also kann die Normalverteilungsannahme getroffen werden.

(2)

$$\hat{\sigma}_\% = \sqrt{\frac{P \cdot Q}{n}} = \sqrt{\frac{60\,\% \cdot 40\,\%}{50}} \approx 6{,}93\%$$

(3)

Gesuchter z-Wert ist 1,96.

Untere Grenze ist $60\,\% - 1{,}96 \cdot 6{,}93\,\% \approx 73{,}58\,\%$

Obere Grenze ist $60\,\% + 1{,}96 \cdot 6{,}93\,\% \approx 46{,}42\,\%$

(4)

Nein, eine klare Zustimmung gibt es nicht, da die Zustimmung in der Population auch unterhalb 50 % liegen könnte.

11.8.2

Tabelle[○]

	Jungen	Mädchen
Mittelwert	478	518
Standardfehler	3,6	2,9
Standardfehler · 1,96	7,056	5,684

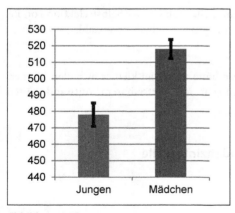

Abbildung A.3[○]

Kapitel 12   Prüfung wissenschaftlicher Hypothesen

12.7

(1)

$H_0 : \mu_d \leq 0$

$H_A : \mu_d > 0$

(2)

einseitige Fragestellung (Hypothese)	$df = 8.$
5 % Irrtumswahrscheinlichkeit links	1,86
Ablehnungsbereich also:	1,86 bis ∞
1 % Irrtumswahrscheinlichkeit links	2,896
Ablehnungsbereich also:	2,896 bis ∞

(3)

$$\hat{\sigma}_{\bar{x}_d} = \frac{\hat{\sigma}_d}{\sqrt{n}} = \frac{2,45}{\sqrt{9}} = 0,82 \qquad t_{(df=8)} = \frac{\bar{x}_d}{\hat{\sigma}_d} = \frac{2,67}{0,82} = 3,27$$

Anhang B: Tabellen zur Flächenberechnung

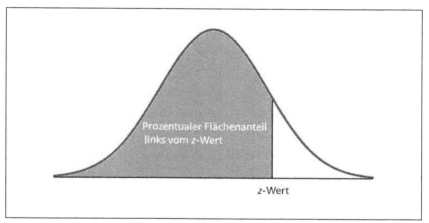

Prozentualer Flächenanteil links vom z-Wert

z-Wert

Abbildung B.1 Standardnormalverteilung zur Illustration der Kennwerte in Tabelle B.1°

Tabelle B.1 Prozentualer Flächenanteil links vom z-Wert einer Standardnormalverteilung°

z-Wert	Fläche (in %)	z-Wert	Fläche (in %)	z-Wert	Fläche (in %)	z-Wert	Fläche (in %)
−3,00	0,13	−2,71	0,34	−2,43	0,75	−2,15	1,58
−2,99	0,14	−2,70	0,35	−2,42	0,78	−2,14	1,62
−2,98	0,14	−2,69	0,36	−2,41	0,80	−2,13	1,66
−2,97	0,15	−2,68	0,37	−2,40	0,82	−2,12	1,70
−2,96	0,15	−2,67	0,38	−2,39	0,84	−2,11	1,74
−2,95	0,16	−2,66	0,39	−2,38	0,87	−2,10	1,79
−2,94	0,16	−2,65	0,40	−2,37	0,89	−2,09	1,83
−2,93	0,17	−2,64	0,41	−2,36	0,91	−2,08	1,88
−2,92	0,18	−2,63	0,43	−2,35	0,94	−2,07	1,92
−2,91	0,18	−2,62	0,44	−2,34	0,96	−2,06	1,97
−2,90	0,19	−2,61	0,45	−2,33	0,99	−2,05	2,02
−2,89	0,19	−2,60	0,47	−2,32	1,02	−2,04	2,07
−2,88	0,20	−2,59	0,48	−2,31	1,04	−2,03	2,12
−2,87	0,21	−2,58	0,49	−2,30	1,07	−2,02	2,17
−2,86	0,21	−2,57	0,51	−2,29	1,10	−2,01	2,22
−2,85	0,22	−2,56	0,52	−2,28	1,13	−2,00	2,28

z-Wert	Fläche (in %)	z-Wert	Fläche (in %)	z-Wert	Fläche (in %)	z-Wert	Fläche (in %)
−2,84	0,23	−2,55	0,54	−2,27	1,16	−1,99	2,33
−2,83	0,23	−2,54	0,55	−2,26	1,19	−1,98	2,39
−2,82	0,24	−2,53	0,57	−2,25	1,22	−1,97	2,44
−2,81	0,25	−2,52	0,59	−2,24	1,25	−1,96	2,50
−2,80	0,26	−2,51	0,60	−2,23	1,29	−1,95	2,56
−2,79	0,26	−2,50	0,62	−2,22	1,32	−1,94	2,62
−2,78	0,27	−2,49	0,64	−2,21	1,36	−1,93	2,68
−2,77	0,28	−2,48	0,66	−2,20	1,39	−1,92	2,74
−2,76	0,29	−2,47	0,68	−2,19	1,43	−1,91	2,81
−2,75	0,30	−2,46	0,69	−2,18	1,46	−1,90	2,87
−2,74	0,31	−2,45	0,71	−2,17	1,50	−1,89	2,94
−2,73	0,32	−2,45	0,71	−2,17	1,50	−1,89	2,94
−2,72	0,33	−2,44	0,73	−2,16	1,54	−1,88	3,01
−1,87	3,07	−1,26	10,38	−0,65	25,78	−0,04	48,40
−1,86	3,14	−1,25	10,56	−0,64	26,11	−0,03	48,80
−1,85	3,22	−1,24	10,75	−0,63	26,43	−0,02	49,20
−1,84	3,29	−1,23	10,93	−0,62	26,76	−0,01	49,60
−1,83	3,36	−1,22	11,12	−0,61	27,09	0,00	50,00
−1,82	3,44	−1,21	11,31	−0,60	27,43	0,01	50,40
−1,81	3,51	−1,20	11,51	−0,59	27,76	0,02	50,80
−1,80	3,59	−1,19	11,70	−0,58	28,10	0,03	51,20
−1,79	3,67	−1,18	11,90	−0,57	28,43	0,04	51,60
−1,78	3,75	−1,17	12,10	−0,56	28,77	0,05	51,99
−1,77	3,84	−1,16	12,30	−0,55	29,12	0,06	52,39
−1,76	3,92	−1,15	12,51	−0,54	29,46	0,07	52,79
−1,75	4,01	−1,14	12,71	−0,53	29,81	0,08	53,19
−1,74	4,09	−1,13	12,92	−0,52	30,15	0,09	53,59
−1,73	4,18	−1,12	13,14	−0,51	30,50	0,10	53,98
−1,72	4,27	−1,11	13,35	−0,50	30,85	0,11	54,38
−1,71	4,36	−1,10	13,57	−0,49	31,21	0,12	54,78
−1,70	4,46	−1,09	13,79	−0,48	31,56	0,13	55,17
−1,69	4,55	−1,08	14,01	−0,47	31,92	0,14	55,57
−1,68	4,65	−1,07	14,23	−0,46	32,28	0,15	55,96
−1,67	4,75	−1,06	14,46	−0,45	32,64	0,16	56,36
−1,66	4,85	−1,05	14,69	−0,44	33,00	0,17	56,75
−1,65	4,95	−1,04	14,92	−0,43	33,36	0,18	57,14
−1,64	5,05	−1,03	15,15	−0,42	33,72	0,19	57,53
−1,63	5,16	−1,02	15,39	−0,41	34,09	0,20	57,93
−1,62	5,26	−1,01	15,62	−0,40	34,46	0,21	58,32
−1,61	5,37	−1,00	15,87	−0,39	34,83	0,22	58,71
−1,60	5,48	−0,99	16,11	−0,38	35,20	0,23	59,10
−1,59	5,59	−0,98	16,35	−0,37	35,57	0,24	59,48
−1,58	5,71	−0,97	16,60	−0,36	35,94	0,25	59,87
−1,57	5,82	−0,96	16,85	−0,35	36,32	0,26	60,26
−1,56	5,94	−0,95	17,11	−0,34	36,69	0,27	60,64
−1,55	6,06	−0,94	17,36	−0,33	37,07	0,28	61,03
−1,54	6,18	−0,93	17,62	−0,32	37,45	0,29	61,41
−1,53	6,30	−0,92	17,88	−0,31	37,83	0,30	61,79
−1,52	6,43	−0,91	18,14	−0,30	38,21	0,31	62,17
−1,51	6,55	−0,90	18,41	−0,29	38,59	0,32	62,55
−1,50	6,68	−0,89	18,67	−0,28	38,97	0,33	62,93
−1,49	6,81	−0,88	18,94	−0,27	39,36	0,34	63,31
−1,48	6,94	−0,87	19,22	−0,26	39,74	0,35	63,68
−1,47	7,08	−0,86	19,49	−0,25	40,13	0,36	64,06
−1,46	7,21	−0,85	19,77	−0,24	40,52	0,37	64,43
−1,45	7,35	−0,84	20,05	−0,23	40,90	0,38	64,80

z-Wert	Fläche (in %)	z-Wert	Fläche (in %)	z-Wert	Fläche (in %)	z-Wert	Fläche (in %)
−1,44	7,49	−0,83	20,33	−0,22	41,29	0,39	65,17
−1,43	7,64	−0,82	20,61	−0,21	41,68	0,40	65,54
−1,42	7,78	−0,81	20,90	−0,20	42,07	0,41	65,91
−1,41	7,93	−0,80	21,19	−0,19	42,47	0,42	66,28
−1,40	8,08	−0,79	21,48	−0,18	42,86	0,43	66,64
−1,39	8,23	−0,78	21,77	−0,17	43,25	0,44	67,00
−1,38	8,38	−0,77	22,06	−0,16	43,64	0,45	67,36
−1,37	8,53	−0,76	22,36	−0,15	44,04	0,46	67,72
−1,36	8,69	−0,75	22,66	−0,14	44,43	0,47	68,08
−1,35	8,85	−0,74	22,96	−0,13	44,83	0,48	68,44
−1,34	9,01	−0,73	23,27	−0,12	45,22	0,49	68,79
−1,33	9,18	−0,72	23,58	−0,11	45,62	0,50	69,15
−1,32	9,34	−0,71	23,89	−0,10	46,02	0,51	69,50
−1,31	9,51	−0,70	24,20	−0,09	46,41	0,52	69,85
−1,30	9,68	−0,69	24,51	−0,08	46,81	0,53	70,19
−1,29	9,85	−0,68	24,83	−0,07	47,21	0,54	70,54
−1,28	10,03	−0,67	25,14	−0,06	47,61	0,55	70,88
−1,27	10,20	−0,66	25,46	−0,05	48,01	0,56	71,23
0,57	71,57	1,18	88,10	1,79	96,33	2,40	99,18
0,58	71,90	1,19	88,30	1,80	96,41	2,41	99,20
0,59	72,24	1,20	88,49	1,81	96,49	2,42	99,22
0,6	72,57	1,21	88,69	1,82	96,56	2,43	99,25
0,61	72,91	1,22	88,88	1,83	96,64	2,44	99,27
0,62	73,24	1,23	89,07	1,84	96,71	2,45	99,29
0,63	73,57	1,24	89,25	1,85	96,78	2,46	99,31
0,64	73,89	1,25	89,44	1,86	96,86	2,47	99,32
0,65	74,22	1,26	89,62	1,87	96,93	2,48	99,34
0,66	74,54	1,27	89,80	1,88	96,99	2,49	99,36
0,67	74,86	1,28	89,97	1,89	97,06	2,50	99,38
0,68	75,17	1,29	90,15	1,90	97,13	2,51	99,40
0,69	75,49	1,30	90,32	1,91	97,19	2,52	99,41
0,70	75,80	1,31	90,49	1,92	97,26	2,53	99,43
0,71	76,11	1,32	90,66	1,93	97,32	2,54	99,45
0,72	76,42	1,33	90,82	1,94	97,38	2,55	99,46
0,73	76,73	1,34	90,99	1,95	97,44	2,56	99,48
0,74	77,04	1,35	91,15	1,96	97,50	2,57	99,49
0,75	77,34	1,36	91,31	1,97	97,56	2,58	99,51
0,76	77,64	1,37	91,47	1,98	97,61	2,59	99,52
0,77	77,94	1,38	91,62	1,99	97,67	2,60	99,53
0,78	78,23	1,39	91,77	2,00	97,72	2,61	99,55
0,79	78,52	1,40	91,92	2,01	97,78	2,62	99,56
0,80	78,81	1,41	92,07	2,02	97,83	2,63	99,57
0,81	79,10	1,42	92,22	2,03	97,88	2,64	99,59
0,82	79,39	1,43	92,36	2,04	97,93	2,65	99,60
0,83	79,67	1,44	92,51	2,05	97,98	2,66	99,61
0,84	79,95	1,45	92,65	2,06	98,03	2,67	99,62
0,85	80,23	1,46	92,79	2,07	98,08	2,68	99,63
0,86	80,51	1,47	92,92	2,08	98,12	2,69	99,64
0,87	80,78	1,48	93,06	2,09	98,17	2,70	99,65
0,88	81,06	1,49	93,19	2,10	98,21	2,71	99,66
0,89	81,33	1,50	93,32	2,11	98,26	2,72	99,67
0,9	81,59	1,51	93,45	2,12	98,30	2,73	99,68
0,91	81,86	1,52	93,57	2,13	98,34	2,74	99,69
0,92	82,12	1,53	93,70	2,14	98,38	2,75	99,70
0,93	82,38	1,54	93,82	2,15	98,42	2,76	99,71
0,94	82,64	1,55	93,94	2,16	98,46	2,77	99,72

z-Wert	Fläche (in %)	z-Wert	Fläche (in %)	z-Wert	Fläche (in %)	z-Wert	Fläche (in %)
0,95	82,89	1,56	94,06	2,17	98,50	2,78	99,73
0,96	83,15	1,57	94,18	2,18	98,54	2,79	99,74
0,97	83,40	1,58	94,29	2,19	98,57	2,80	99,74
0,98	83,65	1,59	94,41	2,20	98,61	2,81	99,75
0,99	83,89	1,60	94,52	2,21	98,64	2,82	99,76
1,00	84,13	1,61	94,63	2,22	98,68	2,83	99,77
1,01	84,38	1,62	94,74	2,23	98,71	2,84	99,77
1,02	84,61	1,63	94,84	2,24	98,75	2,85	99,78
1,03	84,85	1,64	94,95	2,25	98,78	2,86	99,79
1,04	85,08	1,65	95,05	2,26	98,81	2,87	99,79
1,05	85,31	1,66	95,15	2,27	98,84	2,88	99,80
1,06	85,54	1,67	95,25	2,28	98,87	2,89	99,81
1,07	85,77	1,68	95,35	2,29	98,90	2,90	99,81
1,08	85,99	1,69	95,45	2,30	98,93	2,91	99,82
1,09	86,21	1,70	95,54	2,31	98,96	2,92	99,82
1,10	86,43	1,71	95,64	2,32	98,98	2,93	99,83
1,11	86,65	1,72	95,73	2,33	99,01	2,94	99,84
1,12	86,86	1,73	95,82	2,34	99,04	2,95	99,84
1,13	87,08	1,74	95,91	2,35	99,06	2,96	99,85
1,14	87,29	1,75	95,99	2,36	99,09	2,97	99,85
1,15	87,49	1,76	96,08	2,37	99,11	2,98	99,86
1,16	87,70	1,77	96,16	2,38	99,13	2,99	99,86
1,17	87,90	1,78	96,25	2,39	99,16	3,00	99,87

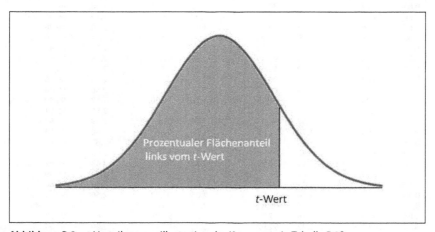

Prozentualer Flächenanteil links vom t-Wert

t-Wert

Abbildung B.2 t-Verteilung zur Illustration der Kennwerte in Tabelle B.2$^©$

Tabelle B.2 Prozentualer Flächenanteil links vom *t*-Wert einer *t*-Verteilung je nach Anzahl der Freiheitsgrade[©]

df	Prozentualer Flächenanteil links vom jeweiligen t-wert											
	55 %	60 %	65 %	70 %	75 %	80 %	85 %	90 %	95 %	97,50 %	99 %	99,50 %
1	0,158	0,325	0,510	0,727	1,000	1,376	1,963	3,078	6,314	12,706	31,821	63,657
2	0,142	0,289	0,445	0,617	0,816	1,061	1,386	1,886	2,920	4,303	6,965	9,925
3	0,137	0,277	0,424	0,584	0,765	0,978	1,250	1,638	2,353	3,182	4,541	5,841
4	0,134	0,271	0,414	0,569	0,741	0,941	1,190	1,533	2,132	2,776	3,747	4,604
5	0,132	0,267	0,408	0,559	0,727	0,920	1,156	1,476	2,015	2,571	3,365	4,032
6	0,131	0,265	0,404	0,553	0,718	0,906	1,134	1,440	1,943	2,447	3,143	3,707
7	0,130	0,263	0,402	0,549	0,711	0,896	1,119	1,415	1,895	2,365	2,998	3,499
8	0,130	0,262	0,399	0,546	0,706	0,889	1,108	1,397	1,860	2,306	2,896	3,355
9	0,129	0,261	0,398	0,543	0,703	0,883	1,100	1,383	1,833	2,262	2,821	3,250
10	0,129	0,260	0,397	0,542	0,700	0,879	1,093	1,372	1,812	2,228	2,764	3,169
11	0,129	0,260	0,396	0,540	0,697	0,876	1,088	1,363	1,796	2,201	2,718	3,106
12	0,128	0,259	0,395	0,539	0,695	0,873	1,083	1,356	1,782	2,179	2,681	3,055
13	0,128	0,259	0,394	0,538	0,694	0,870	1,079	1,350	1,771	2,160	2,650	3,012
14	0,128	0,258	0,393	0,537	0,692	0,868	1,076	1,345	1,761	2,145	2,624	2,977
15	0,128	0,258	0,393	0,536	0,691	0,866	1,074	1,341	1,753	2,131	2,602	2,947
16	0,128	0,258	0,392	0,535	0,690	0,865	1,071	1,337	1,746	2,120	2,583	2,921
17	0,128	0,257	0,392	0,534	0,689	0,863	1,069	1,333	1,740	2,110	2,567	2,898
18	0,127	0,257	0,392	0,534	0,688	0,862	1,067	1,330	1,734	2,101	2,552	2,878
19	0,127	0,257	0,391	0,533	0,688	0,861	1,066	1,328	1,729	2,093	2,539	2,861
20	0,127	0,257	0,391	0,533	0,687	0,860	1,064	1,325	1,725	2,086	2,528	2,845
21	0,127	0,257	0,391	0,532	0,686	0,859	1,063	1,323	1,721	2,080	2,518	2,831
22	0,127	0,256	0,390	0,532	0,686	0,858	1,061	1,321	1,717	2,074	2,508	2,819
23	0,127	0,256	0,390	0,532	0,685	0,858	1,060	1,319	1,714	2,069	2,500	2,807
24	0,127	0,256	0,390	0,531	0,685	0,857	1,059	1,318	1,711	2,064	2,492	2,797
25	0,127	0,256	0,390	0,531	0,684	0,856	1,058	1,316	1,708	2,060	2,485	2,787
26	0,127	0,256	0,390	0,531	0,684	0,856	1,058	1,315	1,706	2,056	2,479	2,779
27	0,127	0,256	0,389	0,531	0,684	0,855	1,057	1,314	1,703	2,052	2,473	2,771
28	0,127	0,256	0,389	0,530	0,683	0,855	1,056	1,313	1,701	2,048	2,467	2,763
29	0,127	0,256	0,389	0,530	0,683	0,854	1,055	1,311	1,699	2,045	2,462	2,756
30	0,127	0,256	0,389	0,530	0,683	0,854	1,055	1,310	1,697	2,042	2,457	2,750
31	0,127	0,256	0,389	0,530	0,682	0,853	1,054	1,309	1,696	2,040	2,453	2,744
32	0,127	0,255	0,389	0,530	0,682	0,853	1,054	1,309	1,694	2,037	2,449	2,738
33	0,127	0,255	0,389	0,530	0,682	0,853	1,053	1,308	1,692	2,035	2,445	2,733
34	0,127	0,255	0,389	0,529	0,682	0,852	1,052	1,307	1,691	2,032	2,441	2,728
35	0,127	0,255	0,388	0,529	0,682	0,852	1,052	1,306	1,690	2,030	2,438	2,724
36	0,127	0,255	0,388	0,529	0,681	0,852	1,052	1,306	1,688	2,028	2,434	2,719
37	0,127	0,255	0,388	0,529	0,681	0,851	1,051	1,305	1,687	2,026	2,431	2,715
38	0,127	0,255	0,388	0,529	0,681	0,851	1,051	1,304	1,686	2,024	2,429	2,712
39	0,126	0,255	0,388	0,529	0,681	0,851	1,050	1,304	1,685	2,023	2,426	2,708
40	0,126	0,255	0,388	0,529	0,681	0,851	1,050	1,303	1,684	2,021	2,423	2,704
50	0,126	0,255	0,388	0,528	0,679	0,849	1,047	1,299	1,676	2,009	2,403	2,678
60	0,126	0,254	0,387	0,527	0,679	0,848	1,045	1,296	1,671	2,000	2,390	2,660
70	0,126	0,254	0,387	0,527	0,678	0,847	1,044	1,294	1,667	1,994	2,381	2,648
80	0,126	0,254	0,387	0,526	0,678	0,846	1,043	1,292	1,664	1,990	2,374	2,639
90	0,126	0,254	0,387	0,526	0,677	0,846	1,042	1,291	1,662	1,987	2,368	2,632
100	0,126	0,254	0,386	0,526	0,677	0,845	1,042	1,290	1,660	1,984	2,364	2,626
z-Wert	0,126	0,253	0,385	0,524	0,674	0,842	1,036	1,282	1,645	1,960	2,326	2,576

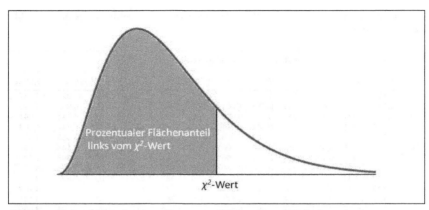

χ^2-Wert

Abbildung B.3 χ^2-Verteilung zur Illustration der Kennwerte in Tabelle B.3©

Tabelle B.3   Prozentualer Flächenanteil links vom χ^2-Wert einer χ^2-Verteilung je nach Anzahl der Freiheitsgrade©

df	Prozentualer Flächenanteil links vom jeweiligen χ^2-Wert										
	60%	65%	70%	75%	80%	85%	90%	95%	97,50%	99%	99,50%
1	0,708	0,873	1,074	1,323	1,642	2,072	2,706	3,841	5,024	6,635	7,879
2	1,833	2,100	2,408	2,773	3,219	3,794	4,605	5,991	7,378	9,210	10,597
3	2,946	3,283	3,665	4,108	4,642	5,317	6,251	7,815	9,348	11,345	12,838
4	4,045	4,438	4,878	5,385	5,989	6,745	7,779	9,488	11,143	13,277	14,860
5	5,132	5,573	6,064	6,626	7,289	8,115	9,236	11,070	12,833	15,086	16,750
6	6,211	6,695	7,231	7,841	8,558	9,446	10,645	12,592	14,449	16,812	18,548
7	7,283	7,806	8,383	9,037	9,803	10,748	12,017	14,067	16,013	18,475	20,278
8	8,351	8,909	9,524	10,219	11,030	12,027	13,362	15,507	17,535	20,090	21,955
9	9,414	10,006	10,656	11,389	12,242	13,288	14,684	16,919	19,023	21,666	23,589
10	10,473	11,097	11,781	12,549	13,442	14,534	15,987	18,307	20,483	23,209	25,188
11	11,530	12,184	12,899	13,701	14,631	15,767	17,275	19,675	21,920	24,725	26,757
12	12,584	13,266	14,011	14,845	15,812	16,989	18,549	21,026	23,337	26,217	28,300
13	13,636	14,345	15,119	15,984	16,985	18,202	19,812	22,362	24,736	27,688	29,819
14	14,685	15,421	16,222	17,117	18,151	19,406	21,064	23,685	26,119	29,141	31,319
15	15,733	16,494	17,322	18,245	19,311	20,603	22,307	24,996	27,488	30,578	32,801
16	16,780	17,565	18,418	19,369	20,465	21,793	23,542	26,296	28,845	32,000	34,267
17	17,824	18,633	19,511	20,489	21,615	22,977	24,769	27,587	30,191	33,409	35,718
18	18,868	19,699	20,601	21,605	22,760	24,155	25,989	28,869	31,526	34,805	37,156
19	19,910	20,764	21,689	22,718	23,900	25,329	27,204	30,144	32,852	36,191	38,582
20	20,951	21,826	22,775	23,828	25,038	26,498	28,412	31,410	34,170	37,566	39,997
21	21,991	22,888	23,858	24,935	26,171	27,662	29,615	32,671	35,479	38,932	41,401
22	23,031	23,947	24,939	26,039	27,301	28,822	30,813	33,924	36,781	40,289	42,796
23	24,069	25,006	26,018	27,141	28,429	29,979	32,007	35,172	38,076	41,638	44,181
24	25,106	26,063	27,096	28,241	29,553	31,132	33,196	36,415	39,364	42,980	45,559
25	26,143	27,118	28,172	29,339	30,675	32,282	34,382	37,652	40,646	44,314	46,928
26	27,179	28,173	29,246	30,435	31,795	33,429	35,563	38,885	41,923	45,642	48,290

df	60%	65%	70%	75%	80%	85%	90%	95%	97,50%	99%	99,50%
27	28,214	29,227	30,319	31,528	32,912	34,574	36,741	40,113	43,195	46,963	49,645
28	29,249	30,279	31,391	32,620	34,027	35,715	37,916	41,337	44,461	48,278	50,993
29	30,283	31,331	32,461	33,711	35,139	36,854	39,087	42,557	45,722	49,588	52,336
30	31,316	32,382	33,530	34,800	36,250	37,990	40,256	43,773	46,979	50,892	53,672
31	32,349	33,431	34,598	35,887	37,359	39,124	41,422	44,985	48,232	52,191	55,003
32	33,381	34,480	35,665	36,973	38,466	40,256	42,585	46,194	49,480	53,486	56,328
33	34,413	35,529	36,731	38,058	39,572	41,386	43,745	47,400	50,725	54,776	57,648
34	35,444	36,576	37,795	39,141	40,676	42,514	44,903	48,602	51,966	56,061	58,964
35	36,475	37,623	38,859	40,223	41,778	43,640	46,059	49,802	53,203	57,342	60,275
36	37,505	38,669	39,922	41,304	42,879	44,764	47,212	50,998	54,437	58,619	61,581
37	38,535	39,715	40,984	42,383	43,978	45,886	48,363	52,192	55,668	59,893	62,883
38	39,564	40,760	42,045	43,462	45,076	47,007	49,513	53,384	56,896	61,162	64,181
39	40,593	41,804	43,105	44,539	46,173	48,126	50,660	54,572	58,120	62,428	65,476
40	41,622	42,848	44,165	45,616	47,269	49,244	51,805	55,758	59,342	63,691	66,766
50	51,892	53,258	54,723	56,334	58,164	60,346	63,167	67,505	71,420	76,154	79,490
60	62,135	63,628	65,227	66,981	68,972	71,341	74,397	79,082	83,298	88,379	91,952
70	72,358	73,968	75,689	77,577	79,715	82,255	85,527	90,531	95,023	100,425	104,215
80	82,566	84,284	86,120	88,130	90,405	93,106	96,578	101,879	106,629	112,329	116,321
90	92,761	94,581	96,524	98,650	101,054	103,904	107,565	113,145	118,136	124,116	128,299
100	102,946	104,862	106,906	109,141	111,667	114,659	118,498	124,342	129,561	135,807	140,169

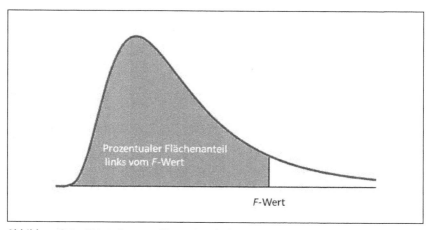

Abbildung B.4 F-Verteilung zur Illustration der Kennwerte in Tabelle B.4©

Tabelle B.4 Prozentualer Flächenanteil links vom *F*-Wert einer *F*-Verteilung je nach Anzahl der Freiheitsgrade©

df-Nenner	*df*-Zähler							
	Fläche in %	1	2	3	4	5	6	7	8
1	90	39,86	49,50	53,59	55,83	57,24	58,20	58,91	59,44
	95	161,45	199,50	215,71	224,58	230,16	233,99	236,77	238,88
	98	1012,55	1249,50	1350,50	1405,83	1440,61	1464,45	1481,80	1494,99
	99	4052,18	4999,50	5403,35	5624,58	5763,65	5858,99	5928,36	5981,07
2	90	8,53	9,00	9,16	9,24	9,29	9,33	9,35	9,37
	95	18,51	19,00	19,16	19,25	19,30	19,33	19,35	19,37
	98	48,51	49,00	49,17	49,25	49,30	49,33	49,36	49,37
	99	98,50	99,00	99,17	99,25	99,30	99,33	99,36	99,37
3	90	5,54	5,46	5,39	5,34	5,31	5,28	5,27	5,25
	95	10,13	9,55	9,28	9,12	9,01	8,94	8,89	8,85
	98	20,62	18,86	18,11	17,69	17,43	17,25	17,11	17,01
	99	34,12	30,82	29,46	28,71	28,24	27,91	27,67	27,49
4	90	4,54	4,32	4,19	4,11	4,05	4,01	3,98	3,95
	95	7,71	6,94	6,59	6,39	6,26	6,16	6,09	6,04
	98	14,04	12,14	11,34	10,90	10,62	10,42	10,27	10,16
	99	21,20	18,00	16,69	15,98	15,52	15,21	14,98	14,80
5	90	4,06	3,78	3,62	3,52	3,45	3,40	3,37	3,34
	95	6,61	5,79	5,41	5,19	5,05	4,95	4,88	4,82
	98	11,32	9,45	8,67	8,23	7,95	7,76	7,61	7,50
	99	16,26	13,27	12,06	11,39	10,97	10,67	10,46	10,29
6	90	3,78	3,46	3,29	3,18	3,11	3,05	3,01	2,98
	95	5,99	5,14	4,76	4,53	4,39	4,28	4,21	4,15
	98	9,88	8,05	7,29	6,86	6,58	6,39	6,25	6,14
	99	13,75	10,92	9,78	9,15	8,75	8,47	8,26	8,10
7	90	3,59	3,26	3,07	2,96	2,88	2,83	2,78	2,75
	95	5,59	4,74	4,35	4,12	3,97	3,87	3,79	3,73
	98	8,99	7,20	6,45	6,03	5,76	5,58	5,44	5,33
	99	12,25	9,55	8,45	7,85	7,46	7,19	6,99	6,84
8	90	3,46	3,11	2,92	2,81	2,73	2,67	2,62	2,59
	95	5,32	4,46	4,07	3,84	3,69	3,58	3,50	3,44
	98	8,39	6,64	5,90	5,49	5,22	5,04	4,90	4,79
	99	11,26	8,65	7,59	7,01	6,63	6,37	6,18	6,03
9	90	3,36	3,01	2,81	2,69	2,61	2,55	2,51	2,47
	95	5,12	4,26	3,86	3,63	3,48	3,37	3,29	3,23
	98	7,96	6,23	5,51	5,10	4,84	4,65	4,52	4,41
	99	10,56	8,02	6,99	6,42	6,06	5,80	5,61	5,47
10	90	3,29	2,92	2,73	2,61	2,52	2,46	2,41	2,38
	95	4,96	4,10	3,71	3,48	3,33	3,22	3,14	3,07
	98	7,64	5,93	5,22	4,82	4,55	4,37	4,23	4,13
	99	10,04	7,56	6,55	5,99	5,64	5,39	5,20	5,06
11	90	3,23	2,86	2,66	2,54	2,45	2,39	2,34	2,30
	95	4,84	3,98	3,59	3,36	3,20	3,09	3,01	2,95
	98	7,39	5,70	4,99	4,59	4,34	4,15	4,02	3,91
	99	9,65	7,21	6,22	5,67	5,32	5,07	4,89	4,74
12	90	3,18	2,81	2,61	2,48	2,39	2,33	2,28	2,24
	95	4,75	3,89	3,49	3,26	3,11	3,00	2,91	2,85
	98	7,19	5,52	4,81	4,42	4,16	3,98	3,85	3,74
	99	9,33	6,93	5,95	5,41	5,06	4,82	4,64	4,50

df-Nenner	*df*-Zähler							
	Fläche in %	1	2	3	4	5	6	7	8
13	90	3,14	2,76	2,56	2,43	2,35	2,28	2,23	2,20
	95	4,67	3,81	3,41	3,18	3,03	2,92	2,83	2,77
	98	7,02	5,37	4,67	4,28	4,02	3,84	3,71	3,60
	99	9,07	6,70	5,74	5,21	4,86	4,62	4,44	4,30
14	90	3,10	2,73	2,52	2,39	2,31	2,24	2,19	2,15
	95	4,60	3,74	3,34	3,11	2,96	2,85	2,76	2,70
	98	6,89	5,24	4,55	4,16	3,90	3,72	3,59	3,48
	99	8,86	6,51	5,56	5,04	4,69	4,46	4,28	4,14
15	90	3,07	2,70	2,49	2,36	2,27	2,21	2,16	2,12
	95	4,54	3,68	3,29	3,06	2,90	2,79	2,71	2,64
	98	6,77	5,14	4,45	4,06	3,81	3,63	3,49	3,39
	99	8,68	6,36	5,42	4,89	4,56	4,32	4,14	4,00
16	90	3,05	2,67	2,46	2,33	2,24	2,18	2,13	2,09
	95	4,49	3,63	3,24	3,01	2,85	2,74	2,66	2,59
	98	6,67	5,05	4,36	3,97	3,72	3,54	3,41	3,30
	99	8,53	6,23	5,29	4,77	4,44	4,20	4,03	3,89
17	90	3,03	2,64	2,44	2,31	2,22	2,15	2,10	2,06
	95	4,45	3,59	3,20	2,96	2,81	2,70	2,61	2,55
	98	6,59	4,97	4,29	3,90	3,65	3,47	3,34	3,23
	99	8,40	6,11	5,18	4,67	4,34	4,10	3,93	3,79
18	90	3,01	2,62	2,42	2,29	2,20	2,13	2,08	2,04
	95	4,41	3,55	3,16	2,93	2,77	2,66	2,58	2,51
	98	6,51	4,90	4,22	3,84	3,59	3,41	3,27	3,17
	99	8,29	6,01	5,09	4,58	4,25	4,01	3,84	3,71
19	90	2,99	2,61	2,40	2,27	2,18	2,11	2,06	2,02
	95	4,38	3,52	3,13	2,90	2,74	2,63	2,54	2,48
	98	6,45	4,84	4,16	3,78	3,53	3,35	3,22	3,12
	99	8,18	5,93	5,01	4,50	4,17	3,94	3,77	3,63
20	90	2,97	2,59	2,38	2,25	2,16	2,09	2,04	2,00
	95	4,35	3,49	3,10	2,87	2,71	2,60	2,51	2,45
	98	6,39	4,79	4,11	3,73	3,48	3,30	3,17	3,07
	99	8,10	5,85	4,94	4,43	4,10	3,87	3,70	3,56
30	90	2,88	2,49	2,28	2,14	2,05	1,98	1,93	1,88
	95	4,17	3,32	2,92	2,69	2,53	2,42	2,33	2,27
	98	6,04	4,47	3,81	3,43	3,19	3,01	2,88	2,78
	99	7,56	5,39	4,51	4,02	3,70	3,47	3,30	3,17
40	90	2,84	2,44	2,23	2,09	2,00	1,93	1,87	1,83
	95	4,08	3,23	2,84	2,61	2,45	2,34	2,25	2,18
	98	5,87	4,32	3,67	3,30	3,05	2,88	2,74	2,64
	99	7,31	5,18	4,31	3,83	3,51	3,29	3,12	2,99
50	90	2,81	2,41	2,20	2,06	1,97	1,90	1,84	1,80
	95	4,03	3,18	2,79	2,56	2,40	2,29	2,20	2,13
	98	5,78	4,23	3,59	3,22	2,97	2,80	2,67	2,56
	99	7,17	5,06	4,20	3,72	3,41	3,19	3,02	2,89
60	90	2,79	2,39	2,18	2,04	1,95	1,87	1,82	1,77
	95	4,00	3,15	2,76	2,53	2,37	2,25	2,17	2,10
	98	5,71	4,18	3,53	3,16	2,92	2,75	2,62	2,51
	99	7,08	4,98	4,13	3,65	3,34	3,12	2,95	2,82
70	90	2,78	2,38	2,16	2,03	1,93	1,86	1,80	1,76
	95	3,98	3,13	2,74	2,50	2,35	2,23	2,14	2,07
	98	5,67	4,14	3,49	3,13	2,88	2,71	2,58	2,48
	99	7,01	4,92	4,07	3,60	3,29	3,07	2,91	2,78

df-Nenner	*df*-Zähler								
	Fläche in %	1	2	3	4	5	6	7	8
80	90	2,77	2,37	2,15	2,02	1,92	1,85	1,79	1,75
	95	3,96	3,11	2,72	2,49	2,33	2,21	2,13	2,06
	98	5,64	4,11	3,47	3,10	2,86	2,68	2,55	2,45
	99	6,96	4,88	4,04	3,56	3,26	3,04	2,87	2,74
90	90	2,76	2,36	2,15	2,01	1,91	1,84	1,78	1,74
	95	3,95	3,10	2,71	2,47	2,32	2,20	2,11	2,04
	98	5,61	4,09	3,45	3,08	2,84	2,66	2,53	2,43
	99	6,93	4,85	4,01	3,53	3,23	3,01	2,84	2,72
100	90	2,76	2,36	2,14	2,00	1,91	1,83	1,78	1,73
	95	3,94	3,09	2,70	2,46	2,31	2,19	2,10	2,03
	98	5,59	4,07	3,43	3,06	2,82	2,65	2,52	2,41
	99	6,90	4,82	3,98	3,51	3,21	2,99	2,82	2,69

Anhang C: Matrixalgebra

C.1 Grundbegriffe

Eine Matrix besteht aus Zahlen, die rechteckig in mehreren Zeilen und Spalten angeordnet sind. Die Zahlen einer Matrix werden auch als *Elemente* der Matrix genannt. Matrizen werden mit fettgedruckten Großbuchstaben indiziert. Aus der Anzahl der Zeilen und Spalten einer Matrix kann man deren Größe bzw. *Ordnung* ablesen. Beispielsweise stellt die folgende Matrix eine 3×4 Matrix dar:

$$
\mathbf{A} = \begin{pmatrix} 1 & -1 & 0 & 4 \\ 5 & 2 & 6 & 7 \\ 0 & 1 & 2 & 3 \end{pmatrix}
$$

Die einzelnen Elemente der Matrix können anhand deren Zeilen und Spalten identifiziert werden. Beispielsweise ist der Wert des Elements a_{21} 5 und derjenige des Elementes a_{14} 4. Der erste Index bezieht sich also auf die Zeile der Matrix, in der sich das Element befindet, während der zweite Index die Spalte angibt, in der sich das Element befindet. Der kleine Buchstabe vor diesen Indexen gibt an, in welcher Matrix das Element steht. Die folgende Matrix zeigt die allgemeine Schreibweise der Matrixelemente.

$$
\mathbf{A} = \begin{pmatrix} a_{11} & a_{12} & a_{13} & a_{14} \\ a_{21} & a_{22} & a_{23} & a_{24} \\ a_{31} & a_{32} & a_{33} & a_{34} \end{pmatrix}
$$

Das Ganze kann in Kurzform wie folgt beschrieben werden:

$$
\mathbf{A} = a_{ji}, \ (i = 1, 2, 3; j = 1, 2, 3, 4) \tag{C.1}
$$

Die *Transponierte* einer Matrix stellt die Umkehrung der Matrix dar und wird durch einen Strich rechts oben am Namen der Matrix gekennzeichnet. Die transponierte der Matrix A ist:

$$\mathbf{A}' = \begin{pmatrix} 1 & 5 & 0 \\ -1 & 2 & 1 \\ 0 & 6 & 2 \\ 4 & 7 & 3 \end{pmatrix}$$

Durch die Transponierung werden also die Spaltenelemente mit den Zeilenelementen getauscht. Außerdem ist die Transponierte einer transponierten Matrix gleich mit der ursprünglichen Matrix:

$$(\mathbf{A}')' = \mathbf{A} \tag{C.2}$$

Andere wichtige Begriffe der Matrixalgebra stellen die *quadratischen* und *symmetrischen* Matrizen. Eine Matrix ist quadratisch, wenn die Zahl der Spalten und Zeilen gleich ist. Sie ist dazu symmetrisch, wenn jedes Element a_{ij} dem Element a_{ji} gleicht. Eine symmetrische Matrix also ist gleichzeitig quadratisch. Eine quadratische Matrix dagegen soll nicht unbedingt symmetrisch sein. Folgende Matrix stellt eine quadratische und symmetrische Matrix dar:

$$\mathbf{B} = \begin{pmatrix} 3 & 5 & 0 \\ 5 & 3 & 2 \\ 0 & 2 & 3 \end{pmatrix}$$

Werden die Korrelationen zwischen zwei oder mehreren Variablen in Matrixform dargestellt, dann ist die resultierende Korrelationsmatrix immer quadratisch und symmetrisch. Folgende Tabelle C.1 soll dies verdeutlichen.

Tabelle C.1   Korrelationen zwischen drei fiktiven Variablen[©]

Variablen	V_1	V_2	V_3
V_1	1	0,85	0,35
V_2	0,85	1	0,50
V_3	0,35	0,50	1

In Matrixformat lässt sich das Ganze wie folgt darstellen:

$$
K = \begin{pmatrix} 1 & 0,85 & 0,35 \\ 0,85 & 1 & 0,50 \\ 0,35 & 0,50 & 1 \end{pmatrix}
$$

Da die Korrelation jeder Variablen mit sich selbst 1 beträgt, ist der Wert der Elemente bei der *Hauptdiagonale* 1. Die Hauptdiagonale durchläuft eine Matrix von links oben nach rechts unten. Die *Nebendiagonale* einer Matrix durchquert die Matrix von rechts oben nach links unten. Eine *Diagonalmatrix* ist eine quadratische Matrix, deren Elemente außerhalb der Hauptdiagonale den Wert 0 aufweisen. Eine *Einheitsmatrix* stellt eine Diagonalmatrix dar, deren Elemente in der Hauptdiagonale den Wert 1 aufweisen. Die folgende Matrix D ist eine Diagonalmatrix, während die Matrix I eine Einheitsmatrix darstellt:

$$
D = \begin{pmatrix} 2 & 0 & 0 \\ 0 & 4 & 0 \\ 0 & 0 & 12 \end{pmatrix} \qquad I = \begin{pmatrix} 1 & 0 & 0 \\ 0 & 1 & 0 \\ 0 & 0 & 1 \end{pmatrix}
$$

Des Weiteren kann man zwischen *Spalten-* und *Zeilenvektoren* unterscheiden. Ein Spaltenvektor ist eine Matrix, die nur aus einer Spalte besteht. Ein Zeilenvektor ist eine Matrix, welche nur aus einer Zeile besteht. Spaltenvektoren werden durch fettgedruckte Kleinbuchstaben gekennzeichnet. Zeilenvektoren werden durch fettgedruckte Kleinbuchstaben mit einem Strich gekennzeichnet.

$$
b = \begin{pmatrix} 3 \\ 5 \\ 0 \end{pmatrix} \qquad c' = (3 \quad 5 \quad 0)
$$

Eine Matrix, die nur aus einem einzelnen Element besteht, heißt *Skalar*.

C.2 Addition, Subtraktion

Addition bzw. Subtraktion zwischen zwei Matrizen ist nur dann möglich, wenn beide Matrizen die gleiche Ordnung aufweisen (d. h., gleiche Anzahl von Zeilen und Spalten). Die resultierende Matrix weist dann ebenfalls die gleiche Ordnung auf. Bei der Addition bzw. Subtraktion werden die Elemente der einen Matrix mit den korrespondierenden Elementen der anderen Matrix addiert bzw. subtrahiert:

$$
\begin{array}{ccccc}
\mathbf{A} & + & \mathbf{B} & = & \mathbf{C} \\
\begin{pmatrix} 3 & 5 & 0 \\ 5 & 3 & 2 \\ 0 & 2 & 3 \end{pmatrix} & + & \begin{pmatrix} 2 & 2 & 1 \\ 1 & 5 & 4 \\ 1 & 0 & 1 \end{pmatrix} & = & \begin{pmatrix} 5 & 7 & 1 \\ 6 & 8 & 6 \\ 1 & 2 & 4 \end{pmatrix}
\end{array}
$$

$$
\begin{array}{ccccc}
\mathbf{A} & - & \mathbf{B} & = & \mathbf{E} \\
\begin{pmatrix} 3 & 5 & 0 \\ 5 & 3 & 2 \\ 0 & 2 & 3 \end{pmatrix} & - & \begin{pmatrix} 2 & 2 & 1 \\ 1 & 5 & 4 \\ 1 & 0 & 1 \end{pmatrix} & = & \begin{pmatrix} 1 & 3 & -1 \\ 4 & -2 & -2 \\ -1 & 2 & 2 \end{pmatrix}
\end{array}
$$

Ferner gilt folgende Eigenschaft in Bezug auf die Addition zwischen Matrizen:

$$\mathbf{A} + \mathbf{B} = \mathbf{B} + \mathbf{A} \tag{C.3}$$

C.3 Multiplikation

Die Multiplikation zwischen zwei Matrizen $\mathbf{A}$ und $\mathbf{B}$ ist nur dann möglich, wenn die Anzahl der Spalten bei der Matrix $\mathbf{A}$ gleich der Anzahl der Zeilen der Matrix $\mathbf{B}$ ist. Dabei ist die Reihenfolge der Matrizen sehr wichtig, denn es gilt folgende Eigenschaft:

$$\mathbf{A} \cdot \mathbf{B} \neq \mathbf{B} \cdot \mathbf{A} \tag{C.4}$$

Bezogen auf die Elemente der Matrix $\mathbf{A}$ und $\mathbf{B}$ gilt also:

$$
\begin{array}{ccccc}
\mathbf{A} & \cdot & \mathbf{B} & = & \mathbf{C} \\
\begin{pmatrix} 3 & 5 & 0 \\ 5 & 3 & 2 \\ 0 & 2 & 3 \end{pmatrix} & \cdot & \begin{pmatrix} 2 & 2 & 1 \\ 1 & 5 & 4 \\ 1 & 0 & 1 \end{pmatrix} & = & \begin{pmatrix} 11 & 31 & 23 \\ 15 & 25 & 19 \\ 5 & 10 & 11 \end{pmatrix}
\end{array}
$$

Dieses Ergebnis resultiert aus der Multiplikation der einzelnen Elemente nach folgender Logik:

$$c_{11} = \sum_{j=1}^{3} a_{1j} \cdot b_{j1} = (3 \cdot 2) + (5 \cdot 1) + (0 \cdot 1) = 6 + 5 + 0 = 11$$

$$c_{12} = \sum_{j=1}^{3} a_{1j} \cdot b_{j2} = (3 \cdot 2) + (5 \cdot 5) + (0 \cdot 0) = 6 + 25 + 0 = 31$$

$$c_{13} = \sum_{j=1}^{3} a_{1j} \cdot b_{j3} = (3 \cdot 1) + (5 \cdot 4) + (0 \cdot 1) = 3 + 20 + 0 = 23$$

$$c_{21} = \sum_{j=1}^{3} a_{2j} \cdot b_{j1} = (5 \cdot 2) + (3 \cdot 1) + (2 \cdot 1) = 10 + 3 + 2 = 15$$

$$c_{22} = \sum_{j=1}^{3} a_{2j} \cdot b_{j2} = (5 \cdot 2) + (3 \cdot 5) + (2 \cdot 0) = 10 + 15 + 0 = 25$$

$$c_{23} = \sum_{j=1}^{3} a_{2j} \cdot b_{j3} = (5 \cdot 1) + (3 \cdot 4) + (2 \cdot 1) = 5 + 12 + 2 = 19$$

$$c_{31} = \sum_{j=1}^{3} a_{3j} \cdot b_{j1} = (0 \cdot 2) + (2 \cdot 1) + (3 \cdot 1) = 0 + 2 + 3 = 5$$

$$c_{32} = \sum_{j=1}^{3} a_{3j} \cdot b_{j2} = (0 \cdot 2) + (2 \cdot 5) + (3 \cdot 0) = 0 + 10 + 0 = 10$$

$$c_{33} = \sum_{j=1}^{3} a_{3j} \cdot b_{j3} = (0 \cdot 1) + (2 \cdot 4) + (3 \cdot 1) = 0 + 8 + 3 = 11$$

Dagegen beträgt das Produkt:

$$\underset{B}{\begin{pmatrix} 2 & 2 & 1 \\ 1 & 5 & 4 \\ 1 & 0 & 1 \end{pmatrix}} \cdot \underset{A}{\begin{pmatrix} 3 & 5 & 0 \\ 5 & 3 & 2 \\ 0 & 2 & 3 \end{pmatrix}} = \underset{F}{\begin{pmatrix} 16 & 18 & 7 \\ 28 & 28 & 22 \\ 3 & 7 & 3 \end{pmatrix}},$$

da:

$$d_{11} = \sum_{j=1}^{3} a_{1j} \cdot b_{j1} = (2 \cdot 3) + (2 \cdot 5) + (1 \cdot 0) = 6 + 10 + 0 = 16$$

$$d_{12} = \sum_{j=1}^{3} a_{1j} \cdot b_{j2} = (2 \cdot 5) + (2 \cdot 3) + (1 \cdot 2) = 10 + 6 + 2 = 31$$

$$d_{13} = \sum_{j=1}^{3} a_{1j} \cdot b_{j3} = (2 \cdot 0) + (2 \cdot 2) + (1 \cdot 3) = 0 + 4 + 3 = 7$$

$$d_{21} = \sum_{j=1}^{3} a_{2j} \cdot b_{j1} = (1 \cdot 3) + (5 \cdot 5) + (4 \cdot 0) = 3 + 25 + 0 = 28$$

$$d_{22} = \sum_{j=1}^{3} a_{2j} \cdot b_{j2} = (1 \cdot 5) + (5 \cdot 3) + (4 \cdot 2) = 5 + 15 + 8 = 28$$

$$d_{23} = \sum_{j=1}^{3} a_{2j} \cdot b_{j3} = (1 \cdot 0) + (5 \cdot 2) + (4 \cdot 3) = 0 + 10 + 12 = 22$$

$$d_{31} = \sum_{j=1}^{3} a_{3j} \cdot b_{j1} = (1 \cdot 3) + (0 \cdot 5) + (1 \cdot 0) = 3 + 0 + 0 = 3$$

$$d_{32} = \sum_{j=1}^{3} a_{3j} \cdot b_{j2} = (1 \cdot 5) + (0 \cdot 3) + (1 \cdot 2) = 5 + 0 + 2 = 7$$

$$d_{33} = \sum_{j=1}^{3} a_{3j} \cdot b_{j3} = (1 \cdot 0) + (0 \cdot 2) + (1 \cdot 3) = 0 + 0 + 3 = 3$$

Bei der Multiplikation zwischen zwei Matrizen also werden zuerst die Summe der Produkte zwischen den Elementen der ersten Zeile der ersten Matrix mit allen Spaltenelementen der zweiten Matrix gebildet. Danach findet das gleiche Prozedere für die Elemente der zweiten, dritten usw. Zeile der ersten Matrix mit allen Spaltenelementen der zweiten Matrix statt. Das Ergebnis der Multiplikation ist eine neue Matrix, deren Zeilenanzahl der Anzahl der ersten Matrix entspricht und deren Spaltenanzahl der Spaltenanzahl der zweiten Matrix entspricht. Das lässt sich am besten verstehen, wenn man einen Zeilenvektor mit einem Spaltenvektor multipliziert. Bezogen auf die Vektoren $\mathbf{b}$ und $\mathbf{c}'$ des Kapitels C.1 beträgt das Produkt zwischen den beiden Vektoren:

$$\mathbf{b} \cdot \mathbf{c}' = \begin{pmatrix} 3 \\ 5 \\ 0 \end{pmatrix} \cdot (3 \quad 5 \quad 0) = \begin{pmatrix} 9 & 15 & 0 \\ 15 & 25 & 0 \\ 0 & 0 & 0 \end{pmatrix}$$

Das Ergebnis ist also eine Matrix, deren Zeilenanzahl der Anzahl der Zeilen von $\mathbf{b}$ entspricht und deren Spaltenanzahl der Anzahl der Spalten von $\mathbf{c}'$ entspricht. Wenn man dagegen $\mathbf{c}'$ mit $\mathbf{b}$ multipliziert, dann ist das Ergebnis ein Skalar:

$$\mathbf{c}' \cdot \mathbf{b} = (3 \quad 5 \quad 0) \cdot \begin{pmatrix} 3 \\ 5 \\ 0 \end{pmatrix} = (3 \cdot 3) + (5 \cdot 5) + (0 \cdot 0) = 9 + 25 + 0 = 34$$

Ferner gelten noch die folgenden Eigenschaften:

$$\mathbf{A} \cdot (\mathbf{B} + \mathbf{C}) = \mathbf{A} \cdot \mathbf{B} + \mathbf{A} \cdot \mathbf{C} \tag{C.5}$$

$$(\mathbf{B} + \mathbf{C}) \cdot \mathbf{A} = \mathbf{B} \cdot \mathbf{A} + \mathbf{C} \cdot \mathbf{A} \tag{C.6}$$

$$(\mathbf{A} \cdot \mathbf{B})' = \mathbf{A}' \cdot \mathbf{B}' \tag{C.7}$$

Falls man eine Matrix mit einer Diagonalmatrix $\mathbf{D}$ multipliziert, dann gilt C.4 nicht, denn es gilt:

$$\mathbf{A} \cdot \mathbf{D} = \mathbf{D} \cdot \mathbf{A} \tag{C.8}$$

Hierbei also spielt die Reihenfolgen der Matrizen keine Rolle. Dies ist ebenfalls der Fall wenn man eine beliebige Matrix mit der Einheitsmatrix $\mathbf{I}$ multipliziert

$$\mathbf{A} \cdot \mathbf{I} = \mathbf{I} \cdot \mathbf{A} = \mathbf{A} \tag{C.9}$$

Bei der Multiplikation einer Matrix **A** mit der Einheitsmatrix **I** bleibt also die Matrix **A** unverändert. Aus diesem Grund kann man die Einheitsmatrix mit dem Skalar 1 gleichsetzen.

C.4 Determinanten

Determinanten lassen sich nur für quadratische Matrizen berechnen und stellen eine Zahl der jeweiligen quadratischen Matrix dar. Sie werden durch zwei senkrechte Striche signalisiert. Die Determinante also der Matrix **A** ist $|A|$. Bei einer 2×2 Matrix lässt sich die Determinante dadurch berechnen, indem man vom Produkt der Elemente der Hauptdiagonale das Produkt der Elemente der Nebendiagonale abzieht. Gegeben sei die folgende Matrix **A**:

$$\mathbf{A} = \begin{pmatrix} 2 & 3 \\ 1 & 4 \end{pmatrix}$$

Ihre Determinante lässt sich wie folgt berechnen:

$$|\mathbf{A}| = \begin{vmatrix} 2 & 3 \\ 1 & 4 \end{vmatrix} = (2 \cdot 4) - (3 \cdot 1) = 8 - 3 = 5$$

Für Matrizen höherer Ordnung werden die Determinanten nach folgender Regel berechnet: Zuerst werden alle Elemente einer einzigen Spalte oder Zeile ausgewählt. Danach wird jedes Element der ausgewählten Zeile oder Spalte mit dem Wert der Determinante derjenigen Restmatrix multipliziert, welche sich ergibt, wenn man die Zeilen und Spalten ignoriert, welche sich aus der Position des ausgewählten Elementes ergeben. Die Determinanten dieser Restmatrizen heißen *Kofaktoren*. Anschließend wird die Gesamtsumme berechnet. Betrachten wir z. B. die Determinanten der folgenden 3×3 Matrix:

$$|\mathbf{B}| = \begin{vmatrix} 2 & 1 & 3 \\ 3 & 4 & 4 \\ 1 & 5 & 1 \end{vmatrix}$$

Wir wählen die Elemente der ersten Spalte. Die Elemente 2, 3 und 1 sollen dann mit folgenden Determinanten multipliziert werden:

$$2 \cdot 1 \cdot \begin{vmatrix} 4 & 4 \\ 5 & 1 \end{vmatrix} = 2 \cdot 1 \cdot [(4 \cdot 1) - (4 \cdot 5)] = 2 \cdot 1 \cdot (4 - 20) =$$

$$2 \cdot 1 \cdot (-16) = -32$$

$$3 \cdot (-1) \cdot \begin{vmatrix} 1 & 3 \\ 5 & 1 \end{vmatrix} = 3 \cdot (-1) \cdot [(1 \cdot 1) - (3 \cdot 5)] = 3 \cdot (-1) \cdot$$

$$(1 - 15) = 3 \cdot (-1) \cdot (-14) = 42$$

$$1 \cdot 1 \cdot \begin{vmatrix} 1 & 3 \\ 4 & 4 \end{vmatrix} = 1 \cdot (1) \cdot [(1 \cdot 4) - (3 \cdot 4)] = 1 \cdot (1) \cdot (4 - 12) =$$

$$1 \cdot (1) \cdot (-8) = -8$$

Dabei fällt auf, dass vor der Multiplikation der Kofaktoren mit deren Elementen eine Multiplikation des Kofaktors mal mit 1 und mal mit −1 stattfindet. Dadurch wird letztlich das Vorzeichen des Kofaktors bestimmt. Das Vorzeichen ergibt sich aus der Position des jeweiligen Elements, zu der der Kofaktor gehört, in der Matrix, indem man den Zeilenindex und Spaltenindex des jeweiligen Elements addiert. Resultiert daraus eine gerade Zahl, dann ist das Vorzeichen positiv, indem der Kofaktor mit 1 multipliziert wird; anderenfalls ist das Vorzeichen negativ, d. h. der Kofaktor wird mit −1 multipliziert. Beispielsweise befindet sich das Element 2 in der ersten Zeile und ersten Spalte. Da diese Summe eine gerade Zahl darstellt (1 + 1 = 2), wird sein Kofaktor mit 1 multipliziert. Dagegen wird der Kofaktor des Elements 3 mit −1 multipliziert, da sich dieses Element in der zweiten Zeile und ersten Spalte (2 + 1 = 3) befindet. Unsere Matrix **A** hat also eine Determinante von:

$$|\mathbf{B}| = \begin{vmatrix} 2 & 1 & 3 \\ 3 & 4 & 4 \\ 1 & 5 & 1 \end{vmatrix} = 2 \cdot \begin{vmatrix} 4 & 4 \\ 5 & 1 \end{vmatrix} - 3 \cdot \begin{vmatrix} 1 & 3 \\ 5 & 1 \end{vmatrix} + 1 \cdot \begin{vmatrix} 1 & 3 \\ 4 & 4 \end{vmatrix} = 2 \cdot (-16) -$$

$$3 \cdot (-14) + 1 \cdot (-8) = 2$$

Falls man mit einer 4 × 4 Matrix arbeitet, dann kann man auf ähnliche Art und Weise ihre Determinante berechnen:

$$|\mathbf{C}| = \begin{vmatrix} 2 & 1 & 3 & 1 \\ 3 & 4 & 4 & 0 \\ 1 & 5 & 1 & 2 \\ 2 & 0 & 1 & 3 \end{vmatrix} = 2 \cdot \begin{vmatrix} 4 & 4 & 0 \\ 5 & 1 & 2 \\ 0 & 1 & 3 \end{vmatrix} + 3 \cdot (-1) \cdot \begin{vmatrix} 1 & 3 & 1 \\ 5 & 1 & 2 \\ 0 & 1 & 3 \end{vmatrix} +$$

$$1 \cdot \begin{vmatrix} 1 & 3 & 1 \\ 4 & 4 & 0 \\ 0 & 1 & 3 \end{vmatrix} + 2 \cdot (-1) \cdot \begin{vmatrix} 1 & 3 & 1 \\ 4 & 4 & 0 \\ 5 & 1 & 2 \end{vmatrix}$$

Die Determinanten der restlichen 3 × 3 Matrizen lauten:

$$\begin{vmatrix} 4 & 4 & 0 \\ 5 & 1 & 2 \\ 0 & 1 & 3 \end{vmatrix} = 4 \cdot \begin{vmatrix} 1 & 2 \\ 1 & 3 \end{vmatrix} + 5 \cdot (-1) \cdot \begin{vmatrix} 4 & 0 \\ 1 & 3 \end{vmatrix} + 0 \cdot \begin{vmatrix} 4 & 0 \\ 1 & 2 \end{vmatrix} =$$

$$4 \cdot 1 - 5 \cdot 12 + 0 = -56$$

$$\begin{vmatrix} 1 & 3 & 1 \\ 5 & 1 & 2 \\ 0 & 1 & 3 \end{vmatrix} = 1 \cdot \begin{vmatrix} 1 & 2 \\ 1 & 3 \end{vmatrix} + 5 \cdot (-1) \cdot \begin{vmatrix} 3 & 1 \\ 1 & 3 \end{vmatrix} + 0 \cdot \begin{vmatrix} 3 & 1 \\ 1 & 2 \end{vmatrix} =$$

$$1 \cdot 1 - 5 \cdot 8 + 0 = -39$$

$$\begin{vmatrix} 1 & 3 & 1 \\ 4 & 4 & 0 \\ 0 & 1 & 3 \end{vmatrix} = 1 \cdot \begin{vmatrix} 4 & 0 \\ 1 & 3 \end{vmatrix} + 4 \cdot (-1) \cdot \begin{vmatrix} 3 & 1 \\ 1 & 3 \end{vmatrix} + 0 \cdot \begin{vmatrix} 3 & 1 \\ 4 & 0 \end{vmatrix} =$$

$$1 \cdot 12 - 4 \cdot 8 + 0 = -20$$

$$\begin{vmatrix} 1 & 3 & 1 \\ 4 & 4 & 0 \\ 5 & 1 & 2 \end{vmatrix} = 1 \cdot \begin{vmatrix} 4 & 0 \\ 1 & 2 \end{vmatrix} + 4 \cdot (-1) \cdot \begin{vmatrix} 3 & 1 \\ 1 & 2 \end{vmatrix} + 5 \cdot \begin{vmatrix} 3 & 1 \\ 4 & 0 \end{vmatrix} = 1 \cdot 8 - 4 \cdot$$

$$5 + 5 \cdot (-4) = -32$$

Der Wert der Determinante von Matrix **C** beträgt also:

$$|C| = \begin{vmatrix} 2 & 1 & 3 & 1 \\ 3 & 4 & 4 & 0 \\ 1 & 5 & 1 & 2 \\ 2 & 0 & 1 & 3 \end{vmatrix} = 2 \cdot \begin{vmatrix} 4 & 4 & 0 \\ 5 & 1 & 2 \\ 0 & 1 & 3 \end{vmatrix} - 3 \cdot \begin{vmatrix} 1 & 3 & 1 \\ 5 & 1 & 2 \\ 0 & 1 & 3 \end{vmatrix} + 1 \cdot \begin{vmatrix} 1 & 3 & 1 \\ 4 & 4 & 0 \\ 0 & 1 & 3 \end{vmatrix} -$$

$$2 \cdot \begin{vmatrix} 1 & 3 & 1 \\ 4 & 4 & 0 \\ 5 & 1 & 2 \end{vmatrix} = 2 \cdot (-56) - 3 \cdot (-39) + 1 \cdot (-20) - 2 \cdot (-32) =$$

$$-112 + 117 - 20 + 64 = 49$$

Die Determinanten zeichnen sich durch folgende Eigenschaften aus:

$$|A| = |A'| \tag{C.10}$$

D. h., die Determinante einer Matrix **A** und die Determinante der transponierten Matrix **A** sind identisch. Darüber hinaus gilt:

$$|A \cdot B| = |A| \cdot |B| \tag{C.11}$$

C.5 Matrixinversion

Die inverse Matrix A^{-1} einer Matrix **A** kann nach folgender Formel berechnen werden:

$$A^{-1} = \frac{\text{adj }(A)}{|A|} \tag{C.12}$$

Hierbei bezieht sich der Ausdruck adj (A) auf die *adjunkte* Matrix von **A**. Diese wird nach folgender Regel berechnet: Zuerst soll man für jedes Matrixelement seinen Kofaktor berechnen. Danach ersetzt man die Matrixelemente durch ihre Kofaktoren. Die Transponierte dieser Kofaktorenmatrix ist dann die gesuchte adjunkte Matrix. Die invertierte Matrix A^{-1} wird dann dadurch ermittelt, indem man alle Elemente der adjunkten Matrix mit dem Wert der Determinante von Matrix **A** (also $|A|$) dividiert.

Wir wollen das Ganze anhand der Daten von Matrix **B** des vorigen Kapitels C.4 erläutern. Zuerst berechnen wir für jedes Element der Matrix **B** seine Kofaktoren, wobei sich das Vorzeichen des jeweiligen Kofaktors aus der Position des entsprechen Elements ergibt:

b_{11}: $(4 \cdot 1 - 4 \cdot 5) = -1$

b_{12}: $-1 \cdot (3 \cdot 1 - 4 \cdot 1) = 1$

b_{13}: $3 \cdot 5 - 4 \cdot 1 = 11$

b_{22}: $2 \cdot 1 - 3 \cdot 1 = -1$

b_{21}: $-1 \cdot (1 \cdot 1 - 3 \cdot 5) = 14$

b_{23}: $-1 \cdot (2 \cdot 5 - 1 \cdot 1) = -9$

b_{31}: $1 \cdot 4 - 3 \cdot 4 = -8$

b_{32}: $-1 \cdot (2 \cdot 4 - 3 \cdot 9) = 1$

b_{33}: $2 \cdot 4 - 1 \cdot 3 = 5$

Daraus ergibt sich folgende Matrix für die Kofaktoren:

$$\text{Kofaktoren } \mathbf{B} = \begin{pmatrix} -16 & 1 & 11 \\ 14 & -1 & -9 \\ -8 & 1 & 5 \end{pmatrix}$$

Die adjunkte Matrix von **B** ist nun die transponierte Matrix dieser Kofaktorenmatrix:

$$\text{adj}(\mathbf{B}) = \begin{pmatrix} -16 & 14 & -8 \\ 1 & -1 & 1 \\ 11 & -9 & 5 \end{pmatrix}$$

Die Determinante von Matrix **B** hatten wir schon im Kapitel davor berechnet. Die beträgt nämlich 2. Die inverse Matrix $\mathbf{A}^{-1}$ ergibt sich nun, indem wir jedes Element der adj (**B**) durch 2 dividieren. Dadurch erhalten wir:

$$\mathbf{B}^{-1} = \begin{pmatrix} -8 & 7 & -4 \\ 0,5 & -0,5 & 0,5 \\ 5,5 & -4,5 & 2,5 \end{pmatrix}$$

Falls man mit einer 2×2 Matrix zu tun hat, dann lässt sich die adjunkte Matrix nach folgendem Muster berechnen:

$$\mathbf{A} = \begin{pmatrix} a_{11} & a_{12} \\ a_{21} & a_{22} \end{pmatrix}, \qquad \mathrm{adj}\,(\mathbf{A}) = \begin{pmatrix} a_{22} & -a_{12} \\ -a_{21} & a_{11} \end{pmatrix}$$

Zum Schluss soll noch erwähnt werden, dass bei der Matrixinversion die Matrix quadratisch sein soll. Darüber hinaus soll der Wert der Determinanten von Null verschieden sein, wie man leicht anhand Formel C.12 nachvollziehen kann. Eine der wichtigsten Eigenschaften von Inversen ist, dass, wenn man eine Matrix $\mathbf{A}$ mit ihrer Inverse $\mathbf{A}^{-1}$ multipliziert, das Produkt die Einheitsmatrix $\mathbf{I}$ ist. Dabei spielt es keine Rolle, ob man $\mathbf{A}$ mit $\mathbf{A}^{-1}$ multipliziert oder umgekehrt:

$$\mathbf{A} \cdot \mathbf{A}^{-1} = \mathbf{A}^{-1} \cdot \mathbf{A} = \mathbf{I} \tag{C.13}$$

Beispielsweise beträgt für unser Beispiel das Produkt $\mathbf{B}$ mit $\mathbf{B}^{-1}$:

$$\mathbf{B} \cdot \mathbf{B}^{-1} = \begin{pmatrix} 2 & 1 & 3 \\ 3 & 4 & 4 \\ 1 & 5 & 1 \end{pmatrix} \cdot \begin{pmatrix} -8 & 7 & -4 \\ 0,5 & -0,5 & 0,5 \\ 5,5 & -4,5 & 2,5 \end{pmatrix} = \begin{pmatrix} 1 & 0 & 0 \\ 0 & 1 & 0 \\ 0 & 0 & 1 \end{pmatrix}$$

bzw.

$$\mathbf{B}^{-1} \cdot \mathbf{B} = \begin{pmatrix} -8 & 7 & -4 \\ 0,5 & -0,5 & 0,5 \\ 5,5 & -4,5 & 2,5 \end{pmatrix} \cdot \begin{pmatrix} 2 & 1 & 3 \\ 3 & 4 & 4 \\ 1 & 5 & 1 \end{pmatrix} = \begin{pmatrix} 1 & 0 & 0 \\ 0 & 1 & 0 \\ 0 & 0 & 1 \end{pmatrix}$$

Anhang D: R installieren

Um das Programm unter Windows zu installieren, muss man zuerst die Webseite http://cran.r-project.org aufrufen und auf *Download R for Windows* klicken. Daraufhin soll man base und Download R 3.2.0 for Windows anklicken.

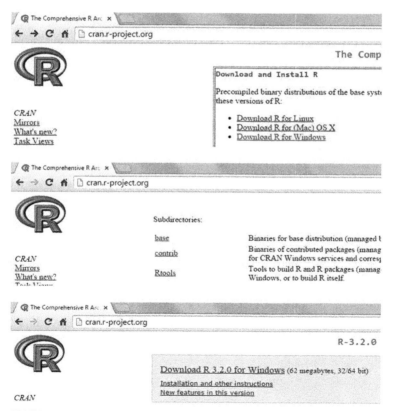

Abbildung D.1   Zur Installation von R©

Es wird eine *exe*-Datei *R-3.2.0-win.exe* heruntergeladen, welche die Installations-
datei von R ist. Dabei bezieht sich der Ausdruck *R-3.2.0* auf die aktuelle Version
von R. Die Version 3.2.0 ist also die aktuelle R-Version zum Zeitpunkt des Schrei-
bens dieses Buchs. Es kann sein, dass zum Zeitpunkt der Veröffentlichung dieses Buchs eine neuere Version von R existiert. Dies dürfte aber die Installations-
schritte nicht beeinflussen. Durch Klicken auf diese *exe*-Datei öffnet sich zuerst
ein Fenster zur Sicherheitswarnung. Hierbei klickt man auf *Ausführen*. In einem
Fenster wird man gefragt, ob man es zulassen möchte, dass durch das zu installie-
rende Programm Änderungen an unserem Computer vorgenommen werden. Mit
Klicken auf *ja* öffnet sich ein neues Fenster, indem man festlegen kann, in welcher
Sprache das Programm installiert werden soll. Wir wählen *Deutsch* und klicken
auf *OK*, wie man am Ende der Abbildung D.2 sehen kann.

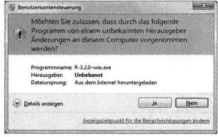

Abbildung D.2   Sicherheitswarnungen und Auswahl der Sprache©

Danach erscheint ein Fenster zum Setup von R unter Windows. Hierbei muss man auf *Weiter* klicken. Es öffnet sich ein Fenster zur Installation. Hier muss man ebenfalls auf *Weiter* klicken. Dies bewirkt, dass sich ein Fenster zur Festlegung des Zielordners für die Installation öffnet. Wie man anhand der Abbildung D.3 feststellen kann, ist per Voreinstellung der Pfadname C:\Programm Files\R\R-3.2.0 vorgeschlagen. Wir belassen es dabei und klicken auf *Weiter*. Falls man sich einen anderen Zielordner wünscht, dann kann man hier selbst den Pfad festlegen.

Abbildung D.3   Beginn des Installationsassistenten und Festlegung des Installationspfades©

Beim nächsten Dialogfeld (s. Abbildung D.4) geht es um die Bestimmung der Installationskomponenten, Startoptionen und Startmenü-Ordner. Wir vertrauen den Voreinstellungen und klicken auf alle dieser drei Fenster auf *Weiter*. Dadurch gelangen wir zum nächsten Dialogfeld, das in Abbildung D.5 dargestellt ist. In Bezug auf das Fenster *Zusätzliche Aufgaben auswählen* behalten wir die Voreinstellungen bei und klicken auf *Weiter*. Als Letztes erscheint das Fenster zum Beenden des Setup-Assistenten, wobei wir auf *Fertigstellen* klicken. Damit ist die Installation von R abgeschlossen. Wir sind nun in der Lage, das Programm zu starten, indem wir auf das entsprechende Desktopsymbol klicken, das ungefähr so aussieht:

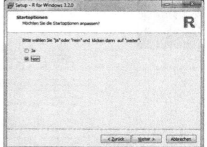

Abbildung D.4   Bestimmung der Installationskomponente, Startoptionen und Startmenü-Ordner[©]

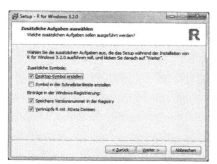

Abbildung D.5 Zusätzliche Aufgaben auswählen und Installationsassistenten beenden©

Sachregister

Das griechische Alphabet

Griechischer Buchstabe		Deutsche Aussprache	(korrekte) Griechische Aussprache
A	α	Alpha	Álpha
B	β	Beta	Wíta
Γ	γ	Gamma	Wháma (*Wh* wie das Englische Wh(y))
Δ	δ	Delta	Thélta (*Th* wie das Englische Th(e))
E	ε	Epsilon	Épsilon
Z	ζ	Zeta	Síta
H	η	Eta	Íta
Θ	θ	Theta	Thíta (*Th* wie das Englische th(ing))
I	ι	Jota	Jóta
K	κ	Kappa	Káppa
Λ	λ	Lamda	Lámtha (*th* wie das Englische th(e))
M	μ	My	Mi
N	ν	Ny	Ni
Ξ	ξ	Xi	Ksi
O	o	Omikron	Ómikron
Π	π	Pi	Pi
P	ρ	Rho	Rho
Σ	σ	Sigma	Síwhma (*wh* wie das Englische (wh(y))
T	τ	Tau	Táf
Υ	υ	Ypsilon	Ípsilon
Φ	φ	Phi	Phi
X	χ	Chi	Chi
Ψ	ψ	Psi	Psi
Ω	ω	Omega	Oméwha (*wh* wie das Englische (wh(y))

MIX
Papier aus verantwortungsvollen Quellen
Paper from responsible sources
FSC® C105338

Printed by Books on Demand, Germany